“十四五”国家重点出版规划项目

国家出版基金项目
NATIONAL PUBLICATION FOUNDATION

中国顶尖学科
出版工程

复旦大学
历史地理学科

主编
葛剑雄

副主编
张晓虹

论
著
目
录

复旦大学历史地理学科

论著目录

（1950—2020）

王 静 孟 刚 主编

上海教育出版社
SHANGHAI EDUCATIONAL
PUBLISHING HOUSE

顶尖学科的创新和发展，一直是全社会关心的热点议题。国家的发展需要顶尖学科的支撑，高端人才的培养体现了顶尖学科的传承。为我国学科建设发展注入人文关怀和强化历史厚度，探索学科发生发展的规律，有助于推动我国的学科建设，使我国顶尖学科实力更加饱满、更具国际化和人性化、更适应未来社会融合发展的趋势。

"中国顶尖学科出版工程"缘起于2018年10月杭州电子科技大学融媒体与主题出版研究院院长韩建民教授和上海教育出版社缪宏才社长在飞往西安的飞机上的一席谈话。二位谈到，作为出版人，不仅要运营好出版社，更重要的是担负起出版人的职责，服务社会，传承文化。作为高校教师、教育出版社社长，他们的关注点不约而同地聚集在了高等教育上。近年来，教育部等国家有关部门对高等教育尤其是顶尖人才的培养格外重视。人才培养离不开学科建设，国家建设需要学科支持。学科发展水平是高校和科研机构的核心竞争力，是全社会关注的焦点。一个好的学科首先应该讲历史、讲积淀、讲传承、讲学科建设史，而目前我国大部分顶尖学科没有系统建设自己的学科史，更没有建构自己学科的学术文化传统。世界上一些著名的大学科研机构，如剑桥大学卡文迪许实验室，恰恰是高度重视科学与人文的结合，所以才产生了享誉世界的科研成果。

英国物理学博士C.P.斯诺曾经提出了两种文化，一种是人文文化，一种是科学文化。随着科学技术与社会的发展，两者之间的鸿沟越来越明显。这两种文化对社会发展都有利有弊，只有做好融合，才能健康推动社会全面进步。学科建设是两种文化融合的重要阵地，因此亟需在学科建设与发展中注入人文和历史，以起到健康发展的带动作用。

"中国顶尖学科出版工程"的出版理念就是要更重视学科史的建设，为学科发展注入历史文脉，为社会打通文理，对理工学科来说，尤其需要人文传统建设。一个没有历史和文化的理工学科是偏激片面的、没有温度的，也

1

不会产生树干的成果。重大的成果肯定是融合升华后的成就，是在历史和文化融合的基础上铸造的果实，而枝节过细的成果往往不能产生学术根本的跃升。当下我们的人文学科也需要学科史、人物史和传统史的建设，只有这样，才是真正的学科发展，才更具国际竞争力，才更不可超越。这是我们这套书选取学科的指导思想，也是这套书不同于一般学术著作系列的特点。

这一出版工程将分辑推出我国各顶尖学科的学科史、学术经典和重要前沿成果等。对于其中的学术经典，需要说明的是，由于此前它们出版或发表于不同时期，所以格式、表述不统一之处甚多，有些字沿用了旧时写法，有些书名等是出于作者本人的书写习惯。为尊重作者的行文风格，本次出版除作必要的改动外，原则上予以保留。

第一辑是复旦大学历史地理学科系列，由我国著名历史地理学家葛剑雄先生担任主编。葛先生是我们的老作者、老朋友，他非常肯定并支持我们的理念和做法，并且身体力行。几年来大家精诚合作，在葛先生的影响、带动下，在全体作者辛苦努力下，这个项目不仅获得了国家出版基金立项支持、入选国家"十四五"出版规划，还带动了同济大学建筑学科等后续项目的启动。

希望通过这一出版工程，为我国更多的高校和科研机构带来示范性效应，推动学科发展与进步，增强学科竞争力，引领学科建设新趋势。

上海教育出版社

2022 年 10 月

上海教育出版社策划出版"中国顶尖学科出版工程",将复旦大学历史地理学科系列作为第一辑。复旦大学中国历史地理研究所欣然合作,组成编委会,我受命主编。

本所之所以乐意合作,并且动员同仁全力以赴,因为这是一项非常有价值、有意义并具有紧迫性的工作,也是我们这个学科点自己的需要。通过这套书的编撰,可以写出学科的历史,汇聚已有成果,总结学术经验,公布经典性论著,展示学术前沿,供国内外学术界和公众全面了解,让大家知道这个学科点是怎样造就的,评价一下它究竟是否够得上顶尖。

复旦大学历史地理学科的起点,是以谭其骧先生1950年由浙江大学移席复旦大学历史系为标志的。而谭先生与历史地理学科的渊源,还可追溯至1931年秋他与导师顾颉刚先生在燕京大学研究生课程的课堂外有关两汉州制的学术争论。1955年2月,谭先生赴京主持重编、改绘杨守敬《历代舆地图》。1957年,"杨图"编绘工作移师上海。1959年,复旦大学在历史系成立历史地理研究室。1982年,经教育部批准,成立中国历史地理研究所。1999年组建的复旦大学历史地理研究中心,成为教育部首批全国重点研究基地之一。

这一过程约长达70年,没有一个人全部经历。学科创始人谭先生已于1992年逝世,1957年起参加"杨图"编绘并曾担任中国历史地理研究所所长10年的邹逸麟先生已于2020年逝世,与邹先生同时参加"杨图"编绘的王文楚先生已退休多年。现有同仁中,周振鹤教授与我是经历时间最长的。我与他同时于1978年10月成为复旦大学历史系的研究生,由谭先生指导。我于1981年入职历史地理研究室,1996年至2007年任中国历史地理研究所所长,1999年至2007年任历史地理研究中心主任。由于自1980年起就担任谭先生的学术助手,又因整理谭先生的日记,撰写谭先生的传记,对谭先生的个人经历、学术贡献以及1978年前的情况有了一定了解。但70年的往事还留下不少空白，就是我亲历的事也未必能保持准确的记忆。

一年多来，同仁曾遍搜相关档案资料，在上海市档案馆和复旦大学档案馆发现了不少重要文件和原始资料，同时还向同仁广泛征集。但由于种种原因，有些重要的事并未留下本应有的记录，或者未能归入档案，早已散失。

本系列第一部分是学科学术史和学科论著目录。希望通过学术史的编撰，为这70年留下尽可能全面准确的记载。学科论著目录实际上是学术史中学术成果的具体化。要收全这70年来的论著同样有一定难度，因为在电子文档普遍使用和年度成果申报制度实施之前，有些个人论著从一开始就未被记录或列入索引，所以除了请同仁尽可能详细汇总外，还通过各种检索系统作了全面搜集。从谭先生开始，个人的论著中都包括一些非本学科或历史学科的论著，还有些是普及性的。考虑到一个学科点对学术的贡献和影响并不限于本学科，所以对前者全部收录；而一个学科点还有服务社会的功能，所以对具有学术性的普及论著也同样收录，非学术性的普及论著则视其重要性和影响力酌情选录。

在复旦大学其他院系，尤其是历史系，也有一些历史地理研究者，其中有的一直是我们的合作者，或者就是从这里调出的，他们的历史地理论著应视为本学科点的成果，自然应全部收录，但不收录他们离开复旦大学后的论著。本博士、硕士学科点所招收的研究生在学期间发表的论著，与本单位导师合作研究的博士后在流动站期间完成的论著，均予收录。本学科点人员离开复旦大学后的论著不再收录。历史地理研究中心所外聘的研究人员在应聘期间按合同规定完成的论著，按本中心人员标准收录。

第二部分是学术传记和相应的学术经典。考虑到学术经验需要长期积累，学术成果必须经受时间的检验，所以在首批我们按年资选定了四位，即谭其骧先生、邹逸麟先生、周振鹤教授和我。本来我们还选了姚大力教授，但他一再坚辞，我们只能尊重他本人的意见，留在下一批。

我们确定"经典"的标准，是本人论著中最高水平和最有代表性的部分，具体内容由本人选定。谭先生那本只能由我选，但我自信大致能符合谭先生的意愿。谭先生在1987年出版自选论文集《长水集》时，我曾协助编辑；他的《长水集续编》虽出版于他身后，但他生前我已在他指导下选定篇目，我大致了解谭先生对自己的论著的评价。

除谭先生的学术传记不得不由我撰写外，其他三本都由本人自撰。当时邹逸麟先生已重病在身,但为了学术传承,他以超人的毅力,不顾晚期癌症的痛苦与极度虚弱,在病床上完成了口述,将由他的学生段伟整理成文。

第三部分是青年教师或研究生的新著。之所以称为"学术前沿",是因为它们在选题、研究方法、表达方式上都有一定新意,反映了年轻一代的学术旨趣和学术水平。其中有的或许能成为作者与本学科的经典,有的会被自己或他人的同类著作所取代,这是所有被称为"前沿"的事物的必然结果。

由于没有先例可循,这三部分是否足以反映复旦大学历史地理学科的全貌和水平,我们没有把握,只能请学术界方家和广大读者鉴定。我们将在可能条件下,争取修订再版。这套书反映的是我们的过去,如果未来的同仁们能够保持并发展历史地理学科的现有水准,那么若干年后肯定能出版本系列的续编和新版。我与大家共同期待。

葛剑雄

2022 年 6 月

本册主编

王　静　孟　刚

本册编辑小组成员（以姓氏笔画为序）

王　静　叶　鹏　张端成
孟　刚　赵　红　戴佩娟

一、本书收录的论著目录主要为两类：一是历史地理类，一是历史学与其他学科类。收录范围为 1950—2020 年间先后在复旦大学历史系、历史地理研究室、中国历史地理研究所、历史地理研究中心工作、学习的教师和研究人员以及学生撰写的论著目录，还包括此期间在复旦大学从事历史地理学研究的部分历史学科教师的历史地理类论著目录。本所毕业的博士生、硕士生收录其在读期间的论著目录，毕业后以本人博上论文为基础公开出版的著作的目录和提要也一并收入。

二、全书分为正编和附编，正编收录历史地理类学术著作目录提要和论文目录，附编收录历史学和其他学科类著作目录提要和论文目录，其他学科类附在历史类之后。历史地理普及类作为综合类，其著作目录提要也放在附编中，普及类文章目录原则上不收录。历史地理类著作大致参照《20 世纪中国历史地理研究主要论著目录索引》（载葛剑雄、华林甫编《历史地理研究》，湖北教育出版社，2004 年），分为总论、历史自然地理、历史人文地理、历史地理学家与历史地理文献研究、历史地图与古旧地图研究、其他共六大类。论文分类也大抵如此。历史学类论著大致参照《八十年来史学书目（1900—1980）》（中国社会科学院历史研究所编，中国社会科学出版社，1984 年）分为断代史和专门史两类，两类著作和论文的分类排序大致按照这个学科分类标准进行。历史地理普及类著作目录提要按照出版时间排序。

三、著作部分著录体例分为书名、作者、出版社和出版时间，另起一行为提要。著作目录一般首列该书初版的信息，其他版次则放在提要之后小一字号列出。每类大致按照专著、论文集、古籍整理、丛书等顺序排列，每个部分的内部再按照出版时间先后排序。译著放在著作部分的最后。部分丛书、大套书出版时间较长，整套归类后放在出版的第一册之后。著作提要的来源一部分是作者本人提供，一部分是从原书上摘录、改写或编写的，并交由本人或学生等修改确认。提要一般介绍著作的主要内容、章节、主要贡献和主要获奖情况（仅列出省部级一等奖及特等奖）。

四、论文部分著录体例分为两种情况：一种是期刊论文，著录篇名、作者名、报刊名称、出版时间和期（辑）数等；另一种是论文集中的文章，则著录篇名、作者名、论文集的责任人和论文集名，出版社名和出版时间。个别先以书代刊后又改为期刊的连续出版物，则前后两个阶段论文的著录根据实际情况标出，如《历史地理》《中华文史论丛》等。每类论文先大致按照各分支顺序排列；每个分支学科内或按照综论、分论排序，或按照分支内自身分类排序；之后再在每个分类细目下按照出版时间先后排序，每个细目间不出细目标题，以空行为示。

五、英文、日文、韩文等论著目录的著录体例大致按照中文论著目录的著录体例，并按照出版时间顺序同中文论文目录编排在一起。英文论著的作者一般注明中文名。

六、1980 年以前的报纸上的学术文章基本收录；1980 年以后的报纸文章原则上不收录，极个别因其学术重要性酌情收入。

七、作者使用笔名者，本书按照发表时所署姓名著录，但在笔名后补全原名。

八、考虑到一个学科点的成果无法涵盖全部学科的分支，故在分类上不一一列出分支下细目，且对有些分类略为合并。历史地理学科发展比较成熟分支的分类办法分歧不大，但新发展起来的分支和方向的分类办法则存在不同认识，所以本书只能选取相对较为通用的办法处理，也特此一并说明。

九、附录收录《复旦大学中国历史地理研究所学术成果奖项（1982—2020）》《全国百篇优秀博士学位论文获奖名单》《其他已出版博士论文获奖名单》，以供参考。

正

编

（壹）著作

一、总论

1.《中国历史地图集》

《中国历史地图集》（全 8 册），谭其骧主编，地图出版社，1982—1987 年。

全书共分八册，包含 20 个图组、304 幅地图，反映了上起原始社会、下迄清朝末年，中国历史上疆域政区的变迁。地图集绘制了现今已知的原始社会遗址和其他时期的重要遗址；中国历史上各民族的活动范围和所建政权的疆域政区；秦以前见于记载的全部可考地名；自秦代开始全部县以上地名和一、二级政区的界线；可考的长城、关津、堡寨、谷道、陵墓、庭帐等；主要的河流、湖泊、山岭、海岸线、岛屿等。地图集共定位地名 7 万多个。该图集是中国历史地图史上的空前巨著，被认为是中国历史地理学最为重要的成果。

本图集是由中国社会科学院（原中国科学院哲学社会科学学部）主持的一项科研项目，参加编绘和制图工作的人员来自全国各科研单位、制图单位和大专院校等。主要编稿人员单位为复旦大学、中国社会科学院历史研究所、中央民族学院（东北地区编稿）、南京大学（蒙古地区编稿）、中国社会科学院民族研究所（新疆、中亚地区编稿）、中国社会科学院近代史研究所（青藏地区编稿）、云南大学（云南地区编稿）、中国社会科学院考古研究所（原始社会遗址编稿）。地图制图设计人员来自国家测绘局测绘科学研究所、地图出版社、复旦大学和武汉测绘科技大学。公开本的主要修订人员单位为复旦大学、中国社会科学院考古研究所（第一册原始社会遗址部分）、南京大学（第二至八册蒙古地区）、中国社会科学院民族研究所（第二至八册西北地区、第五至八册青藏地区）、中央民族学院（第五至八册青藏地区）。

本书于 1982 年获上海市高教局哲学社会科学优秀成果奖特等奖；1986 年获上海市首届哲学社会科学优秀成果奖特别奖；1994 年获中国社会科学院荣誉奖；1995 年获国家教育委员会普通高等学校首届人文社会科学研究优秀成果著作类一等奖；1999 年获中国社会科学院郭沫若中国历史学奖荣誉奖。

自 1975 年开始，以中华地图学社的名义陆续出版内部试行本，至 1978 年出齐。内部本全套共八册，分 8 开精装、8 开散装、16 开普及本 3 种。1996 年重印本为公开本的最新修订本。

［其他版次］

《中国历史地图集》（全 8 册），中国历史地图集编辑组编辑，中华地图学社，1974—1978 年。

《中国历史地图集》（全 8 册），谭其骧主编，台北晓园出版公司，1991 年。

《中国历史地图集》（全 8 册），谭其骧主编，三联书店（香港）有限公司，1992 年。

《中国历史地图集》（全 8 册），谭其骧主编，中国地图出版社，1996 年。

2. 个人著作

《长水集》（上、下），谭其骧著，人民出版社，1987 年。

《长水集续编》，谭其骧著，人民出版社，1994 年。

《长水集》上册收录作者 1949 年前写的文章 36 篇，内容主要是对古籍中地理沿革的考证，对几种地理史籍的校补、评校，对古代若干少数民族的论述和考证，对近代几种关于历史地理的史籍和工具书的评述，以及作者与师长、友人的学术通信等。下册收录 1949 年后写的论文 31 篇，探讨了东汉黄河安流局面出现的原因、西汉以前黄河下游的河道、渤海湾西岸的海侵、上海地区成陆年代以及大陆部分的海陆变迁等问题，并对古代地图制图学等问题进行了探索。续编收录作者 1981 年以后发表的学术论文，包括书评、书序、考证文章等 51 篇，虽非刻意系统，却篇篇有独到见解。《长水集》第二版为《长水集》（上、下）和《长水集续编》的合集。

[其他版次]

《长水集》（第二版），谭其骧著，人民出版社，2009年"中国文库"版。

《长水集》，谭其骧著，人民出版社，2011年"人民文库"版。

《周振鹤自选集》，周振鹤著，广西师范大学出版社，1999年。

本书为作者的学术论文自选集，收录作者1981年至1997年间撰写的代表性论文28篇，其中包括《县制起源三阶段说》《西汉县城特殊职能探讨》《中央地方关系史的一个侧面——中国历代地方政府层级变迁的分析》《从"九州异俗"到"六合同风"——两汉风俗区域的变迁》等，涉及历史政治地理、历史文化地理、地理学史、中外语言接触史、新闻史、海外交通史、经济史、地方志等领域。

《葛剑雄自选集》，葛剑雄著，广西师范大学出版社，1999年。

本书为作者的学术论文自选集，收录作者《行路集》以外的代表性论文22篇，分为四组，其中包括《关于秦代人口数量的新估计》《中国移民史的分期、历代移民的类型和特点》《福建早期移民史实辨正》《历史的启事：中央集权下的中央与地方》《关于西南早期文化和交通的几个问题》《中国传统的民族主义与开放观》等文章，涉及中国人口史、中国移民史、历史地理学、文化史等领域。

《学腊一十九》，周振鹤著，山东教育出版社，1999年。

本书为作者的学术论文自选集，收录作者1980年至1997年间撰写的代表性论文17篇，其中包括《西汉长沙国封域变迁考》《秦汉象郡新考》《从汉代"部"的概念释县乡亭里制度》《唐代安史之乱与北方人民的南迁》《王士性的地理学思想及其影响》等文章，涉及历史政治地理、历史文化地理、地理学史、文化史等领域。

《行路集》，葛剑雄著，山东教育出版社，1999年。

本书为作者的学术论文自选集，收录作者1982年至1997年间撰写的代表性论文22篇，分为四组，其中包括《真实的历史：永恒的追求——我的史学观》《全面正确地认识地理环境对历史和文化的影响》《移民与中国的现代化》《统一分裂与中国历史》《略论我国封建社会人口增长的不平衡性》《宋代人口新证》等，涉及中国人口史、中国移民史、历史地理学、文化史等领域。

《长水粹编》，谭其骧著，葛剑雄编，河北教育出版社，2000 年。

本书为谭其骧的学术论文选集，是从《长水集》（上、下）、《长水集续编》中精选出的在各方面和各时期具有代表性的 27 篇论文，其中疆域政区类 7 篇、移民史人口史类 3 篇、地理学史和地理古籍研究类 2 篇、札记 4 篇、自然地理类 7 篇、其他类 4 篇。2015 年版又增加了《关于隋南宁州总管府唐剑南道的南界问题》一文作为外编，并将附录《谭其骧著述要目》更换为《谭其骧与中国历史地理学》《谭其骧先生小传》和《谭其骧先生学术年谱》。

［其他版次］

《长水粹编》，谭其骧著，葛剑雄编，复旦大学出版社，2015 年。

《椿庐史地论稿》，邹逸麟著，天津古籍出版社，2005 年。

本书为作者的学术论文自选集，共收录作者 1959 年至 2004 年间撰写的 38 篇文章。所收的文章分为五类：一是编绘《中国历史地图集》和编写《中国自然地理·历史自然地理》时所作的水道考证和黄河、运河的专题研究；二是开设《中国历史地理概论》和《中国历史经济地理》《历代河渠水利著作研读》课程时的专题研究；三是 20 世纪 90 年代后开始转向历史时期环境、灾害与社会史方面的研究心得；四是阅读历史地理古籍的一些体会；最后是追念恩师谭其骧先生以及作者自己的学术回顾。文章虽然是分类编排的，但读者可以从原文发表的时间了解作者的学术历程与时代背景。作者以本书和主编的《中国历史自然地理》于 2016 年获上海市第十三届哲学社会科学优秀成果奖学术贡献奖。

《长水声闻》，周振鹤著，复旦大学出版社，2010 年。

本书为作者的学术论文自选集，按照时间顺序收录了作者 1978 至 2008 年间撰写的 24 篇论文，并逐年撰写纪事，介绍作者主要的学术活动、学术成果。其中收录《秦汉宗教地理略说》《从北到南与自东徂西——中国文化地域差异的宏观考察》《历史学：在人文与科学之间？》《〈二年律令·秩律〉的历史地理意义》等论文，涉及历史政区地理、历史文化地理、地理学史、古地图研究、中外文化交流、新闻史、海外交通史、语言接触、文化史等领域。

《后而立集》，葛剑雄著，复旦大学出版社，2010 年。

本书为作者的学术论文自选集，按照时间顺序收录了作者 1978 年至 2008 年间撰写的 30 篇论文，并逐年撰写纪事，介绍作者主要的学术活动、学术成果。其中收录《西汉人口考》《汉武帝徙民会稽说正误——兼论秦汉会稽丹阳地区的人口分布》《统一分裂与中国历史》《宋代人口新证》《全面正确地认识地理环境对历史和文化的影响》《面向新世纪的中国历史地理学》《中国历史地图：从传统到数字化》等论文，涉及中国人口史、中国移民史、历史地理学、文化史等领域。

《史地丛稿》，王文楚著，上海人民出版社，2014 年。

本书为作者的学术论文自选集。全书收录作者自 1962 年至 2012 年间撰写的《古代交通地理丛考》部分文章及未刊新作，共 25 篇，主要内容包括：关于上海历史地理研究、唐宋驿路考、《元丰九域志》《太平寰宇记》《肇域志》《嘉庆重修一统志》等古籍的点校整理前言及版本考析等，是作者几十年来从事集体科研项目和历史地理研究的成果。

《鹤和集》，赵永复著，上海人民出版社，2014 年。

本书为作者的学术论文自选集，共收录作者自 20 世纪 70 年代以来撰写的 38 篇文章，涉及政区沿革、自然地理和经济地理变迁、历史地图、民族源流、古代要塞和城市、陆路交通、人物传记等，是作者从发表的学术文章中精选出来的，是对其学术生涯的总结。大多数论文在各种专业刊物上发表过，具有较高的学术水准，也反映了作者的学术风格和素养。

《椿庐史地论稿续编》，邹逸麟著，上海人民出版社，2014 年。

本书为作者的学术论文自选集。全书分为两部分：一部分为《椿庐史地论稿》未收入的 2005 年之前的文稿，另一部分是 2005 年至 2011 年底发表的文章，另外还收录作者撰写的古代河渠志笺释、书评、序跋等。文章涉及运河史、黄河史、历史地理等领域，同时也拓展到了古代时期的产业、经济、都市以及与此相关的区域、环境、人地关系等地理问题。读者可以通过《椿庐史地论稿》和本书完整地了解作者几十年的学术历程。

《葛剑雄文集》(全 7 册)，葛剑雄著，广东人民出版社，2014—2015 年。

本书是作者选编的个人著述文集，共分 7 卷，囊括了作者截至 2014 年最重要的中国历史地理、中国史和人口史等研究领域的研究成果。《葛剑雄文集 1 普天之下》收录了《普天之下：统一分裂与中国政治》《滔滔黄河》《未来生存空间》和《中国古代的地图测绘》四种著作。《葛剑雄文集 2 亿兆斯民》，收入《西汉人口地理》《中国人口发展史》《人口与中国的现代化（1850 年以来）》(节选)，附录则收录两篇关于人口史和人口问题概括性与预见性的文章。《葛剑雄文集 3 悠悠长水：谭其骧传》，为修订版的《谭其骧前传》《谭其骧后传》合集。《葛剑雄文集 4 南北西东》，收录《走近太阳——阿里考察记》《剑桥札记》《千年之交在天地之极：南极日记》《走非洲》《最北的地方就没有北了：北极日记》。其中《北极日记》是初次发表。《葛剑雄文集 5 追寻时空》，收录《葛剑雄自选集》《行路集》和《葛剑雄自选集续编》三种学术论文集。《葛剑雄文集 6 史迹记踪》，为新选编的两种文集《六九私乘》《史迹记踪》。《葛剑雄文集 7 冷眼热言》，收录《冷眼热言》和《冷眼热言续集》两种时评集。

《龚江集》，张修桂著，上海人民出版社，2014 年。

本书为作者的学术论文自选集，共收录 20 余篇文章，是作者未收入《中国历史地貌与古地图研究》的学术文章的结集，多为 2000 年后所撰写。内容分为五部分：6 篇为《水经注》上江中游河段、汉江流域、洞庭湖水系作的校注；8 篇关于历史地貌、地震、上海成陆等历史地理专题论文；3 篇是相关图集的前言、序和编图体会；2 篇是纪念谭其骧、史念海的回忆文章；1 篇是"中国历史地理信息系统"释文。

《谭其骧全集》(全2册),谭其骧著,葛剑雄编,人民出版社,2015年。

本书收录了谭其骧的四册文集及《日记》一种,汇集了谭其骧最重要的学术文章。四册文集分别是《长水集》(上、下)、《长水集续编》和《长水集补编》。其中《长水集补编》为第一次结集刊行,收录谭其骧撰写的《中国历史地图集》释文、《简明中国历史地图集》图说和几篇遗稿等。另外谭其骧留下的少量笔记、提纲、批注以及书信、日记等因故未能收入全集。本书将谭其骧撰《历史上的中国和中国历代疆域》和葛剑雄撰《谭其骧与中国历史地理学》作为序言,将葛剑雄撰《谭其骧年谱》作为附录。

《我们应有的反思》,葛剑雄著,中信出版社,2015年。

本书为作者的学术论文自选集,在2010年《后而立集》的基础上增补2008年至2014年撰写的重要文章和纪事,是作者三十余年间最具代表性的论文和学术思想文章的选集。增补的文章有《从中国历史地理认识郑和航海的意义》《地图上的中国与历史上的中国疆域——读谭其骧〈中国历史地图集·前言〉和〈历史上的中国和中国历代疆域〉》《马孟龙〈西汉侯国地理〉序》等,其中2008年《建议以5月19日为全国哀悼日》一文得到社会的积极响应。

《长治与久安》,周振鹤著,三联书店(香港)有限公司,2016年。

本书以"长治与久安"为主题,收集了作者在不同时期撰写的四篇文章,开头是概述性、总结性的《中国历史上中央地方关系变迁概说》,中间两篇是纯粹的考证文章《县制起源三阶段说》和《从汉代"部"的概念释县乡亭里制度》,最后一篇则以材料和分析为主的《〈圣谕〉〈圣谕广训〉及其相关文化现象》,均围绕"长治久安"的主题,从这个角度考察了中国历史上的制度设计。

[其他版次]

《长治与久安》,周振鹤著,复旦大学出版社,2020年。

《看山是山》,周振鹤著,上海人民出版社,2019年。

本书为作者的学术论文自选集,收录的是近年来发表的论文,主题丰富,内容广博,涉及历史地理学、语言学、古籍版本学、中外文化交流史、移民史、城市史等。有些是长篇精深的专业论文，有些是短小精彩的一家之论，是作者近年来在学术研究和文化探索上的主要成果和心得。其中包括《范式的转换：沿革地理—政区地理—政治地理的进程》《盛京、直省与藩部——清代疆域地理的行政结构》《中国洋泾浜英语的形成》《清代上海县以下区划的空间结构——基于上海道契档案的数据处理与分析》等论文。

《中国历史地理十讲》，邹逸麟著，复旦大学出版社，2019 年。

本书为作者的学术论文自选集，精选作者在历史地理学研究方面的论文十篇，列为十讲，内容如下：我国历史时期水系主要是黄河、运河的开凿、变迁、兴废的历史过程；我国历史时期水环境变化及其与人类社会经济活动的互动关系；二三千年来我国环境变迁的历史地理背景。通过本书，读者可以了解我国环境变化的历史背景和两难的处境，从而汲取历史教训，不能以牺牲环境为代价来发展经济。

3. 论文集

《复旦学报（社会科学版）》（增刊）《历史地理专辑》，《复旦学报（社会科学版）》编辑部编，上海人民出版社，1980 年。

本书是历史地理学方面的论文辑刊，收录除前言外的 20 篇学术论文，反映了 20 世纪 80 年代初期复旦大学历史地理研究室的研究水平和整体实力。其中多数为研究历史自然地理方面的水系变迁的文章，部分为历史政治地理即研究历代疆域政区变迁，还收录了部分历史经济地理文章，对于断代政区地理研究、历史人口地理研究、地理学史等研究成果也有收录。这些专题研究对于历史地理学科的发展具有重要的基础作用。

《历史地理研究》第一辑，复旦大学中国历史地理研究所编，复旦大学出版社，1986 年。

本书为复旦大学中国历史地理研究所所刊第一辑，集结了 20 世纪 70 年代末至 80 年代初期复旦大学史地所教师为完成多项科研任务和配合专业教学所进行的部分研究成果，共有 24 篇论文、1 篇译文、12 篇考释。形式上，有专题论文，有资料的整理和注释，有专题讨论综述，有译作，也有《中国历史地图集》的部分文字考释，内容包括了历史自然地理、经济地理、政治地理、民族地理、文化地理以及地图学、地名学等各方面。

《历史地理研究》第二辑，复旦大学中国历史地理研究所编，复旦大学出版社，1990年。

本书为复旦大学中国历史地理研究所所刊第二辑，所收论文包括历史自然地理、政区地理、经济地理、交通地理、文化地理等研究内容，共有28篇论文、1篇译文。

《面向新世纪的中国历史地理学：2000年国际中国历史地理学术讨论会论文集》，复旦大学历史地理研究中心主编，齐鲁书社，2001年。

本书为"2000年国际中国历史地理学术讨论会"会议论文集，收录了与会作者41篇学术论文，分为七个专题，分别是"历史地理学科建设""历史自然地理""历史疆域与政区""历史社会与文化""历史城市与交通""历史经济与人口"和"历史地图与其他"，代表了当时历史地理研究的最新成果，体现了历史地理学界面对新世纪的思考和展望。

《历史地理研究》第三辑，复旦大学历史地理研究中心编，复旦大学出版社，2010年。

本书为复旦大学中国历史地理研究所所刊第三辑，共收录13篇论文。所收论文除了历史自然地理、政区地理、经济地理、文化地理、民族地理等领域以外，还有一些新的研究方向的成果，集中反映了史地所十数年间新的研究领域的开拓。

《谭其骧先生百年诞辰纪念文集》，复旦大学历史地理研究中心主编，上海人民出版社，2012年。

本书为"纪念谭其骧先生百年诞辰国际历史地理学术研讨会"论文集。全书收录论文49篇，分为纪念文章和学术论文两部分。纪念文章收录了谭其骧去世以后学界撰写的追思文章；学术论文部分收录了多个单位的20余位专家学者在历史地理方面的最新研究。书中还收录了谭其骧年谱、研讨会综述等。

4. 通论类

《中国历史地理概述》，邹逸麟编著，福建人民出版社，1993 年。

本书是一本介绍历史地理学基本知识的大学教材。第一版的内容是按照历史时期中国地理环境各要素变化的过程、特点及其相互之间的内在联系，以及人类活动与地理环境变化之间相互关系及其规律性，分为如下三大部分进行简述：一、自然环境的变迁；二、历代疆域和政区的变迁；三、历代社会经济环境的变迁。上海教育出版社修订版、第三版则补入 1993 年至 2005 年间的最新研究成果，并对历史人文地理部分做了较大补充，特别是社会经济、文化方面，另外又增补了 20 多幅地图。该书入选普通高等教育"十一五"国家级规划教材，是本专业比较通用的历史地理学专业教材。

［其他版次］

《中国历史地理概述》（修订版），邹逸麟编著，上海教育出版社，2005 年。

《中国历史地理概述》，邹逸麟编著，上海教育出版社，2007 年。

《中国历史地理概述》（第三版），邹逸麟编著，上海教育出版社，2013 年。

5. 区域历史地理

《黄淮海平原历史地理》，邹逸麟主编，安徽教育出版社，1993 年。

该书是中国历史地理学界第一部区域综合性研究著作，也是黄淮海平原区域地理研究的专著。全书分为上、下两篇，共 9 章。上篇为历史自然地理部分，包括气候、植被、土壤、灾害、水系、湖泊、海岸等；下篇为历史人文地理部分，包括人口、农业和城市交通。全书对这些自然、人文地理要素进行逐项研究，并在此基础上综合探讨了历史时期这一区域的人文和自然环境的变迁过程。

本书为集体编写，上篇的作者是张修桂（海河水系、淮河、湖泊）、邹逸麟（黄河、运河）、满志敏（气候、灾害）、阙为群（海岸、植被、土壤），由张修桂统稿。下篇的作者为吴松弟（人口）、邹逸麟（农业）、赵永复（城市交通）。全书由邹逸麟定稿。本书于1995年获国家教育委员会普通高等学校首届人文社会科学研究优秀成果著作类一等奖。

［其他版次］

《黄淮海平原历史地理》，邹逸麟主编，安徽教育出版社，1997年。

《齐地历史地理研究》，赵发国著，山东省地图出版社，2003年。

本书是作者在博士论文的基础上修改而成的，是一部区域历史地理专著，研究原始社会至战国时期齐地范围内主要地理现象的分布、变迁的规律。全书选取自然、疆域、经济、人口与军事五个专题深入研究，先后分析了气候的变迁，土壤与植被的变迁，古国的消亡与齐国疆域的变迁，物产、农田、手工业、渔业的分布，人口地理的变迁，齐长城和关隘战场等的复原。通过对这些齐地自然、人文等地理现象的综合讨论，总结得出它们发生、发展的规律，为当今经济、文化建设提供重要借鉴。

《西夏地理研究》，杨蕤著，人民出版社，2008年。

本书是作者在博士论文的基础上修订而成的一部历史地理学著作。该书以专题研究的形式探讨了西夏历史地理研究中的五个主要问题：疆域、政区、植被、气候与经济区，内容涉及自然与人文两大领域。在自然地理研究领域，该书充分利用各种文献及资料对西夏时期冷暖及干湿状况进行了蠡测；同时就西夏境内不同区域和地理单元的植被状况进行大致复原，指出了西夏时期的四种自然景观。在人文地理方面，主要探讨了西夏疆域演变的历史细节及特点，并借助出土文献《天盛律令·司序行文门》复原了西夏的政区概况，并解释了西夏境内的畜牧区、半农半牧区、农业区等经济区域的形成机理与内涵。需要特别指出的是，由于元朝修史者未将西夏引入正史之列，因此史籍缺载成为西夏史研究中的主要障碍。该书在深入挖掘传统文献资源的同时，尽量利用出土文献和考古资料的优势，尽量弥补文献缺略的不足；本书所列疆域、政区、气候、植被、经济区虽独立成章，但专论所涉及的是西夏地理研究中的基础性问题，各要素之间关联密切。

《高乡与低乡：11—16世纪江南区域历史地理研究》，谢湜著，生活·读书·新知三联书店，2015年。

本书致力于推进海内外学者长期关注的中国江南区域史地研究，充分吸收20世纪有关区域研究、剖面分析、结构史学等重要理论，采用"剖面分析→时段考察→结构研究"的论证体系，将难以界定的"江南"视为时空连续体，以11至16世纪太湖以东的高、低乡作为"江南"的研究区域，分述并叠加高低乡农田水利格局演变、聚落变迁和土地开发、政区沿革三个进程，剖析自然环境变化机制、官方财政和行政机制及市场机制如何从不协调走向协调，并形成整体社会机制，从而揭示了发生在11世纪、13世纪后期到14世纪、16世纪的三次区域结构性转变及其内在联系。作者综合运用历史地理学、社会经济史等研究路径，对明中叶市镇兴起的机制、宋元明过渡等重要学术课题进行了原创性探索，在研究内容、学术视角和问题意识上有力拓展了区域历史地理研究。本书于2017年获广东省第七届哲学社会科学优秀成果奖著作类一等奖。

《表里山河：山西区域历史地理研究》，安介生著，商务印书馆，2020年。

本书为"田野·社会丛书"第三辑中的一种，汇集了作者十余年来在山西历史地理方面的研究成果，内容涉及山西历史时期的区位价值、"晋学"地位、民国时期山西救灾立法与实践、汾酒与汾河景观环境史、李希霍芬山西考察的地理学价值、明代宣德至正统年间的灾民外迁与户籍制度变革等内容。该书资料翔实，观点新颖，具有较高的学术价值。

6. 学科史

《20世纪中国学术文存：历史地理研究》，葛剑雄、华林甫编，湖北教育出版社，2004年。

本书对20世纪中国历史地理研究进行了梳理和总结，主要内容包括作者撰写的学术史性质的"导论"，学术大家的"文选"，以及相关论著的"索引"三部分。导论部分高度概括了20世纪历史地理学发展的过程，对未来发展提出展望。所选取的历史地理研究学术大家包括：梁启超、王国维、竺可桢、顾颉刚、谭其骧、侯仁之、史念海等人。论著目录索引按照历史地理学理论与方法、历史人文地理、历史自然地理和历史地理文献研究四大类排序。

《历史与现代的对接：中国历史地理学最新研究进展》，张伟然等著，商务印书馆，2016 年。

本书从科学史和科学哲学的视角出发，组织和梳理了 1934 年至 2014 年中国历史地理学的形成和发展过程，尤其侧重于 20 世纪 60 年代中叶以后近 60 年间的突破性进展。本书从总论和历史自然、政治、经济、城市、人口、文化地理等方面厘清了学术脉络，总结了理论成绩和学科贡献，并反思了历史地理学的研究范式。

二、历史自然地理

1. 综论

《中国自然地理·历史自然地理》，中国科学院《中国自然地理》编辑委员会主编，科学出版社，1982 年。

《中国自然地理》是中国科学院组织全国各有关单位地理工作者撰写的一部学术专著。本书为《中国自然地理》十二分册中的一册，共分 6 章，主要论述我国气候、植被、主要河流、海岸、沙漠等自然地理要素在历史时期的发展和变迁过程，进一步探讨我国历史时期自然环境发展变迁的规律。

本书是我国第一部综合性的历史自然地理专著。它反映了我国历史地理工作者 30 多年来在历史自然地理各领域中的主要研究成果，各章节的资料来源，除了大量历史文献外，还包括了考古学研究和野外实地考察等成果，并且运用了孢粉分析、沉淀物分析、放射性碳素年代测定、航空照片和卫星照片判读等方法。

该书由复旦大学谭其骧、陕西师范大学史念海、杭州大学陈桥驿汇总、修改、定稿。谭其骧和邹逸麟、张修桂、魏嵩山、袁樾方、周维衍、林汀水等撰写了黄河、长江、辽河等水系历史时期的变迁部分。

本书于 1986 年获上海市首届（1979—1985 年）哲学社会科学优秀成果奖著作奖，本书所在的"中国自然地理"丛书于 1986 年获中国科学院科学技术进步一等奖。

《中国历史自然地理》，邹逸麟、张修桂主编，王守春副主编，科学出版社，2013 年。

本书是在 1982 年出版的《中国自然地理·历史自然地理》一书的基础上重新编写而成的历史自然地理专著。全书根据 20 世纪 80 年代以来整理发现的大量历史文献资料，吸收了最新的学界研究成果和研究方法，包括考古研究和现代科学技术方法，如孢粉分析、沉淀物分析、树木年轮以及碳 14 测定、遥感和卫星图像判读等，全面反映了历史时期中国各自然地理要素的演变和发展的概貌。全书论述了中国气候、植被、珍稀动物、主要河流、湖泊、海岸、沙漠等自然地理要素在历史时期的发展和演变过程，并进一步探讨了中国历史时期自然环境发展演变的规律。参与本书编写的有邹逸麟、张修桂、王守春、满志敏、郑景云、傅辉、李平日、李并成、韩昭庆、张忍顺、赵焕庭、韩茂莉等，最后由邹逸麟、张修桂、王守春统稿、定稿。

2. 历史气候

《清代云南季风气候与天气灾害研究》，杨煜达著，复旦大学出版社，2006 年。

本书为作者的博士论文，是第一部区域历史气候综合研究的专著。在系统收集档案、方志和文集等历史文献的基础上，结合现代器测资料，研究了 1711 年至 1911 年间云南气候与天气灾害。首先讨论了作为重建核心资料的清代官方档案中天气资料的系统偏差问题，重建了该时段内的云南雨季开始期序列，反映了云南夏季风的变迁，还重建了较高分辨率的昆明雨季降水等级及昆明冬季平均气温等气候要素序列。1815 年至 1817 年云南夏秋低温导致的大饥荒，指出其由 1815 年印尼坦博拉火山喷发所致。1905 年至 1907 年连续三年的大灾，既有气候背景的因素，也有社会原因的加持。本书还对云南历史气候演变的特征做了分析，指出在百年尺度上主要还是冷湿—干暖的交替演变，且存在多突变的特征。气候变化对云南社会有重大影响，特别是对山居民族社会影响更为显著。云南各族人民积累了很多有效应对气候变化的方法，值得总结。本书对推进全球变化与中国历史气候变迁的研究有积极意义。作者的博士论文获2010年"全国百篇优秀博士学位论文"奖励。

《中国历史时期气候变化研究》，满志敏著，山东教育出版社，2009年。

本书是中国历史气候研究的标志性成果。全书内容全面，研究精深，主要以历史文献为代用资料，全面研究了中国历史时期的气候变迁。首先分析了中国不同类别的历史文献中存留的气候资料及其问题；提出了利用文献方法研究气候冷暖的基本原理：运用条件的均一性、物候资料的限制因子、气候冷暖及其影响的同步性、人类影响的差异性及其模式和生物响应气候冷暖变化的不对称原理；进而分阶段分析了全新世以来中国东部地区的冷暖变化，尤其重点分析了10世纪中叶至13世纪末的中世纪温暖期的气候证据及其波动，在部分时段分辨率达到了10年。在干湿变化方面，本书从历史旱涝灾害史料的参数化入手，强调了旱涝资料的时空分布的不均匀及其处理的方法。在此基础上，重建了江淮和华北地区过去2000年的旱涝序列，并划分了不同的旱涝演变阶段。在气候变化的影响方面，本书分析了气候变化对农牧过渡带的影响、中世纪温暖期气候对华东沿海环境的影响，以及气候变化对动植物分布的影响等，并重建了若干极端年份的气候特征。

本书为葛剑雄主编"中国历史地理学"丛书的一种，该丛书试图在历史地理学各分支学科发展的基础上，对本学科学科理论与体系的完善发展做出总结，原规划有《综述》《中国历史时期气候变化研究》《历史农业地理》《历史城市地理》《历史军事地理》《历史民族地理》等六卷，先后出版四种，分别为《历史城市地理》（李孝聪著）、《历史民族地理》（安介生著）、《中国历史时期气候变化研究》（满志敏著）、《中国历史地理学·综述》（华林甫著）。

《历史时期火山喷发与中国气候研究》，费杰著，复旦大学出版社，2019 年。

本书以历史文献资料为基础，结合地质资料和其他资料，研究历史时期（过去两千年）全球大规模火山喷发对中国的气候效应，主要分析了公元626 年前后未知名火山、934 年前后冰岛埃尔加火山、1600 年怀纳普第纳火山喷发三个典型案例，并分析了唐五代时期（618—960）气候变化与火山喷发的关系和过去两千年中国近海海冰灾害与火山喷发的关系。本书是学界首部介绍历史时期火山喷发在中国气候效应的著作，是作者在十余年相关研究积累基础上修改、扩充而成的。

《明清小冰期：气候重建与影响——基于长江中下游地区的研究》，刘炳涛著，中西书局，2020 年。

本书据作者的博士论文修订而成，通过对明清时期长江中下游地区农书、地方志、文集、日记、档案等文献资料中的气候信息进行搜集、整理和提取，讨论不同来源资料的特点、整合及运用，在此基础上，对明清时期长江中下游地区的温度、降水（梅雨）和极端气候事件进行重建，分析气候变化的特点。此外，本书进一步探讨了该时期气候变化对长江中下游地区社会的影响以及人类社会的应对措施。因此，本研究对于客观地分析当前气候变化的特征，认识气候变化对于人类社会的影响，以及人类社会未来如何应对气候变化等诸多问题，均具有非常重要的参考和借鉴意义。

3. 水道湖泊变迁

《黄河史论丛》，谭其骧主编，复旦大学出版社，1986 年。

本书收录了谭其骧、史念海、徐福龄、邹逸麟、周魁一等学者撰写的 14 篇黄河史研究专题论文，其中包含黄河水利史、黄河中上游自然环境和下游河道变迁等研究内容。该书通过对黄河史变迁的具体史实的考证，尤其从历史地理研究角度入手，反映出黄河历史的基本概貌，探求了黄河变迁的规律，为治理黄河总结了历史经验。

《黄淮关系及其演变过程研究——黄河长期夺淮期间淮北平原湖泊、水系的变迁和背景》，韩昭庆著，复旦大学出版社，1999年。

本书是根据作者的博士论文修改而成的。该书利用明清治河官员的相关笔记、明清方志记录的治河资料、明清档案中的河臣奏议，以及正史《河渠志》，通过文献梳理、考证以及对比分析的方法，研究了南宋建炎二年（1128年）至清咸丰五年（1855年）黄河长期夺淮期间，黄河下游的变迁以及它引发的淮北平原湖泊、河流地貌的变迁，并分析了这些变迁的历史背景。全书由关于黄河长期夺淮始端的再认识、黄河下游的变迁及其对淮河水系的影响、濉河巨变过程及其背景分析、洪泽湖演变的历史过程及其背景分析、南四湖演变的历史过程及其背景分析、淮河中游湖群的演变及其原因的研究，以及黄、淮、人的关系总论及反思几部分内容构成。结论认为，淮北平原湖泊、河流在黄河长期夺淮的727年间发生的巨大变迁不是自身自然发展的过程，这些变迁的主动力是长期驻足淮北平原的黄河带来的水体和泥沙，而人类活动在一定程度上起到制约这些变迁的方向及进程的作用。在这些变迁中，洪泽湖和濉河的变迁最有代表性，也最能体现黄、淮、人之间的关系，尤其是洪泽湖的变迁最为显著，它的产生和演变自始至终与黄河和人类活动有关，同时它也是引起淮河中游湖泊群体变迁的始作俑者。本书以淮北平原为研究区域，较为完整地建构了黄河南流期间黄河、淮北水系和人类活动三者关系演化的模式，系较早利用环境史综合视角考察区域历史地理的著作。

《中国历史地貌与古地图研究》，张修桂著，社会科学文献出版社，2006年。

本书主要研究历史地理学的两大分支学科，即历史地貌和古地图。引论阐明历史地貌学的基本问题、研究方法和古地图在历史地理研究中的意义。第一篇论述长江中下游河床与湖沼演变的历史过程，提出江汉洞庭地区历史上的"跷跷板"演变模式，为中下游河湖演变趋势和必须确保荆江大堤等问题，提供理论根据和背景资料。第二篇研究上海地区成陆的全过程，重新论证成陆过程中几条岸线的确切年代和位置，直接为大型工厂、深水码头选址以及兴建上海长江大桥等建设服务。第三篇讨论黄淮海平原河湖地貌演变过程和方法，着重分析海河形成全过程和湖沼湮没原因，并对先秦九河进行重新认定，为海河综合整治、黄淮海平原生态环境保护，提供历史借鉴。第四篇是古地图研究，着重对出土的放马滩地图和马王堆地图进行深入研究，确认我国先秦、汉初的测绘技术和制图水平已属世界先进，丰富了中国地图学史内容和制图理论。本书集作者一生的研究精华，既有学术价值和存史价值，又有十分重要的现实意义。

《上海地区城市、聚落和水网空间结构演变》，满志敏主编，上海辞书出版社，2013 年。

本书从吴淞江和黄浦江的演变入手，利用近代测绘地图重建了近代以来上海地区的水网格局，并探讨了其特征和变化特点；从传统的塘路系统演变入手，探讨了城市扩展初期道路系统对塘路系统的利用方式。所谓的"填浜筑路"是沿道路土地开发过程的概述性说法，而"公共卫生"则是城市扩展的标志性口号。以法租界为例，讨论了这一区域的城市空间变化过程。对于自然聚落，主要以嘉定和宝山为例探讨了其空间变化过程及其影响因素。本书最鲜明的特点就是在研究方法上注重利用 GIS 技术，大量使用了大比例尺的古旧地图。在 GIS 技术支撑下的多源数据的成功开发和使用，使得本书不仅在历史自然地理和城市地理方面有所突破，也带动了整个历史地理学研究手段的进步。上海作为超大型城市，坐落于江海之间的东太湖地区，其城市发展与水系格局的演变相互影响，对其进行研究不仅可以推进历史地理相关学科的进步，亦可为今天城市建设提供有益的借鉴。

《上海地区地表水系空间结构特征重建及相关问题研究》，潘威著，西安地图出版社，2015 年。

本书是作者在博士论文的基础上修订而成的，根据多种历史文献记录和近代大比例尺军用地形图，提出了民国时期地图的配准方法和误差，重建了 1918 年至 1978 年间上海地区的河流水系结构，并用网格化方法分析了上海地区地表水系密度、节点数量的地理分布特征，提出了一套上海地区水系的翔实数据，总结了一套处理民国地图和多源资料的 GIS 处理方案。

《水经注校笺图释·渭水流域诸篇》（全 2 册），李晓杰主编，李晓杰、黄学超、杨长玉、屈卡乐、杨萧杨、王宇海、韩虎泰著，复旦大学出版社，2017 年。

北魏郦道元撰写的《水经注》，是我国古代以水道为纲记载区域地理信息最为著名的典籍。以往对《水经注》的研究，主要集中于版本校勘和郦学史梳理两个方面，而对其中所涉及的地理方面的问题基本没有解决，所绘制的《水经注图》也难称精准，无法适应现代学术的发展需要。有鉴于此，本书在新写《水经注疏》与新绘《水经注图》方面做了初步的尝试。以《水经注》渭水流域诸篇（包括卷十六的漆水、浐水、沮水等三篇，卷十七至十九的渭水篇以及所辑补的丰水、泾水、芮水、洛水等四篇）作为研究对象，在前人既有考订的基础之上，充分运用相关的传世文献和出土资料，以历史学、地理学、文献学的方法进行了深入而细致的探究，对《水经注》所载渭水流域的文本重做系统的校勘与辑佚，还原出一个全新的版本。同时指出郦道元所引文字的出典，对郦氏文本进行了解构。以此为基础，采用注释的形式，对其中所涉及的渭水流域大小水道的分布与改道及干涸情况，逐一与今日河流做了比照；对所提及的城邑地望，也一一做了与今地的比定。研究难度甚高，工作量颇巨，堪称迄今为止最为全面、系统、准确的《水经注》渭水流域的复原研究工作，将《水经注》的本体研究推向了一个新的高度。此外，以现代学术要求编绘的大比例尺《水经注》渭水流域图组，科学精准，不仅可以形象直观地展示本书的研究成果，而且还为相关学者今后深入研读《水经注》及探究中古时期的历史提供了极大的便利。

《水经注校笺图释·汾水涑水流域诸篇》，李晓杰主编，李晓杰、黄学超、杨萧杨、杨智宇、龚应俊、阎伟光著，科学出版社，2020 年。

本书以《水经注》汾涑诸水篇（即卷六的汾水、浍水、涑水、文水、原公水、洞过水、晋水等七篇）作为研究对象，在前人既有考订的基础之上，充分运用相关的传世文献和出土资料，以历史学、地理学、文献学的方法进行了深入而细致的探究，对《水经注》汾涑诸水篇的文本重做系统的校勘，还原出一个全新的版本。同时指出郦道元所引文字的出典，对郦氏文本进行了解构。以此为基础，采用注释的形式，对其中所涉及的汾水与涑水流域大小水道的分布与改道情况，逐一与今日河流做了比照；对所提及的城邑地望，也一一做了与今地的比定。研究难度甚高，工作量颇巨，堪称迄今为止最为全面、系统、准确的《水经注》汾水与涑水流域的复原研究工作，将《水经注》的本体研究推向了一个新的高度。此外，以现代学术要求编绘的大比例尺《水经注》汾水、涑水流域图组，科学精准，不仅可以形象直观地展示本书的研究成果，而且还为相关学者今后深入研读《水经注》及探究中古时期的历史提供了极大的便利。

4. 生态史、环境史与灾害史

《农牧生态与传统蒙古社会》，王建革著，山东人民出版社，2006年。

本书是一部以蒙古的生产、生活及其与环境的关系来分析传统蒙古社会的著作。本书运用生态人类学和历史学方法，主要根据满铁资料对近代蒙古草原的生态与社会进行了广泛而深入的研究。第一部分论述了草原生态和游牧生态的内容，并在此基础上揭示了游牧生态与蒙古社会的关系。第二部分重点论述了畜群与蒙古社会的关系。第三部分论述了蒙古游牧社会在汉农业渗透后所发生的重大变化。

《地理环境与中国古代社会变迁三论》，高凯著，天津古籍出版社，2006年。

本书为作者的博士论文，主要探讨了地理环境下的土壤微量元素与中国古代社会变迁的关系问题，具体涉及3个问题：地理环境下的土壤微量元素与匈奴、鲜卑的"收继婚"问题，与历史时期黄淮海平原文明进程的关系，地理环境与孙吴时期临湘侯国的疾病人口问题。本书内容丰富，包含环境学、地理学等多方面知识。

《明清"江南海塘"的建设与环境》，王大学著，上海人民出版社，2008年。

本书为作者的博士论文，研究将明清江南海塘放在具体的历史时空中加以考察，从海塘兴工到工程用料来源，从社会到环境，从帝王旨意到民间运作，全方位展现了与海塘建设紧密相关的复杂过程。作者抓住海塘兴建与善后维修中的取土、采石、运石、雇募工匠等各个环节，将环境、社会等因素融入对人与环境互动关系的深入探讨，为海塘史的研究拓展了新领域。

《云贵高原的土地利用与生态变迁（1659—1912）》，杨伟兵著，上海人民出版社，2008年。

本书是作者在博士论文的基础上修订而成的，是研究西南历史地理的专著。全书分三篇。上篇探讨了清代云贵高原的经济与社会。中篇结合自然因素和人文因素对清代云贵高原土地利用变化的原因做了较系统的讨论，这种讨论对于我们分析这样一个自然和人文都十分复杂的云贵高原地区是十分有益的。下篇是对土地利用带来的环境变化生态响应的研究。全书最重要的贡献是对区域土地利用的变化的驱动因素的研究和生态环境变化的生态响应研究。一方面像云贵高原这样的地区土地利用对生态环境的影响，由于自然和人文背景的内外差异，可能产生的影响与其他区域并不完全一样，显然不是一个简单的土地利用破坏生态环境的结论能够说清的；另一方面探索这样的变化带来的传统社会应对及其机制，意义已经不仅仅是在区域历史地理研究本身，可能会使我们对传统社会的经济管理和文化传统关系会有更深刻的理解。本书为邹逸麟主编"500年来环境变迁与社会应对丛书"的一种。

《太湖平原的环境刻画与城乡变迁（1368—1912）》，冯贤亮著，上海人民出版社，2008年。

本书是关于明清时期太湖平原地区环境变化与城乡社会的一项系统研究，除绪论部分对太湖平原的人文与环境、全书研究主旨的说明外，共分10章展开，包括太湖平原的地理环境、区域差异与民众的生活世界，明清时期城乡关系的实态及其变迁，明清时代地方丧葬活动的官民表现及其在太平天国战争后的重要变化，太湖流域的城乡生态与舟船交通，感潮地区的潮汐与潮灾的巨大影响及其社会反应，太湖平原旱灾的总体分析与个案解剖，低丘平原区的环境变化、土地垦殖与土客冲突，太湖平原的行政空间、经济占有与疆界调整，变迁环境中地方富民阶层的角色与地位，以及区域社会环境的变革与地方生活的维系问题等研究。所有的研究主题，从各个层面揭示了人类生存空间的变化状况，以及这些变化与自然地理背景的变革相关。本书为邹逸麟主编"500年来环境变迁与社会应对丛书"的一种。

《清代至民国时期农业开发对塔里木盆地南缘生态环境的影响》，谢丽著，上海人民出版社，2008年。

本书以清代、民国时期塔里木盆地的和田地区为研究对象，通过对民国时期大量社会生产、生活以及耕地废弃的历史档案资料的系统分析，基本复原了这一时期该地区耕地大面积撂荒的社会与环境诱因之间的相互耦合关系。研究认为，人口快速增长、垦荒扩耕加速、自然生态资源失衡是造成绿洲耕地大面积撂荒的根本原因。本书是在作者博士后出站报告的基础上修改而成的，为邹逸麟主编"500年来环境变迁与社会应对丛书"的一种。

《传统社会末期华北的生态与社会》，王建革著，生活·读书·新知三联书店，2009年。

本书以生态环境与乡村社会为主题，探讨传统社会末期华北生态环境及其所对应的社会特征。这一时段主要从明代中后期——16世纪开始，一直到20世纪50年代。从传统意义而言，华北生态——社会的基本特征在春秋战国时期已经初步具备，到六朝时期已经形成了体现在《齐民要术》中的那种经典体系。尽管明代中叶以后，华北的村落、河流和人口与之前相比发生了一些变化，经典时代的特征仍很明显地存在着。但是另一方面，在环境的压迫下，与此所对应的农业和乡村社会形态也发生了一些变化。由于传统农业的基本特点在1949年以后仍持续了很长一段时间，本书也涉及许多20世纪50年代的内容。至于讨论所涉及的华北平原地域范围，主要是指黄河以北、太行山以东、燕山以南的广大地区，一小部分内容也兼及华北其他地区。

《近世浙西的环境、水利与社会》，冯贤亮著，中国社会科学出版社，2010年。

本书从浙西杭嘉湖地区历史发展的背景出发，对高乡与低乡的地方民生、水旱等灾害的破坏性影响、人工改造与生存环境之变化、日常生活及其景观建构、水利兴复与地域社会的关系等内容，做了比较全面的考察。本书指出，湖州与嘉兴部分地区，环绕太湖，一直处于传统治水事业的核心，杭州的不少山区居于治水的边缘地带，重要性无法与离太湖较近的地区相颉颃；宋代以来的水利系统、生态环境的局面，经由元、明、清三代的承继和改造，到民国时期已有许多重大变化。民国年间的水利调查及相关建设工作，在最初一段时期里，有着良好的表现，水利工作的有效性主要依赖政府的决断性。而1949年后的人工改造，则进一步打破了宋代以来形成的城乡水文环境，水利生态被重新建构，极大地改变了传统的水利系统、水文表征及其内生的水利社会。

《荒漠　水系　三角洲——中国环境史的区域研究》，韩昭庆著，上海科学技术文献出版社，2010年。

本书是关于中国环境史的区域研究，分别选取西北毛乌素沙地和青海省、西南贵州省、中部淮北平原以及东部黄河三角洲作为研究对象，重点讨论明清时期以上地区的自然环境及其变迁与人类活动的关系。为了叙述的完整性，个别地区的研究时段前后均有延伸，每个地区一篇成一个专题，计五篇。本书涉及荒漠、水系、三角洲等三种地貌形态，因研究区域地貌特征的不同，故各有侧重，其中毛乌素沙地讨论人类垦殖活动与沙地的关系，贵州石漠化地区着重人文因素中政策制度的研究，黄河三角洲着重自然变迁的过程及方式，青海及黄河下游变迁的影响两篇则关注人与自然环境之间相互作用的关系。本书按照由西向东的顺序安排结构，后记联系前文，对中国环境史研究的一些问题进行了讨论。

《清代广西生态变迁研究——基于人地关系演进的视角》，郑维宽著，广西师范大学出版社，2011年。

本书是作者在博士论文的基础上修订而成的，运用历史地理学、生态环境史学的研究方法，从农业生态、森林生态系统和特定区域生态环境三个方面论述了清代广西生态环境变迁的时空过程，揭示出清代广西人地关系的演进与生态环境变迁之间呈现高度的正相关。其中，从移民垦殖、水利发展、土地利用三个方面探讨农业生态的变迁，从人类山地开发的角度探讨森林生态系统中植被、动物、水源、土壤的演变，从非汉族群生计方式演化、瘴气区域演变的角度探讨特定区域生态环境的变迁过程。本书同时指出，清代广西的生态环境并非只存在恶化的单向变迁，广西各民族自发的生态理念在一定程度上促进了生态环境的保护与修复，对于今天广西在生态环境脆弱地带进行生态重建、实现人与自然协调发展具有重大的参考价值。总之，本书是第一部研究历史时期广西生态环境变迁的著作，特别是对广西非汉族群生计方式演化、瘴气区域演变与生态环境变迁之间关系的探讨，充分反映了广西的民族特色和区域特色。

《综合风险防范：中国综合能源与水资源保障风险》，郑景云、满志敏等著，科学出版社，2011年。

本书是"十一五"国家科技支撑计划重点项目"综合风险防范关键技术研究与示范"的部分研究成果，是丛书之一。本书基于我国水资源和能源保障风险现状，建立综合能源与水资源保障风险的识别、分类标准与指标体系，开发能源和水资源保障风险的综合评价模型，编制中国综合能源和水资源保障风险图，辨识出其中的高风险区，提出能源和水资源保障风险防范的应对策略。满志敏撰写其中部分章节。

《水乡生态与江南社会（9—20世纪）》，王建革著，北京大学出版社，2013年。

本书是一部多学科相结合、反映自然与人文两个层面的学术专著，主要研究和描述宋代以来太湖东部，特别是吴淞江流域的生态与社会。这一地区是最为经典的江南水乡。水乡的环境与社会互动，构成了多姿多态的历史过程。本书在现代地理学的基础上，对传统的三江水学（长江、吴淞江和钱塘江）做进一步扩展研究，并对河道、圩田以及圩田社会的关系做了分析和描述。除此以外，还对古代吴淞江流域的河道和水环境的景观与人文的关系，这一地区鱼米之乡的环境形成及其发展，古人在传统知识体系下对环境的认知与社会反应，都做了系列描述。

《壮族地区人地关系过程中的环境适应研究》，刘祥学著，广西师范大学出版社，2013 年。

本书是作者在博士论文的基础上修订而成的，主要运用生态学、地理学的相关理论与方法，着重研究 16 世纪以来至 20 世纪中叶广西壮族适应环境的方式、手段与成效，从自然环境与人文环境两个层面探讨广西民族边疆地区人地互动关系的模式、实质及人文驱动力因素，为西部地区经济社会发展，以及处理民族关系提供了有益的理论借鉴。本书除导言外，共分 8 章。第一章从理论上论述地理环境与民族形成、发展的紧密关系。第二章对宋以来壮族空间分布格局的演变及规律特点进行分析。第三章论述壮族水、林资源的利用方式与环境变迁的关系，探讨壮族对农耕环境的适应。第四章论述壮族耕作技术与农耕环境的适应性问题，壮族耕作制度的时空变迁与自然环境的适应性问题。第五章对壮族畜牧、狩猎与农耕环境的适应进行了研究。第六章从生态适应的角度分析壮族民族形象变迁的地理过程及其基本规律。第七章通过对历史上壮族分布变迁较大的几个重要区域进行个案研究，深入分析壮族与其他民族关系的发展变化，考察人地关系的变化对民族关系的影响问题，从中探讨民族关系发展与人地关系的适应性。第八章归纳了壮族文明进程中环境适应的基本规律、特征以及相关机制。

《水乡之渴：江南水质环境变迁与饮水改良（1840—1980）》，梁志平著，上海交通大学出版社，2014 年。

饮用水既是人与自然的一个界面，又是人与社会之间不可或缺的介质。本书正是对这一介质进行历史地理学上的探索。江南地区河流纵横，水网密布，但近代以来也遇到了越来越严重的饮用水问题。本书以江南核心区域太湖流域为讨论范围，详细考订了江南居民传统饮用水源结构，特别是水井问题；运用定性与定量的方法，分析近代以来江南地区水质环境变迁时空过程及原因。在此基础上，依次论述与评价晚清、民国、新中国成立后江南地区的饮水改良与管理活动。本书是在作者博士论文的基础上修订而成的。

《江南环境史研究》，王建革著，科学出版社，2016 年。

宋代以降，江南地区一直就是中国经济与文化的重心。在这一千年时间内，江南的生态环境发生了很大的改变，21世纪以来，环境问题日趋严重。对宋以来长三角地区的环境变迁做一个整体的、长时段研究，有积极的现实意义。20世纪70年代末以来江南研究逐渐成为中国史和一些相应学科研究与关注的重点区域，而20世纪90年代以来，环境史的研究又成为历史研究中的一个重要的领域。本书以"江南生态环境史"为题，将人与河流、水利、农业、植物与环境的文化关系进行全方位的分析，试图将江南的生态文明发展过程详细地展示，以期为现实的生态文明建设服务，既有重要的学术意义，也有积极的现实意义。本课题的研究属于生态环境变迁史的研究范畴，主要采用史学的研究方法，史料收集、史料考证等工作都是史学的方法，在论文写作上，也主要用史学的描述法。在一些领域内，涉及地理学、气候学、植物学、农学、生态学等多种自然科学的知识与方法，也涉及美学、文学、山水画和园艺学等知识体系和分析方法。既有传统的考证，也有前沿性的环境史和艺术史的描述。本书于2018年获上海市第十四届哲学社会科学优秀成果奖著作类一等奖。

《水乡聚落：太湖以东家园生态史研究》，吴俊范著，上海古籍出版社，2016年。

本书以太湖东部平原为地域对象，以人类家园所依存的生态环境为中心，是一部系统描述地域性人居环境史的历史地理学著作。本书研究的问题、内容和方法均缘起于作者的博士学位论文，论文试图回答近代上海城市化时期何以出现严重的水环境问题，研究的空间范围界定在上海城市区域，时间范围界定在1843年上海开埠以后。这本著作则将空间范围扩展到了太湖以东平原，将时间范围向前推进到了古代甚至是史前时期，作者认为这样能够更好地回答地处太湖平原东端的上海何以在最近百余年出现难以治理的水环境问题。因为从历代人们的治水经验来看，在太湖平原上只有保障畅通的河流排水系统与合理比例的地表水面积，水乡家园文明才得以健康延续，而上海城市化早期的租界当局却以填没河流作为城市空间扩张的重要手段，这种反其道而行之的做法打断了太湖以东水环境演变的固有进程，也使后人付出了很大的代价。本书以太湖东部平原人地机制的演变为主线，力求完整解释特定地理环境下人类营造家园的地方经验，并试图在长三角大区域的框架内解读不同时期"家园"模式存在的合理性以及未来可持续发展的可能性，从而使本研究成果具有较重要的现实意义。

《从沼泽到桑田：唐代以来湖州平原环境变迁研究》，周晴著，花木兰文化出版社，2016年。

太湖南岸的平原地区是汉唐以后通过围垦太湖南缘低地形成的。本书是在作者博士论文的基础上修改而成的，以位于太湖南部的湖州平原为中心，解析9—17世纪该地区从湖沼湿地生态系统向以蚕桑为主要特征的农业生态系统转变的动态历史过程。全书内容分为四大部分。第一部分考证了今太湖水域完全形成之时，嘉湖平原存在一条沟通古长江水与钱塘江的古河道，并且直到3—8世纪，嘉湖平原仍是以湖沼地貌为主；第二部分分析了宋至明末清初嘉湖平原湿地农业开发的大致过程，探讨了平原区在积水环境下的不同开发模式；第三部分以湿地生物为中心，对晋以降嘉湖平原的主要植物群落进行了分析，探讨了洪涝环境中人们如何利用水生植物进行农业开发的技术，并在此基础上解析了明清时期蚕丝业在太湖南部沼泽湿地中兴起的原因；第四部分主要以植桑业为中心，对明清时期嘉湖平原与桑树种植有关的农业生态问题进行了分析。

《环境变迁与水利纠纷：以民国以来沂沭泗流域为例》，胡其伟著，上海交通大学出版社，2018年。

本书是作者在博士论文的基础上修订而成的，主要讨论的是沂沭泗流域民国以来环境变迁及水利纠纷问题，对黄河北徙导致的流域环境及社会变化兼有论及。该书引入水利单元的概念并以此为工具，将水利纠纷置于社会、经济发展背景下予以考察，对诸如人口增加、土地超荷、民众心理等因素与水利纠纷的相关性，及民风民俗、地理环境、气候气象、管辖权限等因素与水利纠纷发生、发展、激化直至解决的过程的相关性等进行具体剖析，并通过具体案例，分析了水利纠纷与行政区划调整之间的互动关系。

《明清黄运地区的河工建设与生态环境变迁研究》，李德楠著，中国社会科学出版社，2018年。

本书以历史地理学的研究方法为主，综合运用环境科学、生态学等多学科的研究方法，将文献研究和田野调查相结合，着重从河道开挖、堤防修筑、闸坝创建、物料采办等方面，探讨明清黄运地区河工建设与生态环境之间的关系，在此基础上揭示出区域生态环境的变迁轨迹。

《宋代以来江南的水利、环境与社会》，孙景超著，齐鲁书社，2020 年。

本书是作者在博士论文的基础上修改而成的，依托丰富的史料与细致的考证，从水利、环境与社会三个角度出发，重点讨论了以下问题：一、系统地梳理了宋代以来江南地区的水利著作与各类治水议论，从环境、地域、人物等多方面入手，揭示出江南水利问题的复杂性；二、从海洋潮汐的特殊环境视角，探讨了江南感潮地区的环境变化及其引发的水利格局变化，从而展示出宋代以来江南水利环境变化的独特轨迹与深远影响；三、对传统江南研究中的热点问题，如圩田水利、地域开发等问题，进行了新的解读，在总结历史经验的同时关照现实。透过探讨江南地区的区域水利环境变化以及由此引发的社会问题，为讨论宋代以来江南历史的发展提供了新的视角与论证。

《江南景观史》，安介生、周妮著，江西教育出版社，2020 年。

本书是我国首部以"江南地区的景观变迁史"为研究对象的学术著作。景观是地理学研究的重要概念之一，西方现代地理学很早就有"景观学派"，拥有较为悠久的研究历史，成果丰富，而中国景观史的研究则较为迟缓。有鉴于此，作者对西方景观发展史与重要学术概念进行了较为细致的梳理与分析，将"景观群落"作为研究主要目标，依据景观理论和概念，最终确立了江南历史景观的研究框架。"通论篇"对景观研究的理论概念、国外撰写范式、古代江南景观体系构建等数个主题进行了讨论。"区域篇"选取了南京、扬州、杭州、嘉兴等典型区域，展现江南景观之变迁状况，挖掘、探讨景观变迁与政治变动、水利建设、灾害防御之间的关系。作者以"景观群落"为核心主题，探讨其历史地理背景，还原江南水域景观的构建历程，揭示其促进因素与动力机制，具有较高的学术价值与现实创新意义。

《明清以来云贵高原的环境与社会》，杨伟兵主编，东方出版中心，2010年。

本书是2008年复旦大学历史地理研究中心主持召开的"明清以来云贵高原的环境与社会"国际学术讨论会会议论文集，共收入26篇学术论文，涵盖了我国西南云贵高原地区研究的各个主要领域，集中展现了西南云贵地区历史研究的新进展，主要内容涉及"人地作用与环境变迁""经济与市场""地域开发与社会变迁""制度、技术与区域响应"等专题，文章实证性强，重视文献和田野互证及其科学归纳，对该地区历史环境与社会研究的前沿问题也多有讨论。

《近600年来自然灾害与福州社会》，王振忠著，福建人民出版社，1996年。

本书是研究历史时期自然灾害对福州地区社会影响的专著。全书分为四章，主要内容包括：近600年来福州的自然灾害及其成因、福州社会对自然灾害的反应与对策、自然灾害与福州的民间信仰等。本研究丰富了自然灾害史的研究，也为文化史和社会史研究增添了新的视角。

《自然灾害与中国社会历史结构》，复旦大学历史地理研究中心主编，复旦大学出版社，2001年。

本书是一部研究自然灾害与中国社会关系的开创性著作。全书分为六个部分，不仅从宏观角度对自然灾害与中国的社会经济、政治文化之间的关系进行剖析，而且以中国历史上所发生的大量自然灾害个案为切入点，分别就灾害的过程与规律、灾害与人口的关系、灾害中官僚系统与地域社会的作用、水灾与地域社会、灾害与社会风俗等层面进行了深入细致的考察和讨论。

《民国时期河南水旱灾害与乡村社会》，苏新留著，黄河水利出版社，2004年。

本书是作者在博士论文的基础上修改而成的，全书比较详细地分析研究了现有成果，利用档案、地方志、各类论著、报刊资料、碑刻、"文史资料"以及调查资料等，以文献研究与田野调查相结合，辅之以比较研究、图表分析等方法，论述了民国时期河南省水旱灾害概况、其地区的变动和趋势，考察了社会对灾荒的应对机制、灾荒期的乡村民生，研究了灾荒打击下的乡村经济和灾荒造成的各方面后果。

《禳灾与减灾：秦汉社会自然灾害应对制度的形成》，段伟著，复旦大学出版社，2008 年。

本书系作者的博士论文。秦汉时期是我国大一统帝国的建立时期，其制度创建影响了后世历代帝国。禳灾制度和减灾制度的建立为后世政府应对灾害危机提供了模式，提高了工作效率。但灾害应对制度对后世也有不利影响。秦汉时期的知识结构水平和国家经济实力决定了政府注重禳灾，轻视减灾。禳灾制度固然有其历史功用，但对社会发展来说，毕竟没有减灾制度有利。后世王朝在继承减灾制度的同时，也承袭了禳灾传统，并加以强化。直至今日，我们仍可在民间体会到禳灾的顽强。禳灾制度和减灾制度并存了两千多年，虽然抑制了灾害的发展，但社会却为此付出了巨大成本。

《明至民国时期皖北地区灾害环境与社会应对研究》，陈业新著，上海人民出版社，2008 年。

本书从整体和个案的角度，对明至民国时期皖北地区的水灾、旱灾、蝗灾进行了考察，对灾害环境下的民生以及国家和民间对灾荒的应对，以及国家对民间应对行为的反应都有深入研究。全书共分六章，先后论述了500 年间皖北的灾害及其原因、明朝国家灾荒事业、灾荒环境下的皖北民生、灾荒与皖北流民、灾害环境下的社会风气、皖北的匪患与社会动荡。本书是在作者博士后出站报告的基础上修改而成的，为"500 年来环境变迁与社会应对丛书"的一种。

《明清徽州灾害与社会应对》，吴媛媛著，安徽大学出版社，2014 年。

本书探讨了明清时期徽州地区的灾害实态、社会的灾害应对及其相关问题。徽学研究历经对徽州商人、商业、土地关系、宗族、诉讼的大规模研究之后，近年来研究的旨趣更多转向了区域实态的社会文化史考察，而对于历史时期的灾害进行长时段的探讨，可以为徽学其他方面的研究提供一种社会背景的诠释。本书系统梳理了明清以来徽州地区水灾、旱灾、火灾、虎患等诸种灾害的发生情况，又从粮食应对、仓储备荒、水利设施、灾害与城乡生活和个案研究五大方面，结合历史学、社会学等学科的研究方法，展现了明清时期灾害背景下的徽州生活的方方面面。在研究资料上，作者对明清时期徽州方志、文集、文书及记载徽州灾害的有关资料进行了地毯式搜集。在研究方法上，除了传统的定性描述与分析，还根据当地"素无大灾，偏灾不断"等特点，制订了徽州地区的水旱灾害等级量化指标，并进行了大量灾害数据的量化处理与分析，有力推进了徽州灾害的研究。本书是作者在博士论文的基础上修改而成的。

三、历史人文地理

1. 综论

《中国历史人文地理》，邹逸麟主编，科学出版社，2001 年。

本书是"中国人文地理丛书"之一。全书共分 10 章，较为系统地论述了中国历史时期的人文地理概况，主要内容包括民族与疆域、行政区划及其变迁、政治中心的分布与变化、人口分布与变迁、农业开发与地域特征、工矿业分布与发展、城市与交通、商业发展与空间布局，以及历史文化景观形成的地理与历史背景等。本书是我国历史人文地理研究领域的代表性专著，由邹逸麟定出框架、体例，各章分别由邹逸麟、吴松弟、韩茂莉、华林甫、戴鞍钢、唐晓峰、吴海涛、王振忠撰写，最后由邹逸麟统稿、定稿。

2. 历史政治地理

《西汉政区地理》，周振鹤著，人民出版社，1987 年。

本书系由作者的博士论文修改而成，是新中国第一篇通过答辩的历史学博士论文。作者突破前人的窠臼，尽力在《汉书·地理志》之外广搜博采有关西汉一代政区变化的所有资料，花费大量精力去爬梳排比西汉所有郡一级政区的辖境伸缩，把西汉 200 年郡国级政区极为繁复的演变过程系统而完整地揭示出来。全书分三篇共 15 章，上篇为高帝十王国政区沿革，下篇为高帝十五郡及武帝新开郡政区沿革，附篇是对相关问题的讨论，书后还附有 26 幅地图。本书的主要意义是将行政区划变迁史的研究从通代转为断代，其研究方法主要是文献考证，在文献不足征的情况下，则以推理的方法作为辅助手段。本书成为历史政区地理研究的经典著作，具有重要的学术价值。

［其他版次］

《西汉政区地理》，周振鹤著，商务印书馆，2017 年。

《体国经野之道——新角度下的中国行政区划沿革史》，周振鹤著，中华书局（香港）有限公司，1990 年。

本书共分 12 章，从政区层级、幅员与边界三方面作为基本脉络，分析了中国历代行政区划变迁的基本特点、基本规律，可以作为中国历史政治地理学导论。学界成为共识的一些观点是由本书首先提出的，如中国历代政区划界的两大基本原则：山川形便与犬牙相入，行政区划层级变化的三个循环等。在从三个视角剖析政区变迁史的基本规律外，作者又对政区形态进行分析，并强调政治过程在行政区划变迁中的作用，还留意到行政区划与自然环境及人文现象之间的关系。本书提出的一系列政治地理方面的术语，如县级政区、统县政区与高层政区等，已经成为学界学术用语。本书有韩文译本。

［其他版次］

《体国经野之道——新角度下的中国行政区划沿革史》，周振鹤著，上海书店出版社，2009 年。

《체국경야의도：중국 행정구역의 연혁（体国经野之道：中国行政区划的沿革）》，주진학（周振鹤）지음，류준형（柳俊炯）옮김，영남대학교출판부（岭南大学出版部），2017 년。

《体国经野之道——新角度下的中国行政区划沿革史》，周振鹤著，上海人民出版社，2019 年。

《明朝总督巡抚辖区研究》，靳润成著，天津古籍出版社，1996 年。

本书是作者在博士论文的基础上修改而成的，主要研究对象是明朝总督、巡抚辖区的形成及演变过程。全书框架是在穷尽《明史·职官志》《明实录》《明会典》《国朝典则》及《国榷》等文献相关资料的基础上形成的，同时也注意搜集笔记稗史所记载的内容。作者从辖区的形成与变迁角度来考察总督与巡抚如何从中央官员逐渐转变为封疆大吏，以督抚的地方化、正规化的程度为指标，将明代督抚的演变归纳为五个时期，即洪武、永乐萌芽期，洪熙、宣德初置期，正统、正德发展期，嘉靖、天启稳定期与崇祯紊乱期，提出了具有创建性的学术见解，有助于读者理解明代中央与地方关系的变迁。

《唐代羁縻府州研究》，刘统著，西北大学出版社，1998 年。

本书是作者在博士论文的基础上改就的。羁縻州是唐朝在边疆和边远地区为少数民族设置的一种特殊行政机构。由于各民族的生活方式和地理环境的差异，羁縻州的存在形式有很大的不同。本书在详细考证的基础上，对唐代羁縻州的设置、行政、隶属关系进行论述，并考证其地理方位，对研究唐代民族、军事、行政制度史和边疆历史地理，具有一定的参考价值。

《东汉政区地理》，李晓杰著，山东教育出版社，1999 年。

本书是作者的博士论文。作者在尽可能挖掘《续汉书·郡国志》之外的各种相关文献资料的基础之上，将新莽东汉易代之际与整个东汉时期大约200 年间的郡国一级政区的变迁过程系统而完整地揭示了出来，并且将变迁的分辨率精确到年。本书不仅改变了以往不少对东汉政区的传统错误认识，同时还破解了一些自清以来学者无法解决的难点问题，提出了迄今为止最为理想的复原方案，是继周振鹤著《西汉政区地理》之后，有关断代政区地理的第二部研究成果。

《中华文化通志·地方行政制度志》，周振鹤著，上海人民出版社，1998 年。

本书是一部有关地方行政制度的概论性质的专著，系统阐述两千多年以来中国历史上地方行政制度（包括行政区划与地方行政组织两翼）变迁的全过程，并从各个视角概括了地方行政制度的变迁特点，界定了许多前人未曾涉及的概念，分析了影响变迁的各方面因素，使读者对地方行政制度的变迁规律有了较全面的认识。全书分为14章，首先诠释地方行政制度如何由"封建"制度演变而来，又为何出现两度回光返照；继而从层级的增减来理解行政区划与地方行政组织的循环变化，并分别简述政区与地方政府的基本沿革过程，进而具体分析行政区划幅员的伸缩规律、行政区域划界的两大原则，总结地方行政制度变迁中政治因素和文化因素的作用；而后又从地理分布的变迁来说明经济因素与非经济因素对地方行政制度的影响，并从行政管理的角度来解释行政区划与地方行政组织等第的变化。此外，还介绍了正常制度之外的虚幻畸形的政区与行政组织，以及军管型的特殊地方行政制度，少数民族地区的特殊行政制度。全书最后还对地方行政制度的现状做了分析，进而对地方行政制度的改革提出了十分有益的建议。

《民国时期政区沿革》，郑宝恒著，湖北教育出版社，2000年。

本书是研究中华民国时期地方政区沿革的专著。作者在查阅800余种图书资料并吸收现有研究成果的基础上，分南京临时政府时期、北京政府时期和南京政府时期三个部分，全面介绍了民国时期的政区概貌及历史沿革。民国时期行政区划大致分为两个阶段：第一阶段是北京政府时期的省（特别区域、地方）、道、县（设治局、旗、宗）三级制，第二阶段是南京政府时期的省（行政区、特别市、地方）、县（省辖市、设治局、管理局、旗、宗）二级制。本书对三级制和二级制下的政权机构的建置、裁并、迁徙、异名、归属均予以收录。书后还附有民国时期四个伪政权的政区简况。治所的今地以1997年版《中华人民共和国行政区划简册》为准。

《中国地方行政制度史》，周振鹤著，上海人民出版社，2005年。

本书是一部有关地方行政制度的概论性质的专著，系统阐述了两千多年来中国历史上地方行政制度（包括行政区划与地方行政组织两翼）变迁的全过程，并从各个视角概括了地方行政制度的变迁特点，界定了许多前人未曾涉及的概念，分析了影响变迁的各方面因素，总结了行政区划幅员的伸缩规律、行政区域划界的两大原则及地方行政制度变迁中政治因素和文化因素的作用，使读者对地方行政制度的变迁规律有一个较为全面的认识。本书并重行政区划与地方政府两方面的研究，而不偏废任何一方。地方行政制度得当与否，与国家的巩固、民族的团结以及经济文化的发展有着密切的关系，因此任何制度都必须适时地进行调整和改革，才能适应社会不断进步的需要。本书即 1999 年版《中华文化通志·地方行政制度志》更名；2019 年出版时，作者又对辽代州以及政区部分进行了改写。

［其他版次］

《中国地方行政制度史》第 2 版，周振鹤著，上海人民出版社，2014 年。

《中国地方行政制度史》，周振鹤著，上海人民出版社，2019 年。

《中国行政区划通史》（全 13 卷），周振鹤主编，复旦大学出版社，2007—2016 年。

本书研究自先秦至民国时期的中国行政区划变迁史。这一研究不仅是传统的关于历时政区沿革的考证（纵向），而且对同一年代各政区并存的面貌作出复原（横向），在条件许可的情况下，相关的复原以详细至逐年为尺度。全书在总论外，分为十三卷，依次是先秦卷、秦汉卷、三国两晋南朝卷、十六国北朝卷、隋代卷、唐代卷、五代十国卷、宋西夏卷、辽金卷、元代卷、明代卷、清代卷及中华民国卷。在掌握传世与出土历史文献的基础上，本书充分吸收前人的研究成果，力求最大可能地反映历史真实。全书以重建政区变迁序列、复原政区变迁面貌为主要内容，而由于历史时期中国行政区划的变化很大，在正式政区以外又有准政区的形式存在，加之政区层级、幅员及边界在不同时期的变迁程度不一，因此各卷又独立成书，其考证过程和编写结构有各自的侧重点。

本书是中华人民共和国成立以来第一部学术意义上的行政区划变迁通史。各卷作者在相关领域都有长期的学术积累，全书的写作也倾注了十余年之功，希望能成为中国行政区划变迁史研究的重要参考著作。本书于2018 年获上海市第十四届哲学社会科学优秀成果奖特等奖；2020 年获教育部第八届高等学校科学研究优秀成果奖（人文社会科学）著作类一等奖。

本书作者与书目如下：周振鹤、李晓杰著《中国行政区划通史·总论 先秦卷》；周振鹤、李晓杰、张莉著《中国行政区划通史·秦汉卷》；胡阿祥、孔祥军、徐成著《中国行政区划通史·三国两晋南朝卷》；牟发松、毋有江、魏俊杰著《中国行政区划通史·十六国北朝卷》；施和金著《中国行政区划通史·隋代卷》；郭声波著《中国行政区划通史·唐代卷》；李晓杰著《中国行政区划通史·五代十国卷》；李昌宪著《中国行政区划通史·宋西夏卷》；余蔚著《中国行政区划通史·辽金卷》；李治安、薛磊著《中国行政区划通史·元代卷》；郭红、靳润成著《中国行政区划通史·明代卷》；傅林祥、林涓、任玉雪、王卫东著《中国行政区划通史·清代卷》；傅林祥、郑宝恒著《中国行政区划通史·中华民国卷》。

［其他版次］

《中国行政区划通史》（全13卷）第二版，周振鹤主编，复旦大学出版社，2017年。

《中国行政区划通史·总论　先秦卷》，周振鹤、李晓杰著，复旦大学出版社，2009年。

《中国行政区划通史》十三卷分别对各历史时期的行政区划变迁过程进行断代的具体考证，一般较少涉及理论与规律性的论述，而由卷前的《总论》来承担通代的政区变迁规律的研究，进行系统的理论性分析。《总论》主要内容包括：一是论述行政区划史研究的对象与意义，并对行政区划变迁研究进行学术史的回顾；二是从政治地理的视角，分析中国历史上行政区划变迁的基本特点以及影响其变迁的因素；三是综述历代特殊形式的行政区划类型；四是以对于中国政治地理的两种基本格局的分析作总结。

《先秦卷》主要依据传世与出土的有关文献，首次全面而系统地论述了先秦时期行政区划的产生及其变迁，兼而论及了与政区紧密相关的战国时期主要诸侯国疆域的演变过程。全卷共计11章，大致可分为四个部分：第一部分（第一章），从历史政治地理的角度，并参照已有的相关研究，对商周时期中央与地方的关系重新系统审视。第二部分（第二、三章），主要探讨春秋时期县与郡的各自情况。首先，详细论述县与郡分别产生的经过；其次，对楚、晋两国各自所设置的数十个县，依年代顺序，逐一进行考证；最后，对有文献记载的周、秦、齐、吴、鲁、卫、郑等国所设之县亦做了梳理。第三部分（第四至第九章），详尽考察和论证战国时期各国所设置的县与郡（都）。在对从春秋到战国时期郡县制度的变化以及战国时期各国设置郡县的概况作总体的描述之后，将各国在公元前221年秦始皇统一六国前所设的200余县及数十郡（都）的始置之年、县的地望、郡（都）的领域及其在不同年代的各自归属，又依次进行了动态的具体考订。第四部分（第十至第十一章），对战国时期主要诸侯国疆域的变迁作逐年的考证。由于政区与疆域之间的关系密切，理清其时诸侯国的疆域变动轨迹，对全面而深入地了解政区的沿革是大有裨益的。本部分的研究，使战国时期主要诸侯国的各自疆域范围有了迄今为止最为清晰的界定。为了便于读者阅读，本卷还附有系列性图表，将主要的考证结论进行了有层次的、直观的展现。

［其他版次］

《中国行政区划通史·总论　先秦卷》（第二版），周振鹤、李晓杰著，复旦大学出版社，2017年。

《中国行政区划通史·秦汉卷》，周振鹤、李晓杰、张莉著，复旦大学出版社，2016年。

本卷依据传世文献和出土资料，在已有研究的基础上，分三编对秦、西汉、东汉的行政区划变迁进行了较为系统的考述。第一编为秦代政区，重点对秦郡进行了探究。上篇分区域对秦郡置废分合的过程做了较为系统的论述，篇末则以附章的形式将楚汉之际诸侯疆域的变迁过程进行复原。下篇首先对秦县设置的数目与分布作出估测，随后考辨了秦代具体县邑存在的可能性及其所属之郡。第二编为西汉政区，主要涉及西汉郡国及其属县的变迁。上篇概述西汉疆域、地方行政制度及西汉郡国建置沿革。下篇以汉武帝十三刺史部辖境为考证区域，分述西汉一代各郡国及其所领县邑侯国的变迁过程，最后展示了两个时间断面的郡级政区面貌。附章对新莽时期的行政制度和政区变化予以考述。第三编为东汉政区，着重考证了东汉郡国及其属县的变迁。上篇概述东汉疆域、地方行政制度及东汉郡国建置沿革，对三个时期的郡级政区面貌进行了揭示。下篇以光武帝十三刺史部辖境为考证区域，分述东汉一代郡国政区及其所属县邑侯国的变迁过程。附篇考述了新莽东汉易代之际割据政权的势力范围。本卷并附有大量图表，以直观展示秦汉时期政区的变迁过程。

[其他版次]

《中国行政区划通史·秦汉卷》（第二版），周振鹤、李晓杰、张莉著，复旦大学出版社，2017年。

《中国行政区划通史·五代十国卷》，李晓杰著，复旦大学出版社，2014年。

本卷依据相关传世与金石考古资料，全面而系统地逐年复原了五代十国时期（907—959）中原地区先后更替的后梁、后唐（晋王）、后晋、后汉、后周等五个王朝政权与在此期间南北方所出现过的前蜀、后蜀、南平（荆南）、楚（楚王）、吴（吴王）、南唐、吴越、闽（威武、闽王）、南汉（大彭王、南平王、南海王、大越）、北汉等十个地域政权的行政区划的演变过程。同时，兼论其时曾存在过的岐王、卢龙（燕王、燕）、赵王、北平王、定难、归义（西汉金山国）、武贞、宁远、邕管（岭南西道）、江西、百胜、高州、新州、静海、殷、湖南及清源等或大或小的各割据政权（势力）的辖区范围的变迁。其中对存在于这一时期的诸多纷繁复杂、悬而未决的政区地理相关问题，做了迄今为止最为详尽、完整的揭示与廓清。

全卷除绪论与附录外，分为概述编与考证编两大部分。概述编系综合考证编的所有结论撰写而成。此编又分为上、下篇，以政权为视角，划分章节进行叙述。上篇析为5章，简述后梁、后唐（晋王）、后晋、后汉及后周等五代所设置的行政区划的沿革；下篇分为10章，略叙前蜀、后蜀、南平（荆南）、楚（楚王）、吴（吴王）、南唐、吴越、闽（威武、闽王）、南汉（大彭王、南平王、南海王、大越）及北汉等十国政权所设置的行政区划的沿革。其中主要涉及这些政权所置节度使（留守）及其属州、直属京（直隶）州（军）的各自辖区的逐年变化。另外，曾与五代十国在不同时期并存过的岐王、卢龙（燕王、燕）、赵王、北平王、定难、归义（西汉金山国）、武贞、宁远、邕管（岭南西道）、江西、百胜、高州、新州、静海、殷、湖南及清源等或大或小的各割据政权（势力）的辖区演变，亦按地域与出现时间附入此编相应各章节之中加以概述。考证编系对五代十国时期的政区地理所作的逐年详尽考述，为全卷的重心所在。此编参照唐开元十五道的分野，按地域划分考证区域，以后梁贞明六年（920年）为断，将其时所存在的各割据政权（北方：后梁、晋王、岐王、定难及归义；南方：前蜀、荆南、楚王、吴、吴越、闽王及南汉）所辖的高层政区与统县政区的置废分合及其各自辖境的盈缩予以系统而详赡的考订，共计10章，分置于上、下篇之中。此年之前或之后在南北方区域内出现的各割据政权（势力）[北方：卢龙（燕王、燕）、赵王、北平王、西汉金山国及后唐、后晋、后汉、后周、北汉；南方：吴王、威武、大彭王（南平王、南海王、大越）、武贞、宁远、邕管（岭南西道）、江西、百胜、高州、新州、静海及后蜀、南平、楚、南唐、闽、殷、湖南、清源]所辖的政区建置与领域的变动，则纳入上述相应考证区域的章节之中进行论述。此外，为了便于读者的阅读与理解，本卷还编绘了大量的图表（其中图53幅、表45项），试图从时间与地域上直观而形象地展现论述的结论。

［其他版次］

《中国行政区划通史·五代十国卷》（第二版），李晓杰著，复旦大学出版社，2017年。

《中国行政区划通史·辽金卷》，余蔚著，复旦大学出版社，2012年。

本卷的任务是梳理辽、金两代行政区划的全貌，力求既能从纵向看出每一个政区的演变过程，也能从横向在任何一个时间截面给出完整的行政区划图。因史料的严重缺乏，故而这个基本目标难以实现。但本卷有自身特色，即研究的体系化。包括：政区之由来——其所在的疆域得失，以及政区制度方面对前朝制度的继承与废除；与政区制度相关的其他制度、关联事件与政治背景。除政区沿革之外，全书在辽、金两代道（路）、州、县制度，在北方民族所特有的两重或三重地方行政制度的并存与整合，在制度变动及动因等方面，发明较多。

本卷主要利用宋、辽、金、元四朝史书，辅以文集、方志及金石等考古材料，系统阐述了辽、金两代的地方行政建置，并对其疆域及行政制度予以全面梳理。全卷四编，前两编为辽代行政区划研究，后两编为金代政区研究。第一编探讨了辽代疆域及政区制度。其中着重对辽代的道—路体制与州制进行了全面分析，指出辽代的高层区划是五京道与军事路、财政路并行的体制，五京道虽非辽代自始至终最重要的高层政区，但却是实际存在的，并且是后两者的前身。此外，对州的种类划分予以全新梳理，重点论述了方州形成的过程，并合路、州两级的研究，得出辽代政区是以四级制为主干的多种统辖模式并存的结论。第二编以道及军事路为纲，对辽代州、县建置沿革予以详尽考述，并列出三个时间断面的政区设置情况，从而使辽代的政区在通代变迁的具体考证之外，更由几个时间上的剖面，配合地图，得以更直观地呈现。第三编对金代疆域频繁变迁的状况与背景进行了细致分析，并推导出金代行政区划乃路、镇、州、县四级体制，同时对军事路的建置予以全面探究。第四编以军事路为纲，对金代统县、县级政区予以具体考述，亦给出三个时间断面，使金代各个层级的政区得以展现其全貌。本卷通过对辽、金两代行政区划沿革与相关政治制度的全面考述，力求给出两代政区制度的完整面貌及建置沿革的政治背景。因体例及研究便利的需要，本卷将辽、金两代分述，但作者始终关注两个相承接的朝代之间制度、具体政区的延续性，力求体现二者之间的关联性。

［其他版次］

《中国行政区划通史·辽金卷》（第二版），余蔚著，复旦大学出版社，2017年。

《中国行政区划通史·清代卷》，傅林祥、林涓、任玉雪、王卫东著，复旦大学出版社，2013年。

本卷依据《清实录》（含《宣统政纪》）、《东华录》《东华续录》，康熙、雍正、乾隆、嘉庆、光绪五朝《清会典》及乾隆《清会典则例》和嘉庆、光绪《清会典事例》，已出版的各种清代档案，《政治官报》《内阁官报》等政府公报，康熙、乾隆、嘉庆《清一统志》及各种地方志，以及奏议汇编和清人文集等原始资料，充分参考、吸收了学术界最新的研究成果，对清朝地方行政制度与行政区划的变迁过程进行了详尽考述。全卷分为两编。上编叙述清代地方行政制度的变迁过程及特点，对清代的京府制度、省和府厅州县及上司制度、东北地区的八旗驻防制度和旗民双重管理体制、藩部的设治过程和行政管理体制，做了简明扼要的叙述。下编分述清代各级行政区划的具体变迁过程，包括太平天国政权统治地区的政区变迁。本卷对清初省制变化和江南等省分省过程、府厅州县体系形成过程、东三省旗民双重管理体制的演变、清初守巡道的设置、各厅的设置时间，都进行了较为详细的考订，提出了自己的看法。此外，作者对清朝在个别地区实施的较为特殊的行政管理制度也进行了探讨。附录以表格的形式反映了清代各地行政区划的变迁沿革，便于读者检索。

［其他版次］

《中国行政区划通史·清代卷》（第二版），傅林祥、林涓、任玉雪、王卫东著，复旦大学出版社，2017年。

《中国行政区划通史·中华民国卷》，傅林祥、郑宝恒著，复旦大学出版社，2007年。

本卷依据各种政府公报、全国行政区划表、内政年鉴等官方资料及各省年鉴、新旧方志、地图、文集等对中华民国时期地方行政制度与行政区划的变迁过程进行了详尽考述。全卷分为三编，注重全面掌握一手的原始资料，并充分吸收新的研究成果。绪编简述民国时期对行政区划变化产生过影响的各个政权从产生至消亡的过程。上编阐述民国时期各种政权的地方行政制度的变化过程及特点。下编分述各个行政区划个体，包括由国民政府划定的各省、直辖市、地区从清末到民国末年的具体变迁过程，以及中国共产党领导的革命根据地与日本扶持的伪政权统治地区的政区变化。本卷对辛亥革命爆发后南方各省的行政区划改革与变动，民国初年黑龙江省呼伦贝尔地区"自治"对当地行政区划的破坏，直隶、山东、河南等省的县佐设置过程，以及民国三十八年以海南岛及南海诸岛区域置海南特别行政区等问题进行了详细考订，首次复原了事实真相；另外，对各政区置废过程的记载，在时间精度上也有相当程度提高。附录以表格的形式反映了民国时期省级政区的变迁沿革，便于读者检索。

［其他版次］

《中国行政区划通史·中华民国卷》（第二版），傅林祥、郑宝恒著，复旦大学出版社，2017年。

《政治地理视角下的省界变迁——以民国时期安徽省为例》，徐建平著，上海人民出版社，2009 年。

本书系作者的博士论文，主要从政治地理的角度，以民国时期为背景，以省级行政区域界线为基础，复原民国时期安徽省界变动的过程，归纳变动的类型，探究在省界变动中政治过程对地理区域的影响。本书将安徽省界变迁归纳为四种类型：第一类为整县改隶，展现了县级政区变动过程中自然、行政、文化、经济等各类因素所起的作用。第二类为模糊界限向精确界线的转变过程，这其中包括两种形式，其一为两省之间共有的河流湖泊如何划分界线；其二为两省之间以山为界，如何进行具体的界线划分。第三类为两省之间划出一定的相邻地域所设置的新县，应该归属哪一省以及依省界而设的新县对省界区域政治控制的影响。第四类为整理长江沿岸的插花飞地，对以长江为省界的沿江堤防建设及管理所带来的利弊。中国几千年的行政区划一直未曾划定精确的界线，直到民国时期，国民政府加强法制化建设，逐步对全国范围内各级行政区进行勘界。该书是第一部以省界为讨论对象的研究专著，加快了历史政治地理学向要素化研究推进的步伐。

《西汉侯国地理》，马孟龙著，上海古籍出版社，2013 年。

西汉推行的分封体制，存在鲜明的地域特征。学界对诸侯王国地理分布多有关注。对于西汉侯国地理分布特征，除了武帝以后的王子侯国，其他时段、其他性质侯国，以往的认知并不清晰。本书对西汉封置 800 余侯国地理方位进行梳理，并设置七个标准年代，逐一复原七个年代的侯国地理分布状况，全面展现西汉不同时期侯国地理部分特征及其演变过程。全书不仅从宏观上探讨了西汉侯国地理分格局的整体演进，还在微观上关注某些特殊性质侯国的分布特征，以及侯国集中迁徙等现象。本书还讨论了导致这些特征形成及变化背后的政治背景。西汉侯国地理分布特征的揭示，不仅有助于西汉郡国级政区辖域范围的复原，还成为揭示西汉政治地理格局的钥匙。凭借这把钥匙，或许我们可以找寻到研究模式由历史政区地理演进至历史政治地理的门径。本书为作者的博士论文，获 2013 年"全国百篇优秀博士学位论文"奖励。本书近年有增补版，增补约 10 万字。

《中国历史政治地理十六讲》，周振鹤著，中华书局，2013 年。

本书是作者数十年来对中国历史政治地理思考和研究的代表性著作，是我国第一本中国历史政治地理研究的专著。全书比《体国经野之道——新角度下的中国行政区划沿革史》增加了一倍的内容，增补的八讲分别是："范式的转换——从沿革地理、政区地理到政治地理""政区地理研究的基本概念与学术用语""中国历史上的两种基本政治地理格局""行政区划变迁中的文化因素""中国历史上的五大都城定位的政治地理背景""主流的大陆意识与非主流的海洋意识：历史中国海权的缺失""政治地理视角下的中央地方关系变迁""构建中国政治地理学的设想"。从原来的讨论集中于行政区划，通过微观与中观的分析来看行政区划各方面所蕴含的政治地理含义，扩大为从中观的视角讨论行政区划以外的政治地理问题。历史政治地理研究的方法是以历史学方法为主，研究对象也是历史时期的政治地理现象。政治地理学概念的提出和发展，在西方学界日益成为一门显学。而在中国，政治地理的研究尚未形成气候。作者以其著名历史地理学家的理论修养和敏锐视野，在学界首倡中国政治地理研究，打通政治学、历史学和地理学畛域，为中国历史政治地理学奠定理论和学科基础，具有重要的学术创新意义和学科开创价值。本书于 2014 年获上海市第十二届哲学社会科学优秀成果奖著作类一等奖。

《温州政区沿革史》，董枫著，人民出版社，2017 年。

本书以温州为中心搜集整理相关历史资料，在整理地理志书的基础上，吸收借鉴当代学者研究的成果，将政区沿革情况与历史政治变迁重大节点相结合，解读温州政区的沿革情况，较为系统地梳理了温州政区沿革的基本情况，进一步分析归纳出了温州政区沿革的特点。

本书为吴松弟主编"《温州通史》专题史丛书"之一。全部专题史共 29 部，另有 1 册钟翀编《温州古旧地图集》。本丛书已先后出版 10 种，作者和书目如下：邱国珍著《温州畲族史》；［日］松浦章著，杨蕾等译《温州海上交通史研究》；丁贤勇、常晓强著《温州近代交通史研究》；王兴文著《温州盐业经济史》；刘时觉著《温州医学史》；徐宏图著《温州古代戏曲史》；董枫著《温州政区沿革史》；康武刚著《温州沿海平原的变迁与水利建设》；余同元著《温州家族史研究》；孙邦金著《晚清温州儒家文化与地方社会》。

《十六国疆域与政区研究》，魏俊杰著，复旦大学出版社，2018 年。

本书主要研究十六国时期的疆域变迁和政区沿革。在疆域变迁研究方面，力求理清各国疆域动态变化的过程，尽可能复原十六国诸政权每年的疆域范围，并绘有分国疆域图和十六国不同时期的疆域总图，附有诸国疆域变迁表。在政区沿革考证方面，着力考述各政权的政区建置和沿革，考察各级政区的治所、不同层级政区的统辖关系以及当时设立的各种特殊形式的政区或准政区，并绘制各政权的政区图，附有政区沿革表。本书在作者博士后出站报告《十六国政治地理研究》的基础上修改而成。

《北魏政治地理研究》，毋有江著，科学出版社，2018 年。

本书是一部历史政治地理著作。作者立足政治实体的具体演化过程，着力阐释历史时期拓跋鲜卑长期占主导的北族从部族政治体向中原王朝政治体的地理发展过程。本书在游牧民族政治体发展的地理过程、政治中心跨地域的空间变动轨迹，以及区域发展的地理逻辑上均有基于政治地理分析的思考与理解。作者认为，历史时期的政治实体可以从资源、政治文化与地缘关系三个变量入手进行分析，三个变量错综组合，让政治体的行为千变万化，而从地理空间发展的角度，它们的行为可以归结为内生与外向两种基本模式。本书部分章节脱胎于著者的博士论文，凸显了作者同期研究北魏乃至北朝政区的思路，显示出政治地理的学科思维。

《中国近现代行政区域划界研究》，徐建平著，复旦大学出版社，2020 年。

该书分上中下三篇。上篇为"宏观视角下的行政区域整理研究"，主要讨论民国时期中央政府推进行政区域整理的背景、措施和成绩。中篇为"从界限到界线——中国近代政区边界的法制化进程"，通过四个时空各异的案例，展示了边界从界限到界线的动态过程，以及这一过程背后的复杂原因。下篇为"基于 GIS 和古旧地图的近现代政区研究"，将新技术（GIS）以及新资料（古旧地图）应用于政区复原研究中，大大提高了政区地理研究的精度。从学术界已有的研究成果可以看出，目前对于行政区域划界这一专题,已有成果大多是从个案研究着手,尚缺乏总体性研究。虽然周振鹤先生总结出"山川形便"和"犬牙交错"这两条历史上行政区域划界的基本原则,但此后学界未见再有类似的理论性研究,更遑论以划界为主题的专著。作者认为其原因不外乎中国历史悠久地域广博,个案研究虽多,但是无论从区域上还是时段上都还远称不上全覆盖,因而目前为止,要试图进行总体性的研究恐怕依然为时尚早。我们仍然需要更多的个案研究,只有在个案研究更加充分的基础上,才有可能进行比较完善的行政区域划界规律的理论总结。从这个角度上来说,本书的写作虽然主体仍然是个案研究,但依然有其学术价值。

《清代政区地理初探》,邹逸麟名誉主编,华林甫主编,北京联合出版公司,2015 年。

本书是研究清代政区地理的论著成果,书中既有宏观把握,也有微观分析;既落脚于基础文献,又贴近学科前沿;既涉及政区地理的各个层次,又对每一层次加以纵向性的历史分析。除记录新修《清史·地理志》的编纂历程外,本书汇集了清代政区地理的研究成果,解决了该领域的一系列重大问题,具有较高的学术价值。所收文章论点明确、引证翔实,层次清晰、文字通达,充分显示了作者深厚的理论功底和严谨的学术作风。复旦史地所邹逸麟、傅林祥、杨伟兵、杨煜达、段伟等均有论文收入。

《清代政区地理续探》,邹逸麟名誉主编,华林甫主编,北京联合出版公司,2019 年。

本书是《清史·地理志》《清史地图集》项目组成员阶段性成果的又一次汇总,共 35 篇论文,分为五个部分:总论部分收录三篇论文,论述历史地理学科中基础研究与当代社会的有机联系,论述《清史地图集》工作缘起与设想,评点学术动态。政区与疆域理论研究部分,包括政区研究方法论、政区层级 "两千五百年两大循环" 学说、陆界与海疆研究新论。省级政区研究部分,包含关于清初分省的诸多观点,也有关于省级政区制度、名实的具体考证。省级以下政区的研究,包括道、厅、州、县、治所等具体而深入的研究。文献研究部分,包含研究综述、传世文献研究、新编志书评论、蒙文地理文献研究等。复旦史地所邹逸麟、傅林祥、杨伟兵、杨煜达、段伟等均有论文收入。

3. 历史经济地理

3-1. 综论

《发展与落差——近代中国东西部经济发展进程比较研究（1840—1949）》，戴鞍钢著，复旦大学出版社，2006年。

现实与历史有着割舍不断的联系。中国地域辽阔，在自然地理和历史人文等多种因素的综合作用下，区域差异和发展不平衡客观存在，其中尤以东西之间的大地带性差异最为突出，这直接制约了当代中国的现代化进程。本书旨在综合运用多学科的知识和方法，对近代中国东西部之间的经济联系、社会发展程度差异及其成因，从自然地理和历史人文等方面，作具体深入的考察研究，以期从历史的角度，揭示东西部发展不平衡的多重因素，为尽快缩小东西部之间的发展差异，有针对性地实施支援和建设方案，提供历史的借鉴。

《天津与北方经济现代化（1860—1937）》，樊如森著，东方出版中心，2007年。

本书运用历史地理学的理论与方法，以近代中国北方最大的口岸城市和工商业中心天津作为切入点，以进出口贸易对华北大部、东北西部、西北东部广大腹地外向型经济的拉动作为关注面，以港口—腹地之间的商品市场网络作为研究体，系统考察了北方广大地区的近代商业地理状况，并将学术研究的视野，拓展到了对北方农业、牧业、工业、交通、城市等多个经济领域的整体性经济地理探索。

《近代西北经济地理格局的变迁（1850～1950）》，樊如森著，花木兰文化出版社，2012年。

本书选取蒙古高原、天山南北和陕甘高原三大地域，以历史地理学的时空视角，多维度、多层面地综合考察了近代百余年间，西北地区在政策环境、市场格局、交通网络、生态环境、区际联系等方面的经济地理格局变迁历程。该书数据翔实，图表规范，是研究近代西北经济发展进程的有益参考。

《中国近代经济地理》（全9卷），吴松弟主编，戴鞍钢副主编，华东师范大学出版社，2014—2016年。

本书是第一部全面系统阐述中国近代经济地理的学术著作。全书从全国角度论述近代经济地理格局的演变过程，包括理论、方法、资料的说明。本书以江浙沪、华中、西南、华南、闽台、华北与蒙古高原、西北、东北八个地域为划分，论述了中国近代经济地理变迁的原因、历史过程与结果，包括各区域工农业和交通、邮政、金融等方面发生的重大变迁，全新的中国经济地理格局以及区域差异的形成过程等，探讨了影响中国近代经济地理形成的诸因素。全书共分成9卷，除第1卷外，其他8卷都是分区域的论述。区域各卷在内容上大致可分成两大板块：一个板块是各区域近代经济变迁的背景、空间过程和内容，将探讨经济变迁空间展开的动力、过程和主要表现；另一个板块是各区域近代经济地理的简略面貌，将探讨产业部门的地理分布、区域经济的特点，以及影响区域经济的主要因素。本书于2018年获上海市第十四届哲学社会科学优秀成果奖著作类一等奖；2020年获教育部第八届高等学校科学研究优秀成果奖（人文社会科学）著作类一等奖。

本书作者与书目如下：吴松弟主编，吴松弟、侯杨方、韩茂莉、袁为鹏、徐卫国、龚关等著《中国近代经济地理》第一卷（绪论和全国概况）；戴鞍钢著《中国近代经济地理》第二卷（江浙沪近代经济地理）；任放主编，任放、陆发春、杨勇著《中国近代经济地理》第三卷（华中近代经济地理）；杨伟兵主编，杨伟兵、张永帅、马琦著《中国近代经济地理》第四卷（西南近代经济地理）；方书生著《中国近代经济地理》第五卷（华南近代经济地理）；林玉茹、姜修宪、周子峰、王湛著《中国近代经济地理》第六卷（闽台近代经济地理）；樊如森著《中国近代经济地理》第七卷（华北与蒙古高原近代经济地理）；张萍主编，张萍、严艳、樊如森、吴孟显著《中国近代经济地理》第八卷（西北近代经济地理）；姚永超著《中国近代经济地理》第九卷（东北近代经济地理）。

49

《中国近代经济地理》第一卷（绪论和全国概况），吴松弟主编，吴松弟、侯杨方、韩茂莉、袁为鹏、徐卫国、龚关等著，华东师范大学出版社，2015 年。

本书为《中国近代经济地理》总论，从全国角度论述近代经济地理格局的演变进程，包括理论、方法、资料的说明。本书论述了中国近代经济地理变迁的原因、历史过程与结果，各区域工农业和交通邮政金融等方面发生的重大的变迁、全新的中国经济地理格局以及区域差异的形成，并探讨了影响中国近代经济地理形成的诸因素。

《中国近代经济地理》第四卷（西南近代经济地理），杨伟兵主编，杨伟兵、张永帅、马琦著，华东师范大学出版社，2015 年。

本书分 4 篇，分别对今属西南地区的四川省、重庆市、云南省、贵州省和西藏自治区在近代时期的农、工、商、矿、交通、贸易、金融等经济部门发展状况，作较为全面地呈现和分析，探讨近代百年时间里西南经济地理分布格局及区域特征。全卷含绪论共 25 章，总计 76 万余字。本卷发掘和利用了大量各类中外商业调查、政府公报、经济调查与统计档案和旧海关贸易报告等资料，对各地区主要经济部门生产和发展作了较为充实的数量统计和量化分析，时空俱进展现其发展过程，在论述全面性、文献一手性、统计量化分析和观点新发现等方面上，大大推进了相对薄弱的西南近代时期经济地理研究。本卷研究认为，复杂的自然和地理环境于近代西南经济发展而言，既是最大的不利，也是最具优势的经济发展富源；面向国内外市场的商品流通、交通改善和口岸开放，对西南经济在近代发展和近代经济地理格局塑造，都起到关键作用。工业化、城市化和贸易国际化等经济近代化重要指标的快速发展，在近代西南地区均有明显体现。抗战大后方建设等国家战略部署，对西南经济的夯实功不可没，奠定了现代西南工业、交通、城市等发展格局。但是，西南地区、部门之间经济发展上依然与传统时代一样，存在着极大的不平衡性。这既与自然条件先天性不足和社会历史发展不均有关，同时与近代时期部分产业布局不合理、非经济和市场因素干预性极强也有很大关系。

《中国近代经济地理》第七卷（华北与蒙古高原近代经济地理），樊如森著，华东师范大学出版社，2015年。

本书认为，伴随着内地移民的商业渗透和农业垦殖，尤其是清末民国的口岸开放和蒙荒放垦过程，华北与蒙古高原的传统农牧业经济，开始向市场化工业经济转型，初步形成了以口岸城市为节点、以立体交通为纽带、以进出口贸易为内容的近代外向型市场网络。同时，双方历史基础、资源禀赋、产业结构、市场环境的内在差异，也造成了彼此经济现代化水平的时空落差。该书的长时段、广域场、多维度实证研究，可以为进一步探索该区域的经济地理问题提供有益参考。

《中国近代经济地理》第八卷（西北近代经济地理），张萍主编，张萍、严艳、樊如森、吴孟显著，华东师范大学出版社，2015年。

本书分绪论和"近代陕西经济地理""陕甘宁边区经济地理""近代甘宁青经济地理""近代新疆经济地理"四编，论述了中国西北地区近代经济地理变迁的原因、历史过程与结果，各区域工农业和交通邮政金融等方面发生的重大的变迁、全新的中国经济地理格局以及区域差异的形成，并探讨了影响中国近代经济地理形成的诸因素。

《吴松弟中国近代经济地理与旧海关资料研究集》，吴松弟著，广西师范大学出版社，2019年。

本书是作者关于中国近代经济地理及旧海关资料研究的论著，共收录42篇论文，及1篇《〈中国近代经济地理〉工作手册》。在内容上侧重以下方面：一是从历史与地理两个方面对中国近代经济变迁的研究；二是对港口—腹地和中国现代化进程的研究；三是对行政单位"市"的产生、发展的研究；四是对旧海关出版物尤其是哈佛大学哈佛燕京图书馆所收旧海关出版物的相关研究。本书的特色，首先在于从历史与地理——即时间与空间——两个维度对研究对象进行观照，形成历史、地理、政治、经济、文化的多角度透视；其次是通过"港口—腹地"理论体系立体展现中国现代化空间进程漫长而艰难的发展过程；最后利用哈佛大学哈佛燕京图书馆藏中国旧海关资料，对旧海关出版物进行细致梳理与研究，是发现、使用、整理哈佛藏中国旧海关资料研究成果的集中体现。

《近代中国北方经济地理格局的演变》，吴松弟、樊如森主编，人民出版社，2013 年。

本书为"近代中国北方经济地理格局的演变学术研讨会"论文集，主要内容分为五编：总论收录 3 篇文章，探讨中国近代史主线索和经济变迁特点，环渤海地区经济变化的政治因素等；第二编研究近代华北地区经济地理格局的演变，收录 9 篇文章；第三编研究近代西北经济地理格局的演变，收录 5 篇文章；第四编研究近代东北经济地理格局演变，收录 3 篇文章；第五编研究周边区域与"三北"地区的经济联系。书末还附有会议总结摘要。本书针对中国近代经济史研究中长期形成的、挪用南方某些例证代表整个中国经济面貌的惯性思维，以及北方经济史研究严重缺位的客观实际，将多位著名学者近年来关于北方经济地理研究成果集结成册，目的在于通过展现该领域的学术前沿和精髓，把近代北方经济地理的研究提高到一个崭新的阶段和水平。

《中国地方志经济资料汇编》，戴鞍钢、黄苇主编，汉语大词典出版社，1999 年。

本书辑录了我国数千种地方志中的经济资料，涉及农业、副业、手工业、近代企业、商业、对外贸易、交通运输、邮政电讯、货币金融、社会经济生活等十个大类，大类下再分子目，子目下分细目，每个细目再分地区、按年代排列。这些资料内容丰富，资料翔实，对研究中国经济的发展变迁具有极为重要的作用。

3-2. 农业与牧、副、渔业

《明清长江中下游渔业经济研究》，尹玲玲著，齐鲁书社，2004 年。

本书以一种前人较少注意的税收机构——河泊所为切入点，论述了明清时期长江中下游地区的渔业分布，从其置废沿革及渔业课税的征收变化看渔业经济的兴衰变迁，长江中下游地区的渔业经济在明清时期地位的升降，包括该区域的渔业在全国所居地位的前后变化，各分区之渔业在区域总体经济结构中的地位的盛衰变迁，以及遍布各江湖水域的水产商贸活动，水产的加工和保鲜以及水产加工产品的长途运销，与水产养殖密切相关的鱼苗的生产与贩运等，从而揭示了长江中下游地区较为兴盛的水产市场，并初步探讨了水产商贸对沿江市镇体系的形成和整合所起的作用。本书从河湖水体的淤浅、淤废成陆与围湖圩垸的大规模扩展这两种相互对应的现象，分析鱼利的逐渐下降、渔业的逐步衰落及垦殖业的迅速发展这一变迁过程，揭示了从兴盛的渔业经济占据重要地位——渔农并作的过渡——完全以农业经济为主这一经济结构的转换与日益频繁、剧烈的洪涝灾害的恶性循环二者之间的密切联系。本书是作者在博士论文的基础上修改而成的。

3-3. 工矿业

《清代湖南的矿业：分布·变迁·地方社会》，林荣琴著，商务印书馆，2014 年。

本书主要利用清代地方志、档案等文献资料，围绕"分布""变迁""地方社会"三个主题，讨论了清代湖南矿业开发的分布与变迁、矿业生产中的经营管理和矿产量、矿业开发对地方社会经济的影响、地方社会冲突与调适以及晚清湖南矿业发展的一般情况。本书整理了清代湖南矿产地和开发状况等资料，建立了较完备的清代湖南矿业资料数据库。根据矿业开发的地区差异，勾画出以郴州、桂阳州为中心的三个层级的地区分布格局，指出郴、桂二州为全省矿业最发达的地区。对矿产量的估算表明湖南在清代全国铜、铅矿生产和鼓铸事业中的地位仅次于云南。对矿业兴衰的分析，确立了乾隆年间是矿业最兴盛的时期，并探讨了其影响因素。而矿业生产中矛盾冲突的处理和有效调适，对矿业的发展及其区域差异也产生了重要的影响。1895 年湖南矿务总局成立以后，某些矿产的开采地点比传统时期有所突破，新矿种的出现和开发，再次确立了湖南省在全国矿业中的地位。本书是作者在博士论文的基础上修改而成的。

《15—20 世纪江苏海岸盐作地理与人地关系变迁》，鲍俊林著，复旦大学出版社，2016 年。

本书运用历史文献分析、现代模拟与田野调查等方法，围绕明清时期江苏海岸环境演变与两淮盐作活动的关系，对中国古代盐业生产中心——两淮盐场的兴衰变迁及其地理背景进行了全面研究，旨在系统揭示历史时期江苏海岸快速淤涨背景下传统盐作活动的发展机制及其模式。经研究，本书系统重建了淤进型海涂传统盐作动态场景、盐作环境变迁的本质，揭示了两淮盐场"移亭就卤"的发展过程与动力机制，并进一步分析了两淮盐作格局、海涂传统开发与环境应对的演变过程与地理背景。本书是在作者博士论文的基础上修改而成的。

3-4. 商业

《港口·城市·腹地——上海与长江流域经济关系的历史考察（1843—1913）》，戴鞍钢著，复旦大学出版社，1998 年。

本书综合运用经济学、地理学、历史学、社会学等多学科专业知识和方法，独辟蹊径，将港口与所在城市及经济腹地作为一个整体进行了多方位考察，深入探讨了上海依托港口发展成为近代中国经济中心城市的进程和特点，揭示了上海中心城市地位的确立，对长江三角洲及长江流域经济格局、市场网络、城镇体系和习俗风尚等社会生活诸方面带来的深刻变动，论证了上海以内外贸易为纽带，与周边地区及内陆省份之间互补互动的双向经济关系。全书内容丰富，视野独到，资料扎实，文字清晰，学术价值与现实借鉴意义兼具。作者的博士论文获 2000 年"全国百篇优秀博士学位论文"奖励。

《港口—腹地与北方的经济变迁（1840—1949）》，吴松弟、樊如森、陈为忠、姚永超、戴鞍钢等著，浙江大学出版社，2011 年。

本书是复旦大学"港口—腹地"学术团队有关近代北方商业地理研究的学术集成。该书依据丰富的近代海关报告和地方资料，紧紧抓住港口城市—腹地这一影响现代化空间进程的关键因素，从进出口贸易这一促进区域经济变迁的途径入手，深入论述中国北方在沿海沿边尤其是天津、烟台、青岛、连云港、营口、大连、安东等城市开埠以后所发生的巨大经济变迁，展示了东北、华北、西北等区域近代经济成长的过程和差异。在分区域、分部门深入研究的基础上，作者分析了近代北方经济变迁的主要特点、内因和外因、经济成长及其限度，并对西方学者关于中国近代史的若干观点予以评述。

《空间视角下的近代云南口岸贸易研究（1889—1937）》，张永帅著，中国社会科学出版社，2017 年。

本书充分利用旧海关资料，以空间的视角，主要运用数学统计和定量分析的方法，在描述近代云南三关腹地范围和外部市场特征的基础上，探讨外部市场、内部区域特征对三关贸易特征形成的塑造作用。本书认为：1889 年，随着蒙自的开埠，云南对外贸易开始步入口岸贸易的新阶段。随着思茅、腾越的相继开关，云南口岸贸易从 1902 年起形成了三关并立发展的新局面。而三关贸易特征与口岸贸易的演进既有共同的一面，当然也有很大不同的一面。从贸易功能上讲，口岸实际上起着连接内（腹地）外（外部市场）两个扇面的节点的作用，口岸贸易特征的形成和演进恰恰是内外扇面共同塑造的结果，即近代云南三关贸易的异同是三关腹地特征和外部市场结构交互作用的结果。将口岸贸易特征的形成作为外部市场与腹地区域共同作用的结果，考察外部市场与腹地区域对口岸（口岸贸易）的塑造作用，是研究口岸贸易不应被忽视的"空间"视角，我们将其概括为"面→点←面"研究范式。本书是第一部"面→点←面"研究范式的专著。本书是作者在博士论文的基础上修改而成的。

《港口·城市·腹地：上海与长江流域经济关系的历史考察（1843—1937）》，戴鞍钢著，上海社会科学院出版社，2019 年。

近代开埠以来，上海依托区位优势和特殊的历史环境，在长江沿岸各城市发展中脱颖而出，成为中国最大的港口城市。本书追溯上海成为龙头枢纽港和长三角核心经济圈的历史根源，以"港口—城市—腹地"为分析框架，从区域经济发展历程着眼，探寻上海如何带动长江流域的发展。

《天津港口·城市与经济腹地研究（1860—1960）》，樊如森著，齐鲁书社，2020 年。

本书全面考察了天津的区域经济定位问题，发现 1860 年的口岸开放与此后港口·城市与经济腹地互动网络体系的建立，在天津经济的全方位崛起历程中，起到了核心支撑作用。它不仅奠定了天津作为中国北方经济龙头的坚实物质与社会基础，而且也促进了华北大部、东北西部和西北东部地区，由传统农、牧业经济向市场化工业经济的现代化转型。进入新时代，切实科学定位和充分发挥港口城市天津在华北经济发展中的中心地位和引领作用，有利于北京非首都功能的真正疏解和中国北方经济的持续健康发展。本书为吴松弟主编"港口—腹地与近代中国经济转型研究"丛书之一。

《近代中国贸易网络空间研究（1873—1942）》，王哲著，齐鲁书社，2020年。

本书通过对近代国内开埠港口产生的，且处于近代海关监管下的埠际贸易和对外贸易研究，第一次重建了近代国内贸易的空间网络结构，同时对港口背后的腹地进行了定量化空间界定。本书突破以往港口史和城市史的研究不足，从港口空间结构（港口体系）和埠际物流网络的角度考察开埠港口整体发展趋势，将城市地理学和经济地理学的港口、城市研究时段上溯，基于GIS手段，通过定量的方式，总结得出国内开埠后，港口空间结构的发展模式以及对外贸易的港口职能转变。本书为"港口—腹地与近代中国经济转型研究"丛书之一。

《晚清时期香港转口贸易研究（1869—1911）》，毛立坤著，齐鲁书社，2020年。

本书通过对海关全国年度总报告和各口年度贸易报告、十年报告的细致梳理，以不同时段香港面向不同地区转口贸易结构的变化为线索，运用历史经济地理学的方法进行实证研究，以期尽可能准确地恢复东部沿海各区域和西南内陆地区与香港之间贸易往来的原貌。本书是作者的博士论文，为"港口—腹地与近代中国经济转型研究"丛书之一。

《港口·城市·腹地与山东区域经济转型研究（1860—1937）》，陈为忠著，齐鲁书社，2020年。

本书主要研究近代山东港口腹地的演变情形及区域经济转型过程，重点把握烟台、青岛、威海、济南、潍县、周村、龙口等商埠的开放过程及工业结构转型进程。研究表明，近代港口·城市·腹地互动关系改变了山东的经济格局，全球化与地方化交织催生了山东近代的市场经济的发展，山东以机器生产为目标的工业转型获得重大进展。本书是作者的博士论文，为"港口—腹地与近代中国经济转型研究"丛书之一。

《中国近代棉纺织进口替代工业研究（1867—1936）》，杨敬敏著，齐鲁书社，2020年。

本书通过对旧海关统计资料、棉纺织工业专项调查统计资料等多种来源数据的辨析、整理，综合使用历史地理学、计量经济学的研究方法，对中国近代棉纺织工业进行了再研究。研究揭示了"进口替代"是中国近代棉纺织工业发展的长时段因素，并讨论了这一因素在时间、空间维度上的特征。本书是作者的博士论文，为"港口—腹地与近代中国经济转型研究"丛书之一。

《近代汉口港与其腹地经济关系变迁（1862—1936）》，张珊珊著，齐鲁书社，2020年。

本书以1862—1936年作为研究的时间断限，在港口—腹地研究框架中，探讨沿江口岸在中国现代化进程中的独特作用，以翔实的海关统计数据为主线，分析汉口对近代中国中西部广大地区所产生的重大经济影响。本书从宏观上对汉口贸易进行阶段和结构分析，土货出口贸易构成了近代汉口贸易的重心和支柱，占据了全国四分之一到五分之一的份额。而在洋货进口方面，在全国占比较低且一直呈下降趋势。本书重点考察了汉口的主要出口商品茶叶、桐油等，从土货出口种类和涉及范围来看，汉口土货出口种类多，腹地来源广，且有多种货物是国内出口货物的主要供给港。汉口作为通商口岸的重要性，正是由于这些主要输出商品而牢固奠定的。而汉口和长江流域各港口之间疏密关系的变化，也反映了近代各港口的发展状况和竞争依存关系。汉口作为一个沿江口岸，远离出海口，直接同海外展开贸易有众多障碍，这就决定了汉口作为一个内陆口岸必定有不同于沿海口岸的特点。在其贸易结构上表现为洋货贸易少，土货贸易多，直接贸易少，间接贸易多。随着沿海口岸的发展，汉口的内陆性特征越发成为劣势，其同沿海口岸的差距也日益增大。而这种差距，也正是近代中国中西部拉开差距的一个根源所在。本书是作者的博士论文，为"港口—腹地与近代中国经济转型研究"丛书之一。

《经济区的形成与绩效：长三角与珠三角的比较（1842—1937）》，方书生著，齐鲁书社，2020年。

近代中国的经济增长既具有时间性也具有空间性，从空间的视角可以观察到时间维度上被平均以至于忽略不见的地方性差异以及其背后的空间资源配置形式与内容。本书尝试从近代中国最为活跃的两大经济区的形成与绩效的角度，从空间力量的层面来考察、比对长三角、珠三角地区空间资源配置的进程与特征，并进一步讨论近代中国经济发展中的空间经济秩序及其效应与机制。新时代，我国社会主要矛盾为人民日益增长的美好生活需要和不平衡不充分的发展之间的矛盾，这一不平衡不充分也包括历史上所形成的，尤其是近代时期所形成的经济空间不平衡，探究这一空间属性因素的起源与演化，是理解中国特色经济地理的一个重要方面，也有助于从时间维度上拓展中国经济地理学学科的发展。本书是作者的博士论文，为"港口—腹地与近代中国经济转型研究"丛书之一。

《港口—腹地和中国现代化进程》，复旦大学历史地理研究中心主编，齐鲁书社，2005年。

中国究竟需要几个国际性大港？区域性港口，个个都需要做大做强吗？考虑港口城市发展时，如何考虑城市本身和腹地的因素？吴松弟进行的"近代港口—腹地"和中国现代化空间进程研究，目的就是要研究港口城市和所在区域之间的双向联系、互为作用及其对各区域现代化的影响。理清这种关系，对于区域协调发展有重要意义。本书采用著作而不是论文集的形式，发表各位参会者的论文，目的是要便于读者的阅读，并避免论文集通常存在的各篇联系性不强的缺点，以给读者一个全面、完整的印象。同时，本书又努力保持各篇论文的原始面貌，除第一章仅来自一篇论文外，其余各章都是各篇论文自为一节，且大多数节的标题采用原论文的标题，一些有所改变的则于此节注明原来的标题名字。在文字上，各节除开头部分删去按现在的编辑目的显得不必要的词汇，并统一注释符号和某些数字的使用之外，其余均不加任何修改，甚至某些内容相同而在不同的论文中叫法相异的词汇，以及某些概念相同但在不同的论文中表述有异的词汇，同样予以保留。为完成各章之间内容的连接，编者在各章开头部分都加了一长段话。这段话，有的也表达了编者自己的一点看法，因此未必代表各节内容的摘要。

《中国百年经济拼图：港口城市及其腹地与中国现代化》，吴松弟主编，山东画报出版社，2006年。

本书基本内容是描述百余年来中国主要港口城市与腹地的关系及其对中国现代化空间进程的影响，主要讨论了上海、广州、香港、宁波、福州、厦门、汉口、重庆、天津、大连、青岛、烟台等12个港口城市的港口—腹地关系及其影响。具体研究内容包括：各港口的发展史和贸易史，各港口的地位和相互关系，腹地的空间范围及其层次变迁，港口城市通往腹地的交通网络和市场体系，港口城市与腹地之间主要通过进出口贸易体现出来的经济上的联系与互动，以及这种港口—腹地关系对区域经济与现代化的影响等。

《海洋·港口城市·腹地：19世纪以来的东亚交通与社会变迁》，复旦大学历史地理研究中心、韩国仁荷大学韩国学研究所编，上海人民出版社，2014年。

本书是2013年由复旦大学历史地理研究中心和韩国仁荷大学韩国学研究所等单位一起召开的"海洋·港口城市·腹地：19世纪以来的东亚交通与社会变迁国际学术会议"论文集，共收录参会人员的25篇论文。主要内容大致包括东亚各国的沿海贸易和航运、通商口岸和腹地的经济变迁、口岸与腹地的关系、交通网络和邮政网络的构成、交通与城市发展和区域变迁等六个方面。

《海关文献与近代中国研究学术论文集》，吴松弟主编，广西师范大学出版社，2018年。

本书是2016年由复旦大学中国海关史与海关文献研究中心主办的"海关文献与近代中国学术研讨会"论文集，共收录中外学者28篇会议论文，视角各异，问题意识强烈，围绕海关文献与近代中国的发展变迁进行论述。本书的出版有助于深化相关领域的研究，同时也有利于推进海关文献的挖掘与整理。

《美国哈佛大学图书馆藏未刊中国旧海关史料（1860—1949）》（1—283 册），吴松弟整理，广西师范大学出版社，2014—2016 年。

中国的海关制度是在被侵略的背景下建立起来的，且长期由外籍人士担任总税务司，成为殖民者干预中国经济乃至政治的工具。但从客观方面来说，在外籍总税务司的领导下，当时的中国政府建立起了与世界同步的海关制度。总税务司署设立造册处（后期改称统计科），编印海关贸易报告、统计、文件、书籍等出版物，逐渐形成了一套规范、完整、有序的编印、发行、保管制度，所编印的出版物分类系统、记录科学、内容丰富，反映了海关各类事务的真实状况。本书便是对藏于美国哈佛大学图书馆的旧海关出版物进行了分类影印出版。

哈佛大学图书馆所藏中国旧海关出版物数量丰富，约占旧海关出版物总量的三分之二，其内容涵盖旧海关出版物的各个门类。目前学界对其中统计类的内容利用率较高，哈佛所藏比国内已出版的相关书籍所录更加齐全；此外还藏有特种、杂项、关务、官署、总署、邮政等类别，这些材料翔实鲜活，约占旧海关全部出版物的一半左右，但是以往未见出版，学界使用不便，利用率较低，不失为学术研究的一大缺憾。本书对哈佛所藏旧海关资料，撷取其未刊者，进行穷尽式系统性影印出版，可以弥补已出版的旧海关资料的缺失，基本将旧海关资料的全貌展现出来，以飨学界。

本书所收资料为从未重印过的中国旧海关史料，这批资料在时间上自1860 年始至 1949 年终，总数达到 1000 余卷，内容庞杂丰富，而且在分析方法和统计方法上严格按照西方的科学制度，在论述上力求详细且常用数据作为支撑，这在中国近代史料中是极为少见的，是研究近代中国极大、极系统、极科学、内容极为广泛的资料宝库。它不仅是研究中国近代海关史、对外贸易史的基本资料，也是研究交通史、产业史、政治史、医学史、生态变迁史和地区历史等多方面的珍贵文献资料。

《海关总署档案馆藏未刊中国旧海关出版物（1860—1949）》（1—50册），中华人民共和国海关总署办公厅、中国海关学会编，吴松弟整理，中国海关出版社，2018—2020 年。

本书收录了大量学术界至今为止几乎无人利用的稀见图书，使中国旧海关出版物的面貌在世人面前趋于完整展现。

中国旧海关在外籍总税务司的领导下，逐步建立起了与世界同步的海关制度。总税务司署设立造册处（后期改称统计科），编印大量出版物，形成了一套规范、完整、有序的编印、发行、保管制度，所编印的出版物分类系统、记录科学、内容丰富，不仅反映了海关各类事务的真实状况，也直接或间接反映了中国近代社会各方面的发展状况。旧海关出版物主要分为七大系列：第一类统计系列（Statistical Series），第二类特种系列（Special Series），第三类杂项系列（Miscellaneous Series），第四类关务系列（Service Series），第五类官署系列（Office Series），第六类总署系列（Inspectorate Series），第七类邮政系列（Postal Series）。此外，还有二三百本由总税务司署编辑或出版，未列入任何系列之书（可称"他类之书"）。中国上海海关档案室对上述各系列出版物均有大量收藏。总税务司署撰写和出版各类出版物的主要目的，是海关内部工作的需要，并非为了向公众发售。因此，国内外收藏有中国旧海关内部出版物的图书馆或档案馆，尽管数量有多有少，但基本上不出第一类、第二类和第三类，极少见到后面各系列的出版物。故中国旧海关内部出版物中的第四、五、六类以及后来出现的第七类，可以说是内部出版物中的"内部出版物"。目前已经出版的三套旧海关内部出版物，各有自己的内容侧重：《中国旧海关史料》只收第一类统计系列，《中国近代海关总税务司通令全编》只收第四类关务系列中的总税务司通令，收入第二类等各系列的只有《美国哈佛大学图书馆藏未刊中国旧海关史料》和本套书。本套书的出版，除了第二类、第三类的出版物可以补齐上述哈佛图书的缺项之外，更提供了比较齐全的第四类、第五类、第六类、第七类等四个系列的出版物。本套书收入的第四、第五、第六、第七等四类图书的总数，远远超过目前所知的国内外其他单位所收藏的上述四类图书的总和。此外，本套书还收入 50 余本"他类之书"，尤其是包括不少重要的出版品。本套书的特色就在于收入稀见的旧海关内部出版物，为学术界打开了很难开启的学术宝库的大门。

本套书收录上述图书约 260 种，装订成 50 册。按照旧海关内部出版物出版"绝不重复"的原则，本套书无一本与前面的三套重复。因此，本套书的出版，意味着珍贵的旧海关出版物至此绝大部分均已出版，必将极大地推进近代中国的经济、贸易、交通、城市、外交、华侨、海洋、生态变迁等多方面的深入研究。

3-5. 区域经济与区域开发

《鄱阳湖流域开发探源》，魏嵩山、肖华忠著，江西教育出版社，1995年。

本书从不同角度对鄱阳湖流域开发之源作了探讨。全书分为"鄱阳湖的形成""鄱阳湖的建置及其发展""鄱阳湖流域开发的历史进程""农田水利的开发和发展""金属矿产的开发""南昌城市的兴起及其发展""赣州城市的形成及其发展""市镇、场的兴起及其发展"等。本书为"中国江南区域开发研究"丛书的一种。

《清代江南市镇与农村关系的空间透视——以苏州地区为中心》，吴滔著，上海古籍出版社，2010年。

本书为清史项目之一，是作者在博士论文的基础上修订而成的。明中叶以降，江南地区涌现出大批商业市镇。尽管这些市镇在形式上已有别于传统村落，却并未游离于帝国行政体系之外，始终没能建立起一套类似欧洲中世纪城市那样相对独立的行政管理体制。本书以苏州地区为例，结合社会经济史和历史地理学的研究视角，力图突破从西方经验出发的"城乡二分法"及"城市化理论"的预设，对以往学界关注得不够的一些课题，如市镇起源和镇管村机制的形成等进行了深入细致的探索，从环境交通、赋役区划、民间信仰、主佃关系诸角度较全面地审视了清代江南市镇与农村的关系。

《传统工匠现代转型研究——以江南早期工业化中工匠技术转型与角色转换为中心》，余同元著，天津古籍出版社，2012年。

本书从区域技术经济史的研究视角，以公元16世纪20年代至20世纪20年代（简称"明清时期"）为研究时段，以江南及其周边地区工业人力资源中的技术主体——传统工匠及其现代转型问题（包括工匠技术转型与角色转换两方面）为研究对象，对江南传统工匠的技术形态转变（即以经验型技术向理论型技术转化为主要内涵的技术转型）、角色地位变化

（即以传统工匠向现代技术工人工程师或企业家转变的角色转换）及相关问题进行动态考察和实证研究，以勾勒江南工匠传统与学者传统结合中的技术科学化（"工匠＋学者"）与科学技术化（"学者＋工匠"）互动过程，并探讨江南早期工业化中人力资源开发与使用、科学技术生成与创新、技术经济增长与发展的区域特征，从而从根本上去把握中国现代化进程的基本内涵与变化规律。本书重点从技术转型与角色转换两方面探讨了江南传统工匠现代转型的动力、途径、表现与规律，展示了传统产业技术理论化对江南区域工业化的驱动作用，总结出江南区域技术经济发展模式——从"技术科学化"（"技进乎道"）到"科学技术化"（"道进乎技"）再到"科技互化"（"道技互进"），认为明清江南社会经济的近代化发展，本质上是一个以早期工业化为表现，工业人力资源开发为内涵，工业技术理论化为动力的社会历史进程；这一历史进程中，传统工匠现代转型是江南区域早期工业化的内在动力和根本标志。本书是作者在博士论文的基础上修改而成的。

《近代上海与江南：传统经济、文化的变迁》，戴鞍钢著，上海书店出版社，2018年。

本书研究上海与江南地区的传统经济与文化变迁的过程。上海开埠前，其在江南的城市地位远不及临近的苏州、杭州及南京。1843年上海开埠通商后，受国内外诸多因素的推动，很快成为中国第一枢纽大港，超越了苏宁杭，成为江南乃至中国的经济中心城市，江南的城镇格局，特别是经济格局、城乡关系，也随之发生一系列深刻的变化。上海的崛起伴随着长江三角洲地区的城镇的相对衰落，周边城镇成为了上海的经济腹地，并促使后者在生产模式方面发生转变，逐步走向近代化。这一城乡经济关系的演变，在大力推进新型城镇化建设的今天，具有极其重要的研究意义与参考价值。

4. 历史人口地理

《西汉人口地理》，葛剑雄著，人民出版社，1986年。

本书在作者博士论文的基础上修改而成，是一部研究历史人口地理的专著。作者在系统梳理史料的基础上，重新提出了研究中国古代人口地理的特殊意义，详细论述了西汉二百年各阶段的人口数量与人口增长率，人口的地理分布及其形成原因，人口迁移等问题。随文附有 19 个表格，书后附有 11 幅地图。该研究做了前人没有做过的工作，在研究方法上也做了新的尝试，是中国历史人口地理研究的经典性著作。

［其他版次］

《西汉人口地理》，葛剑雄著，商务印书馆，2014 年。

《中国人口发展史》，葛剑雄著，福建人民出版社，1991 年。

本书是一部研究中国人口发展的简史。与当时已出版的中国人口史著作明显不同的是，本书的内容不仅有中国以往两千多年间人口数量变化及其原因和特点分析，而且还包括人口构成、人口再生产、人口分布和人口迁移等各个方面的阐述，同时又对中国人口调查制度的起源和演变过程、现有历史人口资料的评价和运用做了论述。因而本书既能使读者对中国人口发展的全过程有比较全面的了解，也会引起大家进一步的兴趣和思考。该书为国家教委组织编著的人口学系列论著之一。

［其他版次］

《中国人口发展史》，葛剑雄著，四川人民出版社，2020 年。

《北方移民与南宋社会变迁》，吴松弟著，文津出版社，1993 年。

本书专门研究北宋靖康之乱后的北人南迁问题。作者在收集大量有关宋元史料、文集、笔记小说、地方志和诗词的基础上，制作了反映 1800 个移民迁徙时间、迁出地、迁入地及其后裔的《移民档案》，据此得出移民在不同阶段和地区分布的百分比，然后结合文献进行研究，不仅探讨了移民的迁移过程、在各地区的分布状况、迁出地、主要迁移路线和入籍过程，还详细论述了移民对南宋政治、经济、文化的影响。书中附地图 2 份、附表 3 份。本书对历史人口地理、移民史和宋史研究都具有重大意义。本书由作者的博士论文修改而成。

《简明中国移民史》，葛剑雄、曹树基、吴松弟著，福建人民出版社，1993 年。

本书是国内外第一部比较全面介绍和论述中国移民历史的专著。上编综述先秦至 20 世纪前期发生在中国境内的主要移民运动，包括其动因、时间、迁入地、迁出地、迁移方向和路线、影响以及定量分析。下编归纳中国移民史的分期、历代移民的特点和类型，进而分专章论述移民对中国疆域、中华民族、地区开放、文化、人口发展的影响。书后附有关于历代移民情况的 18 幅地图和 30 张表格。

《中国移民史》（全 6 卷），葛剑雄主编，葛剑雄、吴松弟、曹树基著，福建人民出版社，1997 年。

本书是国内外最为完整、系统的中国移民史，论述了自先秦时代至 20 世纪 40 年代发生在中国境内的移民，对其中主要的移民运动，一般都说明其起因、迁移对象、迁移时间、迁入地、迁出地、迁移路线及方向、定居过程和产生的影响，并尽可能作定量分析，总结其规律。全书约 260 万字，共分 6 卷：第 1 卷为全书导论和大事年表。导论界定移民的定义和全书的研究范围，确定中国移民史的分期、移民的类型和特点，阐述研究中国移民史的意义，并介绍研究中国移民史的基本方法和手段。大事年表则列出自公元前 21 世纪至公元 1949 年间可考的主要移民及有关大事。第 2 卷至第 6 卷分别为先秦至南北朝时期、隋唐五代时期、辽宋金元时期、明时期、清和民国时期的断代论述，均列有大量统计表格和地图。各卷的后记对相关的学术史和作者的研究方法作简要的说明。各卷按统一的体例撰写，但具有相对的独立性。本书是第一部科学、系统地论述中国历史时期移民活动及其经济、政治和文化影响的著作。本书于 1998 年获上海市第四届哲学社会科学优秀成果著作类一等奖，1999 年荣获第七届精神文明建设"五个一工程"入选作品奖。

［其他版次］

《中国移民史》（全 6 卷），葛剑雄主编，葛剑雄、吴松弟、曹树基著，台北五南图书出版有限公司，2005 年。

《中国移民史》第一卷（导论　大事年表），葛剑雄著；葛剑雄、吴松弟、曹树基编，福建人民出版社，1997 年。

本书为全书的导论和大事年表。导论分别界定全书所用移民的定义和涉及的时间范围和空间范围，划分中国移民史的阶段，归纳出历代移民的类型和特点，从移民对中国历史重大贡献的角度阐述研究中国移民史的意义，介绍研究中国移民史的基本方法和手段。这是对移民史理论和方法论的总结，可作为中国移民史研究的重要参考书，也可作为移民史概论的教材。大事年表列出自公元前 21 世纪至公元 1949 年间可考的主要移民及有关大事，既可查对全书的内容，也可单独作为工具书使用。

［其他版次］

《中国移民史》第一卷（导论　大事年表），葛剑雄著；葛剑雄、吴松弟、曹树基编，台北五南图书出版有限公司，2005 年。

《中国移民史》第二卷（先秦至魏晋南北朝时期），葛剑雄著，福建人民出版社，1997 年。

本书为先秦至南北朝时期的移民史，内容包括先秦、秦、两汉、三国、晋、十六国、南北朝各时期中国境内华夏诸族（汉族）与其他民族的主要移民。对历史上的重大移民运动，如西汉的实关中、东汉以后的少数民族内迁、永嘉之乱后的汉人南迁等都在前人研究的基础上做了更全面、具体、深入的论述；对前人较少涉及或未及深入的方面，如秦朝的移民、两汉时期汉人向少数民族地区的迁移、东晋至南北朝时期汉族向周边地区的迁移和北迁、北魏前期的大移民等，也做了较全面的研究；对主要的移民运动和阶段的论述都包括其社会和自然背景、移民的作用和影响，并尽可能论证或推测了移民的数量。附有统计表格 22 张和地图 25 幅。

［其他版次］

《中国移民史》第二卷（先秦至魏晋南北朝时期），葛剑雄著，台北五南图书出版有限公司，2005 年。

《中国移民史》第三卷（隋唐五代时期），吴松弟著，福建人民出版社，1997 年。

本书为隋唐五代时期的移民史。在这一时期，始终存在着周边民族向中原地区的迁移，其中多数内迁人口在中原定居，并逐渐融合于汉族之中。自唐安史之乱开始的北方人口南迁，一直持续到五代，成为中国历史上最重大的北人南迁运动之一。本书即以上述两方面的移民为重点，详细论述了各民族各次迁移的具体背景、迁移过程、定居过程、分布状况和造成的影响。对同时发生的其他移民，如汉族迁往边疆、中原地区内部的迁移、其他地区间或民族间的迁移等，也占相当大的篇幅。附有统计表格 22 个和地图 6 幅。

［其他版次］

《中国移民史》第三卷（隋唐五代时期），吴松弟著，台北五南图书出版有限公司，2005 年。

《中国移民史》第四卷（辽宋金元时期），吴松弟著，福建人民出版社，1997 年。

本书内容包括北宋西夏金时期华北地区的人口迁移、辽金时期东北地区的人口迁移、两宋南方各族的迁移、靖康之乱后北方人口的南迁、蒙元时期非汉民族的内迁、蒙元时期汉族人口的迁移。其中自靖康之乱后至元朝的人口南迁，其数量之多、范围之广、影响之大，都超过了以往。本书在前人研究基础上，对这次移民大潮的各阶段、各地区都做了论述。附有表格和地图，所辑"移民档案"收录了全部可考的移民人物及其资料出处。

［其他版次］

《中国移民史》第四卷（辽宋金元时期），吴松弟著，台北五南图书出版有限公司，2005 年。

《中国移民史》第五卷（明时期），曹树基著，福建人民出版社，1997 年。

本书主要依据《明实录》及其他官修史书及族谱、地方志、地名志中的资料，对明代的移民运动进行了全面的研究，其中包括对洪武大移民的研究，对永乐移民的研究，对明中期荆襄流民运动的研究以及对民族人口迁移和城市化移民的研究等。由于洪武大移民构成明代移民的主要事件，本书着重讨论这次大移民的过程、移民数量、移民分布和移民对社会发展的影响等。本书在论述过程中，主要采用计量历史学的分析方法，对明代移民史、人口史、经济史和社会史的若干问题提出了一系列有价值的观点。列有统计表格 123 个、图 14 幅。

［其他版次］

《中国移民史》第五卷（明时期），曹树基著，台北五南图书出版有限公司，2005 年。

《中国移民史》第六卷（清、民国时期），曹树基著，福建人民出版社，1997 年。

本书主要依据《清实录》及各种官修史书、族谱、地方志、地名志中的资料，对清、民国时期的移民运动进行了系统研究。在这一时期的历次移民运动中，清代前期的对西南地区、东南山区、台湾、岭南以及北方边外地区的移民构成研究的重点，太平天国战后的移民也是本书的重点之一；此外，本书还对各族人口迁移、中国人口的海外迁移及城市化移民等有详细的论述。本书采取计量历史学、社会学的基本方法，对清、民国时期移民过程、移民分布、移民数量都做了翔实的考证，并对各地移民社会的性质做了细致的分析。列有大量统计表格和地图。

［其他版次］

《中国移民史》第六卷（清、民国时期），曹树基著，台北五南图书出版有限公司，2005 年。

《山西移民史》，安介生著，山西人民出版社，1999 年。

本书在作者博士论文的基础上扩充而成，专门论述先秦至清末山西地区移民运动的过程及其规律。作者致力于挖掘各个时期重大的、具有典型意义的移民运动，并对每一次移民运动的规模及其意义做出恰如其分的分析与评价。在对七个时期移民运动进行详细分析后，该书着重从山西地区的人口发展、民族融合及文化变迁等方面阐发移民运动产生的深远影响。本书为国内第一部以省为研究单位的区域性移民通史。

[其他版次]

《山西移民史》，安介生著，三晋出版社，2015年。

《人口与中国的现代化（一八五〇年以来）》，葛剑雄、侯杨方、张根福著，学林出版社，1999年。

作者将1850年以来当作一个大的历史阶段，作为本书叙述的时间范围，只选入了人口的数量变化、移民、人口分布等方面进行探讨，并对马尔萨斯的人口理论对中国的影响做了论述。在论述历史的同时，也对未来提出了自己的看法，认为要重视中国走向现代化的关键阶段"人口"这一重要因素的作用，中国的现代化离不开人口的现代化。

《中国人口史》（全6卷），葛剑雄主编，葛剑雄、冻国栋、吴松弟、曹树基、侯杨方著，复旦大学出版社，2000—2002年。

本书是第一部科学、系统论述中国历史时期人口数据、人口分布、各区域人口发展过程和户口统计制度的著作，试图为专业研究人员和愿意深入了解中国人口史的读者提供一种尽可能详细、全面而系统的参考。全书300余万字，分为六卷，分别为：导论、先秦至南北朝时期、隋唐五代时期、辽宋金元时期、明时期、清时期、1910—1953年。各卷独立成书，全书的体例基本统一，内容力求详尽。人口调查制度、人口的数量变化、人口的分布、人口与社会和历史的关系等方面，是本书的重点所在；在可能的条件下兼及人口结构、婚姻、家庭、生育、人口素质和影响人口变化、分布、迁移的各种社会与自然因素；近代部分还运用人口统计学方法进行微观研究。各卷的结论体现了作者的理论思考。本书充分吸收前人成果，加上大多数作者一二十年的研究积累和数年辛勤撰写，希望能成为各自领域的最佳成果。本书于2003年获上海市第七届哲学社会科学优秀成果奖著作类一等奖；2006年获教育部第四届高等学校科学研究优秀成果奖（人文社会科学）著作类一等奖；2007年获国家新闻出版总署第一届中国出版政府奖图书奖提名奖。

本书作者与书目分别为：葛剑雄著《中国人口史》第一卷（导论、先秦至南北朝时期）；冻国栋著《中国人口史》第二卷（隋唐五代时期）；吴松弟著《中国人口史》第三卷（辽宋金元时期）；曹树基著《中国人口史》第四卷

（明时期）；曹树基著《中国人口史》第五卷（清时期）；侯杨方著《中国人口史》第六卷（1910—1953 年）。

[其他版次]

《中国人口史》（全 6 卷），葛剑雄主编，葛剑雄、冻国栋、吴松弟、曹树基、侯杨方著，复旦大学出版社，2005 年"中国文库"版。

《中国人口史》第一卷（导论、先秦至南北朝时期），葛剑雄著，复旦大学出版社，2002 年。

本书包括导论、先秦至南北朝时期两个部分。导论包括第一章至第四章，分别论述了"人口"一词的来历和现代"人口"定义、人口史学科定义，以及人口史与相关学科（如人口学、历史人口学、社会史、经济史、历史地理学）之间的关系。在此基础上，界定了中国人口史的时间范围和空间范围，明确了中国人口史的基本内容应为：人口的数量变化、人口的再生产过程、人口的流动和迁移、人口的结构、人口的分布以及人口理论、思想和政策。并据作者的研究体会，归纳了研究中国人口史的基本方法（如历史学、人口学、社会学、历史地理学、人类学的方法），同时提示了研究所用的基本资料及其价值的优劣利弊。结合全书内容，探讨了研究中国人口史的意义，还对中国人口发展的周期和周期性、20 世纪开始的人口转变、是否存在人口爆炸、中国人口发展变迁的决定性因素、人口增长的不平衡性、人口与中国疆域及外部世界的关系等问题提出了自己的看法。先秦至魏晋南北朝时期部分，包括第五章至第九章，是该时期的人口通史。依据目前可考的史料，参考相关学科的研究成果，论述了该时期人口调查制度的形成和演变，通过不同的方法与途径，推算或估计了各个阶段的人口数量，分析了不同阶段的人口数量分布及其形成原因，并讨论了汉代的户均人口分布问题。限于史料和数据的缺损，对多数人口现象还难以进行量化分析，不少方面还有待进一步研究。

[其他版次]

《中国人口史》第一卷（导论、先秦至南北朝时期），葛剑雄著，复旦大学出版社，2005 年"中国文库"版。

《中国人口史》第三卷（辽宋金元时期），吴松弟著，复旦大学出版社，2000年。

本书依据史书、会要、文集、笔记及地方志，对辽、宋、金、元各朝的户口调查统计制度和能收集到的平部户口数据，进行了详细考证。不仅获得有关户口调查统计制度的比较全面的认识，而且整理出自北宋初期至南宋后期的6个标准时点的全国和分区域户口数据系列，并大体恢复了金、元的全国和分区域户口数据。在此基础上，论述了辽、宋、金、元以及西夏的人口发展过程，包括人口年平均增长率及影响人口增长的因素；将研究的主要范围分成16个区域，详尽地探讨了各区域人口的发展过程和相关因素，及其内部的人口公布状况。此外，对当时的城镇人口、各朝人口变动的内在规律也做了一定的探讨。本书就辽、宋、金、元时期的户口调查统计制度发表了一些新的见解，对原有的观点作出了较大的修正。有关户口数据均经过认真考证和鉴别，有助于学术界的进一步研究和利用。考虑到影响人口变动的社会和自然的多种因素，本卷克服以往断代研究的局限，以自然区域为单位进行长时段研究。

［其他版次］

《中国人口史》第三卷（辽宋金元时期），吴松弟著，复旦大学出版社，2005年"中国文库"版。

《中国人口史》第四卷（明时期），曹树基著，复旦大学出版社，2000年。

本书依据《明实录》《明史》等官修史书和明人文集、笔记、地方志及档案资料，深入讨论了明代户口调查与户籍管理制度、内地各省分府人口数量、边疆地区汉族及少数民族人口数量、人口增长率、人口的分布与迁移、城市人口与其他人口结构、明末人口锐减等关于明代人口的一系列重要问题，并对影响明代人口变动的内在规律进行了一定程度的理论探讨。本书的研究综合运用了历史学、人口学和统计学的方法，既注重人口制度的定性分析，也注重人口数据的定量分析。在厘定明代户口调查与户籍管理制度的基础上，通过对大量户口资料的考订，尽可能复原了洪武二十六年（1393年）全国分府分地区人口数据及崇祯三年（1630年）全国分省人口数据，并对明初及明末城市人口的数量和比例作出估测，通过对区域人口数据的研究，求得不同地区的人口年平均增长率，大致复原不同时期各地区的人口数量，获得对明代人口历史较完整的认识。

［其他版次］

《中国人口史》第四卷（明时期），曹树基著，复旦大学出版社，2005年"中国文库"版。

《中国人口史》第五卷（清时期），曹树基著，复旦大学出版社，2001年。

本书依据《清实录》《清史稿》《清朝文献通考》、嘉庆《大清一统志》等官修史书和清人文集、笔记、地方志及档案资料，深入讨论了清代的户口制度、各省分府人口数量、边疆地区汉族与少数民族人口数量、人口增长率、人口的分布与迁移、城市人口数量，以及战争、瘟疫、灾荒对人口的影响等一系列重要问题，并对清代人口变动的内在规律进行了一定的理论探讨。

本卷的研究综合运用了历史学、人口学和统计学的方法，注重人口制度的定性分析，更注重人口数据的定量分析。通过对大量户口资料的考订，全面复原了乾隆四十一年（1776年）、嘉庆二十五年（1820年）、咸丰元年（1851年）、光绪六年（1880年）、宣统二年（1910年）各省分府人口数据，并与1953年相同政区中的人口数量进行比较。本书对太平天国战争、西部回民战争及光绪初年北方大旱灾所造成的各地人口损失，作出了尽可能详细的论述；对乾隆年间及光绪十九年（1893年）城市人口的数量，作出了与前人完全不同的估计，有助于人们获得对清代人口历史的新认识。

［其他版次］

《中国人口史》第五卷（清时期），曹树基著，复旦大学出版社，2005年"中国文库"版。

《中国人口史》第六卷（1910—1953年），侯杨方著，复旦大学出版社，2001年。

本书收集1910—1953年期间大量的中国人口数据，并根据其来源及人口普查、登记和调查制度，进行了详细的分析和判别。在此基础上，主要运用人口统计学的方法，对这一时期中国人口的各项主要指标，包括人口数量、年龄、性别、婚姻、家庭、生育、死亡、分布、迁移、职业、素质和生活水平，以及人口与经济、社会等方面的相互关系，进行了尽可能完整的研究。同时，对海内外学者在该领域的重要研究成果作出了评论。本书第一次提出中国人口模式的转变发生于 20 世纪上半期。随着现代公共卫生与医疗技术、现代交通工具由西方引入中国，并逐渐从城市向乡村、从沿海向内陆的普及和传播，中国发生了流行病转变与人口转变，即死亡率渐趋下降，从此开始摆脱了高出生率、高死亡率的人口模式。这一转变成为中国人口进入高速增长时期的直接和主要的原因。

［其他版次］

《中国人口史》第六卷（1910—1953 年），侯杨方著，复旦大学出版社，2005 年"中国文库"版。

《抗战时期浙江省人口迁移与社会影响》，张根福著，上海三联书店，2001 年。

由日本帝国主义侵略而引发的人口大迁移，其规模和数量在中国历史上是罕见的。据国民政府的调查，战时各省市难民及流离人口总数达 9500 多万人，其中浙江省达 500 多万，居全国第七位。本书依据大量的档案材料、报刊资料、公私记载及实地调查成果，对抗战时期浙江省的人口迁移及其社会影响，进行了比较系统、深入的分析，探讨了战时浙江人口迁移的背景、原因，迁移的数量、分布，迁移的特征，迁移人口的籍贯、性别、年龄、职业构成以及难民的安置与救济等；对迁移人口的特殊群体，如政界、教育界、文化界、工商界、金融界的情况进行了较为细致的分析。通过研究得到如下认识：战时浙江省人口迁移主要发生在战役前后，迁移数量随战局发展而波动，战祸是造成迁移的主要原因；迁移人口的流向和地域分布非常广泛，省外主要分布于闽赣皖、上海租界及西南各省，省内则主要流向国统区或其他安全区；迁移人口以中青年为主，囊括社会各种职业。迁移数量在全国迁移总量中占有相当大的比重，但受政治、经济因素的制约，其最终转化为移民的只是少数。人口迁移对浙江省的抗战局势产生了重大影响，对浙南地区的区域开发和文教事业的发展起到了一定的推动作用，但也带来了一些消极影响和社会问题。本书为作者的博士论文。

《近代苏浙皖交界地区人口迁移研究：1853—1911》，葛庆华著，上海社会科学院出版社，2002年。

本书主要研究19世纪中叶爆发的太平天国战争对苏浙皖交界地区人口的影响，及其引发的人口迁移运动的过程、迁移人口的空间分布及移民对区域经济、文化和社会的影响。长期的战争、瘟疫和饥馑，使本地区人口损失约1049万（包括死亡和流徙），人口损失率达90.2%。战争期间的人口迁移主要集中在太平军攻占南京前后、一破江南大营和二破江南大营时期三个阶段。迁往区外的人口遍及大半个中国。战后的移民高潮持续达半个世纪，其迁移过程分为招垦和自行迁入两个阶段。战后移民规模极大，截至1911年移民及其后裔估计达200余万，占全区总人口的58%。战后移民促进了荒地的垦辟和经济的恢复，还对该地区教育、方言、风俗以及婚姻等文化、社会等方面造成影响。本书为作者的博士论文。

《融会与建构：1648—1937年绥远地区移民与社会变迁研究》，王卫东著，华东师范大学出版社，2007年。

本书以1968—1937年的绥远地区为例，对其土默特地区的移民过程、鄂尔多斯地区移民过程、河套地区移民过程、移民与绥远地区经济及社会结构的变迁、移民与绥远地区语言文化及风俗习惯的变迁等进行了详细的研究探索。中国边疆多民族格局的形成，移民开发是最重要的因素。这种移民开发既有政府的推动，又有自发的因素，这一点在清代及民国时期的绥远地区体现得最为真切。从清初到民国时期，以晋、陕北部汉族为主体的移民，大规模迁移到绥远地区定居，或务农，或从商，至清末，绥远地区的经济、文化、社会结构等方面都发生了巨大变化。人口主体由原先的蒙古族一变而为汉族，原先的牧业也失去了主导地位，部分蒙古族已转为农业人口，鄂尔多斯东南部、归化城土默特大部、河套平原等地区完全变成了农业区，在阴山以北地区也能看到大片的土地被开垦；清初，绥远地区全为蒙旗，无一州一县，至清末，共置有12厅；到1928年绥远设省时，共15县2设治局。经过移民及其后裔的长期开发，绥远地区逐渐形成一个完整的文化区域，为民国时期的建省奠定了基础。本书为作者的博士论文。

《南宋人口史》，吴松弟著，上海古籍出版社，2008年。

本书为断代人口史研究的专著。作者以南宋行政区域"路"为单位，适当考虑各大自然区域的地理、历史等情况，考察研究了我国南宋政权（1127—1279）范围内的人口调查统计制度、官方户口数据的分析、全国人口数量的变化、人口的迁移、各区域人口的发展过程，最后讨论南宋人口史对南宋政治经济文化各方面的影响。该研究使用序列关系分析法、邻近区域比较法等，对南宋人口的发展提供了一个比较全面的认识。

《清代陕甘人口专题研究》，路伟东著，上海书店出版社，2011年。

本书研究的空间范围以嘉庆二十五年（1820年）陕、甘两省政区为基础，研究的时间范围则从康熙中叶一直延续到宣统末年。全书首先对清代陕甘地区的人口管理制度，尤其是回民人口的管理制度进行了深入分析；然后，又全面梳理了清代前中期陕甘人口西迁的历史进程，对人口西迁中的一个经典个案，即雍正敦煌移民以及移民管理制度"农坊制"进行了系统研究；接下来，对极盛时期的陕甘人口分布状况进行了系统分析；最后，对有关清代陕甘人口数量的部分问题进行了较为深入的研究。

《伪满时期东北地区人口研究》，李强著，光明日报出版社，2012年。

本书的研究对象是伪满时期中国东北地区的人口问题，主要内容包括人口数量、分布、增长、户的规模、性别—年龄结构、婚姻等方面，以及对关内入满移民的专题研究。在专题研究的基础上尝试将上述要素结合起来分析，此外还有对汉、满、蒙古、回、朝鲜等伪满时期各民族人口之间的比较研究。本书以伪满"康德七年临时国势调查"资料、日本"关东州国势调查"资料等前人尚未充分利用的原始资料作为核心资料，并结合成时间序列的户口登记数据，运用统计学、历史地理学、GIS技术等多学科方法和技术手段，对上述问题进行了较深入探讨。本书为作者的博士论文。

《民国时期河南省人口研究》，郑发展著，人民出版社，2013年。

本书主要研究区域断代人口史，其研究对象是近代河南省的人口问题，时间范围从1912年（民国元年）至1953年。在对民国时期河南省人口统计制度深入研究的基础上，以 1953 年人口数据为参照，重点分析民国时期各个年份的河南人口统计数据，确定 1916 年、1935 年人口统计数据相对质量较好，很好地回答了民国以来学界对民国时期河南人口数据的疑问。本书主要以 1916、1935、1953 三个年份的人口数据展开研究，对民国时期河南省人口密度变化情况，人口结构以及移民进行了全面论述。作者在充分占有资料的基础上对近代尤其是民国时期河南的医疗状况、教育状况、社会保障体系予以全方位分析。民国年间，由于频繁的自然灾害和兵祸匪患，河南人口面对灾难流亡他乡移民就食成为一种无奈的选择。建立于民国初年的官方救灾体系以及民间慈善机构积极开展工作，显得至关重要。在全省性的灾荒和战争面前，大量的难民迁移省外，范围遍及十余省。现代交通和通讯体系的发展，对难民的迁移和救济起到了积极的作用。本书为作者的博士论文。

《晚清西北人口五十年（1861—1911）——基于宣统"地理调查表"的城乡聚落人口研究》，路伟东著，复旦大学出版社，2017 年。

本书是一部城乡聚落视角下的区域断代人口史学术专著，研究对象是辛亥以前西北地区的城市与乡村聚落人口。研究空间范围以嘉庆二十五年（1820 年）西北陕西、甘肃、新疆三省区为主。研究时间范围主要集中在咸丰末年至宣统末年的 50 余年间。研究问题主要包括清末宣统人口调查、城乡聚落人口、城市人口等级模式、城市与城市化水平、长时段区域人口变动、聚落尺度的人口迁徙、聚落与人口空间分布等。

《清代西北回族人口与回族经济》（上、中、下），路伟东著，花木兰文化出版社，2018 年。

本书是作者十数年专注西北人口问题潜心研究完成的一部区域历史人口地理学术专著。内容主要涉及清代西北地区回族人口规模、人口分布、人口迁移、人口结构、人口制度以及婚姻制度等人口史研究的核心问题；同时，也从社会、政治、经济、文化以及法律等不同侧面入手，增加回族人口史叙事的维度，丰富回族人口史研究的内涵，从而更加立体而全面地展现了清代西北回族人口的历史全貌。本书开篇绪论阐述选题宗旨和研究现状等基本问题。正文分为 9 章，各章节相关问题，比如清代西北回汉关系，冲突与融合的正反面、武装化与组织化、肢体冲突背后的文化冲突、人口峰值、谷底规模及其消长、人口变动背景下官方对历史的书写、国家对群体记忆的形塑、民间选择性遗忘下历史书写的不同版本以及不同历史时期西北回族人口迁移的过程、特点与规律等，大都在前人工作的基础上有所发现和创新。另有个别问题，比如从涉及回族法律引出的清代"回民户籍"与回族人口管理制度、从族外婚向族内婚转变过程中的人口因素与婚姻制度转变对人口空间分布的影响、战争波及人群心理创伤和长远影响以及人口职业结构与回族"重商民族"幻象等，则是开拓了全新的研究课题，或是颠覆既有的研究结论，填补了研究的空白。本书余论部分重点讨论并回答了在中国被他者以及自我称为回族的这样一个穆斯林群体，在汉地社会主体人口与主流文化中曾经是一种怎样的历史存在这一回族史研究的核心问题，深入分析了徘徊于熟悉与陌生之间的回族人在历史上不断自我调整、退缩与适应，最终成功把伊斯兰的内核包裹在儒家外壳过程中主动华化或土著化背后的实质。同时，对文本被不同历史语境的扭曲和历史与现实间的互动等问题也提出了应有的反思。

《成蹊集：葛剑雄先生从教五十五年誌庆论文集》，本书编委会编，复旦大学出版社，2019 年。

本书为祝贺葛剑雄教授从教五十五周年而编，收录的文章都是由葛剑雄教授指导的硕士、博士研究生和博士后研究人员撰写，多数文章在学术期刊已发表过，还有少数文章为新撰。全书共分为移民史研究、人口史研究、文化史研究、经济史研究、政区与政治史研究、环境史研究等几大类，可以看出葛剑雄教授指导研究生的主要培养方向以及他在培养移民史、人口史研究队伍等方面作出的贡献。

5. 历史聚落地理

《黄河流域聚落论稿——从史前聚落到早期都市》，王妙发著，知识出版社，1999 年。

本书从研究现状及相关理论、黄河流域史前聚落和中国早期都市初论、黄河流域史前聚落和中国早期都市再论三个方面，深入探讨和研究了黄河流域史前聚落的发展史以及中国早期都市的发现、发展方面的许多问题。

《长江下游考古地理》，高蒙河著，复旦大学出版社，2005 年。

本书在作者博士论文的基础上修改而成，是研究考古时代长江下游地理环境和人地关系的一部力作。本书全面收集考古遗存资料，运用考古学和地理学的理论与方法，并借助相关学科的手段与成果，采取定量分析，为全新世以来长江下游的地理环境和生态系统，首次提供了高分辨率年代序列以及系列性的考古时期地图，对代表性区域与时段的人文景观和自然景观进行了恢复性重建；同时提供了这一地区历史文化进程新模式，给予现代条件下的可持续发展以历史镜鉴。本书还讨论考古地理学成为新的学科生长点的可能性，把握了古地理与历史地理之间的跨越性课题，拓展了历史地理学的研究领域，具有学科建设的意义。作者的博士论文获 2005 年"全国百篇优秀博士学位论文"奖励。

《中国先史集落の考古地理学研究》，王妙发著，日本大阪大学出版会，2012 年。

此书主要内容为作者的博士论文，共 12 章。第一章介绍考古地理学的研究史、研究理论和研究方法。第二章至第七章分别研究了黄河流域、北方高原、东北高寒地带的史前聚落。第八章至第十一章分析辨认了黄河流域和长江流域中国最早期的一批都市、各地围有城墙的聚落问题和中国最早期都市问题的检视。第十二章是本书课题的总结。

《中国史前城址》，王妙发著，中州古籍出版社，2020 年。

本书是一本概述中国史前城址的书。除前言外，共分为 11 个章节，分别介绍河南西山村、湖南城山头、陕西石峁、浙江良渚、河南古城寨、河南平粮台等遗址的城墙概况，探讨了商代城址和商代王都的关系、"大都无城"以及史前城址的分布和数量等问题，围绕史前城址还进一步讨论了城墙、都市和文明等问题。

《从苇荻渔歌到东方巴黎：近代上海法租界城市化空间过程研究》，牟振宇著，上海书店出版社，2012 年。

本书选取上海法租界（1849—1930 年）的城市化空间发展过程进行研究，运用历史地理学和地理信息系统的方法，在复原城市建成区连续时空演变过程的基础上，探讨了上海法租界地区如何从圩田农业形态向城市建成区转变的这一历史问题。本书主要从三个层面展开：从地域实体景观的角度，分析了圩田河浜系统被城市道路系统取代的时空过程；从筑路计划与实施的角度，分析了租界当局、地产商和业主在利益博弈过程中如何实现城市化；从土地利用管控角度，分析了城市形态如何通过租界当局对地产商土地开发的约束机制来实现。本书不仅挖掘了法租界城市化这段不够清晰的历史，而且拓展了近代上海城市地理研究的视野。本书为作者的博士论文。

《明清以来长江三角洲地区城镇地理与环境研究》，邹逸麟主编，商务印书馆，2013 年。

本书是一本旨在探讨长三角地区城镇的发展与该地区地理环境的变化及其规律的论文集。全书共收录 20 篇论文，分为四方面内容：一是有关长三角城镇的性质、规模、形态特点等问题的讨论；二是长三角地区经济、贸易和交通问题的研究；三是长三角地区的自然环境与地域社会研究，特别是水环境的研究；四是有关长三角典籍和地名文化的研究。唐中期以降，长江中下游地区经济取得了长足发展，中国的经济重点开始转移到江南地区，也即今天所说的长三角地区，它包括上海、江苏南部和浙江东北部地区。这一地区的城镇早在唐代中晚期即已发轫，至明清时期，长三角地区的城镇十分繁荣，成为该地区经济的重要组成部分。随着该地区城镇的发展，它对该地区的城镇结构、城镇分布、交通网络、城镇的功能、地域景观，以及江南水网的变化都产生了显著影响。

《近代江南城镇化水平新探——史料、方法与视角》，江伟涛著，社会科学文献出版社，2017 年。

本书以民国十万分之一地形图、县域人口调查资料及 1953 年人口普查乡镇级档案为基本核心资料，以史料考证、GIS、统计估算等为基本研究方法，运用"城镇化"相关的理论概念对江南进行实证研究，既强调对所谓"城镇化水平"的实质要有清醒认识，又以之管窥江南社会从传统向现代转型过程中的经济发展状况。首先，以民国实测地籍图为基本核心资料，从土地利用的角度考察江南一座普通治所城市的城市形态，用以管窥传统时期江南普通治所城市的性质，以此作为本研究所探讨的"城镇化水平"的实质认识；其次，从市镇的空间范围界定出发，指出以往的江南县域城镇化水平研究的结论或可称为"政区化"的城镇化水平，进而进行一种"去政区化"的尝试，结果显示"政区化"城镇化水平总体而言是被高估的；最后利用地形图资料及人口普查档案资料对 20 世纪 30 年代及 50 年代初期江南地区的城镇化水平进行研究，结果显示 20 世纪 30 年代和 50 年代初期江南的城镇化水平分别为 33.38% 和 38.58%，其中大城市人口居于绝对主导地位，20 世纪 30 年代上海等 10 个大城市的人口即占江南总人口的 25.46%，20 世纪 50 年代初期占到 33.09%。本书充分重视行政区划因素的影响，将地图作为一种研究资料，强调资料基础才是估算的根本，无论采取何种方法都必须要有风险控制的意识。本书为作者的博士论文。

《湖与山：明初以来巢湖北岸的聚落与空间》，张靖华著，天津大学出版社，2019 年。

本书以巢湖北岸历史聚落为研究对象，综合历史地理学、建筑学和考古学的多重方法，深入研究了巢湖北岸区域的地理状貌和这一区域人类聚落的产生背景。针对区域内分布广泛的明代移民村落，从宏观分布方式、聚落规划设计、建筑文化融合三个方面展开分析和论述，深入剖析了从汉代以来，中国聚落从集中式的坞壁建筑空间到开放式的自然村落之间的演变过程，特别分析了宋元以来以江西为代表的南方家族聚落和明代江淮移民聚落"九龙攒珠"之间的文化传承。在此基础上，试图以更宏观的视野，分析明代以来整个区域历史聚落发展的总体规律、演变特征，以及区域市镇空间体系的发展路径，进而针对中国传统聚落产生、发展和演变的共同特征，提出了聚落更新、更替的理论，并对今天的乡村振兴工作给予理论指导。本书为作者的博士论文。

《改造与拓展：南京城市空间形成过程研究（1927—1937）》，徐智著，齐鲁书社，2020年。

本书围绕1927—1937年南京城市空间形成过程中最为核心的土地开发与利用问题，分别就其基础、前提、要求和程度展开论述，全面反映了这一时期南京城市空间形成过程中各类群体面临的现实问题和群体之间的利益冲突，阐述和分析了1927—1937年南京城市空间形成的复杂性以及主要的影响和制约因素。本书是作者的博士论文，为"港口—腹地与近代中国经济转型研究"丛书之一。

《清代新疆边境地区城市对比研究：以伊犁、喀什噶尔为中心》，吴轶群著，上海古籍出版社，2020年。

本书为作者的博士论文，主要研究新疆边境城市史，将边境城市作为区域城市和独特的城市类型，使用区域研究和对比研究的方法，与普通城市相同的城市政治、经济、文化等方面的考察，与置于边疆政策背景下进行的分析研究相结合，认为新疆边境地区在清代经历了特殊的发展阶段，在这个阶段中经历了边疆政策变迁、边境变化、建置变迁等重要的历史演变，一同叠加在新疆边境地区地理空间发展历史上。

《匠人营国》，张晓虹著，江苏人民出版社，2020年。

本书以时间为轴线，以丰富的考古资料和学术研究成果为依据，并以多幅地图贯穿其中，对中国历史上的古都与城市的起源、发展脉络、形态特征和制度文化等方面做了系统的介绍。本书分为三编，每编讲述的侧重点均有所不同：上编"考古与传说时代"考察了早期城市的起源，探寻夏商周时代的都城历史；中编"古都"介绍、描述了古都的确立迁移、首都与陪都、都市形态的演变和都城社会的发展；下编"城市"分析了古代中国的城市与经济、城市与交通、城市与中外交流。本书是研究中国城市历史的一种新的尝试，通过将城市的起源、发展、形态和制度等方面以地图的形式呈现出来，更加完整和准确地讲述了中国城市的历史。

China, Historical Geography of the Urban.Yannan Ding（丁雁南）, Maurizio Marinelli and Xiaohong Zhang（张晓虹）, London：Palgrave, 2018.

本书是在国家自然科学基金项目的支持下，由丁雁南和张晓虹在为2015年第十六届国际历史地理学家大会（ICHG）所组织的中国城市历史地理分会场（共两场）论文集的基础上汇编而成的。丁雁南负责引言和全书的统稿。本书作者来自国内外著名高校和研究机构，包括中国复旦大学、浙江大学、清华大学、台北中正大学、台北东华大学，以及澳大利亚墨尔本理工大学（RMIT）、法国国家科学研究中心（CNRS）、美国亚利桑那大学、英国萨塞克斯大学等。全书的主题包括对北京、上海、天津、大同、青岛、长春等中国城市的个案研究，研究方法综合了历史地理学、建筑史、城市规划史、都市人类学等。

6. 历史交通、军事地理

《章巽文集》，章巽著，海洋出版社，1986年。

本书收集了章巽先生的26篇论文，内容包括航海史和中西交通史两个部分，其中包括《公元前第三世纪以前我国早已发现季风并在航海中利用季风》《元"海运"航路考》《古西域交通道综述》等代表性论文。

《明代驿站考　附：一统路程图记、士商类要》，杨正泰著，上海古籍出版社，1994年。

本书是一部研究明代驿站和驿路的交通地理著作。全书分两部分，正文是《明代驿站考》，附录是一部徽商编纂的专书《一统路程图记》和新安原版的《士商类要》。本书正文部分重在考证今地和编绘驿路地图。一方面工作是参照文献记载和古今地图，综合州县治所迁移、驿站并改、河道变迁、古今里距换算等多种因素，确定两千多个驿站的今地。另一方面工作是根据标准年代，对驿站进行甄别选择，遴选有关驿站入图，编绘驿路地图，力求准确复原驿站配置情况和驿路分布情况。增订本在附录中补入经整理的明代官修地志《寰宇通衢》，并改正了初版中的错误。

[其他版次]

《明代驿站考（增订本）附：寰宇通衢、一统路程图记、士商类要》，杨正泰撰，上海古籍出版社，2006 年。

《古代交通地理丛考》，王文楚著，中华书局，1996 年。

本书为中国历史交通地理论文集。全书汇编了作者 20 篇历史地理学论文，其中 12 篇属于历史交通地理，另外 8 篇分属于水系变迁、政区治所、名著介绍、边塞与城镇研究，均为作者长期从事《中国历史地图集》编纂和整理古代历史地理典籍的心得。

《互联互动：近代以来上海与长江三角洲的交通格局》，戴鞍钢著，上海辞书出版社，2013 年。

本书分为上海枢纽港的崛起、江河海航运体系的组合、多元化的陆上交通和当代建设的演进，阐述了近代的江南港口、上海港的发展机遇、上海的枢纽港地位等内容。

《舟楫往来通南北：中国大运河》，邹逸麟著，江苏凤凰科学技术出版社，2018 年。

本书总结了中国运河开凿的历史和地理背景及其特点；阐述了运河工程反映中华民族在利用自然资源过程中的智慧和毅力；从制度、运输过程管理、运输能力等角度阐述了运河的运输管理；从运河推动多民族国家发展、交通网络形成和文化交流等方面总结了运河在中国社会发展中的作用；同时也分析了运河发展的局限及其造成的影响，并简要介绍了近百年来的运河现状，对运河的遗产保护和进一步科学利用提出了建议。本书为《中国运河志·总述》"总述"部分的单行本。

《中国运河志》（全 9 卷），邹逸麟主编，江苏凤凰科学技术出版社，2019 年。

《中国运河志》共 9 卷 11 册 1400 万字。9 卷分别为《总述·大事记》《图志》《河道工程与管理》《通运》《城镇》《社会文化》《人物》《文献》《附编》。

全书采用方志体例，以分类叙事的方式，全面记述中国运河的河道变迁、水利工程、运营管理、漕运通航、沿线重点城镇、社会文化现象、重要历史人物等。邹逸麟还撰写了《总述·大事记》卷的总述部分。

7. 历史文化地理

《方言与中国文化》，周振鹤、游汝杰著，上海人民出版社，1986年。

本书集中探讨中国境内的方言（包括少数民族语言的方言）和中国文化的关系。内容涉及"方言与移民""方言地理与人文地理""历史方言地理的拟测及其文化背景""语言化石与栽培植物发展史""从地名透视文化内涵""方言和戏曲与小说""方言与民俗""语言接触和文化交流"八个方面。限于时间和篇幅，另有些重大问题尚未展开讨论，如"方言渊源和民族融合""方言和文字""方言与文化的地域差异和时代差异"等。该书开辟了"文化语言学"这一新研究领域。1996年第1版第4次印刷时即做过修订，并增补初版时因故删去的部分，2006年版主要是对修订版误植、误用之字、音标、图表再行订正。本书有韩文译本、日文译本。

［其他版本］

《方言与中国文化》（第二版），周振鹤、游汝杰著，上海人民出版社，2006年。

《方言与中国文化》，周振鹤、游汝杰著，台北南天书局，1988年。

《方言与中国文化》，周振鹤、游汝杰著，上海人民出版社，2015年。

《方言与中国文化》，周振鹤、游汝杰著，上海人民出版社，2019年。

《방언과 중국문화（方言与中国文化）》，유어걸（游汝杰）、주진학（周振鹤）지음，전광진（全广镇）、이연주（李研周）외 옮김，영남대학교출판부（岭南大学出版部），2005년。

《方言と中国文化》，周振鶴、游汝傑著，内田慶市、沈国威監訳，岩本真理、大石敏之、瀬戸口律子、竹内誠、原瀬隆司翻訳，光生館，2015年。（第2版）

《汉晋文化地理》，卢云著，陕西人民教育出版社，1991年。

本书是一部历史文化地理方面的专著，不仅对汉晋时期学术文化区域特征进行了广泛探讨，还把宗教文化、婚姻文化、音乐文化等也引入历史地理学的研究范围，以一种新的角度展示了对汉晋社会与文化的更细致、更透彻的再认识。本研究采用了统计、制图、民族学、区域比较等方法，在研究方法上进行了可贵的尝试。该书开拓了历史地理的一个新领域，填补了一项学术空白。本书在作者博士论文的基础上修改而成。

《湖南历史文化地理研究》，张伟然著，复旦大学出版社，1995年。

本书以今湖南省境为空间范围，以有史以来至清末为时间区间，探讨其历史文化的地域差异。主体包括两大部分：一是文化发展水平的空间分异；二是文化发展面目的区域系统。主体前后，分别探讨了湖南文化发展的背景以及地理环境、行政建置和移民因素所产生的影响。其中关于近代以来湖南人性格的形成，得出了迥异于前人的解析；对各种文化要素的分区方法，尤其综合文化区划，具有开创性的学术意义。本书系由作者的博士论文修改而成，近年作者有修订，较初版有较大幅度的修改。

《中国历史文化区域研究》，周振鹤主著，复旦大学出版社，1997年。

本书是对于中国历史时期文化的地域差异及其形成的背景、原因和过程进行综合研究的专著。研究的主题，包括对语言、宗教、风俗和人物等类文化要素进行区域性划分，并在复原文化景观、确认文化重心区和剖析区域文化地理等方面进行探索。研究的方法，在于从选取典型实例入手，将现代文化地理学理论与传统的历史考证相结合，资料厚实可信，论述具体入微。书中提出的学术意见富有独创性，达到了历史文化地理研究领域的前沿水平。

《湖北历史文化地理研究》，张伟然著，湖北教育出版社，2000年。

本书选取历史时期对今湖北省境的文化差异具有显著影响的主导因素——方言、佛教、民间信仰、民居、聚落以及女性文化景观，逐一探讨其分布变迁，并着意分析其文化生态。在此基础上，由湖北区域完整性着手，提出湖北历史时期感觉文化区的问题，得出了令人信服的论证，由此推动中国历史文化地理的研究从以往的指标统计、要素复原进入文化感知层面。本书近年有修订版。

《文化区域的分异与整合——陕西历史文化地理研究》，张晓虹著，上海书店出版社，2004年。

本书为作者的博士论文，是以现陕西省份为区域界定的文化地理学研究专著。在全书构成上，作者以正史、地理总志、地方志、考古资料、文集、笔记、小说为研究资料，以文化现象的地域分异与整合为问题理念，分别从学术文化、方言戏曲、宗教传播、婚丧习俗及民间信仰等社会文化现象入手，对陕西文化地理的层级构筑与成因现象做了迄汉以下的过程性大鸟瞰，并最终从文化景观角度，划定了陕西综合文化区。在此基础上，探讨了区域文化中心长安对文化区及文化景观形成的作用，并从自然地理条件、行政区域演替、经济发展水平、交通线路变迁和人口迁徙五个方面，揭示陕西文化区的形成机制。本书廓清了历史时期陕西地区文化现象的空间分布格局及其形成背景机制，理顺了自然区域、行政区域与文化区域之间的关系以及三者之间的相互作用，为中国文化地理的学科建设提供了宝贵的实证案例。

《文化的地理过程分析：福建文化的地域性考察》，林拓著，上海书店出版社，2004年。

本书以文化地域性为切入点，分别以学术形态、信仰形态为核心，研讨福建各个历史阶段的文化地域性，以及闽地民间信仰等本土文化。全书分为上下两篇：上篇为"地域层级与文化中心——以学术形态为核心展开的研究"，从两汉到明清，按照时间顺序来论述。以学术形态为核心，用区域研究的方法，辅以计量学的办法，制作相应的图表，如统计各个区域的学校数量、进士人数、书院数目等，来显示文化因子在各个地区之间的分布及变化，呈现出文化的历史过程中的地域层级。下篇"地域分化与文化周期——以信仰形态为核心展开的研究"，分为三个周期来论述。在论述信仰地域分化时根据各种文献制作了《福建历史上民间祠庙地域分布表》，并分析信仰分异的形成过程，同时还对其背后的历史过程给予较为深刻的阐述，对福建文化在时间和空间上的演变发展做了清晰的论述。本书为作者的博士论文。

《徽州传统学术文化地理研究》，周晓光著，安徽人民出版社，2006年。

徽州传统学术文化是12世纪中叶以后在徽州区域内出现的以新安理学和徽派朴学为主要内容的学术文化体系。本书依据文化地理学的相关理论和方法，从空间和区域的角度，分五章探讨了徽州传统学术文化区的形成与变迁、区域传统学术文化的历史变迁和表征、徽州传统学术文化的空间传播以及传统学术文化景观等问题，提出了一系列创新观点。作者认为，徽州传统学术文化区形成于12世纪中叶，主要标志是学术文化发达地区的形成、统一的学术文化理念出现和具有相对稳定的区域范围。本书阐述了徽州传统学术文化阶段性与延续性统一、兼容性与独立性统一、学术性与社会性统一等整体的区域表征，分析了徽州传统学术文化中心地的三大类型和层级网络，以及不同类型在影响力、人才凝聚力和存在时间等方面的区别，探讨了徽州传统学术文化空间传播方式的多样性、传播空间的不平衡性、传播强弱程度的时段性等特点，考察了徽州传统学术物质文化景观和非物质文化景观在徽属六县的分布状况。徽州是12至18世纪中国传统学术文化的典范区，有关徽州传统学术文化的地理研究，对把握中国传统学术文化的发展及其风貌，以及推进徽学研究有着重要的意义。本书为作者的博士论文。

《皇权旁的山西：集权政治与地域文化》，刘影著，新星出版社，2007年。

本书探讨了战国至清末两千余年今山西省地域范围内区域文化形成、变迁及整合的过程。全书分为引论及上、中、下三篇。引论主要分析了三晋文化与山西文化的关系，辨明前者作为国家文化而后者作为地域文化之间的区别。上篇"论史上山西外向性的区域发展格局"论述了由于山西常在京师左右的政治地理特点，其内部区域生成首先表现为外向性，形成上党、河东、雁北这些周边地带先后兴起而中心地带模糊不清的地域格局。中篇"山西文化的地域差异及其区域特征"探讨了最能体现文化特征的方言和民俗（以婚丧为代表）的地域分布及其区域特征，以及它们同历代行政区划和自然区的关系。下篇"晋商的区域整合作用"提出明清晋中以商人为媒介，以经济整合的形式，最终确立它的中心地位，也标志着山西整体地域文化的形成。本书为作者的博士论文。

《祭祀政策与民间信仰变迁——近世浙江民间信仰研究》，朱海滨著，复旦大学出版社，2008 年。

本书是一部历史文化地理专著。宋代以来，中央集权的政治制度逐渐得到加强，为了能更有效地支配全国各地，中央王朝通过制定祭祀政策对各地民间信仰现象进行干预、指导，加强了正统意识形态向民间社会的渗透。那么，在中央祭祀政策实行"宏观调控"的背景下，分布于地域社会中的民间信仰，到底又是如何去"适应"王朝的祭祀政策的呢？民间信仰领域又曾出现过什么样的"洗牌、重组活动"呢？而这其中的主角，即到底是什么样的社会集团在参与、主导其变化呢？迄今为止，国内外学界对此尚无专门研究。本书将地理范围锁定在浙江地区，利用碑刻资料、地方志中的祠庙志、文集笔记以及民俗学的调查资料，选择有代表性的民间信仰现象作为案例，对其进行了深入、具体的探讨。

《近世浙江文化地理研究》，朱海滨著，复旦大学出版社，2011 年。

本书运用文化地理学的视角，以学术（儒学学派及进士数量）、风俗（民间信仰、节日、婚姻、丧葬习俗、堕民、九姓渔民）、方言与戏剧等文化要素为切入点，对近世时期（宋元明清）浙江的文化区域特征与地域差异展开具体而深入的描述、分析、总结，解剖其形成、发展、成熟的自然与人文背景，并挖掘其深层次的制约机制，在此基础上对浙江地域文化进行了文化区划，揭示了区域文化中心的变迁轨迹。该书为认识中国各地传统地域文化及其形成机制提供了一个典范，也为相关学科的发展提供了参考。

《中古文学中的地理意象》，张伟然著，中华书局，2014 年。

本书是中古文化地理的专著，共分六部分，导论对中国历史文化地理的理论问题做了系统而扼要的阐述，第一至四章专题讨论了中古时期的地理意象，结论部分反思了"地理经验与本土问题"和"学科间的互济"。第一章"唐人心目中的文化区域"，属于感觉文化区的研究。第二章"地名与文学作品的空间逻辑"，内容分四部分，围绕"江汉"和"洞庭"两个地名，强调的其实都是一个空间逻辑的问题。第三章"类型化文学意象的地理渊源"，是作者关于文学地理的一种尝试。第四章"'禽言'与环境感知中的生态呈现"，旨在讨论地理意象的深化过程。第一至三章基本上是将地理意象看作静态概念，然后对其展开讨论；而第四章则以鸟声为中心，着重探讨地理意象的动态变化。本书第一次从中国本土的经验出发，切实探讨地理意象的形成及解读。本书于2016年获上海市第十三届哲学社会科学优秀成果奖著作类一等奖。

《女性与亲情文化：基于湘东南"讨鼓旗"的研究》，张伟然著，北京师范大学出版社，2020年。

本书基于作者及其亲族长辈的亲身经验、经历，结合地方文献，探讨了较广泛地存在于湘东南一带的"讨鼓旗"习俗，分析其形成的历史人类学逻辑，并延伸探讨湘东南一带迥异于北方民歌《小白菜》流传地域（黄河中下游平原）的女性对于不同类型子女（丈夫与前妻所生子女、本人与前夫所生子女）的亲情差异。在此基础上，结合历史人类学与历史文化地理理念，提出了"亲情的地域类型"这一学术概念。这一概念可望在其他地域的同类研究中加以推广。

8. 历史社会地理与区域社会史

《明清徽商与淮扬社会变迁》，王振忠著，生活·读书·新知三联书店，1996年。

本书是国内第一部以徽商与区域研究相结合的社会史研究著作。作者重视明清两代制度层面的继承与变化，重视徽商群体的流动性，重视区域文化的历史变迁，客观生动地展现了制度的内部调试机制和徽商群体在历史演进过程中所发挥的不可替代的作用。该书由作者的博士论文相关部分修改而成。该书收入"三联·哈佛燕京丛书"第三辑，2014年修订版增加了

《徽商与盐务官僚——从历史档案看乾隆后期的两淮盐政》和《游艺中的盛清城市风情——古籍善本〈扬州画舫纪游图〉研究》两篇附录，还增加了十数帧图片与照片。

［其他版次］

《明清徽商与淮扬社会变迁》（修订版），王振忠著，生活·读书·新知三联书店，2014年。

《明清江南地区的环境变动与社会控制》，冯贤亮著，上海人民出版社，2002年。

本书从历史地理学的视野出发，在相关研究的基础上，结合环境变动及社会控制两方面的共同考察，对明清时期江南地区的环境与社会进行了相当全面的论述。主要内容包括常态环境下的社会控制问题（以基层系统控制、疆界错壤及其影响的研究为主），变动环境中的社会调控与适应问题（以弭盗和地方防护、水旱大灾与地方应变、民间信仰与秩序的研究为主），比较细致地揭示了人地关系与社会变迁这一主题，探讨了自然环境与社会环境变化带来的各种影响与社会的相关控制行为。本书进一步强调指出，唐宋以后江南地区在经济和文化上长期处于全国的领先地位，尽管也有水旱大灾、潮灾、倭乱、战争等影响，但都有相应的防护举措或控制系统，经过中央、地方、民间三个层面的共同努力调整，可以更好地应对常态和变态下的环境变化，实施区域社会的较好控制，并促使区域的社会经济稳定发展。

《徽州社会文化史探微：新发现的16—20世纪民间档案文书研究》，王振忠著，上海社会科学院出版社，2002年。

本书是国内第一部从社会文化史的角度研究徽州文书的著作。本书将徽州文书的研究对象从以往对狭义文书（即契约）的研究转向全方位民间文献的探讨，力图从社会文化史的角度，拓展徽州文书研究的视野。本书作者是个人搜集徽州文书最多、也是在研究徽州文书方面成就最为卓著的历史学者之一，他自20世纪90年代初以来，无数次深入徽州各村落进行田野考察，搜集到上万件散落在民间的徽州文书，这些文书多侧面地展示了传统徽州社会商业、风俗及文化的丰富内涵。本书即是作者对这些文书的研究成果，旨在通过对内容丰富的徽州文书的考察，尽最大可能地复原重构一个历史长时段中的徽州社会文化，追寻一种日渐消失的传统生活方式。

[其他版次]

《徽州社会文化史探微：新发现的 16—20 世纪民间档案文书研究》，王振忠著，商务印书馆，2020 年。

《千山夕阳：明清社会与文化十题》，王振忠著，香港城市大学出版社，2007 年。

本书是关于徽学及明清以来社会文化史研究的专著。作者先从较为宏观的角度对明清徽商的活动及徽州文化的地位和影响进行较为系统的阐述，并通过对不同范畴的历史片段的研究及整合，展现明清时代中国地域文化的多彩多姿，多侧面地展示了中国传统社会的丰富内涵。

[其他版次]

《千山夕阳：王振忠论明清社会与文化》，王振忠著，广西师范大学出版社，2009 年。

《历史地理与山西地方史新探》，安介生著，山西人民出版社，2008 年。

本书汇集了作者自 1996 年至 2007 年在各种刊物发表的 30 余篇论文与学术性文章，分为两大类，一类是历史地理学与中国古代史，另一类是山西地方史。作者充分利用熟悉山西山水风情的条件，充分利用实地考察的手段，弥补文献的不足，或加深对史料的了解和挖掘。主要论文包括：《略论中国历史民族地理学》《"代郡武川"辨析》《北宋初年山西向外移民考》等。

《明清以来徽州村落社会史研究》，王振忠著，上海人民出版社，2011 年。

本书从整理文书的基础研究出发，以七篇独立的文章连缀而成，是一部徽州研究专著。本书利用近十年来通过田野调查在民间收集到的珍惜文献，力图透过村落文书所展示的基层社会的不同侧面，着眼于徽州社会文化史，特别是民众日常生活，为徽州村落文书与村落社会史研究的专题研究。本书资料丰富，研究视角和方法新颖，内容全面，重建史实的工作细致，对"明清以来的乡村社会"提出了不少独到的见解，对徽州地域社会研究以及中国社会史研究具有重要的参考价值。

《徽学研究入门》，王振忠著，复旦大学出版社，2011年。

本书是一本给研究生撰写的徽州学术研究入门的手册，系统介绍了徽学的研究概况。全书分为四节：第一节介绍徽学；第二节回顾徽学研究的历史，介绍徽学发展的四个阶段、徽学研究的学术领域及研究示例等；第三节介绍徽学研究的前瞻，主要是新史料的发掘、整理与研究、田野调查方法的运用和新领域的开拓与深入等；第四节提供了徽学的参考书目，介绍了资料集、方志、调查资料、工具书、研究论著等基本情况，对引导研究生掌握初步的研究方法很有帮助。

《明清以来的徽州茶业与地方社会（1368—1949）》，邹怡著，复旦大学出版社，2012年。

本书论述了明清及民国时期皖南徽州地区的茶业发展及社会变迁，实证探讨了自然环境对特定区域内产业形态与社会面貌的影响机制。本书回顾了以松萝为代表的徽州名茶的创制源流及演变历程，矫正了常人心目中徽州茶叶自古质优名彰的错觉，发现炒青革新与文人推崇，是明代中叶以后徽州茶跻身全国一线名茶行列的真正原因。该书从地貌入手，指出雁行阵列的山地结构是当地茶产总量巨大但经营零碎的主因，徽州新安江流域的集束型水系结构和鄱阳湖流域的散漫性水系结构，分别造就了两流域单中心和多中心的茶业分布格局。作者通过对比清代茶商文书与民国经济调查，厘清了传统徽茶生产工艺中各种方言术语的具体含义，并解析了繁复的徽茶精制工艺，其真正目的在于弥平茶农零碎化生产所造成的茶叶品质不一。该书还梳理了茶叶都会屯溪的城区拓展进程，指出了屯溪崛起背后深刻的全球因素，分析了季节性茶工的生活境遇及徽州分家习俗对茶地零碎化的影响。书末附录海外徽州研究论著目录及徽州茶商鲍伦法先生的口述史访谈记录，后者展示了民国至解放初期徽州当地茶叶生产和徽州茶商在杭嘉湖一带活动的鲜活画面。本书是在作者博士论文的基础上修改而成的。

《明清宁国府区域格局与社会变迁》，李甜著，复旦大学出版社，2016年。

自明代以降，徽州以其社会、经济和文化的比较优势，对毗邻地区产生深远的影响。当前徽学研究大多关注徽州社会或徽州人本身，对徽州与周遭区域的互动关系缺乏讨论。本书利用新发掘的宁国府乡土文献，从地理、商业、人群、认同等层面系统阐述明清时期该府的人文分化与社会变迁，探讨区域格局的形成历程以及其中的徽州因素，既拓展徽学研究的外延，丰富对皖南宗族史、商业史和区域历史地理的认知，又推动徽州与江南的地域比较研究。在结合区域研究与跨区域比较的基础上，洞悉明清地方社会的变迁历程，揭橥背后所蕴含的社会运行机制与地域文化传统。本书是在作者博士论文的基础上修改而成的。

《介休历史乡土地理研究》，安介生、李嘎、姜建国著，中国社会科学出版社，2016年。

历史乡土地理研究聚焦于历史时期区域地理之变迁，以县域为核心单位，是历史地理学的重要分支之一。本书是一本历史乡土地理研究专著，全书内容分为四个部分，即寒食节文化篇、政区与地名篇、聚落地理篇、灾害篇，分别从寒食节文化、政区沿革与地名特征、聚落构建与分布格局、历史时期灾害发生等方面对于介休地区历史地理之变化历程进行了较为系统的梳理与分析。其中，对于寒食节文化演变、城市灾害等重大问题提出了不同以往的诠释与解读。

《社会历史与人文地理：王振忠自选集》，王振忠著，中西书局，2017年。

本书收录了作者有关明清地方社会文化的研究论文10篇，是作者20多年不同阶段的学术成果结集，包括历史人文地理、徽学、社会史方面的研究，除此之外，作者还着力于域外文献与中外交流史方面的研究，将中国置于东亚的脉络中去考察。主要论文有：《从客家文化背景看〈天朝田亩制度〉之由来》《凤阳花鼓新证》《大、小姓纷争与清代前期的徽州社会——以〈钦定三府世仆案卷〉抄本为中心》《历史地名变迁的社会地理背景——以皖南的低山丘陵地区为例》《太平天国前后徽商在江西的木业经营——新发现的〈西河木业纂要〉抄本研究》《〈唐土门簿〉与〈海洋来往活套〉——佚存日本的苏州徽商资料及相关问题研究》《18世纪东亚海域国际交流中的风俗记录——兼论日、朝对盛清时代中国的重新定位及其社会反响》等。

《从徽州到江南：明清徽商与区域社会研究》，王振忠著，上海人民出版社，2019年。

明代中叶以来，徽商之崛起是中国经济史上最为突出的现象之一。囊丰箧盈的盐商、典商、木商，以及本小利微的徽馆业商等，皆以其鲜明的地域特色闻名遐迩。徽商不仅在商业史上曾有过如日中天般的辉煌，而且在文化上的建树亦灿若繁星，这对于明清时代的中国社会产生了重要的影响。而在"无徽不成镇"的江南，由于席丰履厚、移民持续不断、人群素质相对较高，徽商对于近数百年来江南区域形象之塑造，亦有着深刻的影响——它为江南输送了大批人才，促成了财富之流动和严密的规范，造就了城镇和文化的繁荣。从"徽商"在江南的贸易、移徙和身份认同，以及与普通民众的社会互动等诸多侧面，可以清晰地把握江南区域社会之变迁。本书分为两篇，上篇为"江南城镇中的徽州商人"，下篇为"徽州人群、商业与江南社会文化"。

《徽学研究十讲》，王振忠著，复旦大学出版社，2019年。

"徽学"是20世纪80年代以后逐渐形成的一门学问，主要研究徽州区域社会、徽商以及徽商在全国各地活动引发的相关问题，其核心则关涉明清以来中国的社会经济史。作者长期从事徽学研究，在过去的20多年中，先后发掘了淮扬各地的乡土史料、当年刊布的清宫档案、最新寓目的明人文集以及别具一格的谱牒史料等，以第一手文献展开对传统中国多侧面的研究。特别是自1998年起，作者通过长年的田野考察，经眼了大量的民间文献，在徽州文书的收集、整理和研究方面多所创获。在此过程中，他曾发现徽商创作的章回体自传《我之小史》，亦曾觅得晚清徽州官商的珍贵书信及相关资料，并借此展开对明清社会文化史和制度史嬗变的新探讨。在作者看来，"徽学"研究的意义在于——立足于徽州民间提供的丰富史料，深化对整体中国的认识，进而更好地解释中国的大历史，为此必须将文书研究从以往狭义文书（即契约）之研究转向全方位民间文献之探讨。与此同时，亦应注意利用新的研究手段和条件，展开对传统中国社会的研究。本书所收录的 10 篇文章,如《明清文献中的"徽商"一词的初步考察》《清代两淮盐务"首总"制度研究》《明清淮安河下徽州盐商研究》《〈复初集〉所见明代徽商与徽州社会》《从民间文献看晚清的两淮盐政史》等文章,力图从更为广阔的学术视野中关注各类民间文献。该书从诸多侧面反映了作者在"徽学"研究领域的深入思考和与时俱进的新探索。

《明清以来徽州日记的整理与研究》,王振忠著,安徽大学出版社,2020 年。

本书收录 16 部明清以来的徽州日记,并对这些日记做了深入的整理与研究。全书分上、下两编。上编为研究编,收录作者研究明清徽州日记的最新成果,内容涉及徽州乡土社会、徽州地区发生的战事、徽州商人的活动和徽州名人的事迹等。下编为资料编,收录《曹应星日记》《歙县盐商宋氏日记簿》《迪祥里胡氏谱局韵枫氏日记》等整理本,原书或为稿本,或为抄本,颇具学术研究价值。

《历史社会地理视野下的徽商及徽州社会——以清民国时期的绩溪县为中心》,周炫宇著,安徽大学出版社,2020 年。

本书基于历史社会地理的研究视角,对清民国时期绩溪县社会状态的变革展开宏观讨论和微观实证探究。全书系统考察绩溪本土社会的近代化表现,绩商个体、宗族和乡村的发展变迁,绩商的社会网络、同乡组织和空间分布特征等,剖析近代商人、商业与地方社会变迁之间的内在联系。本书为作者的博士论文。

《晚清乡绅家庭的生活实态研究——以胡廷卿账簿为中心的考察》,董乾坤著,安徽大学出版社,2020 年。

本书对晚清时期的徽州乡村社会及民众的日常生活图景进行总体性描绘,主要利用胡廷卿账簿前后 19 年的流水记载,通过对胡廷卿一家日常生活状况的研究,结合族谱资料,分析晚清时期徽州社会民众日常生活中的空间、生计及社会关系问题,阐释晚清时期国家、社会与个人之间的相互关系。本书为作者的博士论文。

《走入中国的传统农村：浙江泰顺历史文化的国际考察与研究》，吴松弟、刘杰主编，齐鲁书社，2009 年。

本书为作者研究团队多年来对浙江泰顺地区考察成果的汇集。全书除"序""前言"外，有正文 7 章与"附表和附录"，共八个部分，主要的内容包括：泰顺考察的缘起与过程、泰顺的地理与历史、民间文献与日常生活、传统农村风貌、古民居和古代交通、家族文化和民族信仰、思考与讨论等。全书既有对全县历史文化的总体描述，又有对几十个村、镇的个案解剖，更有对考察中所获资料的多方面介绍，以便于研究者利用；探讨的内容，不仅有美丽的古廊桥和历史悠久的古建筑，还有家族生活、地方信仰、经济活动、社会风俗，为人们展示出至今还较多保留着传统文化的浙南山区的农村状况，为读者了解这一地域社会提供了方便。

《走入历史的深处：中国东南地域文化国际学术研讨会论文集》，吴松弟、连晓鸣、洪振宁主编，上海人民出版社，2011 年。

本书是"中国东南地域文化国际学术研讨会"论文集。全书共分六部分：第一部分由介绍会议背景、宗旨的"前言"和大会主题发言摘要两部分组成；第二部分是"社会经济与地方社会专题"；第三部分是"建筑与地方社会专题"；第四部分是"宗族与地方社会专题"；第五部分是"信仰与地方社会专题"；第六部分是此次会议的两篇综述。本书主要交流了东南各省历史文化考察与研究的成果，从常人所知的国家政治经济的大历史走入深藏在各地却又反映民众生活实态的小历史。

《活着的记忆：婺源非物质文化遗产录》（1—3 册），王振忠主编，江西人民出版社，2013 年。

本书介绍了安徽省婺源地区省级非物质文化遗产徽剧、傩舞、茶艺、歙砚、三雕、祠堂、灯彩、抬阁、豆腐架等九个大类，全面反映了婺源非物质文化遗产的丰富内涵与保护成果。

《国家视野下的地方》，复旦大学历史地理研究中心、哈佛大学哈佛燕京学社编，上海人民出版社，2014年。

本书为2012年哈佛大学哈佛燕京学社、复旦大学历史地理研究中心联合主办的"国际视野下的地方"国际学术讨论会会议论文集，收录与会作者12篇学术论文、1篇圆桌会议记录和1篇会议综述。讨论的主要区域集中在江南、浙南、华北等地，涉及经济史、社会史、文化史领域。

《歙县的宗族、经济与民俗》，王振忠编，复旦大学出版社，2016年。

本书对1949年以前歙县芳坑、绵潭、璜蔚、周邦头、义成、杞梓里数个村落的宗族、经济和民俗作了较为细致的描述。从中可见，徽州村落的兴衰递嬗与旅外徽商之盛衰密切相关。如今，随着当代社会的变迁，许多老房子被推倒，村落文书大量流失。而伴随着这些变化，很多乡间的记忆亦随即湮灭。也正因为如此，这些洋溢着乡土气息的描述，常在不经意间弥补了传世文献的一些缺环。需要特别指出的是，提供上述诸文的作者，有的已经过世，这些文字或许也就成了相关村落的最后记忆而弥足珍贵。

本书为［法］劳格文、王振忠主编"徽州传统社会丛书"之一种。该丛书旨在以田野调查所获之口碑资料和地方文献，客观描述1949年以前徽州的传统经济、民俗与宗教，为人们提供该地区较为完整的社会生活实录。这些口述和田野调查报告资料，从村落发展、姓氏宗族、传统教育、生产与生活、商业贸易、丧葬习俗、祭祀礼仪和传统建筑等，对1949年以前徽州社会的诸多侧面，进行了颇为细致的展示。本丛书作者与书目分别为：劳格文、王振忠主编，吴正芳著《徽州传统村落社会——白杨源》；卜永坚、毕新丁编《婺源的宗族、经济与民俗》；许骥著《徽州传统村落社会：许村》；柯灵权著《歙县里东乡传统农村社会》；王振忠编《歙县的宗族、经济与民俗》。

《徽州文书与中国史研究》（第一辑），王振忠、刘道胜主编，中西书局，2019年。

本书为首届"徽州文书与中国史研究学术研讨会"论文集，共收录论文近 18 篇。论文涉及文书契约形式、文书辨伪以及基于文书的社会历史研究。本书的出版旨在激励相关学者在以徽州文书为基本史料的同时，不只是着眼于徽州地方史，而是能透过徽州研究，深入了解传统时代的中国社会，立足于徽州区域研究提供的丰富内涵，深化对整体中国的认识，解释中国的大历史。

《我之小史》，詹鸣铎著，王振忠、朱红整理校注，安徽教育出版社，2008 年。

本书为清末秀才、徽商詹鸣铎撰写的章回体自传小说，全书共 7 卷 25 回。时间跨度从清光绪九年（1883 年）至民国十四年（1925 年），作者以自叙家世商道为主线，铺展时代背景，折射社会风云，对于徽商世家的家庭生活、伦理习俗、经商之道、地方制度、徽州文化和杭州、上海等地当时状况，以及科举考试、辛亥革命、洋人来华等社会剧变，都做了如实反映，为人们了解和研究这一时期徽商境况、徽州文化与整个社会政治经济演变等提供了独特视角和第一手资料。

《徽州民间珍稀文献集成》（全 30 册），王振忠主编，复旦大学出版社，2018 年。

迄今为止，徽州文书的收集、整理和研究已取得了重要进展。特别是自 20 世纪 90 年代以来，徽州文书的再度大规模发现，使其已由一般人难以企及的珍稀文献，一变而为明清史学工作者案头常备的一般史料。不过，就目前徽州文书资料的整理与出版来看，仍然存在两方面不足：其一，自 20 世纪 80 年代以来，无论是公藏机构还是私人收藏家，都积累了相当多的徽州文书。而迄今为止出版的徽州文书，则以公藏机构的土地契约占绝大多数。其二，徽州文书的数量极为庞大，但因其分散于各类公藏机构及私人收藏家手头，迄今得以披露者仍然只占极少部分。有鉴于此，《徽州民间珍稀文献集成》以民间收藏家收集的文献为主，化私为公，让祖先传下的故纸化身千百，永世流传。丛书在更为广阔的历史文献学视野中收录徽州日记、商书（商业书和商人书）、书信尺牍、诉讼案卷、宗教科仪、日用类书、杂录、启蒙读物等，所收文献具有重要的学术价值。文献的现存形态既包括稿本、抄本，又包括具有徽州特色的刊本、富有学术价值的徽州印刷品，以及一些成规模的抄件。这些文献都是首度向学界披露的珍稀文献，对于商业史、历史地理、社会史、法制史以及传统文化与遗产保护研究等方面，具有重要的学术价值，假以时日，形成规模，必将开启"徽学"以及明清以来中国史研究中的许多新课题，进一步推动明清社会文化史、经济史研究的深入。

9. 历史民族地理与边疆史地

《传承与认同——河南回族历史变迁研究》，胡云生著，宁夏人民出版社，2007年。

本书从回族形成与族源多元性、农商相结合的经济形态、回族伊斯兰教的内部运作机制、汉化中的汉文化作用等四个方面展开，力图跳出单从回族的角度或仅从回族外的视野探讨河南回族社会的历史变迁，借助历史地理学的理论和方法，通过对回族在河南土著化、本土化过程中所展现出的现象进行分析研究，探讨影响河南回族社会历史变迁的因素，特别是伊斯兰教、汉文化、国家政权在其中的作用，并进一步分析对回族认同的意义，力图全方位展现出河南回族的"中原特色"。

《北方民族史十论》，姚大力著，广西师范大学出版社，2007年。

本书是作者的学术论文自选集，收录了作者关于北方民族史研究的10篇代表性论文，如《论拓跋鲜卑部的早期历史——读〈魏书·序纪〉》《塞北游牧社会走向文明的历程》等，主要研究的是我国历史上统一的多民族国家的形成前史，在当今民族史学研究上有一定影响，反映了新一代史学家的研究特点和研究观察方向。

《历史民族地理》，安介生著，山东教育出版社，2007年。

本书为教育部高校人文社会科学重点研究基地复旦大学历史地理研究中心重大项目"中国历史地理学"丛书之一。中国历史民族地理学，是中国历史人文地理学的一个分支。本书对中国历史民族地理学的基本概念、学科性质、研究现状、研究方法等诸多问题提出初步的认识与研究构想，主要内容包括：先秦民族地理、秦汉三国民族地理、两晋南北朝民族地理、隋唐民族地理、元明民族地理等。本书致力于廓清历史民族地理学研究的基本理念与学术体系的总体框架，努力发掘各个时代民族地理重大研究课题，搜集、整理、评价反映历史时期民族地理状况的最基本的文献资料；汇总、评述、称引国内外学术界研究中国历史民族地理的成果。

《乾隆朝中缅冲突与西南边疆》，杨煜达著，社会科学文献出版社，2014年。

本书在详细收集档案和其他文献史料的基础上，尝试利用"边疆控制"的系统观念，全面研究了18世纪中期"乾隆朝征缅之役"的起源、升级、结局及其影响，认为乾隆朝中缅冲突的起源有其深刻的原因，与明代后期以来王朝边疆控制不力导致的部分边境土司向缅甸致送的所谓"花马礼"有一定关系。尽管当时清缅双方都没有明显的扩展动机，但双方行事的原则却在新的历史条件下发生了激烈的碰撞，且在不知不觉中又致使冲突的规模升级。冲突的最终结果是清缅双方恢复了宗藩关系，且使西南边疆地区获得了长期的和平安宁。但长达20多年的战争和经济封锁，对云南地区经济社会的发展造成了严重影响。从这次冲突中可以看出，王朝、边疆民族社会、国际关系、自然环境乃至观念和文化等诸多因素在边疆变迁中所起的具体作用。王朝的战略和投入的力量是王朝边疆控制的主要驱动力，同时受制于边疆复杂的自然和人文环境。这种相互作用、相互影响的关系，贯穿中国历史疆域形成和巩固的全过程。

《追寻"我们"的根源：中国历史上的民族与国家意识》，姚大力著，生活·读书·新知三联书店，2018年。

本书是作者的学术论文自选集，是作者长期理论思考并结合相关史料的研究成果，是近年来民族史研究难得的佳作。本书的文章共分为四组。第一组凡七篇，泛论中国历史上的族群认同、国家认同以及二者之间的相互关系。第二组的五篇论文，主要聚焦于如何认识历史上的各少数民族对中国历史与文化的积极贡献。第三组由五篇论文构成，以蒙古帝国、元朝，以及它们之间的关系为讨论主题。纳入最后一组的四篇论文，则分别考察族群认同在回族、满族形成和鲜卑拓跋部早期历史的书写之中的作用问题。

《边界、边地与边民——明清时期北方边塞地区部族分布与地理生态基础研究》，安介生、邱仲麟主编，齐鲁书社，2009 年。

本书是"985 工程"哲学社会科学创新基地的结项成果。明、清两代于中国疆域研究而言，是一个特殊而重要的时期。本书对明清时期北方边塞地区部族分布与地理生态进行了深入研究。全书共分环境与生态篇、开发与转型篇、文化与移民篇三个部分，主要论文有：《"瀚海"新论——历史时期对蒙古荒漠地区认知进程研究》《统万城下的"广泽"与"清流"——历史时期红柳河（无定河上游）谷地环境变迁新探》等。

《有为而治：前现代治边实践与中国边陲社会变迁研究》，安介生、邱仲麟主编，三晋出版社，2014 年。

本书是作者承担的教育部人文社会科学重点研究基地重大项目"前现代中国的治边实践与边陲的社会历史变迁"的结项成果与国家社会科学基金重点项目"中国历史民族地理研究"的阶段性成果之一。本书分上、下两篇，上篇为"政治与制度篇"，共有 14 篇论文，集中讨论边疆的政治制度、政区形态和社会变迁；下篇为"经济与区域篇"，由 15 篇论文构成，讨论的对象集中在边疆民族分布、经济发展和环境变化等方面。

10. 域外地理

《"发现"欧洲：〈世界广说〉欧洲部分译注与研究》，魏毅著，复旦大学出版社，2017 年。

本书是针对《世界广说》欧洲部分的文献学研究。《世界广说》是敏珠尔四世以藏文撰写的首部完整的世界地理著作，本书择取《世界广说》欧洲部分文本为研究对象，通过文本校勘、汉译、注释以及若干专题研究，揭示藏族学者如何以自身的佛教观念和地理知识为背景"发现"西方世界，而新地理知识的传入又对其自身的"背景书"施加何种影响。本书为作者的博士论文。

四、历史地理学家与历史地理文献研究

1. 历史地理学家

《中国历代地理学家评传》第一卷（秦汉魏晋南北朝唐），谭其骧主编，王文楚、赵永复副主编，山东教育出版社，1990 年。

本书介绍和评价了从战国至唐代 22 位地理学家或重要地理学著作作者的生平和学术成就，其中包括《禹贡》的作者、司马迁、裴秀、郭璞、法显、郦道元、玄奘、李吉甫、樊绰等人，通过对他们生平和贡献的科学概括与评价，可以揭示先秦至隋唐时期中国地理学的发展过程以及这些地理学家在地理学史上的贡献与地位。

《中国历代地理学家评传》第二卷（两宋元明），谭其骧主编，王文楚、赵永复副主编，山东教育出版社，1990 年。

本书介绍和评价了两宋元明时期 30 位地理学家的生平和学术成就，其中包括乐史、王存、王象之、朱思本、罗洪先、潘季驯、王士性、徐霞客、陈祖绶等人，通过对他们生平和贡献的科学概括与评价，可以揭示北宋至明时期中国地理学的发展过程以及这些地理学家在地理学史上的贡献与地位。

《中国历代地理学家评传》第三卷（清、近现代），谭其骧主编，王文楚、赵永复副主编，山东教育出版社，1993 年。

本书介绍和评价了清代至近现代 30 余位地理学家生平和学术成就，其中包括顾炎武、顾祖禹、胡渭、徐松、魏源、丁谦、丁文江、李四光、竺可桢、顾颉刚等人，通过对他们生平和贡献的科学概括与评价，可以揭示清、

近现代时期中国地理学的发展过程以及这些地理学家在地理学史上的贡献与地位。

《悠悠长水：谭其骧前传》，葛剑雄著，华东师范大学出版社，1997年。

本书是"往事与沉思"传记丛书之一。作者在整理谭其骧先生的全部遗著，包括日记、书信等基础上，结合相关访谈，记述了谭其骧先生从出生到1966年共50余年的生活历程。这半个世纪是中国社会经历巨大变革的50年，也见证了谭其骧先生从一介书生到中国历史地理学界泰斗的全过程。全书占据相当篇幅的便是谭其骧先生在1949年以后的经历。作者还以谭其骧日记为依据，摘引了大量当时学界同仁的思想汇报，让读者得以窥见那个时代知识分子的处境与心态。2014年出版了修订的《谭其骧前传》《谭其骧后传》合集，除修订了此前的错讹外，还根据近年出版的《顾颉刚日记》《夏鼐日记》等新资料增补。

［其他版次］

《悠悠长水：谭其骧传》，葛剑雄著，广东人民出版社，2014年。

《谭其骧日记》，谭其骧著，葛剑雄编，文汇出版社，1998年。

本书收录谭其骧先生在1951—1972年间写下的个人日记。全书共分四部分，包括《土改日记》《京华日记》《"文革"日记》和《虔诚的忏悔——思想改造手记》，如实反映了谭其骧先生在中国历史现代变迁中的个人生活与见闻，具有一定的文献史料价值。

［其他版次］

《谭其骧日记》，谭其骧著，葛剑雄编，广东人民出版社，2013年。

《悠悠长水：谭其骧后传》，葛剑雄著，华东师范大学出版社，2000年。

本书是"往事与沉思"传记丛书之一，是《谭其骧传》的后半部分，记述的是谭其骧先生1966年以后的经历，尤其详细记载了他主编《中国历史地图集》的全过程，以及复旦大学历史地理学科的建立与发展的历程，书中还对谭其骧先生的学术贡献进行了介绍，具有重要的学术史价值。

［其他版次］

《悠悠长水：谭其骧传》，葛剑雄著，广东人民出版社，2014 年。

《禹贡传人——谭其骧传》，葛剑雄著，浙江人民出版社，2003 年。

本书为谭其骧先生的传记的简本，是"浙江文化名人传记丛书"的一种。全书约 25 万字，概括叙述了谭其骧先生一生的经历和学术贡献。

《悠悠长水：谭其骧传（精简版）》，葛剑雄著，文汇出版社，2018 年。

本书为谭其骧先生传记的精简版，除精简一些文字外，主要删去了原书中纯学术部分、部分引用的原文，以及反映谭先生所处形势、参加的重要活动和与他人关系等内容，客观记录历史事实，真实还原一代学人形象。全书约 42 万字，为《文汇传记》丛书的一种。

《邹逸麟口述历史》，邹逸麟口述，林丽成撰稿，上海书店出版社，2016 年。

本书是邹逸麟的口述自传。作者回顾了 80 年来的家族历史和自己的生活、工作，细述了上海租界弄堂里一个白手起家的企业家家庭及家族数十年间的变迁，也记载了作者从中学到大学的求学成长过程，其中最重要的是详细叙述了他从 1957 年开始师从谭其骧先生编纂《中国历史地图集》的过程。本书也对作者从事黄河史、运河史、历史人文地理等研究的历程进行了叙述和总结，为 20 世纪中国历史地理学科发展史留下了宝贵史料。

2. 历史地理文献整理

《大唐西域记》，［唐］玄奘撰，章巽校点，上海人民出版社，1977 年。

《大唐西域记》是唐代僧人玄奘西行求法并游历印度的旅行记录，记载了中亚和南亚的佛教的情况，还谈及各地的地理、政治、文化和社会生活等方面，是研究中亚古代历史地理的重要著作。20 世纪 60 年代起章巽即着手整理研究《大唐西域记》，本书因故没有收入章巽撰写的"前言"和注释，只有标点和校记。

《徐霞客游记》(全3册),[明]朱弘祖著,褚绍唐、吴应寿整理,上海古籍出版社,1980年。

本书是徐霞客根据自己的亲身经历用日记体裁撰写的一部写实著作,是世界上最早的一部记载石灰岩地貌的著作。它生动、准确、详细地记录了中国丰富的自然资源和地理景观,为历史地理学的研究提供了极其珍贵的重要资料。徐霞客经过34年旅行,写有天台山、雁荡山、黄山、庐山等名山游记17篇和《浙游日记》《江右游日记》《楚游日记》《粤西游日记》《黔游日记》《滇游日记》等著作,除佚散者外,遗有60余万字游记资料,死后由他人整理成《徐霞客游记》。世传本有10卷、12卷、20卷等数种,主要按日记述作者1613—1639年间旅行观察所得,对地理、水文、地质、植物等现象均做了详细记录,在地理学和文学上作出卓有价值的贡献。本整理本以季会明抄本和乾隆本为底本,参校徐建极抄本、陈弘抄本等多种抄本、印本。

1980年第一版为全三册,第三册为《徐霞客游记附图》(褚绍唐、刘思源编,刘思源绘,吴应寿校)。1982年改为全二册,删除1980年版第三册《徐霞客游记附图》。1987年增订本改为全一册,将丁文江《徐霞客先生年谱》列为附录。2007年版又改为全二册,书末补入《徐霞客游记人名地名索引》(冯菊年、萧琪编,上海古籍出版社1993年),书名改为《徐霞客游记:附索引》。2011年版则将2007年版中风景照片予以删除。2010年、2019年普及版改名为《徐霞客游记》全一册,以1987年增订本为底本,删除这一版第十卷下"附编"和《徐霞客先生年谱》及原书卷首的彩色插页。

[其他版次]

《徐霞客游记》(全2册),[明]朱弘祖著,褚绍唐、吴应寿整理,上海古籍出版社,1982年。

《徐霞客游记》(增订本),[明]朱弘祖著,褚绍唐、吴应寿整理,上海古籍出版社,1987年。

《徐霞客游记:附索引》(全2册),[明]朱弘祖著,褚绍唐、吴应寿整理,上海古籍出版社,2007年。

《徐霞客游记:附索引》(全2册),[明]朱弘祖著,褚绍唐、吴应寿整理,上海古籍出版社,2011年。

《徐霞客游记》，[明]朱弘祖著，褚绍唐、吴应寿整理，上海古籍出版社，2010年。

《徐霞客游记》，[明]朱弘祖著，褚绍唐、吴应寿整理，上海古籍出版社，2019年。

《元丰九域志》（全2册），[宋]王存等撰，王文楚、魏嵩山点校，中华书局，1984年。

本书是北宋中期的一部地理总志。全书分10卷，始于四京，次列二十三路，终于省废州军、化外州、羁縻州；分路记载所属府、州、军、监及其地理、户口、土贡、领县，每县又详列乡、镇、堡、寨以及名山大川；叙述沿革以本朝为主，又备载各府州军监距京里程及四至八到。该书虽然是疆域政区地理总志，但是又涉及经济、军事、自然等三方面内容，经济方面有户籍（元丰时各府、州、军、监下均列有主、客户数）、土贡（元丰三年土贡的额数）、镇（县下列的镇名近1800个）等记载，军事方面有堡寨的记载，自然地理方面则在县下列有山岳、河渠、泽陂等，共计山岳1000多个、河泽1000多个。本书的整理，以冯集梧、吴兰庭所校光绪八年（1882年）金陵书局本为底本加以标点，另参校卢文弨抄本、明末清初影宋抄本及《新定九域志》吴翌凤抄本、周梦棠抄本，以及《资治通鉴》胡三省注与1960年中华书局影印《永乐大典》所引《九域志》等书，并参考宋代史籍、唐宋以来地志，对全书予以全面校勘。

《法显传校注》，[东晋]法显撰，章巽校注，上海古籍出版社，1985年。

《法显传》又称《佛国记》，是法显赴天竺（印度）求法归国后自记行程的旅行传记，作者法显是东晋时期的高僧。本书不仅是5世纪初亚洲的佛教史料，也是中国与印度、巴基斯坦、尼泊尔、斯里兰卡等国的交通史料，还是中国现存史料中有关海上交通的最早的详细记录。本书的校注以南宋刊印的《思溪圆觉藏》本为底本，参考多种最早印本及古抄本，汲取19世纪以来国内外研究成果，是一部集大成之作。2008年版由徐文堪和芮传明修订，修改印刷错误，参考章巽自存校订本上的修改，还把国内外20年来的最新研究成果以补注的方式纳入校注中。

[其他版次]

《法显传校注》,[东晋]法显撰,章巽校注,中华书局,2008 年。

《清人文集地理类汇编》(全 7 册),谭其骧主编,浙江人民出版社,
1986—1990 年。

本书依据王重民编写的《清人文集篇目分类索引》,将此书收录的近
400 种清人文集中的地理类文章辑录出来,按照原书的分类编排并进行标
点整理。全书共七册分为七个部分,第一部分通论,第二部分总志,第三部
分方志,第四部分河渠水利,第五部分山川,第六部分游记,第七部分古迹
名胜。全书反映了清人的地理学成就,具有一定的参考价值。

《天下水陆路程 天下路程图引 客商一览醒迷》,[明]黄汴著;[清]憺
漪子辑;[明]李晋德著,杨正泰校注,山西人民出版社,1992 年。

本书是三种明清交通地理文献的合集。《天下水陆路程》记载了明代二
京十三布政司水陆路程,各地道路的起讫分合和水陆驿站名称;《客商一览
醒迷》记载了从商经验和商人训诫;《天下路程图引》汇集明代水陆路引 100
条,以记录水陆路线的站名、里距为主,兼及各地食宿、物产、风景等。

《庙学典礼(外二种)》,[元]佚名撰,王颋点校,浙江古籍出版社,
1992 年。

本书是"元代史料丛刊"的一种,收录《庙学典礼》《元婚礼贡举考》《元
统元年进士录》三种元代儒学和科举的资料。《庙学典礼》一书分为六卷,依
年次先后编排,辑录自元太宗九年(1237 年)至成宗大德五年(1301 年)间
官府颁布的有关儒学事宜公文,共计 80 件。这些公文涉及元代儒学的大
事,诸如儒户免差、戊戌科试、设随路学校官、制定儒籍、岁贡儒人、学田
钱粮分付等。《元婚礼贡举考》是元人辑录元代文献而成的资料,有的部分
辑录自《通制条格》《元典章》等,也有一部分不见于现存的元代公牍载籍。
《元统元年进士录》是仅存的两种元代进士录、登科录的一种,本书只收原
书卷上的进士录文本,卷中和卷下原载的登第制册 13 篇,因脱字过多予以
删除。进士录文本在每位进士之后录有里贯、氏族或民族、户计类别、治经

名称（限汉人、南人）、表字、年龄、出生月日、父系祖先三代名字、母姓名、父母存殁情况、婚姻状况、妻姓氏、乡试地点名次、会试名次及初授官职。

《王士性地理书三种》，[明]王士性著，周振鹤编校，上海古籍出版社，1993年。

本书是明代人文地理学家王士性的三部重要的地理学著作，其中《五岳游草》共10卷，包括岳游、大河南北诸游、吴游、越游、蜀游、楚游、滇粤游等；《广志绎》共6卷，分别为方舆崖略、两都、江北四省、江南诸省、西南诸省和四夷辑，并附《广游志》。可以说，此书为王士性地理学著作的全集，所体现出来的地理学思想和成就以及所保存下来的宝贵的地理资料，足以使王士性跻身于我国历史上的大地理学家之列。

[其他版次]

《五岳游草　广志绎》，[明]王士性著，周振鹤点校，中华书局，2006年。

《五岳游草　广志绎（新校本）》，[明]王士性著，周振鹤点校，上海人民出版社，2019年。

《禹贡锥指》，[清]胡渭著，邹逸麟整理，上海古籍出版社，1996年。

《尚书·禹贡》，假托大禹治水以后的政治区划，从地理角度将全国分为九州，并记述了这九个区划的山岭、河流、薮泽、土壤、物产、贡赋以及交通道路，还缕列了我国主要山脉河流的走向和流经，中原地区以外五个不同层次区域和中央的关系，是我国最早的一部科学价值很高的区域地理著作，千百年来众多的研究者为之进行注释考证，形成一门专门之学。清人胡渭采撷众说，又一扫前人在《禹贡》研究上的附会变乱，撰成集大成的《禹贡锥指》，为今日人们理解《禹贡》时代的地理面貌以及历代的变迁提供了极为丰富的数据和重要的启示。本次点校过程中，整理者以康熙四十四年（1705年）漱六轩本为底本，校以四库全书本、皇清经解本，并将丁晏《禹贡锥指正误》羼入正文，另外还搜集了不少关于胡渭的资料，附录书后以供读者阅读和研究。该书于1998年获华东地区古籍整理图书一等奖。

[其他版次]

《禹贡锥指》，[清]胡渭著，邹逸麟整理，上海古籍出版社，2006年。

《禹贡锥指》，[清]胡渭著，邹逸麟整理，上海古籍出版社，2013年。

《辽史地理志汇释》，谭其骧主编，张修桂、赖青寿编著，安徽教育出版社，2001年。

《辽史·地理志》是研究辽代地理建置的第一手资料。元修《辽史》以辽人耶律俨《实录》、金人陈大任《辽史》为底本，兼采往代文献、宋金记录纂辑而成。《辽史·地理志》保存了许多辽代原始记录和研究史地的成果，还保存了晚唐以后直至辽代北方史地资料，对渤海国的记载属一手资料。但由于《辽史》潦草成书和前代文献缺乏，《辽史·地理志》不可避免地存在疏漏和讹误。本书整理者汇总了历代辽史研究的文献成果和实地考察记录及考古研究成果，在具体研究的基础上，对《辽史·地理志》进行了全面的整理和汇释，为读者提供了一个比较方便、准确的参考。

本书为谭其骧主编"正史地理志汇释丛刊"的一种。该丛刊旨在广泛搜集研究正史地理志的有关论著，为每一部正史地理志做出尽可能完备的注释，使得正史地理志的研究迈入一个新阶段。截至2020年，本丛刊已经出版8部，作者与书目如下：张修桂、赖青寿编著《辽史地理志汇释》；吴松弟编著《两唐书地理志汇释》；郭黎安编著《宋史地理志汇释》；周振鹤编著《汉书地理志汇释》；胡阿祥编著《宋书州郡志汇释》；钱林书编著《续汉书郡国志汇释》；孟刚、邹逸麟编著《晋书地理志汇释》；华林甫、赖青寿、薛亚玲编著《隋书地理志汇释》。

《两唐书地理志汇释》，谭其骧主编，吴松弟编著，安徽教育出版社，2002年。

在现存的唐代地理著作中，《旧唐书·地理志》（简称《旧志》）和《新唐书·地理志》（简称《新志》）都是研究唐代地理的最主要的资料来源。两书各有史料价值，《旧志》比较详细，有关唐代政区的设置、名称的来源，隶属关系的变动，治所迁移，记载均十分详细；还记录了贞观十三年（639年）和天宝十一载（752年）两个年份的各府州户口数，各府州距两京的道里。《新志》文字简洁，州县承接隋代无变化者一概删削。关于唐代废州的情况，常不集中于一处叙述，而是散附于若干县之下，有时这些县又列于不同的州中；而且县级单位的治所迁移均不记载，隶属关系的变化也不如《旧志》详细。但是《旧志》也有缺点，如所记载的政区沿革以唐中叶的天宝十一载疆域为准，天宝后的资料不如《新志》丰富。另外《旧志》的内容比较单一，主要是政区沿革、户口、道里、某些府州的等级以及总序所记载的边防镇戍与节度使分布。而《新志》增添了大量有关山河、陂堰、交通、土贡、折冲府、军镇守捉防戍、州县等级等资料，还在卷末集中记载了唐代羁縻府州的分布状况，并附有反映唐代中外交通概况的贾耽撰《边州入四夷道里记》。

本书以中华书局标点本为底本，尽量收集有关校勘、考释两志的成果。汇释内容分为集释、补释和编者按三部分。集释收入他人校勘、考释两志的成果；补释是史料及唐史研究中与两志说法不同或可以补充说明两志者；编者按是编者对史料和别人研究的评论以及今地所在。今地行政区划以1995年为准。

《汉书地理志汇释》，谭其骧主编，周振鹤编著，安徽教育出版社，2006年。

《汉书·地理志》是二十四史地理志中的一种，具有开创之功，而且是学者研究汉代及其以前的历史地理必不可少的重要文献。《汉书·地理志》主体由平帝元始二年（2年）的103个郡国和1587个县邑道国的名称组成，是我国历史上第一份完备的行政地理实录。全书描述了全国300多条水道的源出、流向、归宿和长度，记载了重要的山岳方位及自然资源分布情况；还记载了盐、铁、工官以及其他官营手工业机构分布情况，也有屯田和水利渠道的建设情况；还记载了各地户数和口数资料，以及陵邑、祖庙、神祠的分布情况；对重要的关、塞、亭、障的分布及通塞外的道路也有记载。既反映了西汉末年的政区分布和疆域范围，也成为后代追寻政区建置来历的基础，在历史地理研究方面有重大的意义，是我国古代最杰出的地理著作。本书整理者以清代王先谦《汉书集解》中的地理志部分为基础，整理吸收清代以及近代、当代有关《汉书·地理志》的相关研究，是当代学者研究历史地理的重要文献，具有很高的学术价值。本书近年有增补本。

《续汉书郡国志汇释》，谭其骧主编，钱林书编著，安徽教育出版社，2007年。

《续汉书·郡国志》原为晋司马彪所撰，梁刘昭因宋范晔的《后汉书》无志，将司马彪《续汉书》中撰写的八志详加注释并入《后汉书》。本书以中华书局标点本《后汉书·郡国志》为底本，保留其《郡国志》原文、刘昭注及部分校勘记，尽量全面收录校勘、考释《续汉书·郡国志》的成果，并详细注出今地所在。主要采集内容为刘昭注补、王先谦《后汉书集解》、黄山《后汉书集解校补》，以及钱大昕、钱大昭、周明泰、吴增仅、丁锡田等人的专门研究成果。编者按主要是编者对原文、注文及其释文的看法，每县名下释出今地，行政区划标准以2005年为准。本书是目前为止《续汉书·郡国志》研究的集大成之作，对东汉地理研究和秦汉史研究都有重要的基础性作用。

《晋书地理志汇释》，谭其骧主编，孟刚、邹逸麟编著，安徽教育出版社，2018年。

《晋书·地理志》是研究晋代地理最重要、最基础的资料。《晋书》共130卷，《地理志》为2卷，主要记载了西晋太康初年全国的政区建置沿革情况，并保存了州、郡国、县三级政区各自的户口数字等资料。主体部分大约以太康初年为断限，记载了19个州及其所辖171个郡国、1200多个县的建置沿革情况，以及部分山川、名胜、古迹、物产、地名来源、统县数字及户口数等。除交州外，每个州的最后还非常简略地概述了晋惠帝之后及东晋十六国的州及郡国的沿革情况。

本书以中华书局标点本《晋书·地理志》为底本，录入历代研究者对相关内容的考证、史实考辨、考古资料等研究成果，大致按照成书先后顺序排列，编者按则主要是利用相关考古报告、出土简牍碑刻等资料对县及县级以上政区的治所进行核查分析定点，今地统一为2015年政区。最后还附有按照笔画、音序排序整理的索引表。

《中华大典·历史地理典》（全15册），《中华大典》工作委员会、《中华大典》编纂委员会编纂，邹逸麟（2007年前）、葛剑雄（2007年后）主编，浙江古籍出版社、西泠印社，2004—2017年。

《中华大典》是中国有史以来范围最大、字数最多、门类最全的类书，该书是国务院批准的重大文化出版工程、国家文化发展规划纲要的重点出版工程项目，先后被列为"十一五""十二五"国家重大出版工程规划之首、国家出版基金重点支持项目。《中华大典·历史地理典》由邹逸麟（2007年前）、葛剑雄（2007年后）先后担任主编，主要由复旦大学中国历史地理研究所人员编纂，于2017年6月全部完成出版。全书分为四个分典，包含《域外分典》《总论分典》《政区分典》《山川分典》，共十五册，计3092万字，将传世历史文献中的有关历史地理类资料收集、辑录、标点和整理，方便读者查阅或提供线索。该书所辑录的范围是1911年前用文言撰述的书籍数据。为保持完整性，对个别跨越1911年，但以1911年前为主的人物，也酌情收入其在1911年后以文言撰写的部分文献资料。该书的出版为历史地理的学科建设、理论创新、发展总结提供了可靠的资料。

《中华大典·历史地理典·域外分典》（全3册），《中华大典》工作委员会、《中华大典》编纂委员会编纂，浙江古籍出版社，2004年。

本书收录了我国古籍中关于中国历代疆域以外的国家、聚落、民族和部族的历史地理类文献资料。本书由赵永复、傅林祥任分典主编。全书经部设总论、亚洲、欧洲、非洲、美州、大洋洲六个总部。除总论总部外，各洲总部下以郭、地区、聚落、民族和部族设部。每个总部、部的一级纬目设解题、综述、分述、纪事、人物著作、艺文、杂录、图表。分述下设二级纬目地理环境、疆域政区、城市聚落、民族人口、文化风俗、经济物产、军事、交通。总论总部与各洲总部、部的综述收录世界及相应区域的综合性资料外，凡难以割裂或不适合归入各洲总部、部的资料，亦酌情收录在内。另外中国历代疆域的变化以谭其骧主编《中国历史地图集》为准。全书共620万字。本书于2005年获第八届华东地区古籍优秀图书特别奖。

《中华大典·历史地理典·总论分典》(全3册),《中华大典》工作委员会、《中华大典》编纂委员会编纂,西泠印社,2012年。

　　本书由钱林书、巴兆祥、安介生任分典主编,分为著作、人物、方志、地图四个总部,第一册包括了著作总部、人物总部和方志总部的一部分,第二册为方志总部的其他部分,第三册为历史地图总部。著作总部主编为钱林书,下设地理志部、正史地理志部、地理专著部、其他部,收录历史地理专著及历史地理内容集中的著作的著录、序跋、评价等资料;人物总部主编为安介生,下以人物设部,收录公认的历史地理学家以及有重要历史地理著作的学者传记年谱等;方志总部主编为巴兆祥,以下设编纂部、理论部,编纂部下以方志设分部,归属于所载省、市、自治区,理论部以下以人物设分部,所收录的仅限于方志本身有序跋、著录、评价内容者;历史地图总部主编为葛剑雄,以下不分部,本总部选择《历代地理指掌图》、杨守敬《历代舆地图》与《水经注图》等代表性历史地图中的核心部分。《总论分典》将历史地理这门学科总论性的原始资料选录汇编成书,这在国内尚属首次。全书共560万字。

《中华大典·历史地理典·政区分典》(全7册),《中华大典》工作委员会、《中华大典》编纂委员会编纂,西泠印社,2017年。

　　本书由葛剑雄、马雷任分典主编,设总论和政区两个总部。总论总部含总述、杂考部,总述部分收录正史《地理志》及地理总志中对于历代政区制度和沿革的综述,按照朝代先后排列。政区总部按《清一统志》政区序列分部,各部内先总述,再按照府、州(厅)或者具体政区排列。政区总部收录正史《地理志》、历代地理总志、主要地方志中关于该政区建置沿革的资料,按照年代先后排列。政区总部收录的内容主要包括建置、沿革、治所、辖境、四至八到、古国、故城等文献和考证资料。全书共1480万字。

《中华大典·历史地理典·山川分典》(全2册),《中华大典》工作委员会、《中华大典》编纂委员会编纂,西泠印社,2017年。

　　本书由傅林祥任分典主编,设山、水两个总部。山总部下设总论部、22个省(地区)部及名山部,水总部下设有总论部、22个省(地区)部和黄河部、长江部、运河部及杂考部。山总部总论部下设解题、综述两个纬目，分别收录历代与山相关的词语解释和清代记载全国山脉的著作《万山纲目》。水总部总论部下也设解题和综述两个纬目，分别收录历代与水相关的词语解释及清代全国河流的概括性论述。各省（地区）部下设有综述和分述两个纬目。全书共 430 万字。

《中华大典·交通运输典》（全 6 册），《中华大典》工作委员会、《中华大典》编纂委员会编纂，上海交通大学出版社，2017 年。

本书由葛剑雄担任主编，傅林祥任副主编，编纂工作主要由复旦大学历史地理研究中心的人员承担，2017 年完成出版。全书共有三个分典，分别为《交通路线与里程分典》《交通工具与交通设施分典》《驿传制度分典》。全书收录 1911 年之前古籍中关于交通路线的途经走向及里程数量、古代驿站铺递的名称、分布及其制度、交通工具（主要是车船）和设施（主要是桥梁津渡和早期铁路）的资料，按传统类书方式编排，是研究中国古代交通和信息邮递网络的重要资料，系统展现了中国古代交通状况的面貌，是了解、学习、研究中国古代交通状况不可或缺的参考性工具书。全书共 1150 万字。

《中华大典·交通运输典·交通路线与里程分典》（全 2 册），《中华大典》工作委员会、《中华大典》编纂委员会编纂，上海交通大学出版社，2017 年。

本书由葛剑雄、傅林祥任分典主编。全书分为交通路线总部和里程总部，收录资料以 1911 年底为截止日期。交通路线总部下设总论、京师、南方、西南、西北、东北、域外等部。交通路线一般包括从某一地至另一地或数地间，所经地名、时间、里程、运输工具、道路及设施状况等。各部分别按照交通路线的终点划分，如"京师部"收录以明清北京（含此前的燕京等）为终点的交通路线。部分跨经不同区域的路线，仍以终点所在排列。里程总部下设总论、分论两个部，收录全国性、区域性与县级行政区内的道路起讫、经过地点、连结点、走向与里程的资料。资料按照形成时间先后排列。全书共 370 万字。

《中华大典·交通运输典·交通工具与交通设施分典》（全2册），《中华大典》工作委员会、《中华大典》编纂委员会编纂，上海交通大学出版社，2017年。

本书由路伟东、王大学、霍仁龙任分典主编，全书分为交通工具总部和交通设施总部，交通设施总部下又分铁路部和关梁津渡部两个部。交通工具总部收录的资料主要包括舟、车、牲畜等交通工具的形制、用途、数量、使用范围、管理办法等相关内容。经目设总论、分论和杂论三部，各部下均设有纬目，总论部下设题解和综述两个纬目，分论部下设舟分部、车分部和牲畜分部三个纬目，杂论部下设国内和域外两个纬目。总论部下的题解所收资料是对各类交通工具的解释或说明；综述则是对各类交通工具的形制、用途等的概述。分论部主要收录各交通工具的使用范围、数量和管理办法等内容，其中舟分部下设货船、客驿船和船政综述三个细目；车分部下设宫廷用车、驿站用车和民用车三个细目；牲畜分部下设驿畜和民用牲畜两个细目。杂论部收录无法归类的资料。交通设施部下的铁路部所收资料包括修建铁路的争议、规划、建设、合同、规章、运营事故和事件，以及财政税收、铁路股权、路权争夺等相关内容。经目设总论、分论和杂论分部，下再均设有纬目。总论分部下设题解、议论、路政与路况、路权与资金和图画等纬目；分论分部下设关内、关外和台湾三个纬目；杂论分部不设纬目，采用资料原标题。交通设施部下的关梁津渡部收集的是古籍所记载的关津桥梁内容，一般包括这些设施的名称、位置、形制、材质、建造者、历史沿革和相关法规等，也包括它们周边的自然环境、景观和记录建筑的文字等。全书约有450万字。

《中华大典·交通运输典·驿传制度分典》（全2册），《中华大典》工作委员会、《中华大典》编纂委员会编纂，上海交通大学出版社，2017年。

本书由傅林祥任分典主编。全书分为驿站总部和铺递总部，收录资料以1911年底为截止日期，译著一律不收。驿传指历代包含驿（含水马驿）、站赤、军台、营塘、递运所、铺递等的官方交通系统，驿站等机构负责接待官员往来、递送公文、递运官物及军需等。本书收录关于驿传机构的制度、设施（含经费、夫马车船等）、名称、路线及里程等内容，不包括隋唐四方馆、宋都亭驿、明清会同馆等接待各国使者的机构。驿站总部下设总论、制度、驿程、程限、设施部，以及顺天府与直隶、盛京奉天府、江苏、安徽、蒙古等 23 个省（地区）部。铺递总部下设制度部和顺天府与直隶、盛京奉天府、江苏、安徽等 19 个省（地区）部。所收资料原则上按时代先后排列，但正史列于该朝代之首。清代资料排列稍特殊，同一年号之下，朝廷编纂的《清会典》居首，各省编纂的通志居次，次后分别为府志、州县志，其他资料仍按成书年份排列。全书共 330 万字。

《黄渡镇志》，章树福纂辑，邹怡标点，上海社会科学院出版社，2004 年。
全书分建置、疆域、水利、选举、人物、艺文、杂类七门五十三目。其中，水利门最为详备，载录了宋至清末吴淞江的历次疏浚，特别是流经黄渡镇一段河道的治理情形，广泛收集了公私文献中与之相关的内容，可补府县志乘之不足。元朝水利学家任仁发曾多次主持吴淞江修浚工程，书中对其言语事迹记载尤详。另外，纪闻一目中，详细叙述了清乾隆至道光年间黄渡镇荒赈制度的演变始末，人物、杂类等门中也留下了当地竹刻名家及山匠人的有关记载，这些内容对于专门研究颇有助益。

《肇域志》（全 4 册），[清]顾炎武撰，谭其骧、王文楚、朱惠荣等点校，上海古籍出版社，2004 年。
《肇域志》是一部明代全国地理总志，由明末清初的杰出学者顾炎武辑撰。始辑于崇祯十二年（1639 年），辑成于康熙元年（1662 年）。其内容着重于地区特点和地方利弊，广泛涉及各地自然资源、物产、农业、水利、民风、习俗、商业、贸易、兵防、赋役、交通、漕运等方面，引证宏博，资料翔实。1982 年，在谭其骧主持下，《肇域志》的点校整理启动，王文楚、朱惠荣等多位学者参与其中。整理工作以云南省图书馆藏本为底本，并参校其他多个版本。全书共出校勘记 13500 余条，引用史书、子书、类书、字书、文集、笔记及明清民国总志、方志数百种。本书于 2006 年获第八届华东地区古籍整理优秀图书奖特等奖；2007 年获第一届中国出版政府奖图书奖（古籍类）；2019 年获第二届宋云彬古籍整理奖·图书奖。

[其他版次]

《顾炎武全集·肇域志》（全6册），［清］顾炎武撰，谭其骧、王文楚、朱惠荣等点校，上海古籍出版社，2011年。

《（康熙）琼山县志（二种）》，［清］潘廷侯修、［清］佟世南修，［清］吴南杰纂，傅林祥点校，海南出版社，2006年。

本书系"海南地方志丛刊"的一种。该志成书于康熙二十六年（1687年）。琼山县为琼州府附郭首县，该志为琼山县第一部志书，仅有抄本，流传不广。全志共12卷，分别为舆图志、沿革志、地理志、建置志、赋役志、学校志、兵防志、秩官志、人物志、海黎志、艺文志、杂志。因仓促成书，内容上多采自明代《琼州府志》，尤其在行文格式上，仍有个别之处将明代年号作另行顶格处理，以示尊崇。对于清初琼山县史事的记载较为详尽。该志为康熙四十七年（1708年）王赞等纂修《琼山县志》奠定了基础。

《太平寰宇记》（全9册），［宋］乐史撰，王文楚等点校，中华书局，2007年。

本书是北宋初期一部著名的地理总志，继承了唐李吉甫《元和郡县图志》的体裁，记述了宋初十三道范围的全国政区建置。所载政区取制于太平兴国后期，可补《元丰九域志》《舆地广记》所不载，是考察北宋初期政区建置变迁的主要资料。其所载府州县沿革，多上溯周秦汉，迄五代、宋初，尤其是对东晋南北朝、五代十国的政区建置，较其他志书详尽，可补史籍之缺。府州下备载领县、距两京里程、至邻州的四至八到、土产，县下记录距府州方位里数、管乡及境内山川、湖泽、城邑、乡聚、关塞、亭障、名胜古迹、祠庙、陵墓等，篇帙浩繁，内容详瞻，是研究历史人文、自然地理的宝贵资料。本书广泛引用历代史书、地志、文集、碑刻、诗赋以至仙佛杂记等，计约200种，且多注明出处，保留了大量珍贵的史料。本整理本以金陵书局本为底本，原缺卷以宋版补入，又以万廷兰本、中山大学藏本、文渊阁四库全书本等参校，还参考了其他唐宋史籍。

《〈魏延昌地形志〉存稿辑校》，[清]张穆著，安介生辑校，齐鲁书社，2011年。

本书是清代著名学者张穆所撰著的北魏断代地理志。因张穆过早去世，《魏延昌地形志》未及最终脱稿出版，稿本几经易手，最后失散，仅存目录一卷、司州三卷。这些遗稿不仅是研究北魏地理问题的重要参考，也是研究张穆本人学术思想的难得资料。现代著名学者王仲荦先生在《北周地理志》一书中附有《北魏延昌地形志北边州镇考证》，实际上是他根据张穆《延昌地形志》存稿体例所补写而成，可弥补《延昌地形志》散失的遗憾。整理者多年从事山西及北魏历史研究，将复旦大学所藏手抄本及王仲荦遗著合并，对《魏延昌地形志》进行辑校整理、详细注释，力求为学术界提供一个较为完善的版本，也为北魏及沿革地理研究者提供珍贵的参考。本书内容主要包括阮元序文、张穆自序、目录（包括总目与分目）、司州三卷等。

《通鉴地理通释》，[宋]王应麟著，傅林祥点校，中华书局，2013年。

本书共14卷，记述了宋代以前部分史籍所载地名的沿革异同、险要扼塞所在。首列历代域州，次列历代都邑，再次为十道山川和历代形势，参以历代名臣奏议。该书借"通鉴"之名，"稽左氏、《国语》《史记》《战国策》《通典》所叙历代形势，以为兴替成败之鉴。"全书征引博洽、考订详明，为研究历史军事地理的重要参考著作。本书系中华书局"王应麟著作集成"一种。

3. 历史地理文献研究

《中国历史地理要籍介绍》，杨正泰著，四川人民出版社，1987年。

本书对我国古代地理名著的作者、内容、特点、学术价值，以及这些名著的体裁、版本、研究成果、其他问题等进行详细介绍。这些名著包括：《禹贡》《山海经》《管子·地理篇》《史记·货殖列传》《汉书·地理志》《法显传》《水经注》《大唐西域记》《元和郡县图志》《太平寰宇记》《梦溪笔谈》、"临安三志"、《通鉴地理通释》《吴中水利书》《宋史·河渠志》《河源志》《长春真人西游记》、《资治通鉴》胡三省地理注、"三通"地理篇、《瀛涯胜览》《星槎胜览》《西洋番国志》《河防一览》《徐霞客游记》《潞水客谈》《肇域志》《天下郡国利病书》《读史方舆纪要》《嘉庆重修一统志》《行水金鉴》《续行水金鉴》《再续行水金鉴》《古今图书集成·方舆汇编》、《二十五史补编》地理篇等30余部。

《徐霞客游记导读》，吴应寿著，巴蜀书社，1988年。

本书对《徐霞客游记》部分内容做了详细解读，具体内容包括游黄山日记、历险日记、岩溶地貌考察日记、边地考察日记、有关地区性的综合论述日记等。本书是一本方便入门的《徐霞客游记》导读类图书。

［其他版次］

《徐霞客游记导读》，吴应寿著，中国国际广播出版社，2009年。

《国学经典导读·徐霞客游记》，吴应寿著，中国国际广播出版社，2011年。

《〈水经注〉选评》，赵永复、赵燕敏撰，上海古籍出版社，2005年。

郦道元《水经注》是我国古代一部集北魏以前地理学大成的名著。其文内容丰富，体例严谨，详细记载了137条河流干流及1252条支流所经地区的山陵、原隰、城邑、关津的地理情况、建置沿革和有关的历史事件、人物甚至神话传说，在历史、文学等方面也都有重要的价值。明清以来，《水经注》研究成为一门专门学问，学者们取得了丰富的成果。本书正文主要依据杨守敬、熊会贞《水经注疏》，参考王先谦《合校水经注》，由作者选评十八节原文，参考大量文献，吸取了前人研究成果，提出自己的见解。本书是一本方便入门的《水经注》导读类图书。

［其他版次］

《〈水经注〉选评》，赵永复、赵燕敏撰，上海古籍出版社，2017年。

《清儒地理考据研究》（秦汉卷），华林甫主编，段伟著，齐鲁书社，2015年。

本书梳理了清儒对秦汉时期历史地理的研究成果，从郡、县、汉代王国侯国、其他沿革地理问题及自然地理五个方面，初步考察了以全祖望、钱大昕、王鸣盛、王念孙、钱大昭、吴增仅、杨守敬等为代表的清儒的细致研究，并结合部分今人研究，特别是一些出土文献研究，评价了清儒在秦汉历史地理研究中的重要作用和学术特点，指出今人在研究中不能忽视清儒的成果，应充分利用并加以提升。本书所在丛书于 2016 年获第十九届（2015 年度）华东地区古籍优秀图书奖一等奖。

《沈曾植史地著作辑考》，许全胜著，中华书局，2019 年。

本书是沈曾植有关中外交通史籍研究成果的全面研究和首次结集，对深入探讨近代学术转型无疑具有重要意义。全书共分三部分：第一部分《沈曾植与早期中外史地研究》对沈曾植在边疆史地及中外关系史方面的各种成就进行了全面细致的阐述，指出他在近代学术史上继往开来的重要地位。第二部分《沈曾植史地著作考论》，对沈氏未刊著作逐一进行研究考证，指出其笺注的学术贡献，并对各书的内容、作者、版本及中外学者研究情况予以评介。第三部分《沈曾植史地著作九种辑校本》，包括《佛国记笺注》《诸蕃志笺注》《西游录笺注》《长春真人西游记笺注》《蒙鞑备录笺注》《黑鞑事略笺注》《塞北纪程笺注》《异域说笺注》《岛夷志略笺注》。本书是作者在博士后出站报告的基础上修改而成的。

《清代地理志书研究》，邹逸麟顾问、华林甫主编，中国人民大学出版社，2014 年。

本书是以《清史地理志》《清史地图集》学术团队科研成果为主的论文集，只收录原创论文，共有 15 篇论文，主要是《清史地理志》编纂过程中的考证、体会、感想，《清史地图集》编绘当中的一些初步认识，具有较强的学术性、逻辑性，对于清代地理典籍、舆地图和关于清代的地理典籍做了相应的校勘、诠释、分析，有的回忆参与《中国历史地图集》编绘的过程，有的地理考释颇见功力，有的分析是以实地考察为基础的深度研究。本所邹逸麟、傅林祥、段伟等均有论文收入。

4. 地理学史

《中国地理学史（清代）》，赵荣、杨正泰著，商务印书馆，1998 年。

本书试图从以下几方面对清代地理学进行阐述：一是通过对不同类型

的代表性地理著作的分析，阐述清代地理名著的作者、内容、特点，以及它们在中国地理学发展史上的地位、意义；二是通过对清代地理学思想的分析，系统说明清代地理视野的拓展、地理学理论的发展，以及对自然地理规律的认识。同时还对中外地理学的发展及其特点进行比较，阐明清代地理学思想与外国地理学思想的交流方式，以及由传统地理学向近代地理学的转变过程。

《晚清西方地理学在中国——以 1815 至 1911 年西方地理学译著的传播与影响为中心》，邹振环著，上海古籍出版社，2000 年。

该书系统梳理了晚清西方地理学译著在中国的出版、传播与影响。作者尝试回答西方地理学究竟在晚清中国传播了哪些新知识，这些新知识具体是由哪些渠道进入了晚清中国，有哪些中外知识人——外国传教士、中国学者参与了这些新知识的传播，这些地理学新知识传入后产生了怎样的影响，地理学新知识与中国近代学界产生了怎样的互动等。该书在分期上独创性地将 1815 年《察世俗每月统记传》的创办作为晚清的开端，并在第一章叙述了西方地理学在华传播，即以利玛窦世界地图以及明末清初西方地理学知识点的输入，作为晚清西方地理学在华传播的前史，然后以知识线和知识面的方法，建构了西方地理学译著在中国传播的脉络。作者将资料的重点确定在西方地理学译著（传入文本）和地理学教科书（影响文本），并据此完成论文的三个附录；以对地理学专业术语、地理学教科书、地理学共同体三者的研究，将晚清西方地理学在中国的影响建立在实证研究的基础上。作者的博士论文获 2001 年"全国百篇优秀博士学位论文"奖励。本书有韩文译本（2013 年）。

［其他版次］

지리학의 창으로 보는 중국의 근대 : 1815~1911 년 중국으로 전파된 서양지리번역서 / 쩌우전환 지음 ; 한지은 옮김

翻译：Han Ji-Eun。出版者：푸른역사, 2013。

五、历史地图与古旧地图研究

1. 历史地图

《中国历史地震图集·远古至元时期》，国家地震局地球物理研究所、复旦大学中国历史地理研究所主编，中国地图出版社，1990年。

《中国历史地震图集·明时期》，国家地震局地球物理研究所、复旦大学中国历史地理研究所主编，中国地图出版社，1986年。

《中国历史地震图集·清时期》，国家地震局地球物理研究所、复旦大学中国历史地理研究所主编，中国地图出版社，1990年。

本图集由5幅序图和以216次地震汇编的214幅分幅图组成，按地震时间顺序编排，反映了远古至清末2700年间我国现今国界线以内发生的历次破坏性地震的概貌。图集以地震震中和等震线图为主，并附简要文字说明、相关文物和遗址的照片。本书科学性强，尽可能较确切反映地震和历史地理内容，是迄今为止最为完整、最为权威的中国历史地震图集。

《简明中国历史地图集》，谭其骧主编，中国地图出版社，1991年。

本书收录了《中国历史地图集》各历史时期的36幅全图。由谭其骧本人撰写的4万字图说，高屋建瓴，是迄今为止对中国历代疆域政区变迁大势所作的最为简明、权威而系统的阐述。

《上海历史地图集》，周振鹤主编，上海人民出版社，1999年。

本书共有大小图幅82幅，包括5个图组：序图图组、政区图组、租界图组、市区街道区组和城镇图组。图集复原了上海地区在不同历史时期的面貌，反映了上海地区古文化遗址的分布；上海地区从秦至民国时期在行政地理方面的归属；清代以后，与上海地区密切相关的上一级政区或准政区的变迁；上海城市型政区出现以后的面貌以及城市内部的分区情况；1949—1999年上海政区变化的概貌和城区扩展情况等，是迄今为止最详细的上海历史地图集。主要作者为傅林祥、张晓虹、朱海滨、李晓杰、刘影、郭红、余蔚、司佳等人。本书于 2000 年获上海市第五届哲学社会科学优秀成果著作类一等奖。

《中华人民共和国国家历史地图集》（第一册），国家地图集编纂委员会编，中国地图出版社、中国社会科学出版社，2012 年。

《中华人民共和国国家历史地图集》（以下简称《国家历史地图集》）是国家重点科研项目"国家地图集"的重要组成部分，由中国社会科学院主办。1982 年 12 月，《国家历史地图集》编纂委员会在北京成立，由中国科学院副院长、著名法学家张友渔任主任，翁独健、夏鼐、谭其骧、侯仁之、史念海任副主任，由谭其骧任总编纂。根据编委会审定的目录，《国家历史地图集》分为三册，包含 20 个专题图组、1300 余幅历史地图，全面反映中国从史前时期到 1949 年的历史自然地理和历史人文地理的演变发展过程。复旦大学、北京大学、陕西师范大学、军事博物馆和中国社科院的历史、近代史、民族、考古、宗教等研究所与其他单位的数百位专家学者承担了编纂工作或参与协作，集中反映了中国历史地理学界与相关学科研究的重大成果与最新进展，是一部真正意义上的综合性历史地图集。经过不懈努力，《国家历史地图集》第一册已出版，第二册、第三册的编稿基本完成，第二册进入设计阶段。

《国家历史地图集》第一册包括民族、人口、都市分布、城市遗址与布局、气候、自然灾害等 6 个图组，含 400 余幅地图，共 300 多页。其中有些图幅附有文字说明。图集总序、本册序言、总编例、目录和各图组前言、编例等均附有英文，最后附有古地名索引。图集的特色是其内容的广泛性、丰富性、完整性、全面性和系统性。它几乎涵盖了当今历史地理学所有分支学科，能从浩如烟海的历史文献中挖掘出如此齐全的各种地理元素，是难能可贵的；对于许多新开拓的学术领域，能将史料直接转换为绘图元素，通过平面地图的形式表现出来，也是一大创举。所以此图集实质上是一部具有开创意义的重要学术著作。另外，此册图集充分反映了我国当代最新的历史地理知识，汇集了当代很高学术水平和绘图的科学技术水平，这使得本图集契合现代出版前沿。

《国家历史地图集》第一册本所参加人员名录如下：谭其骧总编纂，邹逸麟总编纂助理，周维衍、葛剑雄编辑室主任，傅林祥编辑室主任助理，葛剑雄、安介生、魏嵩山、王颋、张修桂、满志敏、杨伟兵等参与编纂。

《清朝地图集》（同治至宣统卷），侯杨方主编，星球地图出版社，2019年。

本书为六卷本《清朝地图集》的第一卷，完整反映了清朝同治至宣统时期的疆域版图、政区沿革以及自然、人口、经济、文化、历史事件等要素的变动情况，是海内外第一部清朝断代历史地图集。全书共绘制175幅地图，分为总图组、分省图组和重大历史事件图组三部分。总图组包含全国图6幅，反映全国疆域政区变迁及经济社会文化状况；分省图组包含分省（地区）图28幅、政区沿革图55幅、专题图45幅、局部扩大图2幅；重大历史事件图组包含重大历史事件图11幅，反映政治、战争、经济等方面的重大历史事件。另附索引图28幅。

2. 古旧地图

《古航海图考释》，章巽著，海洋出版社，1980年。

本书是一部古航海图的影印和整理考释之作。这册民间旧抄本古航海图约绘成于公元18世纪初期以前，是我国古代从事航海的劳动人民自编自用、世代相传的图本。全书共有航海地图69幅（图66原缺），北起辽东湾，南达广东海面。图中不但画有山形、水势、岛屿、沉礁、港湾、城镇等，还有关于罗盘针位、行船路线和航程更数等的中文文字简注。本书是我国航海史、地图史以及实用科学发展史研究的重要资料。

《图溯上海·上海市测绘院藏近代上海地图文化价值研究》，顾建祥、安介生主编，上海辞书出版社，2019年。

本书是复旦大学历史地理研究中心"上海市测绘院库藏近代上海地图文化价值评估研究"结项成果，收录了上海市测绘院珍藏的近百幅近代上海地图，包括松江府图、上海市图、各县区图、租界图、专题图等，这些地图见证了上海城市发展的历史，记录了上海的兴衰荣辱，是宝贵的文化遗产。本书对这些地图逐幅解读，重在诠释要素、整理地名、阐发背景、评说价值。通过这些地图，读者可以直观了解近代上海的自然环境、区划变迁、城市建设、城厢租界等多方面的情况。

六、其他

1. 工具书

《辞海·地理分册·历史地理》，谭其骧、章巽主编，复旦大学历史地理研究室编，上海辞书出版社，1978 年。

本书是《辞海》地理学科三册中的一册，收录的是中国历史地理和古代中西交通两大类词条，分别由谭其骧、章巽担任主编。中国历史地理词目共分历史地名、著作、一般名词三类，收录词条 4745 条，包括历史上的古国、部落、都邑、军镇，各级政区，古地理名称，山川、泽薮，关隘、城镇、道路、水利工程和其他重要建筑，农民起义地，古战场，名人生地，文学名著中的地名，历史地理学家和著作，以及一般名词等。古代中西交通词目则以中国封建朝代分类，收录词条 1099 条，凡是对古代中西（中国与西域、南海）科学文化等方面做过传播、交流或有过贡献和影响的人物，以及地名、事件、文物、典章制度和水陆交通道路等，都酌予收录。1982 年修订本做了相应修改和调整。之后历次《辞海》修订，中国历史地理部分都是由复旦大学中国历史地理研究所承担。

［其他版次］

《辞海·地理分册·历史地理》（第二版），谭其骧、章巽主编，复旦大学历史地理研究室编，上海辞书出版社，1982 年。

《辞海·历史地理分册》（新二版），谭其骧、章巽主编，上海辞书出版社，1989 年。

《三国志地名索引》，王天良编，中华书局，1980 年。

本书根据 1959 年中华书局出版的《三国志》点校本编制，收录《三国志》及裴注中属于政区的州、郡、郡国、属国、县以及城邑、乡、里、亭等县级以下的地名，山川、湖泊、海洋、洲、陂泽、池塘、津渡、堤堰、关隘、塞、坂、岭、桥、宫、殿、门、台、苑、坞、陵、园、观、庙、馆、仓、地区、道路名等一概予以收录。自先秦至西晋初的国名，均作为地名收入索引，其中国名与朝代名的名称相同的，只收国名，朝代名不录。地名后注出在《三国志》及裴注中所见的卷数和页数。一地名同页出现两次以上只列其首见的，跨前后两页同一段落的，也只列出现于前一页的数码。采用四角号码检字法编排，书后附笔画检字。裴松之注增补了许多重要史料，此书将裴注中的地名一并收入，便于集中检索《三国志》中的地理资料。

《水经注通检今释》，赵永复编，复旦大学出版社，1985年。

本书将《水经注》全书所述及的水道不论巨细——按书中次序排列，注明见于科学出版社杨守敬《水经注疏》和四部备要本王先谦《合校水经注》二书中的卷数和页数；又根据古今人研究成果，将其中一部分水道地望明确者——予以今释；书末又附以按笔画排列的水名索引，是一部实用的工具书。

《中国历史地名辞典》，复旦大学中国历史地理研究所、《中国历史地名辞典》编委会编，江西教育出版社，1986年。

本书所收历史地名以我国古籍记载为准，范围包括历代县级以上政区、重要山川岛屿、城镇堡寨、关津驿站、道路桥梁、工程建筑、宫观苑囿、寺庙陵墓、居住与矿冶遗址等。释文中今地以1980年行政区划为准。依目叙明历代县级以上政区治所和其他历史地名所在方位及其简单沿革、兴废与改制年代，除唐代的道、宋金的路、辽五京道、元中书省和行中书省、明京师与布政使司、清直隶与各省外，其辖境范围与从属关系一概省略。参考资料除正史以及正史地理志、河渠书以外，还有唐宋的地理总志和宋元以来的有关地方志，还包括《水经注》《水经注图》和《中国历史地图集》等。全书共收录历史地名约21000条，约160万字。

《后汉书地名索引》，王天良编，中华书局，1988 年。

本书根据 1965 年中华书局出版的《后汉书》点校本编制，收录《后汉书》中属于政区的州、郡、郡国、属国、县以及城邑、乡、里、亭、聚等县级以下地名，山川、湖泊、海洋、洲、陂泽、池塘、津渡、关隘、塞、坂、岭、桥、宫、殿、门、台、苑、陵、园、观、阁、庙、祠、地区、道路等一概予以收录。自先秦至东汉末年的国名，均作为地名收入。所收地名一律以《后汉书》点校本校勘的为准，属古字通用的地名也分别列目，注明互见。地名后列出在《后汉书》中所见的卷数和页数，一地名同页出现两次以上只列首见者，跨前后两页同一段落的只列出现的前一页数。采用四角号码检字法编排，书后附笔画检字。此书主目和参见条目后皆列出卷数和页码，极便于检索，对《后汉书》地名的类别、性质、分属等区分甚为细致。

《中国古典诗词地名辞典》，魏嵩山主编，江西教育出版社，1989 年。

本书收录的内容包括中国古典诗词中所涉及的地名以及相当一部分地物或建筑物等，其中不仅包括我国现有疆域内的地名，也包括域外的一部分历史地名，但诗词中引用的神话故事地名不予收录。词条的释义一般包括同地异名，当时的行政管辖及变迁简要，今地以及诗词举例。全书共收词目 18000 余条。附录为《古典诗格律式例》和《常用词牌谱例》。

《史记地名索引》，嵇超、郑宝恒、祝培坤、钱林书编，中华书局，1990 年。

本书根据 1959 年中华书局出版的《史记》点校本编制，收录先秦诸侯国名、邑名、地名以及秦、汉属于政区的王国、州、郡、县、侯国以及城、乡、里、亭的县级以下地名。地区、道路、关塞、山川、湖泽、津梁、宫苑、门、台、陵、观、祠、庙等地名，一概予以收录。地名后注出在《史记》中的卷数和页码，跨前后两页同一段落的，只列出现的前一页数。采用四角号码检字法编排，书后附笔画检字表。此书经过考证，对地名的类别、性质等做了区分，也辨别了一些原书记载的讹误，如《史记》卷一百二十三"酒泉"，当作"渊泉"；卷六"河西"，《史记集解》引徐广语"河"亦作"汾"，指汾河以西地方，此书以"汾西"立目。

《汉书地名索引》，陈家麟、王仁康编，中华书局，1990年。

本书根据1962年中华书局出版的《汉书》点校本编制，收录《汉书》中属于行政区划和聚落性质的州、郡、国、侯国、县、邑、道、乡、亭、里、关津、仓、宫殿、陵园以及自然界的山、川、湖泊、海洋等，道路名、地区名均予收录。地名后注出在《汉书》点校本中所见的卷数和页数。采用四角号码检字法编排，书后附笔画检字。《汉书》并非出于班固一人之手，地名记载存在歧异，尤其是春秋战国至西汉国名相同的较多，此书依时间的先后区分为两大类，为检索提供方便。《汉书·地理志》是中国古代第一部以疆域政区为主体的地理著作，它不限于西汉地理，而且上溯先秦，开创了正史地理志以及地方志、地理学的先河，借助此书可检索这部重要地理著作的资料。原书地名记载的错误未予订正，是为不足。

《中国历史地名大辞典》，魏嵩山编，广东教育出版社，1995年。

本书在1986年版《中国历史地名辞典》基础上进行增补，共收录历史地名约9万余条，分列6万余目，约300万字。释文中今地以1990年行政区划为准。

《中国历史大辞典·历史地理卷》，《中国历史大辞典·历史地理卷》编辑委员会编，上海辞书出版社，1996年。

本书是《中国历史大辞典》的专史分卷之一，所收词目限于1911年以前各类历史文献上所见地名（包括部分楷化的甲骨、金文地名），以及著名地理学家、地理名著、地方行政制度、职官和一部分历史地理学的专门名词等。本书共收词目9640条，内容包括：古国、部落、都邑、军镇、各级政区、地区名称、山川、泽薮、关隘、城镇、聚邑、道路；水利工程、长城边堡和其他重要地物、农村起义地、古战场；名人生卒地、文学名著中的地名；历史地理学家和著作，以及有关历代地方行政制度、职官和一般名词等。主要编纂单位为：复旦大学中国历史地理研究所、中国社科院历史研究所历史地理组、杭州大学地理系历史地理研究室等，由谭其骧任主编。

《上海地名志》，陈征琳、邹逸麟、刘君德主编，《上海地名志》编纂委员会编，上海社会科学出版社，1998年。

本书是一部查阅上海古今地名的工具书。全书上溯先秦，下迄1995年，共收录地名一万余条，地图50幅，共120万字，是上海地名工作的一项有意义的文化工程。地名是地理实体的名称。地名的读音、含义、位置、沿革、变迁与该地区的历史、地理、经济、文化密切相关。上海从滨海渔村发展成国际大都市，每个历史阶段的地名都带有时代烙印。地名是历史的"化石"，从上海地区地名的兴衰、更迭中折射出上海地区近二千年来社会发展的轨迹。邹逸麟、王文楚、赵永复、苏松柏、傅林祥等参与编写。

《中国古今地名大词典》（全3册），戴均良、刘保全、邹逸麟、王文楚、张晓敏主编，上海辞书出版社，2005年。

本书是一部查阅中国古今地名的大型工具书。全书分3册，收词6.8万条，共约1000万字。主要内容分为古地名、旧地名和今地名三大部分。古地名收词包括历史上的古国、部、都邑、城镇及各级行政区划（古代设立、民国以前撤销的郡、州、府、路、县）；古地理名称，山川、关隘、道路，水利工程和其他重要建筑名人出生地及文学名著中的地名。旧地名收词主要收到1912年至2004年6月底撤销我国县以上的行政区划地名。今地名收词包括2004年6月底前全国各省、自治区、直辖市县级上行政区划地名及重要集镇（建制镇全收）；全国主要的河、湖、海、岛和高原、盆地、平原、峡谷；主铁路、高速公路、国道和主要水利工程；全国主要的名胜古迹。本书收词齐全，内容丰实，编考严谨，具有重要的学术意义。古地名部分由复旦大学历史地理研究中心负责编写，旧地名由中国地图出版社负责编写，今地名由各省民政厅区划地名处和有关大学地理系负责编写。

2. 地名学

《中国地名学史考论》，华林甫著，社会科学文献出版社，2002年。

本书是在作者博士论文基础上修改而成的学术专著。博士学位论文研究了十个专题，本书收录了六个专题。作者从中国学术史、历史地理和地名学的背景出发，对有关史料做了几乎穷尽式收集，系统论述了中国地名学史分期及其特征、中国传统地名学理论、中国历代地名渊源解释的发展、历代更改重复地名的现实意义、清代考据学派地名学成就、中国地名学对邻国影响，在常见史料中发现了其他学者没有发现或很难发现的问题，从而提出了许多独特的见解。本书由历史角度关注现状，既具学术价值，又有现实意义。

3. 方志学

《方志学新论》，巴兆祥著，学林出版社，2004 年。

本书从方志学科的研究对象着眼，对方志学基本问题和新的发展进行探讨。主要内容包括：方志学概述、方志应用的再探讨、方志发展史专题、台湾地区方志编纂研究、方志目录学、中国地方志在日本、新志续修的理论探讨。

《中国地方志流播日本研究》，巴兆祥著，上海人民出版社，2008 年。

本书主要运用中日文献资料和实地调查相结合的方法，探讨地方志流传日本的历史过程及其影响。全书分上、下两编。上编为总论，一方面按17—19 世纪中叶以及 20 世纪初至中叶两大时段，详尽论述了日本在江户时代、明治时代与大正、昭和时代发动全面侵华战争前以及战争期间，收集、掠夺地方志的主要途径、方法与规模，着重再现了近代日商、汉学家、文化机构、外交部门与军队对方志的输入、搜集、掠夺景象，阐述了在日中国地方志的流动、分布状况及其产生的影响；另一方面又以个案的形式，重点研究日本的静嘉堂文库和外务省对中国近代著名藏书楼陆心源"皕宋楼"、徐则恂"东海楼"的秘密收购与劫取经过，评析流失日本的孤本方志（万历）《宁国府志》、（万历）《望江县志》、（万历)《青神县志》、（泰昌)《全椒县志》、（崇祯)《嘉兴县志》、（光绪)《镇番县乡土志》的版式、内容、体例、价值以及流失经过。下编为东传日本方志总目，是对日本国立国会图书馆、东洋文库、尊经阁文库、东京大学图书馆等 53 家主要图书机构和个人收藏的 1949年以前编纂、刊刻的地方志的调查与著录，并按馆藏联合目录的形式编排，以揭示中国地方志东传日本的总量以及日本当前的方志收藏状况。

《中国地方志精读》，戴鞍钢著，复旦大学出版社，2008年。

本书对中国地方志进行了细致解读，分为诠释篇、精读篇、书目篇、文献篇，上下牵引，互为补充，力求全方位呈现这一中国传统文化重要典籍的内蕴与价值；并以社会经济史研究为例，就如何利用地方志进行史学研究与旅游资源开发做了示例。

附译著

《中亚古国史》，[美]W.M.麦高文著，章巽译，中华书局，1958年。

本书为原著的节译本，附有插图和地图数幅，书后附有附注、附录及参考书目。全书分三卷：第一卷叙述中央亚细亚最古时期的历史发展。第二卷叙述公元前3世纪至公元2世纪间匈奴人的历史。第三卷叙述公元2世纪后匈奴人的历史。

［其他版次］

《中亚古国史》，[美]W.M.麦高文著，章巽译，中华书局，2004年。

《1368—1953中国人口研究》，[美]何炳棣著，葛剑雄译，上海古籍出版社，1989年。

中国明清以来6个世纪人口的发展一直是从事历史学、经济学、人口学的学者及思考中国人口与历史、中央地方政权体制运作、人口与土地诸问题的读者关注的重要问题。何炳棣关于上述问题的精彩论述无疑使本书成为海外汉学研究的经典之作。在何炳棣之前，从未有一位学者通过追溯人口术语的制度内涵的演变来理解分析已有的人口数据，并对移民、地区经济开发、农作物改善、赋税制度、土地使用权、自然灾害对人口发展的影响等做出透彻细致的分析。该书在学术研究上里程碑式的意义是毋庸置疑的，而其中对人口及其相关问题的理解和视角仍可启发当代人对中国发展的思考。1989年译本书名为《1368—1953中国人口研究》，2000年译本经作者建议，书名改为《明初以降人口及其相关问题（1368—1953）》，作者校阅了全书，改正了译文的错误，并做了一些重要的修改。

［其他版次］

《明初以降人口及其相关问题（1368—1953）》，［美］何炳棣著，葛剑雄译，生活·读书·新知三联书店，2000年。

《明初以降人口及其相关问题（1368—1953）》，［美］何炳棣著，葛剑雄译，中华书局，2017年。

《地图的文化史》，［日］海野一隆著，王妙发译，中华书局（香港）有限公司，2002年。

该书主要以亚洲各国尤其是日本的地图学史以及亚欧地图学的接触交流为着重点，探隐发微，介绍了大量极具价值的地图新资料和新成果，为国内学界所不多见。作者从所收集的数千幅在地图学史上占重要地位的地图、成为孤本的古老地图、早已散佚的地图的摹本中，选出180余幅精品。书末附有相关资料及索引。

［其他版次］

《地图的文化史》，［日］海野一隆著，王妙发译，新星出版社，2005年。

《明清江南农村社会与民间信仰》，［日］滨岛敦俊著，朱海滨译，厦门大学出版社，2008年。

本书使用了12、13世纪反映南宋史实的文献资料，并结合20世纪90年代社会调查所获得的广泛材料，对元朝后期至19世纪清末为止的中国江南农村社会的民间信仰现象首次进行了系统性研究。

《战前中国经济的增长》，［美］托马斯·罗斯基著，唐巧天、毛立坤、姜修宪译，李天锋、吴松弟校，浙江大学出版社，2009年。

长期以来，大多数的学者都认为，由于外国入侵、战乱频发等原因，近代中国的经济长期处于停滞状态。然而作者通过考察19世纪末至20世纪30年代间中国在制造业、农业、金融业、交通通讯，以及固定投资等方面的状况，并研究了私有部门和公共部门、生产和消费、货币和存款等因素对经济的影响之后，有力地反驳了这个被普遍认同的观点。作者认为在抗日战争全面爆发之前的数十年间，尽管中国的经济发展稍落后于当时的日本，但也获得了不可忽视的巨大进步。

《汉代郡县制的展开》，[日]纸屋正和著，朱海滨译，复旦大学出版社，
2016年。

本书为纸屋正和先生多年研究两汉制度史的集大成之作。全书结合文
献记载与出土史料，对两汉地方行政制度的基本结构、展开过程与运作实
态做了全面、精细和扎实的分析考察。全书以何种机关在什么样的制度下
处理实务的问题为中心，重点考察了西汉和东汉共计四百年间，郡、国和
县、道、列侯国、邑的统治形态及吏员组织所发生的变化，并涉及了上计、
考课制度的变迁。其中不少研究是国内研究鲜有涉及的方面，是汉代制度
史研究的必读著作。

《万物并作：中西方环境史的起源与展望》，[美]濮德培，韩昭庆译，生
活·读书·新知三联书店，2018年。

本书首先考察肇始于古代、直至20世纪成为一个专门研究领域的西
方环境史的发展历程。环境史源自两个学派：法国年鉴学派和美国边疆史
研究学派。前者关注长时段的研究以及自然界对人类社会产生的制约，后
者强调近代资本主义对自然界的不断改造。第二章相应地介绍中国环境史
自古代到近代的发展。第三章考察分析人地关系的发展过程中使用的不同
空间尺度，以及他们如何通过地方、区域以及全球范围的观念来彼此相联。
第四章梳理了把环境史与自然科学联系起来进行研究的诸多创见。

（贰）论文

一、总论

1. 历史地理学理论与方法

《在历史地理研究中如何正确对待历史文献资料》，谭其骧，《学术月刊》1982 年第 11 期。

《积极开展历史人文地理研究》，谭其骧，《中国历史地理论丛》1991 年第 1 辑。

《历史人文地理研究发凡与举例》，谭其骧，《历史地理》第十辑，上海人民出版社，1992 年。

《全面正确地认识地理环境对历史和文化的影响》，葛剑雄，《复旦学报（社会科学版）》1992 年第 6 期。

《中国历史上自然区域、行政区划与文化区域相互关系管窥》，周振鹤，《历史地理》第十九辑，上海人民出版社，2003 年。

《多角度研究中国历史上自然和社会的关系》，邹逸麟，《中国社会科学》2013 年第 5 期。

《中国历史地理学的发展基础和前景》，葛剑雄，《东南学术》2002 年第 4 期。

《历史地理学发展要旨——坚守区域性、历时性与综合性的学科特色》，张晓虹，《中国历史地理论丛》2017 年第 1 辑。

《中国历史地理学的形成过程及研究范式》，张伟然，见中国社会科学院台湾史研究中心主编《中国近代史学科体系的理论建构与学术反思》，社会科学文献出版社，2020 年。

《关于历史气候文献资料的收集利用和辨析问题》，邹逸麟、张修桂，

《历史自然地理研究》第二期，华南师范大学历史地理研究室，1995年。

《用历史文献物候资料研究气候冷暖变化的几个基本原理》，满志敏，《历史地理》第十二辑，上海人民出版社，1995年。

《传世文献中的气候资料问题》，满志敏，见复旦大学历史地理研究中心主编《面向新世纪的中国历史地理学：2000年国际中国历史地理学术讨论会论文集》，齐鲁书社，2001年。

《清代档案中气象资料的系统偏差及检验方法研究——以云南为中心》，杨煜达，《历史地理》第二十二辑，上海人民出版社，2007年。

《古代诗歌中的气候信息及其运用》，刘炳涛、满志敏，《中国历史地理论丛》2010年第4辑。

《历史文献中的气象记录与气候变化定量重建方法》，郑景云、葛全胜、郝志新、刘浩龙、满志敏、侯甬坚、方修琦，《第四纪研究》2014年第6期。

《历史时期极端气候事件的甄别方法研究——以西北千年旱灾序列为例》，杨煜达、韩健夫，《历史地理》第三十辑，上海人民出版社，2014年。

《从永定河故道的研究谈谈历史河流地貌的研究方法的一些体会》，张修桂，见复旦大学中国历史地理研究所编《历史地理研究》第一辑，复旦大学出版社，1986年。

《中国历史地貌学基本问题构想》，张修桂，见孙进己主编《东北亚历史地理研究》，中州古籍出版社，1998年。

《大河三角洲历史河网密度格网化重建方法：以上海市青浦区1918—1978年为研究范围》，潘威、满志敏，《中国历史地理论丛》2010年第2辑。

《历史时期高原浅水湖泊变迁的复原方法研究——以明清以来嘉丽泽演变为例》，崔乾、杨煜达，《云南大学学报（社会科学版）》2017年第4期。

《历史旱涝灾害资料分布问题的研究》，满志敏，《历史地理》第十六辑，上海人民出版社，2000年。

《历史自然地理学发展和前沿问题的思考》，满志敏，《江汉论坛》2005年第1期。

《区域历史自然地理的新探索：问题、方法与资料》，满志敏，《云南大学学报（社会科学版）》2017 年第 4 期。

《历史上的中国和中国历代疆域》，谭其骧，《中国边疆史地研究导报》1988 年第 3 期。

《山西在国史上的地位——应山西史学会之邀在山西大学所作报告的记录》，谭其骧，《晋阳学刊》1981 年第 2 期。

《浙江各地区的开发过程与省界、地区界的形成》，谭其骧，见复旦大学中国历史地理研究所编《历史地理研究》第一辑，复旦大学出版社，1986 年。

《我国部分省界形成的历史——政治因素举例》，葛剑雄，《地理知识》1985 年第 3 期。

《论清一代关于疆土版图观念的嬗变》，邹逸麟，《历史地理》第二十四辑，上海人民出版社，2010 年。

《蒙古帝国分封制的原型与元王朝的国家建构》，姚大力，《历史地理》第二十七辑，上海人民出版社，2013 年。

《建构中国历史政治地理学的设想》，周振鹤，《历史地理》第十五辑，上海人民出版社，1999 年。

《范式的转换：沿革地理—政区地理—政治地理的进程》，周振鹤，《华中师范大学学报（人文社会科学版）》2013 年第 1 期。

《盛京、直省与藩部——清代疆域地理的行政结构》，周振鹤，见《史林挥麈——纪念方诗铭先生学术论文集》编辑组编《史林挥麈——纪念方诗铭先生学术论文集》，上海古籍出版社，2015 年。

《行政区划史研究的基本概念与学术用语刍议》，周振鹤，《复旦学报（社会科学版）》2001 年第 3 期。

《我国政治区划改革设想》，谭其骧，中国行政区划研究会编《中国行政区划研究》，中国社会出版社，1991 年内部版。又见《谭其骧全集》，人民出版社，2015 年。

《全国分道方案（按 1989 年行政区划）》，谭其骧，见《谭其骧全集》，人民出版社，2015 年。

《我国古代经济区的划分原则及其意义》，邹逸麟，《中国史研究》2001
年第 4 期。

《重视历史地理学在经济建设中的作用》，邹逸麟、吴松弟，《求是》
1993 年第 7 期。

《港口—腹地和中国现代化进程研究的基本构想》，吴松弟，见复旦大学历
史地理研究中心主编《港口—腹地和中国现代化进程》，齐鲁书社，2005 年。

《研究中国移民史的基本方法和手段》，葛剑雄，《浙江社会科学》1997
年第 4 期。

《20 世纪中国移民史的阶段性特征》，葛剑雄、安介生，《探索与争鸣》
2010 年第 2 期。

《论中国的大古都的等级及其量化分析——兼答安阳能否列为"七大古
都"》，葛剑雄，《中国历史地理论丛》1995 年第 1 辑。

《东西徘徊与南北往复——中国历史上五大都城定位的政治地理因
素》，周振鹤，《华东师范大学学报（哲学社会科学版）》2009 年第 1 期。

《中国古都定位的政治地理因素》，周振鹤，《国家人文地理》2009 年第
4 期。

《关于"都市（城市）"概念的地理学定义考察》，王妙发、郁越祖，《历
史地理》第十辑，上海人民出版社，1992 年。

《中国文化的时代差异和地区差异》，谭其骧，《复旦学报（社会科学
版）》1986 年第 2 期。

《从北到南与自东徂西——中国文化地域差异的考察》，周振鹤，《复旦
学报（社会科学版）》1988 年第 6 期。

《中国历史文化地理研究的核心问题》，张伟然，《江汉论坛》2005 年第
1 期。

《胡则信仰的地域性——兼谈民间信仰与自然区域、行政区域的关系》，朱海滨，见复旦大学中国历史地理研究中心编《历史地理研究》第三辑，复旦大学出版社，2010 年。

《民间文献与历史地理研究》，王振忠，《江汉论坛》2005 年第 1 期。

《社会史研究与历史社会地理》，王振忠，《复旦学报（社会科学版）》1997 年第 1 期。

《历史社会地理研究刍议》，王振忠，《中国历史地理论丛》2005 年第 4 辑。

《略论中国历史民族地理学》，安介生，《历史地理》第二十辑，上海人民出版社，2004 年。

《中国历史地图：从传统到数字化》，葛剑雄，《历史地理》第十八辑，上海人民出版社，2002 年。

《走进数字化：中国历史地理信息系统的一些概念和方法》，满志敏，《历史地理》第十八辑，上海人民出版社，2002 年。

2. 学科史综述

《在马克思主义指导下开创我国历史地理研究新阶段》，谭其骧、邹逸麟、葛剑雄，见上海市哲学社会科学学会联合会编《沿着马克思的理论道路前进——纪念马克思逝世一百周年论文集》，上海人民出版社，1983 年。

《回顾建国以来我国历史地理学的发展》，邹逸麟，《复旦学报（社会科学版）》1984 年第 5 期。

《中国历史地理学》，谭其骧、葛剑雄，见肖黎主编《中国历史学四十年》，书目文献出版社，1989 年。

《中国历史地理研究的新进展》，谭其骧、葛剑雄，《地理学报》1990 年第 2 期。

"Historical Geography", Recent Development of Geography in China, Ge

Jianxiong（葛剑雄），Science Press，1990.

《近 10 年来历史地理研究的新进展》，陈桥驿、邹逸麟、张修桂、葛剑雄，《地理学报》1994 年 S1 期。

《中国历史地理学的发展与成就》，邹逸麟，《人文地理》1996 年第 S1 期。

《九十年代以来的中国历史地理研究》，李晓杰，见林言椒主编《中国历史学年鉴（1997）》，三联书店，1998 年。

《面向新世纪的历史地理学》，葛剑雄、安介生，见施岳群、周斌主编《与历史同行——复旦大学哲学社会科学研究的回顾与展望（1978—1998）》，复旦大学出版社，1998 年。

《从沿革地理到历史地理学——国学的推陈与出新》，葛剑雄，见北京大学中国传统文化研究中心编《文化的馈赠——汉学研究国际会议论文集（史学卷）》，北京大学出版社，1998 年。

《20 世纪中国历史地理学发展管窥》，邹逸麟，见吴传钧、施雅风主编《中国地理学 90 年发展回忆录》，学苑出版社，1999 年。

《面向新世纪的中国历史地理学》，葛剑雄，见复旦大学历史地理研究中心主编《面向新世纪的中国历史地理学：2000 年国际中国历史地理学术讨论会论文集》，齐鲁书社，2001 年。

《黄土高原历史人文地理研究的回顾与展望》，安介生，《地域研究与开发》2001 年第 5 期。

《二十世纪的中国历史地理研究》，葛剑雄、华林甫，《历史研究》2002 年第 3 期。

《建设先进文化与新世纪中国历史地理学的发展》，葛剑雄，《毛泽东邓小平理论研究》2002 年第 4 期。

《中国历史地理学》，王振忠，见上海市社会科学界联合会编写《上海哲学社会科学研究发展报告（1999—2000）》，上海人民出版社，2002 年。

《21 世纪中国历史地理学发展的思考》，葛全胜、何凡能、郑景云、满志敏、方修琦，《地理研究》2004 年第 3 期。

《从传统的沿革地理学到现代的历史地理学》，吴松弟，见姜义华、武克全主编《二十世纪中国社会科学（历史学卷）》，上海人民出版社，2005 年。

《20 世纪中国历史地理研究若干进展》，葛全胜、何凡能、郑景云、满志敏、方修琦，《中国历史地理论丛》2005 年第 1 辑。

《基础研究与当代社会——谈历史地理学的建设和发展》，邹逸麟，《学习与探索》2006 年第 6 期。

《十年来历史自然地理研究的新进展》，张修桂，《历史地理》第二十二辑，上海人民出版社，2007 年。

《中国历史政治地理研究的回顾与展望》，周振鹤，《白沙历史地理学报（彰化）》2007 年第 3 期。

《中国历史地理学：现状与前景》，葛剑雄，见邓正来、郝雨凡主编《中国人文社会科学三十年》，复旦大学出版社，2008 年。

《改革开放以来的历史地理学》，韩昭庆，《上海盟讯》，2008 年。

《中國歷史地理學の過去と現在》，吴松弟，秋野祐译，《都市文化研究（日本）》2008 年第 10 期。

《21 世纪的中国文化地理学研究》，张晓虹、郑端，《音乐研究》2011 年第 3 期。

《历史自然地理研究十年：总结与展望》，杨煜达，《中国历史地理论丛》2011 年第 3 辑。

《中国历史人文地理学研究进展》，吴松弟、侯甬坚，《地理科学进展》2011 年第 12 期。

《继承与创新：近 30 年来中国历史地理学的发展及未来走向》，吴松弟，《江西社会科学》2012 年第 4 期。

《中国历史经济地理学的回顾与展望》，樊如森，《江西社会科学》2012 年第 4 期。

《新时期的中国历史经济地理学研究》，樊如森，《人文杂志》2018 年第 8 期。

《70 年来中国历史民族地理研究的主要进展》，安介生、周妮，《中国历史地理论丛》2020 年第 2 辑。

二、历史自然地理

1. 历史气候

1-1. 历史时期中国的冷暖变化

《两宋时期海平面上升及其环境影响》，满志敏，《灾害学》1988年第2期。

《南宋杭州最晚春雪日期之考订》，满志敏，见复旦大学中国历史地理研究所编《历史地理研究》第二辑，复旦大学出版社，1990年。

《唐代气候冷暖分期及各期气候冷暖特征的研究》，满志敏，《历史地理》第八辑，上海人民出版社，1990年。

《中国东部十三世纪温暖期自然带的推移》，满志敏、张修桂，《复旦学报（社会科学版）》1990年第5期。

《黄淮海平原仰韶温暖期的气候特征探讨》，满志敏，《历史地理》第十辑，上海人民出版社，1992年。

《中国东部近4500年以来气候冷暖分期》，满志敏、张修桂，见施雅风、王明星、张丕远、赵希涛等著《中国气候与海面变化研究进展（二）》，海洋出版社，1992年。

《中国东部中世纪暖期（MWP）的历史证据和基本特征的初步研究》，满志敏，见张兰生主编《中国生存环境历史演变规律研究（一）》，海洋出版社，1993年。

《江淮地区近2000年旱涝序列的重建》，满志敏、张修桂等，见张兰生主编《中国生存环境历史演变规律研究（一）》，海洋出版社，1993年。

《黄淮海平原北宋至元中叶的气候冷暖状况》，满志敏，《历史地理》第十一辑，上海人民出版社，1993年。

《明清时期北部农牧过渡带的推移和气候寒暖变化》，邹逸麟，《复旦学报（社会科学版）》1995年第1期。

《明清时期太湖流域冬季气候研究》，韩昭庆，《复旦学报（社会科版）》1995 年第 1 期。

《中国东部地区 10000 年以来的温度变化》，张兰生、张丕远、邹逸麟，见符淙斌、严中伟主编《全球变化与我国未来的生存环境》，气象出版社，1996 年。

《关于唐代气候冷暖问题的讨论》，满志敏，《第四纪研究》1998 年第 1 期。

《中世纪温暖期我国华东沿海海平面上升与气候变化的关系》，满志敏，《第四纪研究》1999 年第 1 期。

《历史时期柑橘种植北界与气候变化的关系》，满志敏，《复旦学报（社会科学版）》1999 年第 5 期。

《气候变化对历史上农牧过渡带影响的个例研究》，满志敏、葛全胜、张丕远，《地理研究》2000 年第 2 期。

《过去 2000 年中国东部冬半年温度变化》，葛全胜、郑景云、方修琦、满志敏、张雪芹、张丕远、王维强，《第四纪研究》2002 年第 2 期。

《两汉时期气候状况的历史学再考察》，陈业新，《历史研究》2002 年第 4 期。

《过去 2000a 中国东部冬半年温度变化序列重建及初步分析》，葛全胜、郑景云、满志敏、方修琦、张丕远，《地学前缘》2003 年第 1 期。

《明清时期（1440—1899 年）长江中下游地区冬季异常冷暖气候研究》，韩昭庆，《中国历史地理论丛》2003 年第 2 辑。

《关于历史气候研究的问题答赵治乐先生》，满志敏，《中国历史地理论丛》2004 年第 3 辑。

《过去 2000 年中国温度变化研究的几个问题》，葛全胜、郑景云、满志敏、方修琦、张丕远，《自然科学进展》2004 年第 4 期。

《清代（1711—1911）云南雨季早晚与夏季风演变研究——资料与方法》，杨煜达、郑景云，《历史地理》第二十辑，上海人民出版社，2004 年。

《魏晋南北朝时期的中国东部温度变化》，郑景云、满志敏、方修琦、葛全胜，《第四纪研究》2005 年第 2 期。

《清代昆明地区（1721—1900 年）冬季平均气温序列的重建与初步分析》，杨煜达，《中国历史地理论丛》2007 年第 1 辑。

《〈农政全书〉所反映的 1600 年前后气候突变》，车群、李玉尚，《中国农史》2011年第1期。

《〈燕行录〉资料反映的16—19世纪东北南部地区冬半年气温变化》，[韩]黄普基、杨煜达、郑微微，《中国历史地理论丛》2012年第3辑。

《〈味水轩日记〉所反映长江下游地区1609—1616年间气候冷暖分析》，刘炳涛、满志敏，《中国历史地理论丛》2012年第3辑。

《从冬麦生育期看明代长江下游地区气候冷暖变化》，刘炳涛、满志敏，《中国历史地理论丛》2013年第3辑。

1600 AD Huaynaputina Eruption（Peru），Abrupt Cooling，and Epidemics in China and Korea. Fei Jie（费杰），Zhang David D.（章典），Lee Harry F.（李峰）. Advances in Meteorology，2016.

《典型温暖期东太湖地区水环境演变》，满志敏，《历史地理》第三十辑，上海人民出版社，2014年。

《中世纪温暖期升温影响中国东部地区自然环境的文献证据》，满志敏、杨煜达，《第四纪研究》2014年第6期。

Extreme Sea Ice Events in the Chinese Marginal Seas during the past 2000 years. Fei Jie（费杰），Lai Zhong-Ping（赖忠平），He Hong-Ming（何洪鸣），Zhou Jie（周杰）. Climate Research，2013，57.

《1724—2016年上海地区冬季平均气温重建与特征分析》，刘炳涛、张健、满志敏，《中国历史地理论丛》2018年第4辑。

《警惕非常规威胁的影响，建立国家安全预警模型》，葛全胜、张车伟、满志敏、叶谦，《科技文萃》1999年第8期。

《全球变化引发的"非常规"威胁》，葛全胜、张车伟、满志敏、叶谦，《紫光阁》1999年第9期。

1-2. 历史时期中国干湿变化

《光绪三年北方大旱的气候背景》，满志敏，《复旦学报（社会科学版）》2000年第6期。

《过去2000a中国东部干湿分异的百年际变化》，郑景云、张丕远、葛全胜、满志敏，《自然科学进展》2001年第1期。

《1711—1911 年昆明雨季降水的分级重建与初步研究》, 杨煜达、满志敏、郑景云,《地理研究》2006 年第 6 期。

《清代云南雨季早晚序列的重建与夏季风变迁》, 杨煜达、满志敏、郑景云,《地理学报》2006 年第 7 期。

《清咸丰六年长江三角洲地区旱灾气候背景分析》, 杨煜达,《气象与减灾研究》2007 年第 3 期。

《1849 年长江中下游大水灾的时空分布及天气气候特征》, 杨煜达、郑微微,《古地理学报》2008 年第 6 期。

A Preliminary Study on Relations of Flooding Disaster between the Chuanjiang and the Middle and Lower Reaches of Changjiang River in Historical Periods. Yang, Wei-bing（杨伟兵）.History Education Review, 2009.Vol.42.

Centennial changes of drought/flood spatial pattern in eastern China for the last 2000 years. 郑景云, 张丕远, 葛全胜, Progress in Natural Science, 2011（4）.

《1819 年黄河中游极端降水：史实、特征及气候背景》, 张健、满志敏、张俊辉,《古地理学报》2011 年第 6 期。

《清代黄河中游、沁河和永定河入汛时间与夏季风强度》, 潘威、满志敏、庄宏忠、叶盛,《水科学进展》2012 年第 5 期。

《1644—2009 年黄河中游旱涝序列重建与特征诊断》, 张健、满志敏、肖薇薇、申震洲,《地理研究》2013 年第 9 期。

《中世纪温暖期华北降水与黄河泛滥》, 满志敏,《中国历史地理论丛》2014 年第 1 辑。

《过去千年西北季风边缘区干湿变化的重建及分析》, 杨煜达、韩健夫、成赛男,《地球环境学报》2014 年第 6 期。

《1765—2010 年黄河中游 5—10 月面降雨序列重建与特征分析》, 张健、满志敏、宋进喜、李同昇,《地理学报》2015 年第 7 期。

《1823 年太湖流域极端雨涝事件的重建和特征分析》, 唐晶、郑微微、满志敏、杨煜达,《第四纪研究》2016 年第 2 期。

《过去千年黄土高原干湿变化和极端干旱事件与太平洋年代际振荡》, 韩健夫、杨煜达,《中国历史地理论丛》2017 年第 2 辑。

《公元 1000—2000 年中国北方地区极端干旱事件序列重建与分析》，韩健夫、杨煜达、满志敏，《古地理学报》2019 年第 4 期。

Water conservancy projects enhanced local resilience to floods and droughts over the past 300 years at the Erhai Lake basin, Southwest China. Xu Anning（徐安宁），Yang Liang Emlyn（杨亮），Yang Weibing（杨伟兵），（Corresponding author），Chen Hao（陈浩）.Environmental research letters，2020（15）.

1-3. 天气系统（梅雨、台风、沙尘）

《〈王文韶日记〉记载的 1867—1872 年武汉和长沙地区梅雨特征》，满志敏、李卓仑、杨煜达，《古地理学报》2007 年第 3 期。

《清代江浙沿海台风影响时间特征重建及分析》，潘威、王美苏、满志敏，《灾害学》2011 年第 1 期。

《1609—1615 年长江下游地区梅雨特征的重建》，刘炳涛、满志敏、杨煜达，《中国历史地理论丛》2011 年第 4 辑。

《1868 年长江中下游"二度梅"的雨带推移过程》，郑微微、满志敏、杨煜达，《中国历史地理论丛》2011 年第 4 辑。

《1644—1911 年江浙入境台风序列初步研究》，满志敏，见高岚、黎德化主编《华南灾荒与社会变迁：第八届中国灾害史学术研讨会论文集》，华南理工大学出版社，2012 年。

《1644～1911 年影响华东沿海的台风发生频率重建》，潘威、王美苏、满志敏、崔建新，《长江流域资源与环境》2012 年第 2 期。

Extreme Dust Storms in 1523 AD in North China. Jie Fei（费杰），David D. Zhang（章典），Harry F. Lee（李峰），Yong-Jian Hou（侯甬坚）. Asian Geographer，2012，29（2）.

《19 世纪中叶北京高分辨率沙尘天气记录：〈翁心存日记〉初步研究》，杨煜达、成赛男、满志敏，《古地理学报》2013 年第 4 期。

《1815—1869 年影响浙北地区台风序列重建与路径分析》，郑微微、唐晶、杨煜达，《地球环境学报》2014 年第 6 期。

《1800—1813 年上海地区梅雨特征和汛期降水量的复原》，唐晶、满志敏、杨煜达，《古地理学报》2014 年第 6 期。

《1644—1911 年中国华东与华南沿海台风入境频率》，潘威、满志敏、刘大伟、颜停霞，《地理研究》2014 年第 11 期。

《清代登陆海南岛台风对西南地区的影响》，满志敏、刘大伟，《云南大学学报（社会科学版）》2017 年第 4 期。

The meteorological history and historical climatology of China. Fei Jie（费杰）. Oxford Research Encyclopedias：Climate Science，Oxford University Press，2018.

2. 土壤与历史动植物分布

《华北平原土壤肥力的变化与影响因素分析》，王建革、陆建飞，《农村生态环境》1998 年第 3 期。

《清代华北平原河流泛决对土壤环境的影响》，王建革，《历史地理》第十五辑，上海人民出版社，1999 年。

《中国古代利用矿物改良土壤的理论与实践》，赵赟，《中国农史》2005 年第 2 期。

《试论土壤微量元素变化与历史时期黄淮海平原的文明进程》，高凯，《史林》2006 年第 3 期。

《技术与圩田土壤环境史：以嘉湖地区为中心》，王建革，《中国农史》2006 年第 1 期。

《宋元时期吴淞江流域的稻作生态与水稻土的形成》，王建革，《中国历史地理论丛》2011 年第 1 辑。

《多因素影响下吴淞江流域的土壤环境（1750—1950）》，王建革，见章开沅、严昌洪主编《近代史学刊》第 8 辑，社会科学文献出版社，2011 年。

《川、黔、滇金丝猴地理分布的变迁》，何业恒、张伟然，《野生动物》1992 年第 6 期。

《历史时期长江三峡地区森林植被分布的演变研究》，蓝勇、杨伟兵，《历史地理》第十六辑，上海人民出版社，2000 年。

《再论唐代长江上游地区的荔枝分布北界及其与气温波动的关系》，聂顺新，《中国历史地理论丛》2011 年第 1 辑。

《清末民国时期贵州森林面积变迁原因探究》，李军、裴世东，《农业考古》2015 年第 4 期。

《官民反应与区域生境：民国时期昆明地区的森林覆被研究》，耿金，《昆明学院学报》2015 年第 4 期。

《明清以降茈碧湖睡莲群落演变与水域环境变迁》，耿金，《贵州师范学院学报》2015 年第 10 期。

《明代长江中下游地区柑橘种植北界与气候变化》，刘炳涛，《历史地理》第三十一辑，上海人民出版社，2015 年。

3. 历史时期水道湖泊变迁

3-1. 黄河

《黄河与运河的变迁（上）》，谭其骧，《地理知识》1955 年第 8 期。

《黄河与运河的变迁（下）》，谭其骧，《地理知识》1955 年第 9 期。

《论河水重源说的产生》，章巽，《学术月刊》1961 年第 10 期。

《何以黄河在东汉以后会出现一个长期安流的局面——从历史上论证黄河中游的土地合理利用是消弭下游水害的决定性因素》，谭其骧，《学术月刊》1962 年第 2 期。

《读任伯平"关于黄河在东汉以后长期安流的原因"后》，邹逸麟，《学术月刊》1962 年第 11 期。

《〈山经〉河水下游及其支流考》，谭其骧，《中华文史论丛》第七辑（复刊号），上海古籍出版社，1978 年。

《金明昌五年河决算不上一次大改道》，邹逸麟，《社会科学战线丛刊》1980 年第 2 期。

《黄河下游河道变迁及其影响概述》，邹逸麟，《复旦学报（社会科学版）》1980 年第 S1 期（增刊）。

《西汉以前的黄河下游河道》，谭其骧，《历史地理》创刊号，上海人民出版社，1981 年。

《宋代黄河下游横陇北流诸道考》，邹逸麟，《文史》第十二辑，中华书局，1982年。

《从历史地理角度讨论黄河下游河道综合治理问题（摘要）》，邹逸麟，《地球科学信息》1988年第5期。

《东汉以后黄河下游出现长期安流局面问题的再认识》，邹逸麟，《人民黄河》1989年第2期。

《也谈有关金元黄河的几个问题——与王颋先生商榷》，邹逸麟，台北《汉学研究》1995年第1期。

《〈明史·河渠志六〉一处重要字误》，傅林祥，《历史地理》第十四辑，上海人民出版社，1998年。

《北宋京东故道流路问题的研究》，满志敏，《历史地理》第二十一辑，上海人民出版社，2006年。

《北宋黄河东北流之争与朋党政治》，邹逸麟，见饶宗颐主编《华学》第九、十辑，上海古籍出版社，2008年。

《1766—2000年黄河上中游汛期径流量波动特征及其与PDO关系》，潘威、郑景云、满志敏，《地理学报》2018年第11期。

《1644—1855年间黄河决溢的时空分布规律初探》，孙涛，《云南大学学报（社会科学版）》2020年第1期。

《河流孕育了人类文明　人类应该延续河流的生命》，葛剑雄，《黄河史志资料》2004年第4期。

《河流伦理与人类文明的延续》，葛剑雄，《地理教学》2005年第5期。

《水文化与河流文明》，葛剑雄，见越文化与水环境国际研讨会组委会编《越文化与水环境》，人民出版社，2008年。

《〈汉书·沟洫志〉笺释》，邹逸麟，见复旦大学中国历史地理研究所编《历史地理研究》第一辑，复旦大学出版社，1986年。

《历代正史〈河渠志〉浅析》，邹逸麟，《复旦学报（社会科学版）》1995年第3期。

《〈汉书·沟洫志〉笺释（修订版）》（上、下），邹逸麟，见郑培凯主编

...

《九州学林》第四、五期，复旦大学出版社，2004年。

3-2. 长江

《长江城陵矶——湖口河段历史演变》，张修桂，《复旦学报（社会科学版）》1980年第S1期（增刊）。

《长江口南岸岸线的变迁》，陈家麟，《复旦学报（社会科学版）》1980年第S1期（增刊）。

《赤壁考》，吴应寿、张修桂，《复旦学报（社会科学版）》1980年第S1期（增刊）。

《下荆江河曲的形成与演变初探》，袁樾方，《复旦学报（社会科学版）》1980年第S1期（增刊）。

《长江长洋港汊道辨析》，龚江（张修桂），《历史地理》第二辑，上海人民出版社，1982年。

《汉水河口段历史演变及其对长江汉口段的影响》，张修桂，《复旦学报（社会科学版）》1984年第3期。

《长江宜昌至沙市河段河床演变简史——三峡工程背景研究之一》，张修桂，《复旦学报（社会科学版）》1987年第2期。

《从中下游河床及湖泊演变趋势看长江的整治》，张修桂，《科学报》1988年7月8日。

《长江宜昌至城陵矶段河床历史演变及其影响——三峡工程背景研究之一》，张修桂，见复旦大学中国历史地理研究所编《历史地理研究》第二辑，复旦大学出版社，1990年。

《荆江百里洲河段河床历史演变》，张修桂，《历史地理》第八辑，上海人民出版社，1990年。

《近代长江中游河道演变及其整治》，张修桂，《复旦学报（社会科学版）》1994年第6期。

《历史时期的荆江变迁》，张修桂，见杨怀仁、唐日长主编《长江中游荆江变迁研究》，中国水利水电出版社，1999年。

《荆江洪涝的历史成因及对策》，张修桂、左鹏，《探索与争鸣》1999年第6期。

《渝宜段川江水系的历史分布与变迁》，杨伟兵，《中国历史地理论丛》2001 年第 1 辑。

《长江三峡历史地理》第一编"历史自然地理"，杨伟兵，见蓝勇主编《长江三峡历史地理》，四川人民出版社，2003 年。

《〈水经·江水注〉枝江—武汉河段校注与复原（上篇）》，张修桂，《历史地理》第二十三辑，上海人民出版社，2008 年。

《1861—1953 年长江口南支冲淤状况重建及相关问题研究》，潘威，《中国历史地理论丛》2009 年第 1 辑。

《〈水经·江水注〉枝城—武汉河段校注与复原（下篇）》，张修桂，《历史地理》第二十四辑，上海人民出版社，2010 年。

《〈水经·沔水注〉襄樊—武汉河段校注与复原——附：〈夏水注〉校注与复原（上篇）》，张修桂，《历史地理》第二十五辑，上海人民出版社，2011 年。

《〈水经·沔水注〉襄樊—武汉河段校注与复原——附：〈夏水注〉校注与复原（下篇）》，张修桂，《历史地理》第二十六辑，上海人民出版社，2012 年。

3-3. 运河

《唐宋汴河淤塞的原因及其过程》，邹逸麟，《复旦学报（社会科学版）》1962 年第 1 期。

《隋唐汴河考》，邹逸麟，《光明日报》1962 年 7 月 4 日。

《宋代惠民河考》，邹逸麟，《开封师院学报（社会科学版）》，1978 年第 5 期。

《江南运河的形成及其演变过程》，魏嵩山、王文楚，《中华文史论丛》1979 年第 2 辑。

《胥溪运河形成的历史过程》，魏嵩山，《复旦学报（社会科学版）》1980 年第 S1 期（增刊）。

《山东运河历史地理问题初探》，邹逸麟，《历史地理》创刊号，上海人民出版社，1981 年。

《试论我国运河的历史变迁》，邹逸麟，《历史教学问题》1982 年第 3 期。

《从地理环境角度考察我国运河的历史作用》，邹逸麟，《中国史研究》1982年第3期。

《今贾鲁河名称的来源》，一令（邹逸麟），《历史地理》第五辑，上海人民出版社，1987年。

《江南运河镇江、常州段历史地理问题之研究》，邹逸麟，见汤一介等著《文史新澜：浙江古籍出版社建社二十周年纪念论文集》，浙江古籍出版社，2003年。

《明代治理黄运思想的变迁及其背景——读明代三部治河书体会》，邹逸麟，《陕西师范大学学报（哲学社会科学版）》2004年第5期。

《运河承载的帝国》，邹逸麟，《中国国家地理》2006年第5期。

《明代徐州段运河的乏水问题及应对措施》，李德楠，《兰州学刊》2007年第8期。

《山东运河开发史研究》，邹逸麟，见陈桥驿主编《中国运河开发史》，中华书局，2008年。

《胶莱运河的历史研究》，邹逸麟，见陈桥驿主编《中国运河开发史》，中华书局，2008年。

《试论我国历史上运河的水源问题》，邹逸麟，见复旦大学中国历史地理研究所编《历史地理研究》第三辑，复旦大学出版社，2010年。

《大运河山东段古河道及船闸考察与清代山东段运河高程重建》，孙涛、杨煜达、李德楠、宸志鹏，《历史地理》第三十三辑，上海人民出版社，2016年。

《运河在中华文明发展过程中的作用》，邹逸麟，《浙江学刊》2017年第1期。

《大运河历史与大运河文化带建设刍议》，葛剑雄，《江苏社会科学》2018年第2期。

《江汉运河时空变迁新探》，杨伟、樊如森，《运河学研究》第4辑，社会科学文化出版社，2020年。

《明清以来淮安清口闸坝体系考辨》，张鹏程、路伟东，《运河学研究》第5辑，社会科学文献出版社，2020年。

3-4. 湖泊演变

《云梦泽的演变与下荆江河曲的形成》，张修桂，《复旦学报（社会科学版）》1980年第2期。

《云梦与云梦泽》，谭其骧，《复旦学报（社会科学版）》1980年第S1期（增刊）。

《洞庭湖演变的历史过程》，张修桂，《历史地理》创刊号，上海人民出版社，1981年。

《鄱阳湖演变的历史过程》，谭其骧、张修桂，《复旦学报（社会科学版）》1982年第2期。

《从明代河泊所的置废看湖泊分布及演变——以江汉平原为例》，尹玲玲，《湖泊科学》2000年第1期。

《〈水经注〉洞庭湖水系校注与复原（上篇）》，张修桂，《历史地理》第二十八辑，上海人民出版社，2013年。

《〈水经注〉洞庭湖水系校注与复原（下篇）》，张修桂，《历史地理》第二十九辑，上海人民出版社，2014年。

《太湖水系的历史变迁》，魏嵩山，《复旦学报（社会科学版）》1979年第2期。

《太湖演变的历史过程》，张修桂，《中国历史地理论丛》2009年第1辑。

《从三江口到三江：娄江与东江的附会及其影响》，王建革，《社会科学研究》2007年第5期。

《太湖形成与〈汉书·地理志〉三江》，王建革，《历史地理》第二十九辑，上海人民出版社，2014年。

《历史时期华北大平原湖沼变迁述略》，邹逸麟，《历史地理》第五辑，上海人民出版社，1987年。

《〈禹贡〉九河分流地域范围新证——兼论古白洋淀的消亡过程》，张淑萍、张修桂，《地理学报》1989年第1期。

《洪泽湖演变的历史过程及其背景分析》，韩昭庆，《中国历史地理论丛》1998年第2辑。

《南四湖演变过程及其背景分析》，韩昭庆，《地理科学》2000 年第 2 期。

《1391—2006 年龙感湖—太白湖流域的人口时间序列及其湖泊沉积响应》，邹怡，《中国历史地理论丛》2011 年第 3 辑。

《卤阳湖的干涸》，费杰，见周杰、李小强等著《关中—天水经济区环境与可持续发展》，科学出版社，2012 年。

《1717—2011 年高宝诸湖的演变过程及其原因分析》，杨霄、韩昭庆，《地理学报》2018 年第 1 期。

《三国时期巢湖变迁与居巢县的陷没——基于"陷巢州、长庐州"现象的回溯性考察》，张靖华，《中国历史地理论丛》2018 年第 2 辑。

《『水経注』に基づく漢唐間の昆明池水利システムの復原》，黄学超，《学習院大学国際教育機構研究年報》2019 年第 5 号。

Evolution of Saline Lakes in the Guanzhong Basin during the past 2000 years. Fei Jie（费杰），He Hongming（何洪鸣），Yang Liang Emlyn（杨亮），Li Xiaoqiang（李小强），Yang Shuai（杨帅），Zhou Jie（周杰）. In：Yang Liang Emlyn，eds. Rise and fall：Environmental factors in the socio-cultural changes of the ancient silk road area，Chapter 2. Springer，2019.

3-5. 其他地区

《试探吴淞江与黄浦江的历史变迁》，王文楚，《文汇报》1962 年 8 月 16 日。

《上海浦与黄浦江》，赵永复，《上海地名》1994 年第 3 期。

《黄浦江水系形成原因述要》，满志敏，《复旦学报（社会科学版）》1997 年第 6 期。

《历史时期上海地区水系变迁》，赵永复、傅林祥，《上海研究论丛》第十二辑，上海社会科学院出版社，1998 年。

《吴淞江下游演变新解》，傅林祥，《学术月刊》1998 年第 8 期。

《黄浦江水系：形成和原因——上海经济可持续发展基础研究之一》，满志敏，《历史地理》第十五辑，上海人民出版社，1999 年。

《淞浦二江变迁和上海港的发展》，邹逸麟，见上海市历史博物馆编《上海市历史博物馆馆刊》第一辑，上海社会科学出版社，2002 年。

《宋代吴淞江两岸大浦考》，傅林祥，《历史地理》第二十一辑，上海人民出版社，2006年。

《青龙江演变的历史过程》，张修桂，《历史地理》第二十二辑，上海人民出版社，2007年。

《宋代吴淞江白鹤汇与盘龙江一带河道演变》，满志敏，《历史地理》第二十二辑，上海人民出版社，2007年。

《"汇"与吴淞江河道及其周边塘浦（九至十六世纪）》，王建革，《历史地理》第二十二辑，上海人民出版社，2007年。

《道光七年吴淞江整治对河床形态的影响》，潘威，《历史地理》第二十二辑，上海人民出版社，2007年。

《推测抑或明证：明朝吴淞江主道的变化》，满志敏，《历史地理》第二十六辑，上海人民出版社，2012年。

《元明时期吴江运河以东的河网与地貌》，王建革，《历史地理》第二十七辑，上海人民出版社，2013年。

《从小圩到园田：近百年来上海地区河网密度变化》，闫芳芳、满志敏、潘威，《地球环境学报》2014年第6期。

《上海水乡河流主道的嬗变——从吴淞江到黄浦江》，满志敏，见上海社会科学界联合会编《江河归海》，上海人民出版社，2016年。

《宋元时期吴淞江水系变迁与任仁发治水——以赵浦闸、乌泥泾闸的置废为中心》，傅林祥、丁佳荣，《历史地理研究》2019年第2期。

《基于1875—2013年多源数据的上海淀泖湖荡群演变研究》，闫芳芳、杨煜达、满志敏，《中国历史地理论丛》2019年第3辑。

《海河水系的形成与发展》，谭其骧，《历史地理》第四辑，上海人民出版社，1986年。

《海河流域平原水系演变的历史过程》，张修桂，《历史地理》第十一辑，上海人民出版社，1993年。

《北魏郦道元时代易水考》，冯贤亮，《中国历史地理论丛》2000年第2辑。

《明以降滹沱河平原段河道变迁研究》，石超艺，《中国历史地理论丛》2005年第3辑。

《清浊分流：环境变迁与清代大清河下游治水特点》，王建革，《清史研究》2001 年第 2 期。

《康熙年间小清河两次整治行为初探》，李嘎，《滨州学院学报》2007 年第 1 期。

《沭水北魏正光改道新考》，吕朋，《历史地理》第二十六辑，上海人民出版社，2012 年。

《〈水经注〉汾水流域诸篇校笺及水道与政区复原》，李晓杰、黄学超、杨长玉、吕朋，《历史地理》第二十六辑，上海人民出版社，2012 年。

《〈水经·涑水注〉校笺及水道与政区复原》，李晓杰、黄学超、杨萧杨、杨智宇、龚应俊、闫伟光，《历史地理研究》2019 年第 1 期。

《〈水经·渭水注〉所载"新兴川水"校议》，黄学超，《中国历史地理论丛》2011 年第 2 辑。

《〈水经·渭水注〉所载长蛇水考释》，屈卡乐，《中国历史地理论丛》2013 年第 4 辑。

《〈水经注〉渭水流路考》，黄学超，《唐都学刊》2015 年第 3 期。

《〈水经注〉泾谷水考》，龚江（张修桂），《历史地理》第八辑，上海人民出版社，1990 年。

《清代鄂尔多斯地区水文系统初探》，罗凯、安介生，见侯甬坚主编《鄂尔多斯高原及其邻区历史地理研究》，三秦出版社，2008 年。

《格尔必齐河问题新探》，周峤，《才智》2014 年第 7 期。

《从古今图籍看历史时期无定河（红柳河）之河道变迁——兼论古今河道编绘原则》，安介生，见侯甬坚等编《统万城建城一千六百年学术研讨会文集》，陕西师范大学出版总社，2015 年。

《〈水经注〉记载的洛阳——〈谷水注〉注》，赵永复，《历史地理》第二十四辑，上海人民出版社，2010 年。

《汉代以来鸭河口至新野段白河的变迁》，夏晗登，《历史地理》第三十六辑，复旦大学出版社，2018 年。

《〈水经·洛水注〉校笺及水道与政区复原（上）》，李晓杰、杨智宇、黄学超、杨萧杨、赵海龙、袁方，《历史地理研究》2020 年第 3 期。

《燕行途程考——周流河考》，［韩］黄普基，《历史地理》第二十三辑，上海人民出版社，2008 年。

《〈宋史·河渠志〉浙江海塘西湖篇笺释》，邹逸麟，《中华文史论丛》第五十七辑，上海古籍出版社，1998 年。

《两宋时代的钱塘江》，邹逸麟，《浙江学刊》2011 年第 B5 期（增刊）。

《浦阳江下游河道改道新考》，朱海滨，《历史地理》第二十七辑，上海人民出版社，2013 年。

《营水出留山辨》，龚江（张修桂），《历史地理》第四辑，上海人民出版社，1986 年。

《汉初武都大地震与汉水上游的水系变迁之管见——与周宏伟先生商榷》，杨霄，《历史地理》第三十四辑，上海人民出版社，2017 年。

《南、北集渠考》，杨伟兵，《中国历史地理论丛》2000 年第 2 辑。

《〈明史·地理志〉所载南川县水系考证》，赖锐，《中国历史地理论丛》2013 年第 3 辑。

《珠江三角洲水系的历史演变》，周源和，《复旦学报（社会科学版）》1980 年第 S1 期（增刊）。

《由模糊到清晰——历史时期对红水河流域地理认识的演进》，刘祥学，《中国历史地理论丛》2006 年第 4 辑。

《历史上对广西左、右江认识的演进及其指称变迁》，郑维宽，《贺州学院学报》2007 年第 4 期。

4. 海陆变迁

《关于上海地区的成陆年代》，谭其骧，《文汇报》1960 年 11 月 15 日。

《再论上海地区的成陆年代》，谭其骧，《文汇报》1961 年 3 月 10 日。

《上海市大陆部分的海陆变迁和开发过程》，谭其骧，《考古》1973 年第 1 期。

《〈上海市大陆部分的海陆变迁和开发过程〉后记》，谭其骧，见上海市文史馆、上海市人民政府参事室文史资料工作委员会编《上海地方史资料》（一），上海社科院出版社，1982 年。

《金山卫及其附近一带海岸线的变迁》，张修桂，《历史地理》第三辑，上海人民出版社,1983年。

《崇明岛的形成、演变及其开发的历史过程》,魏嵩山,《学术月刊》1983年第4期。

《上海市东部李护塘海岸成陆年代》,王文楚,见复旦大学中国历史地理研究所编《历史地理研究》第二辑,复旦大学出版社,1990年。

《上海地区成陆过程概述》,张修桂,《复旦学报(社会科学版)》1997年第1期。

《上海地区成陆过程研究中的几个关键问题》,张修桂,《历史地理》第十四辑,上海人民出版社,1998年。

《崇明岛形成的历史过程》,张修桂,《复旦学报(社会科学版)》2005年第3期。

《长江三角洲岸线演变研究》,杨伟兵,《鄱阳湖学刊》2011年第2期。

《潮决李家洪:晚明嘉定县江东地区岸线变迁考》,林宏,《历史地理》第二十九辑,上海人民出版社,2014年。

《历史时期渤海湾西部海岸线的变迁》,谭其骧,《人民日报》1965年10月8日。

《珠江三角洲的成陆过程》,周源和,《历史地理》第五辑,上海人民出版社,1987年。

《浙江温州地区沿海平原的成陆过程》,吴松弟,《地理科学》1988年第2期。

《温州的地名与海岸线的变迁》,吴松弟,《地名知识》1990年第3期。

《温州沿海平原的成陆过程和主要海塘、塘河的形成》,吴松弟,《中国历史地理论丛》2007年第2辑。

《连云港市的水陆变迁》,郑宝恒、王天良,见复旦大学中国历史地理研究所编《历史地理研究》第二辑,复旦大学出版社,1990年。

5. 土地覆被变化（沙漠、石漠、土地利用）

5-1. 沙漠变迁

《历史上毛乌素沙地的变迁问题》，赵永复，《历史地理》创刊号，上海人民出版社，1981年。

《再论历史上毛乌素沙地的变迁问题》，赵永复，《历史地理》第七辑，上海人民出版社，1990年。

《明代毛乌素沙地变迁及其与周边地区垦殖的关系》，韩昭庆，《中国社会科学》2003年第5期。

《清末西垦对毛乌素沙地的影响》，韩昭庆，《地理科学》2006年第6期。

《清中期以来绥远地区经济开发与土地沙化》，樊如森，《历史地理》第二十二辑，上海人民出版社，2007年。

《民国时期和田地区薪柴消费与人工植被再生补偿研究》，谢丽，《中国沙漠》2007年第1期。

《清末鄂尔多斯高原垦殖范围的复原及其与毛乌素沙地变迁的关系》，韩昭庆，见侯甬坚编《鄂尔多斯高原及其邻区历史地理研究》，三秦出版社，2008年。

5-2. 石漠化

《雍正王朝在贵州的开发对贵州石漠化的影响》，韩昭庆，《复旦学报（社会科学版）》2006年第2期。

《贵州石漠化人为因素介入的起始界面试析》，韩昭庆，见王利华主编《中国历史上的环境与社会》，生活·读书·新知三联书店，2007年。

《贵州民国档案中所见"疑似石漠化"与今日石漠化分布状况的比较研究》，韩昭庆、杨士超，《中国历史地理论丛》2011年第1辑。

《明代至清初贵州交通沿线的植被及石漠化分布的探讨》，韩昭庆、陆丽雯，《中国历史地理论丛》2012年第1辑。

Maize cultivation and its effect on rocky desertification: A spatial study of Guizhou Province（1736—1949）. Han Zhaoqing（韩昭庆）. Ts'ui-jung Liu ed. Environmental History in East Asia.Routledge，2014.

《清中叶至民国玉米种植与贵州石漠化变迁的关系》，韩昭庆，《复旦学报（社会科学版）》2015 年第 4 期。

《1930S—2000 年广西地区石漠化分布的变迁》，韩昭庆、冉有华、刘俊秀、李军，《地理学报》2016 年第 3 期。

《明清时期云南地区石漠化的分布状况与成因初探》，马楚婕、韩昭庆，《云南大学学报（社会科学版）》2019 年第 4 期。

5-3. 土地利用

《明清长江三峡地区外来移民与土地利用》，杨伟兵，《重庆社会科学》2001 年第 3 期。

《唐代长安城内土地利用形式的转换》，余蔚、祝碧衡，《中国历史地理论丛》2001 年第 4 辑。

《清代陕南土地利用变迁驱动力研究》，张晓虹、满志敏、葛全胜，《中国历史地理论丛》2002 年第 4 辑。

《徽州地区土地利用变化驱动力分析（1500—1900）》，赵赟、满志敏、葛全胜，《复旦学报（社会科学版）》2002 年第 5 期。

《河南插花地个案研究（1368—1935）》，傅辉，《历史地理》第十九辑，上海人民出版社，2003 年。

《苏北沿海土地利用变化研究——以清末民初废灶兴垦为中心》，赵赟、满志敏、方书生，《中国历史地理论丛》2003 年第 4 辑。

《纳税单位"真实"的一面——以徽州府土地数据考释为中心》，赵赟，《安徽史学》2003 年第 5 期。

《过去 300 年中国部分省区耕地资源数量变化及驱动因素分析》，葛全胜、戴君虎、何凡能、郑景云、满志敏、赵赟，《自然科学进展》2003 年第 8 期。

《元明清时期云贵高原的农业垦殖及其土地利用问题》，杨伟兵，《历史地理》第二十辑，上海人民出版社，2004 年。

《插花地对土地数据的影响及处理方法》，傅辉，《中国社会经济史研究》2004 年第 2 期。

《晚清南阳县土地利用分析》，傅辉，《清史研究》2004 年第 4 期。

《河南土地数据初步研究——以 1368—1953 年数据为中心》，傅辉，《中国历史地理论丛》2005 年第 1 辑。

《民国时期和田地区耕地大面积撂荒及其影响因素研究》，谢丽，《中国农史》2005 年第 1 期。

《亩制差异对土地数据的影响及相关问题》，傅辉，《中国史研究》2006 年第 3 期。

《清代鄂尔多斯地区的垦殖活动》，刘龙雨、吕卓民，《中国历史地理论丛》2006 年第 3 辑。

《明代土地数据登记制度研究——以洪武二十六年河南数据为例》，傅辉，《人文杂志》2007 年第 1 期。

《基于政区结构变迁下的区域土地利用变化过程案例研究》，傅辉，《兰州学刊》2007 年第 2 期。

《明清方志的编纂特征及其在区域土地利用研究中的价值》，傅辉，《中国地方志》2007 年第 4 期。

《陕北黄土残塬沟壑区土地垦殖及其对土壤侵蚀的影响——以清至民国宜川县为例》，王晗，《历史地理》第二十三辑，上海人民出版社，2008 年。

《元代安徽地区的土地开发与利用》，陈瑞，《中国农史》2008 年第 4 期。

《太平天国战争前后安徽的垦殖考量》，赵赟、满志敏，《地理研究》2008 年第 6 期。

《1631—1911 年黄土丘陵沟壑区小流域土地利用及其对水土流失的影响——以米脂县东沟河流域为例》，王晗，《干旱区资源与环境》2008 年第 10 期。

《清代云贵地区的耕地及其变化》，杨伟兵，见杨伟兵主编《明清以来云贵高原的环境与社会》，东方出版中心，2010 年。

《清至民国洛川塬土地利用演变及其对土壤侵蚀的影响》，王晗，《地理研究》2010 年第 1 期。

《近代上海城市边缘区土地利用方式转变过程研究——基于 GIS 的近代上海法租界个案研究（1898—1914）》，牟振宇，《复旦学报（社会科学版）》2010 年第 4 期。

《历史矿区土地利用的重建：以近代个旧锡矿为例》，杨伟兵、杨斌，《中国历史地理论丛》2012 年第 4 辑。

《南京国民政府时期的地籍测量及评估——兼论民国各项调查资料中的"土地数字"》，江伟涛，《中国历史地理论丛》2013年第2辑。

《1700—1978年云南山地掌鸠河流域耕地时空演变的网格化重建》，霍仁龙、杨煜达、满志敏，《地理学报》2020年第9期。

6. 水利（治理黄河、海塘等）

《从唐代水利建设看与当时社会经济有关的两个问题》，邹逸麟，《历史教学》1959年第12期。

《范公堤的兴筑及其作用》，嵇超，《复旦学报（社会科学版）》1980年第S1期（增刊）。

《明徐贞明对发展河北农田水利的贡献》，陈家麟，《河北学刊》1985年第5期。

《宜昌葛洲坝演变小史》，龚江（张修桂），《历史地理》第五辑，上海人民出版社，1987年。

《珠江三角洲形成过程水利和水害的演化》，周源和，见复旦大学中国历史地理研究所编《历史地理研究》第二辑，复旦大学出版社，1990年。

《元代河患与贾鲁治河》，邹逸麟，见尹达等主编《纪念顾颉刚学术论文集》，巴蜀书社，1990年。

《都城东迁对关中地区水利建设的影响》，余蔚，《农业考古》1999年第1期。

《河北平原水利与社会分析（1368—1949）》，王建革，《中国农史》2000年第2期。

《清末河套地区的水利制度与社会适应》，王建革，《近代史研究》2001年第6期。

《历史时期塔里木盆地水资源的调控过程》，阚耀平，《中国历史地理论丛》2003年第2辑。

《历史时期宁夏平原灌溉渠务经营的人地关系调适》，李智君，《历史地理》第二十辑，上海人民出版社，2004年。

《上海志丹苑水闸遗址考略》，傅林祥，《学术月刊》2005年第4期。

《从汉、清两朝的治河制度看其对当今治黄的启示》，段伟，《新亚论丛》2006 年第 1 期。

《"利及邻封"——明清豫北的灌溉水利开发和县际关系》，谢湜，《清史研究》2007 年第 2 期。

《河患与官方应对：康雍乾时期的山东小清河治理及启示》，李嘎，《中国历史地理论丛》2007 年第 3 辑。

《清代江南乡村的水利兴替与环境变化——以平湖横桥堰为中心》，冯贤亮，《中国历史地理论丛》2007 年第 3 辑。

《皇权、景观与雍正朝的江南海塘工程》，王大学，《史林》2007 年第 4 期。

《朝代更替、历史记忆与明末清初的江南海塘工程》，王大学，《传统中国研究集刊》第五辑，上海人民出版社，2008 年。

《拒潮与拒凿：海塘采石与吴中禁山的关系》，王大学，《历史地理》第二十三辑，上海人民出版社，2008 年。

《政令、时令与"江南海塘"的北段工程》，王大学，《史林》2008 年第 5 期。

《"居中控制"的农业地理基础——明清湖北郧阳府农田水利工程分布探讨》，黄忠鑫、马桂菊，《农业考古》2009 年第 1 期。

《泾、浜发展与吴淞江流域的圩田水利（9—15 世纪）》，王建革，《中国历史地理论丛》2009 年第 2 辑。

《滇西旱坝的水利与地文》，杨伟兵，见复旦大学中国历史地理研究所编《历史地理研究》第三辑，复旦大学出版社，2010 年。

《技术人员的流动：述明清"江南海塘"工程中的技工》，王大学，见复旦大学中国历史地理研究所编《历史地理研究》第三辑，复旦大学出版社，2010 年。

《唐宋时期太湖南岸平原区农田水利格局的形成》，周晴，《中国历史地理论丛》2010 年第 4 辑。

《防潮与引潮：明清以来滨海平原区海塘、水系和水洞的关系》，王大学，《历史地理》第二十五辑，上海人民出版社，2011 年。

《清代至民国前期浙西山村的水利与社会》，冯贤亮，《历史地理》第二十五辑，上海人民出版社，2011 年。

《明代江南的水利单位与地方制度：以常熟为例》，王建革，《中国史研究》2011年第2期。

《明清徽州绅商投资家乡农业水利状况及原因》,梁诸英,《池州学院学报》2011年第4期。

《清代南京水患治理研究》,徐智,《理论界》2012年第10期。

《明清时期滇池海口水利与人地关系:以河中滩为中心》,刘灵坪、杨伟兵,见西南大学历史地理研究所编《西南史地》第二辑,巴蜀书社,2013年。

《民国时期宁夏平原的水利组织》,岳云霄,《兰州学刊》2013年第5期。

《江南三角洲圩田水利杂考》,朱海滨,见复旦大学历史地理研究中心、哈佛大学哈佛燕京学社编《国家视野下的地方》,上海人民出版社,2014年。

《民国绥远大黑河治理方略研究》,穆俊,《兰州学刊》2014年第2期。

《清代宁夏平原水利管理中的国家干预》,岳云霄,《农业考古》2014年第1期。

《喀斯特地貌下的水利开发情况——以明末以来贵州为例》,颜燕燕,《三峡论坛(三峡文学·理论版)》2014年第3期。

《古代大型公共水利工程日常维修制度形成中的环境与政治——以清代两浙海塘岁修、抢修制度为中心》,王大学,《社会科学》2014年第8期。

《明中后期浙东河谷平原的湖田水患与水利维持——以诸暨为中心》,耿金,《中国农史》2016年第2期。

《9—13世纪山会平原水环境与水利系统演变》,耿金,《中国历史地理论丛》2016年第3辑。

《历史上水利工程的环境问题值得关注》,邹逸麟,《运河学研究》第1辑,社会科学文献出版社,2018年。

《"天赐神佑":乾隆十三年钱塘江"潮归中门"的过程及其政治意义》,王大学,《社会科学》2019年第9期。

《再论走马楼吴简"隐核波田簿"所见东吴的陂池兴修与管理》,沈国光,《简帛研究二〇一九(秋冬卷)》,广西师范大学出版社,2020年。

《黄河保护与治理的历史经验与启示》,邹逸麟,《云南大学学报(社会科学版)》2020年第1期。

《环境、水患与官府:明清时期南苕溪流域的水利与社会》,冯贤亮,

《浙江社会科学》2020 年第 5 期。

《近代东太湖的围垦与治理（1890—1937 年）——以吴江地区为中心》，方志龙，《历史地理研究》2020 年第 4 期。

7. 生态史、环境史、灾害史

7-1. 环境变迁

《有关环境史研究的几个问题》，邹逸麟，《历史研究》2010 年第 1 期。

《环境保护要有基本的人道前提》，葛剑雄，《东方》1995 年第 2 期。

《对 21 世纪中国环境问题的思考》，邹逸麟，《地理学与国土研究》1998 年第 4 期。

《关于加强人地关系历史研究的思考》，邹逸麟，《光明日报》1998 年 11 月 6 日。

《我国环境变化的历史过程及其特点初探》，邹逸麟，《安徽师范大学学报（人文社会科学版）》2002 年第 3 期。

《地理环境、交流与东亚文化区的形成和变迁》，吴松弟，见石源华、胡礼忠编《东亚汉文化圈与中国关系》，中国社会科学出版社，2005 年。

《从历史地理看长时段环境变迁》，葛剑雄，《陕西师范大学学报（哲学社会科学版）》2007 年第 5 期。

《我国生态环境演变的历史回顾——中国环境变迁问题初探（上）》，邹逸麟，《秘书工作》2008 年第 1 期。

《正确应对我国生态环境的重大变化——中国环境变迁问题初探（下）》，邹逸麟，《秘书工作》2008 年第 2 期。

《环境史的研究应进一步深入》，邹逸麟，《中国社会科学报》2009 年 9 月 22 日。

《利用历史文献分析环境变迁应该注意的一些问题——以康熙雍正时期贵州环境记录信息的变化为例》，韩昭庆，见中国地理学会编《中国地理学会百年庆典学术论文摘要集》，2009 年。

《从区域视角深化西南环境史研究》，杨伟兵，《中国社会科学报》2011

年 1 月 6 日。

《全球环境变化视角下环境史研究的几个问题》，满志敏，《思想战线》2012 年第 2 期。

《我国环境变迁的历史教训》，邹逸麟，《文史知识》2013 年第 6 期。

《历史地理学与环境史研究》，韩昭庆，《江汉论坛》2014 年第 5 期。

《江南治水传统与现代水环境的恢复对策》，王建革，《复旦学报（社会科学版）》2020 年第 6 期。

《〈京都议定书〉的背景及其相关问题分析》，韩昭庆，《复旦学报（社会科学版）》2002 年第 2 期。

《西汉人对生态平衡的认识》，一得（葛剑雄），《历史地理》第二辑，上海人民出版社，1982 年。

《东汉黄河流域森林破坏举例》，一得（葛剑雄），《历史地理》第三辑，上海人民出版社，1983 年。

《历史时期黄淮平原南部的地理环境变迁》，赵永复，见复旦大学中国历史地理研究所编《历史地理研究》第二辑，复旦大学出版社，1990 年。

《苏北中部沿海平原一万年来的古地理环境》，阚为群，见复旦大学中国历史地理研究所编《历史地理研究》第二辑，复旦大学出版社，1990 年。

《从人口负载量的变迁看黄土高原农业和社会发展的生态制约》，王建革、陆建飞，《中国农史》1996 年第 3 期。

《人口、生态与我国刀耕火种区的演变》，王建革，《农业考古》1997 年第 1 期。

《资源限制与发展停滞：传统社会的生态学分析》，王建革，《生态学杂志》1997 年第 1 期。

《人口压力与中国原始农业的发展》，王建革，《农业考古》1997 年第 3 期。

《我国古代的环境意识和环境行为——以先秦两汉时期为例》，邹逸麟，见林甘泉等编《庆祝杨向奎先生教研六十年论文集》，河北教育出版社，1998 年。

《马政与明代华北平原的人地关系》，王建革，《中国农史》1998 年第 1 期。

《人口压力与中国农业：历史与展望》，王建革，《现代农村》1998 年第 1 期。

《华北的农业生态与乡村社会——以惠民县孙家庙为例》，王建革，《古今农业》1998 年第 3 期。

《我国农业可持续发展战略分析》，陆建飞、王建革、高德明、王昭，《生态农业研究》1998 年第 3 期。

《人口、生态与地租制度》，王建革，《中国农史》1998 年第 3 期。

《明清流民与川陕鄂豫交界地区的环境问题》，邹逸麟，《复旦学报（社会科学版）》1998 年第 4 期。

《人口、制度与乡村生态环境的变迁》，王建革，《复旦学报（社会科学版）》1998 年第 4 期。

《略论长江三角洲生态环境和经济发展的历史演变及规划策略》，邹逸麟，《城市研究》1998 年第 6 期。

《近代华北的农业生态与社会变迁——兼论黄宗智"过密化"理论的不成立》，王建革，《中国农史》1999 年第 1 期。

《"三料"危机：华北平原传统农业生态特点分析》，王建革，《古今农业》1999 年第 3 期。

《传统农业生态系统的实态分析——以松江县华阳镇为例》，王建革，《生态学杂志》1999 年第 4 期。

《长江三峡水土流失的历史考察与教训》，杨伟兵，《重庆社会科学》2000 年第 1 期。

《传统时代的草原生态：以蒙疆中部为例》，王建革，见复旦大学历史地理研究中心主编《面向新世纪的中国历史地理学：2000 年国际中国历史地理学术讨论会论文集》，齐鲁书社，2001 年。

《森林生态学视野中的刀耕火种：兼论其分类体系》，杨伟兵，《农业考古》2001 年第 1 期。

《民国时期关中地区生态环境与社会经济结构变迁（1928—1949）》，郑磊，《中国经济史研究》2001 年第 3 期。

《近代华北的耕作制度及其生态与社会适应》，王建革，《古今农业》2001年第4期。

《环境演化与上海地区内河航运的变迁》，戴鞍钢、张修桂，《历史地理》第十八辑，上海人民出版社，2002年。

《上海地貌环境变迁与先民生产文明创建》，张修桂、余蔚、林拓、戴鞍钢，见阙维民编《史地新论：浙江大学（国际）历史地理学术研讨会论文集》，浙江大学出版社，2002年。

《草原生态与近代蒙古社会的变迁》，王建革，见李根蟠、[日]原宗子、曹幸穗编《中国经济史上的天人关系》，中国农业出版社，2002年。

《传统时代的草原生态及其变迁：以蒙疆中部地区为例》，王建革，《中国农史》2002年第1期。

《环境演化与上海地区的小城镇》，戴鞍钢、张修桂，《上海行政学院学报》2002年第2期。

《论区域经济开发过程中影响生态环境的诸因素》，吴松弟，《历史地理》第十九辑，上海人民出版社，2003年。

《夏营地游牧生态——以1940年左右呼盟草原为例》，王建革，见王思明等编《20世纪中国农业与农村变迁研究》，中国农业出版社，2003年。

《游牧方式与草原生态——传统时代呼盟草原的冬营地》，王建革，《中国历史地理论丛》2003年第2辑。

《论长江三角洲地区人地关系的历史过程及今后发展》，邹逸麟，《学术月刊》2003年第6期。

《动植物群落与清代江南海塘的防护》，王大学，《中国历史地理论丛》2003年第4辑。

《生态政治：1953年的乌拉特前旗及其周边地区》，王建革，《中国农史》2004年第3期。

《我国水资源变迁的历史回顾——以黄河流域为例》，邹逸麟，《复旦学报（社会科学版）》2005年第3期。

《清代江南感潮区范围与影响》，孙景超，《清史研究》2005年第4期。

《华北农村的生态关系与阶级》，王建革，见复旦大学历史系编《近代中国的乡村社会》，上海古籍出版社，2005年。

《近代内蒙古草原的游牧群体及其生态基础》，王建革，《中国农史》2005 年第 1 期。

《清代浙西乡村的土客冲突与生态环境》，冯贤亮，见陕西师范大学西北历史环境与经济社会发展研究中心编《历史环境与文明的演进——2004 年历史地理国际学术研讨会论文集》，商务印书馆，2005 年。

《水车与秧苗：清代江南稻田排涝与生产恢复场景》，王建革，《清史研究》2006 年第 2 期。

《定居游牧、草原景观与东蒙社会政治的构建（1950—1980）》，王建革，《南开学报》2006 年第 5 期。

《历史时期黄河流域的环境变迁与城市兴衰》，邹逸麟，《江汉论坛》2006 年第 5 期。

《历史时期江南地区水域景观体系的构成与变迁——基于嘉兴地区史志资料的探讨》，安介生，《中国历史地理论丛》2006 年第 4 辑。

《中小流域的人地关系与环境变迁——清代云南㳽苴河流域水患考述》，杨煜达，见曹树基主编《田祖有神——明清以来的自然灾害及其社会应对机制》，上海交通大学出版社，2007 年。

《旱涝、水利化与云贵高原农业环境（1659～1960 年）》，杨伟兵，见曹树基主编《田祖有神——明清以来的自然灾害及其社会应对机制》，上海交通大学出版社，2007 年。

《明清时期广西的虎患及相关生态问题研究》，郑维宽，《史学月刊》2007 年第 1 期。

《试论明清时期广西经济开发与森林植被的变迁》，郑维宽，《广西地方志》2007 年第 1 期。

《城市空间扩展视野下的近代上海河浜资源利用与环境问题》，吴俊范，《中国历史地理论丛》2007 年第 3 辑。

《明清时期浏河地区的作物与水土环境》，王建革，《历史地理》第二十三辑，上海人民出版社，2008 年。

《统万城下的"广泽"与"清流"——历史时期红柳河（无定河上游）谷地环境变迁新探》，安介生，《历史地理》第二十三辑，上海人民出版社，2008 年。

《宋元时期太湖东部地区的水环境与塘浦置闸》,王建革,《社会科学》2008年第1期。

《"续涸新涨":环境变迁与清代江南苇荡营的兴废》,李德楠,《兰州学刊》2008年第1期。

《明清时期汉水下游地区的地理环境与堤防管理制度》,肖启荣,《中国历史地理论丛》2008年第1辑。

《水流环境与吴淞江流域的田制(10~15世纪)》,王建革,《中国农史》2008年第3期。

《明清时期汉水下游泗港、大小泽口水利纷争的个案研究——水利环境变化中地域集团之行为》,肖启荣,《中国历史地理论丛》2008年第4辑。

《环境变迁与村民应对:基于明清黄河小北干流西岸地区的研究》,刘炳涛,《中国农史》2008年第4期。

《苏州状元谶背后的环境变迁》,孙景超,《史学月刊》2008年第11期。

《舟船交通:明清太湖平原的环境与人生》,冯贤亮,《传统中国研究集刊》第5辑,上海人民出版社,2008年。

《西北近代经济环境的改善与畜牧业发展》,樊如森,见安介生、邱仲麟主编《边界、边地与边民——明清时期北方边塞地区部族分布与地理生态基础研究》,齐鲁书社,2009年。

《"瀚海"新论——历史时期对蒙古荒漠地区认知进程研究》,安介生,见安介生、邱仲麟主编《边界、边地与边民——明清时期北方边塞地区部族分布与地理生态基础研究》,齐鲁书社,2009年。

《华阳桥乡:水、肥、土与江南乡村生态(1800—1960)》,王建革,《近代史研究》2009年第1期。

《潮汐灌溉与江南的水利生态(10—15世纪)》,孙景超,《中国历史地理论丛》2009年第2辑。

《清代太湖流域的环境与卫生——以外国人的游程与感觉为中心》,冯贤亮,《中国历史地理论丛》,2009年第2辑。

《明清时期黄河小北干流西岸地域环境与村民营生方式选择》,刘炳涛,《中国历史地理论丛》2009年第2辑。

《明末清初嘉湖平原的专业化桑园及其生态经济环境》,周晴,《中国历史地理论丛》2009 年第 4 辑。

《吴淞江流域的坝堰生态与乡村社会（10—16 世纪）》，王建革，《社会科学》2009 年第 9 期。

《区域生态环境历史变迁及其启示——以黄渭洛河三角地带沙苑为例》，张健，《干旱区资源与环境》2009 年第 10 期。

《12—13 世纪嘉湖平原的水文生态与围田景观》，周晴，《社会科学》2009 年第 12 期。

《明代白茆的水文生态与国家治水》，王建革，见复旦大学中国历史地理研究所编《历史地理研究》第三辑，复旦大学出版社，2010 年。

《从穷荒异瘴到荒年甚少荒地甚多——康熙与雍正时期地方官员对贵州环境认知的转变》，韩昭庆，《云南师范大学学报（哲学社会科学版）》2010 年第 1 期。

《汉代华北的耕作与环境：关于三杨庄遗址内农田垄作的探讨》，韩同超，《中国历史地理论丛》2010 年第 1 辑。

《清代绥德直隶州土地垦殖及其对生态环境的影响》，王晗，《中国农史》2010 年第 2 期。

《开埠初期上海租界的水环境治理》，牟振宇，《安徽史学》2010 年第 2 期。

《唐末江南农田景观的形成》，王建革，《史林》2010 年第 4 期。

《10—14 世纪吴淞江地区的河道、圩田与治水体制》，王建革，《南开学报（哲学社会科学版）》2010 年第 4 期。

《文献校释与盐湖地理现象复原——〈水经·涑水注〉安邑盐池"（潭）［浑］而不流"个案考察》，王长命，《中国历史地理论丛》2013 年第 2 辑。

《宋代吴淞江流域农田景观变化与诗学意象的转型》，王建革，《历史地理》第二十五辑，上海人民出版社，2011 年。

《清代江南市镇水环境初探——以青浦朱家角镇为例》，段伟，《亚洲研究（韩国）》第十三辑，2011 年。

《松江鲈鱼及其水文环境史研究》，王建革，《陕西师范大学学报（哲学社会科学版）》2011 年第 5 期。

《社会·技术·环境：近代内蒙古磴口地区生态环境演化研究》，张晓虹、杨晓光、曹典，《白沙历史地理学报（彰化）》第 11 期，2011 年。

《略论宋元时期镇江地区水域景观体系的构建及其动力机制》，安介生，见吴松弟、连晓鸣、洪振宁主编《走入历史的深处：中国东南地域文化国际学术研讨会论文集》，上海人民出版社，2011 年。

《宋元时期运河对东太湖地区地貌的影响》，王建革，见复旦大学历史地理研究中心主编《谭其骧先生百年诞辰纪念文集》，上海人民出版社，2012 年。

《渐渐旧了：常熟水网与水利生态（9—17 世纪）》，王建革，见夏明方主编《新史学（第六卷）：历史的生态学解释》，中华书局，2012 年。

《清代东太湖地区的湖田与水文生态》，王建革，《清史研究》2012 年第 1 期。

《太湖东部的湖田生态（15—20 世纪）》，王建革，《社会科学》2012 年第 1 期。

《元明时期嘉湖地区的河网、圩田与市镇》，王建革，《史林》2012 年第 4 期。

《明代太湖口的出水环境与溇港圩田》，王建革，《社会科学》2013 年第 2 期。

《明清太湖地区的竹种、采笋利用与环境》，张蕾，《农业考古》2013 年第 3 期。

《小农、士绅与小生境——9—17 世纪嘉湖地区的桑基渔景观与社会分野》，王建革，《中国人民大学学报》2013 年第 3 期。

《明清扬州世族与景观环境之营建——以北湖地区为核心的考察》，安介生，《中国历史地理论丛》2013 年第 4 辑。

《僧侣修行"虎灾弭息"状况及生态性解读》，梁诸英，《池州学院学报》2013 年第 4 期。

《明清福建生态演变与虎患》，徐文彬、钟羡芳，《福建论坛（人文社会科学版）》2013 年第 6 期。

《宋元时期江南的水竹居与生态文明》，张蕾，《社会科学》2013 年第 7 期。

《愿锸易粟：高淳、溧水的永折漕粮与东坝修筑》，徐鹏、杨伟兵，见邹逸麟主编《明清以来长江三角洲地区城镇地理与环境研究》，商务印书馆，2013 年。

《对甘肃生态环境与经济发展的一点看法》，吴松弟，见纳日碧力戈主编《河西走廊人居环境与各民族和谐发展研究》，复旦大学出版社，2014 年。

《雍正朝盐官海神庙建设中的环境与政治》，王大学，《历史地理》第二十九辑，上海人民出版社，2014 年。

《雍正朝两浙海塘引河工程中的环境、皇权与满汉问题探讨》，王大学，《历史地理》第三十辑，上海人民出版社，2014 年。

《略论盐作环境变迁之"变"与"不变"——以明清江苏淮南盐场为中心》，鲍俊林，《盐业史研究》2014 年第 1 期。

《明代嘉湖地区的桑基生态与小农性格的发展》，王建革，《中国经济史研究》2014 年第 1 期。

《水环境变化与江南莼群落的发展历史》，王建革，《古今农业》2014 年第 3 期。

《江南早期的葑田》，王建革，《青海民族研究》2014 年第 3 期。

《元代江南寒冷对士人审美认知影响的几个案例》，王建革，《历史地理》第三十二辑，上海人民出版社，2015 年。

《美酒与美景：汾河景观环境史简论》，安介生，见张琰光编《晋商与汾酒》，山西经济出版社，2015 年。

《历史时期江南水环境变迁与文人诗风变革——以有关采菱女诗歌为中心的分析》，王建革，《民俗研究》2015 年第 5 期。

《江南荷花水环境变化及其对明清士人审美风格的影响》，王建革，见复旦大学历史系编《变化中的明清江南社会与文化》，复旦大学出版社，2016 年。

《明清江浙塘工石料采运的时空过程与环境响应》，王大学，《历史地理》第三十三辑，上海人民出版社，2016 年。

《宋元以后温州山麓平原的生存环境与地域观念》，吴松弟，《历史地理》第三十三辑，上海人民出版社，2016 年。

《芦苇群落与古代江南湿地生态景观的变化》，王建革，《中国历史地理论丛》2016 年第 2 辑。

《水文、稻作、景观与江南生态文明的历史经验》，王建革，《思想战线》2017 年第 1 期。

《宋代江南的梅花生态与赏梅品味》，王建革，《鄱阳湖学刊》2017 年第 3 期。

《湖田、水患与疾病：15—20 世纪浙东河谷平原开发与水环境变迁——以诸暨地区为中心》，耿金，《云南社会科学》2017 年第 3 期。

《"锦灰堆"：明清江南坍涨地之变迁与地方社会》，冯贤亮，《江南大学学报（人文社会科学版）》2017 年第 3 期。

《康熙年間の満文史料からみた西安周辺の気候・災害・農業・水利：清朝の帝国支配と自然環境》，齐光，《學習院大學國際研究教育機構研究年報》2017 年第 3 号.

《過去 2000 年間の渭河平原におけゐ鹽湖の變遷》，费杰，《学習院大学国際研究教育機構研究年報》2017 年第 4 号.

《一片江南：景观变迁与山水画风格的关联（12—15 世纪）》，王建革，见复旦大学历史系编《明清江南经济发展与社会变迁》，复旦大学出版社，2018 年。

《19—20 世纪江南田野景观变迁与文化生态》，王建革，《民俗研究》2018 年第 2 期。

《生态与生计：清代深山开发与水土流失引发的纷争》，王振忠，见周晓光主编《徽学》第 11 辑，社会科学文献出版社，2018 年。

《江南"活水周流"的历史经验与现实对策》，王建革，《云南师范大学学报（哲学社会科学版）》2018 年第 5 期。

《水患与水利——略论历史时期浙江湖州地区水域景观体系构建及动力机制》，安介生，见夏明方、郝平主编《灾害与历史》第一辑，商务印书馆，2018 年。

《環境の変遷と人類の活動を背景とする渭河平原における塩湖の退化と枯渇》，费傑，《学習院大学国際研究教育機構研究年報》2018 年第 4 号.

《唐宋时期苏北运堤对湖泊水环境分割的过程研究》，袁慧，《历史地理》第三十八辑，复旦大学出版社，2019 年。

《明代黄淮运交汇区域的水系结构与水环境变化》，王建革，《历史地理研究》2019 年第 1 期。

《13 世纪以来中国海洋盐业动态演化及驱动因素》，鲍俊林、高抒，《地理科学》2019 年第 4 期。

Salt and wetland：traditional development landscape，land use changes and environmental adaptation on the central Jiangsu coast，China，1450—1900. Bao Junlin（鲍俊林），Gao Shu（高抒），Ge Jianxiong（葛剑雄）.Wetlands，2019，39.

《水环境与兴化圩—垛农田格局的发展（16—20 世纪上半叶）》，袁慧、王建革，《中国农史》2019 年第 2 期。

Resilience of the Human-Water System at the Southern Silk Road：A Case Study of the Northern Catchment of Erhai Lake，China（1382–1912），Xu Anning（徐安宁），Yang Liang Emlyn（杨亮），Yang Weibing（杨伟兵），Aubrey L. Hillman，Socio-Environmental Dynamics along the Historical Silk Road，2019.

《沙岛浮生——明清崇明岛的传统开发与长江口水环境》，鲍俊林、高抒，《史林》2020 年第 3 期。

《太湖流域的治水传统与水生态文明的承传》，王建革，《云南大学学报（社会科学版）》2020 年第 3 期。

《清代中后期黄、淮、运、湖的水环境与苏北水利体系》，王建革、袁慧，《浙江社会科学》2020 年第 12 期。

7-2. 历史灾害地理

《"灾害与社会"研究刍议》，邹逸麟，《复旦学报（社会科学版）》2000 年第 6 期。

《近五百年来自然灾害与苏北社会》，王振忠，见中国水利学会水利史研究会、江苏省水利学会、淮阴市水利学会编《江淮水利史论文集》，1993 年。

《华北的灾害与社会：一种周期性的调控机制的作用》，王建革，见复旦大学历史地理研究中心编《自然灾害与中国社会历史结构》，复旦大学出版社，2001 年。

《关于上海地区自然灾害史基础研究的几点想法》，余蔚，《历史地理》第十八辑，上海人民出版社，2002 年。

《两汉时期灾害发生的社会原因》，陈业新，《社会科学辑刊》2002 年第 2 期。

《两〈汉书〉"五行志"关于自然灾害的记载与认识》，陈业新，《史学史研究》2002 年第 3 期。

《自然灾害与上海地区社会发展》，余蔚、张修桂，《复旦学报（社会科学版）》2002 年第 5 期。

《两汉时期的灾害及对经济影响的分析》，陈业新，《江海学刊》2002 年第 5 期。

《两汉荒政特点探析》，陈业新，《史学月刊》2002 年第 8 期。

《明清徽州灾害初探》，吴媛媛，《兰州学刊》2006 年第 7 期。

《自然灾害影响下的明蒙关系》，刘祥学，《晋阳学刊》2009 年第 1 期。

《自然災害と中国古代行政区画の變遷につての初探》，段偉，中村威也訳，见鹤間和幸、葛劍雄編《東アジア海文明ア歷史と環境》，東方書店 2013 年 3 月出版。

《历史学研究：历史灾害地理专题》，段伟，《苏州大学学报（哲学社会科学版）》2020 年第 1 期。

《历史上空桐大地震发生在哪里？》，王仁康、钱林书，《地震战线》1978 年第 4 期。

《一次古地震在京郊形成的地裂沟——历史上乐徐、平阴在今何处？》，王仁康，《复旦学报（社会科学版）》1979 年第 1 期。

《一六二四年南京古地震论述——兼谈历史上南京与上海地震的关系》，王仁康，《复旦学报（社会科学版）》1979 年第 6 期。

《开皇二十年秦陇地震考释》，王仁康，《历史研究》1979 年第 7 期。

《宋嘉祐二年"雄州北界幽州地大震"考释——兼谈有关北京的一次古地震》，王仁康，《复旦学报（社会科学版）》1980 年第 2 期。

《汉初元二年猏道大震考》，王仁康，《西北师大学报（社会科学版）》

1980 年第 3 期。

《我国古代地震科学的伟大成就》，王仁康，《复旦学报（社会科学版）》1980 年第 S1 期（增刊）。

《最早记载的洮河流域大规模滑坡现象》，赵永复，《历史地理》第三辑，上海人民出版社，1983 年。

《1166 年的温州大海啸与沿海平原的再开发》，吴松弟，见复旦大学历史地理研究中心主编《自然灾害与中国社会历史结构》，复旦大学出版社，2001 年。

《两汉时期天体异常灾害论探讨》，陈业新，《社会科学战线》2003 年第 3 期。

《嘉庆云南大饥荒（1815—1817）与坦博拉火山喷发》，杨煜达、满志敏、郑景云，《复旦学报（社会科学版）》2005 年第 1 期。

《历史上的川北甘南地震》，邹逸麟，《群言》2008 年第 6 期。

《过去 2000 年陕甘地区堰塞湖研究》，费杰、何洪鸣、杨帅、董凌霄，《中国地质灾害与防治学报》2019 年第 6 期。

《从〈清史稿〉看清代雹灾及其分布》，周源和，见复旦大学中国历史地理研究所编《历史地理研究》第一辑，复旦大学出版社，1986 年。

《清代以来三峡地区水旱灾害的初步研究》，华林甫，《中国社会科学》1999 年第 1 期。

《明清水患与江汉社会》，左鹏、张修桂，《复旦学报（社会科学版）》2000 年第 6 期。

《清季至民国华北的水旱灾害与作物选择》，王加华，《中国历史地理论丛》2003 年第 1 辑。

《民国壬戌浙西灾民沉浮写真——方赞修〈勘灾杂咏〉解说》，邹怡，《中国历史地理论丛》2004 年第 2 辑。

《西汉黄河水患频发原因探析》，段伟，《新亚论丛》2005 年第 1 期。

《民国壬戌新安江畔的灾异图景》，王振忠，《寻根》2005 年第 2 期。

《明清时期黄河水灾对淮北社会的影响探微》，韩昭庆，《中国哈佛燕京学者第四、第五届学术研讨会论文选编》，2006 年。

《明清徽州的水旱灾害与粮食种植》，吴媛媛，《古今农业》2007年第2期。

《旱魃为虐：清代江南的灾害与社会》，冯贤亮，见李文海、夏明方编《天有凶年：清代灾荒与中国社会》，生活·读书·新知三联书店，2007年。

《1869年长江中下游地区水灾时空分布及天气特征》，李卓仑、董春雨、杨煜达、满志敏，《长江流域资源与环境》2010年第S1期。

《明清丰城水灾与河工建设》，吴启琳，《农业考古》2010年第1期。

《清代陕西兴安府雨涝灾害的消极影响与积极应对——兼及区域人地互动的重新审视》，张健，《历史地理》第二十五辑，上海人民出版社，2011年。

《明清时期徽州水灾与徽州社会》，梁诸英，《安徽大学学报（哲学社会科学版）》2013年第2期。

《1840年长江三角洲水灾的时空分布与社会响应》，成赛男、杨煜达，《中国历史地理论丛》2014年第1辑。

《明代吴淞江中下游的旱情敏感》，王建革，《中国高校社会科学》2014年第3期。

《清代瓯江中上游流域水旱灾害与水利建设》，陈熙，《白沙历史地理学报（彰化）》第17期，2016年。

《1644—1949年陕北地区旱灾研究》，张宪功、徐雪强、古帅、王尚义、牛俊杰，《地域研究与开发》2016年第3期。

《水患、治水与城址变迁——以明代以来的鱼台县城为中心》，古帅，《地方文化研究》2017年第3期。

《清代云南水旱灾害时空分布特征初探》，赖锐，《农业考古》2019年第3期。

《明崇祯后期大蝗灾分布的时空特征探讨》，满志敏，《历史地理》第六辑，上海人民出版社，1988年。

《鼠疫流行与华北社会的变迁（1580—1644年）》，曹树基，《历史研究》1997年第1期。

《清代华北的蝗灾与社会控制》，王建革，《清史研究》2000年第2期。

《鼠疫流行对近代中国的影响》，曹树基，见复旦大学历史地理研究中心编《自然灾害与中国社会历史结构》，复旦大学出版社，2001年。

《18—19世纪的鼠疫流行与云南社会的变迁》，李玉尚、曹树基，见复旦大学历史地理研究中心编《自然灾害与中国社会历史结构》，复旦大学出版社，2001年。

《霍乱在中国的流行（1817—1821）》，李玉尚，《历史地理》第十七辑，上海人民出版社，2001年。

《历史时期中国的鼠疫自然疫源地——兼论传统时代的"天人合一"观》，曹树基、李玉尚，见李根蟠、[日]原宗子、曹幸穗编《中国经济史上的天人关系》，中国农业出版社，2002年。

《近代中国的鼠疫应对机制——以云南、广东和福建为例》，李玉尚，《历史研究》2002年第1期。

《近代民众和医生对鼠疫的观察与命名》，李玉尚，《中华医史杂志》2002年第3期。

《光绪年间云南鼠疫的流行模式——以市镇和村庄为基础的研究》，曹树基，《历史人类学学刊》2003年第1期。

《清代云南昆明的鼠疫流行》，李玉尚、曹树基，《中华医史杂志》2003年第2期。

《和平时期的鼠疫流行与人口死亡——以近代广东、福建为例》，李玉尚，《史学月刊》2003年第9期。

《历史时期的传染病流行与社会应对——中国与西方的比较》，曹树基，见燕爽主编《SARS与社会的现代化》，上海人民出版社，2004年。

《历史时期的鼠疫流行模式与社会变迁》，曹树基，见谢遐龄等主编《SARS、全球化与中国》，上海人民出版社，2004年。

《1932年陕西省的霍乱疫情及其社会应对》，刘炳涛，《中国历史地理论丛》2010年第3辑。

《1902年广西霍乱大流行探析》，单丽，《历史地理》第二十五辑，上海人民出版社，2011年。

The drought and locust plague of 942-944 AD in the Yellow River Basin, China. Fei Jie（费杰）, Zhou Jie（周杰）.Quaternary International, 2016, 394.

《清代江南地区社区赈济发展简况》,吴滔,《中国农史》2001年第1期。

《宗族与义仓:清代宜兴荆溪社区赈济实态》,吴滔,《清史研究》2001年第2期。

《清代江南社区赈济与地方社会》,吴滔,《中国社会科学》2001年第4期。

《两汉荒政初探》,陈业新,《淮南师范学院学报》2002年第1期。

《1920年至1921年北洋政府赈灾借债研究》,王毅、冯小红,《历史教学(下半月刊)》2003年第10期。

《近代山东黄河泛区的临灾措施及评价》,董龙凯,《史学月刊》2004年第2期。

《清代方观承在直隶义仓建设规划与实践》,郑微微,《历史地理》第二十一辑,上海人民出版社,2006年。

《汉代公田救灾方式与产权变迁》,段伟,《山西大学学报(哲学社会科学版)》2006年第2期。

《西汉黄河水患频发与防治制度的变迁》,段伟,《安徽大学学报(哲学社会科学版)》2006年第4期。

《晚清徽州社会救济体系初探——以光绪三十四年水灾为例》,吴媛媛,《中国历史地理论丛》2007年第2辑。

《救灾方式对中国古代司法制度的影响——因灾录囚及其对司法制度的破坏》,段伟,《安徽大学学报(哲学社会科学版)》2008年第2期。

《迷信与理性——汉代禳灾制度初探》,段伟,《山西大学学报(哲学社会科学版)》2008年第6期。

《善堂与晚清民初江南地方社会变迁——以川沙至元堂为中心》,王大学,《社会科学》2010年第7期。

《明清时期丰城水灾与灾后社会应对》,吴启琳,《西南科技大学学报(哲学社会科学版)》2011年第1期。

《民国福建慈善组织发展及其启示》,徐文彬,《社团管理研究》2011年第1期。

《明朝士大夫的社会风险理念评析——以〈明经世文编〉为核心的初步考察》,安介生、田毅,见高岚、黎德化主编《华南灾荒与社会变迁》,华南理工大学出版社，2011 年。

《中国古代地方社会的捐赈——以〈余姚捐赈事宜〉为中心》，田戈、吴松弟，《江西社会科学》2012 年第 5 期。

《漕官为善：丰济仓的运作实态与晚清清江荒政》，王聪明，《中国社会经济史研究》2014 年第 4 期。

《略论民国时期山西救灾立法与实践——以 1927 至 1930 年救灾活动为例》，安介生、穆俊，《晋阳学刊》2015 年第 2 期。

《雍正朝慈善组织的时空特征及运作实况初探》，王大学，《社会科学》2015 年第 7 期。

《略论明代湖州地区的灾患与社会应对》，安介生，见杨学新、郑清坡主编《海河流域灾害、环境与社会变迁》，河北大学出版社，2018 年。

《赈灾方式差异与地理环境的关系——以清末苏州府民间赈济为例》，段伟、邹富敏，《安徽大学学报（哲学社会科学版）》2018 年第 4 期。

《灾害、环境与慈善的相反相成：以乾隆朝直隶乡村社会保障建设为中心》，王大学，《历史地理研究》2020 年第 1 期。

三、历史人文地理

1. 历史政治地理

1-1. 综论

《自汉至唐海南岛历史政治地理——附论梁隋间高凉洗夫人功业及隋唐高凉冯氏地方势力》，谭其骧，《历史研究》1988 年第 5 期。

《再论海南岛建置沿革——答杨武泉同志驳难》，谭其骧，《历史研究》1989 年第 6 期。

《中国历史上两种基本政治地理格局的分析》，周振鹤，《历史地理》第二十辑，上海人民出版社，2004 年。

《地方行政制度改革的现状及问题》，周振鹤，《战略与管理》1996 年第

5 期。

《谭其骧先生的分省建议及其现实意义》，葛剑雄，《中国方域》1998 年第 4 期。

《论秦汉统一的地理基础》，葛剑雄，《中国史研究》1994 年第 2 期。

《唐代岭南道政治地理二题》，张伟然，见王元化主编《学术集林》卷十二，上海远东出版社，1997 年。

《"华夷"五方格局论之历史渊源与蜕变》，安介生，《历史教学问题》2000 年第 4 期。

《北宋川峡四路的政治特殊性分析》，余蔚、任海平，《历史地理》第十七辑，上海人民出版社，2001 年。

《以农为本与以海为田的矛盾——中国古代主流大陆意识与非主流海洋意识的冲突》，周振鹤，见苏纪兰主编《郑和下西洋的回顾与思考》，科学出版社，2006 年。

《归属、表达、调整：小尺度区域的政治命运——以"南湾事件"为例》，张伟然，《历史地理》第二十一辑，上海人民出版社，2006 年。

《略论唐代政治地理格局中的枢纽区——金三角地带》，安介生，见范世康、王尚义主编《建设特色文化名城——理论探讨与实证研究》，北岳文艺出版社，2008 年。

《清代前中期云贵地区政治地理与社会环境》，杨伟兵，《复旦学报（社会科学版）》2008 年第 4 期。

《历史地缘政治背景下广西政治中心的选择与分省设想》，郑维宽，《兰州学刊》2009 年第 4 期。

《淮汉政治区域的形成与淮河作为南北政治分界线的起源》，于薇，《古代文明》2010 年第 1 期。

《谈历史上"江南"地域概念的政治含义》，邹逸麟，《浙江学刊》2010 年第 2 期。

《"翦商之志"的落实：再论晋武帝的建政地理模板》，李海默，《宁德师专学报（哲学社会科学版）》2011 年第 3 期。

《直省何曾仅止一督——官员职能变化与清代直隶省的政治地理格局

演变》，傅林祥，见北京大学中国古代史研究中心编《舆地、考古与史学新说——李孝聪教授荣休纪念论文集》，中华书局，2012年。

《政治归属与地理形态——清代松潘地区政治进程的地理学分析》，安介生，《历史地理》第二十六辑，上海人民出版社，2012年。

《完颜亮迁都燕京与金朝的北境危机——金代迁都所涉之政治地理问题》，余蔚，《文史哲》2013年第5期。

《水域政区化瘀水上人的消失——江苏兴化县境水域的政治地理过程》，计小敏，《九州》第五辑，商务印书馆，2014年。

《论中国传统政治地理中的水域》，张伟然、李伟，《历史地理》第三十四辑，上海人民出版社，2016年。

《试论春秋流亡与晋国地缘政治格局》，韩虎泰，《山西师大学报（社会科学版）》2016年第4期。

《明代云贵地区改土归流与掌土治民方式的变迁》，姜建国，《玉溪师范学院学报》2016年第9期。

《资控驭而重地方：清代四川总督对九姓土司政治地理的整合》，杨伟兵、董嘉瑜，《历史地理》第三十六辑，复旦大学出版社，2017年。

《山西何以成为中国历史上建都最多的省区之一》，安介生，《三门峡职业技术学院学报》2017年第1期。

《从回鹘溃亡扰边看"唐界"与"蕃汉"》，邢云，《中国历史地理论丛》2018年第2辑。

《地名文化视野下清代湖南苗疆治理——兼论苗疆区域地名文化差异》，周妮，《贵州文史丛刊》2018年第4期。

《湖广"苗疆"地区"改土归流"进程考论》，安介生、周妮，《社会科学》2019年第3期。

《前秦"枋头集团"申论——对十六国时期地缘关系与流寓集团的一次考察》，沈国光，《魏晋南北朝隋唐史资料》第三十九辑，上海古籍出版社，2019年。

1-2. 政区

综论

《历代行政区划略说》，谭其骧，见王力等著《中国古代文化史讲座》，中央广播电视大学出版社，1984 年。

《中国历代政区概述》，谭其骧，《文史知识》1987 年第 8 期。

《我国省区名称的来源》，谭其骧、王天良、邹逸麟、郑宝恒、胡菊兴，《复旦学报（社会科学版）》1980 年第 S1 期（增刊）。

《我国古代行政区划是怎样的？有哪些主要变革？》，胡阿祥，上海古籍出版社编《中国文化史三百题》，上海古籍出版社，1987 年。

《行政区划改革应注意的若干问题》，周振鹤，《中国民政》1989 年第 7 期。

《关于我国行政区划改革的几点思考》，周振鹤，《社会科学》1989 年第 8 期。

《大一统王朝划分政区的两难》，葛剑雄，见香港中文大学中国文化研究所编《二十一世纪》1994 年 10 月号。

《中央地方关系史的一个侧面（上）：两千年地方政府层级变迁的分析》，周振鹤，《复旦学报（社会科学版）》1995 年第 3 期。

《中央与地方关系史的一个侧面（下）：两千年地方政府层级变迁的分析》，周振鹤，《复旦学报（社会科学版）》1995 年第 4 期。

《历史上行政区划的等第变迁》，周振鹤，《中国方域》1995 年第 2 期。

《犬牙相入还是山川形便？历史上行政区域划界的两大原则（上）》，周振鹤，《中国方域》1996 年第 5 期。

《犬牙相入还是山川形便？历史上行政区域划界的两大原则（下）》，周振鹤，《中国方域》1996 年第 6 期。

《中国历史上行政区划幅员的伸缩变化（上）》，周振鹤，《中国方域》1997 年第 1 期。

《中国历史上行政区划幅员的伸缩变化（下）》，周振鹤，《中国方域》1997 年第 2 期。

《遥领、虚封与侨置——虚幻畸形的地方行政区划（上）》，周振鹤，《中国方域》1998 年第 3 期。

《遥领、虚封与侨置——虚幻畸形的地方行政区划（下）》，周振鹤，《中国方域》1998年第4期。

《中国历代行政区划与自然地理区划的关系》，周振鹤，见本书编委会编《庆祝杨向奎先生教研六十年论文集》，河北教育出版社，1998年。

《行政区划史研究的重要意义》，周振鹤，《上海行政学院学报》2001年第2期。

《从我国历史上地方行政区划制度的演变看中央和地方权力的转化》，邹逸麟，《历史教学问题》2001年第2期。

《分野的虚实之辨》，李智君，《中国历史地理论丛》2005年第1辑。

《自然灾害与中国古代的行政区划变迁说微》，段伟，《历史地理》第二十六辑，上海人民出版社，2012年。

《行政区划沿革史的研究过程》，周振鹤，《历史教学（下半月刊）》2013年第5期。

《州的幅员和数目》，周振鹤，《环球人文地理》2013年第15期。

《中国行政区划的历史变迁及其基本规律》，李晓杰，见国家图书馆编《部级领导干部历史文化讲座》，国家图书馆出版社，2020年。

《关于我国县的起源问题》，钱林书、祝培坤，《复旦学报（社会科学版）》1980年第S1期（增刊）。

《西汉县城特殊职能探讨》，周振鹤，见复旦大学中国历史地理研究所编《历史地理研究》第一辑，复旦大学出版社，1986年。

《县制起源三阶段说》，周振鹤，《中国历史地理论丛》1997年第3辑。

《明代地方行政制度考述》，赵永复，见复旦大学中国历史地理研究所编《历史地理研究》第二辑，复旦大学出版社，1990年。

《海盐县的建置沿革、县治迁移和辖境变迁》，谭其骧，见复旦大学中国历史地理研究所编《历史地理研究》第二辑，复旦大学出版社，1990年。

《上海设县年代辨正》，周维衍，《复旦学报（社会科学版）》1980年第2期。

《对青浦、奉贤、崇明三部县志建置部分的看法》，周振鹤，《上海地方志》1990年第6期。

《上海政区沿革：纪念上海建城700周年》，周振鹤，《科学画报》1991年第1期。

《上海行政建置沿革述略》，周振鹤、傅林祥，《上海研究论丛》第十辑，上海社会科学院出版社，1995年。

《古代上海地区的次县级行政机构》，傅林祥，见上海市历史博物馆编《上海市历史博物馆馆刊》第一辑，上海社会科学出版社，2002年。

《山西考——山西省部分县的沿革及县治迁徙考（一）》，祝培坤、王仁康，《地名知识》1980年第1期。

《山西部分县的沿革及县治变迁考》，祝培坤、王仁康，《地名知识》1981年第4、5期。

《"山西"源流新探——兼考辽金时期山西路》，安介生，《晋阳学刊》1997年第2期。

《海南岛的历史地理》，周源和，《地理教育》1988年第3期。

《略论先秦至北宋秦晋地域共同体的形成及其"铰合"机制》，安介生，《人文杂志》2010年第1期。

《西南潘州考——兼论历史时期边疆政区的时效性与设置路径》，安介生，《历史地理》第三十一辑，上海人民出版社，2015年。

《再论山西在国史上的地位：基于历史时期地域共同体的初步分析》，安介生，见张有智等主编《陟彼阿丘：首届晋学与区域文化学术研讨会论文集》，科学出版社，2016年。

《山谷与平川的对话——历史时期山西介休地区山川结构与县治选择》，安介生，见山西大学中国社会史研究中心编《社会史研究》第五辑，商务印书馆，2018年。

先秦

《战国郡名的由来》，钱林书，《地名知识》1980年第2期。

《古巢国考（殷周时期）》，魏嵩山，《安徽史志通讯》1984年3月。

《越国迁都琅邪析》，钱林书，见复旦大学中国历史地理研究所编《历史地理研究》第一辑，复旦大学出版社，1986 年。

《战国齐五都考》，钱林书，《历史地理》第五辑，上海人民出版社，1987 年。

《战国阳泉君封邑考》，钱林书，《历史地理》第五辑，上海人民出版社，1987 年。

《释春秋晋之"东阳"》，钱林书，《历史地理》第六辑，上海人民出版社，1988 年。

《春秋时期晋国向东方的扩展及所得城邑考》，钱林书，见复旦大学中国历史地理研究所编《历史地理研究》第二辑，复旦大学出版社，1990 年。

《沈国与寝丘地理辩证》，魏嵩山，《湖北大学学报（哲学社会科学版）》1992 年第 2 期。

《战国时期魏国置郡考》，钱林书，《历史地理》第十五辑，上海人民出版社，1999 年。

《春秋晋县考》，李晓杰，《历史地理》第十六辑，上海人民出版社，2000 年。

《战国上党郡考》，路伟东，见复旦大学历史地理研究中心主编《面向新世纪的中国历史地理学：2000 年国际中国历史地理学术讨论会论文集》，齐鲁书社，2001 年。

《战国时期三晋设县考》，李晓杰，见郑培凯主编《九州学林》第七辑，复旦大学出版社，2005 年。

《战国秦县新考》，李晓杰，《历史地理》第二十二辑，上海人民出版社，2007 年。

秦汉

《关于秦郡和两汉州部——〈中国大百科全书·中国历史·秦汉卷〉条目初定稿（选登）》，谭其骧，《复旦学报（社会科学版）》1982 年第 5 期；又见《中国大百科全书·中国历史秦汉史》，中国大百科全书出版社，1986 年。

《秦泗水郡治》，禾子（谭其骧），《历史地理》第三辑，上海人民出版社，1983 年。

《象郡考》，周振鹤，《中华文史论丛》第三辑，上海古籍出版社，1984年。

《关于秦代象郡地望问题的讨论》，王妙发，见复旦大学中国历史地理研究所编《历史地理研究》第一辑，复旦大学出版社，1986年。

《秦一代郡数为四十八说》，周庄（周振鹤），《历史地理》第八辑，上海人民出版社，1990年。

《关于古象郡地望问题争论的补述》，李晓杰，《中国史研究动态》1995年第9期。

《秦代汉初的销县——里耶秦简小识之一》，周振鹤，原载见"简帛研究网"，2003年12月11日。又见周振鹤著《看山是山》，上海人民出版社，2019年。

《秦代洞庭、苍梧两郡悬想》，周振鹤，《复旦学报（社会科学版）》2005年第5期。

《南越苍梧秦王与秦苍梧郡》，鹤和（赵永复），《历史地理》第二十一辑，上海人民出版社，2006年。

《周家台30号秦墓竹简"秦始皇三十四年质日"释地》，郭涛，《历史地理》第二十六辑，上海人民出版社，2012年。

《秦郡再议》，张莉，《历史地理》第二十九辑，上海人民出版社，2014年。

《再论"秦郡不用灭国名"——以秦代封泥文字的释读、辨伪为中心》，马孟龙、何慕，《中国历史地理论丛》2017年第2辑。

《秦鄣郡非"故鄣郡"辨正》，李昊林，《中国历史地理论丛》2019年第3辑。

《〈汉书·地理志〉选释》，谭其骧，见侯仁之主编《中国古代地理名著选读》第一辑，科学出版社，1959年。

《关于汉武帝的十三州问题讨论》，顾颉刚、谭其骧，《复旦学报（社会科学版）》1980年第3期。（收入《长水集》，文章更名为《讨论两汉州制致顾颉刚先生书》）

《关于汉武帝的十三州问题讨论书后》，谭其骧，《复旦学报（社会科学版）》1980年第3期。

《西汉长沙国封域变迁考》，周振鹤，《文物集刊》第2辑，文物出版社，

1980 年。

《西汉齐郡北乡侯国地望考》，周振鹤，《复旦学报（社会科学版）》1980年第 S1 期（增刊）。

《汉闽越王无诸冶都考》，魏嵩山，《厦门大学学报（哲学社会科学版）》1980 年第 3 期。

《〈水经·浊漳水注〉一处错简——兼论西汉魏郡邯会侯国地望》，周振鹤，《历史地理》创刊号，上海人民出版社，1981 年。

《汉代敦煌郡西境和玉门关考》，赵永复，《历史地理》第二辑，上海人民出版社，1982 年。

《与满城汉墓有关的历史地理问题》，周振鹤，《文物》1982 年第 8 期。

《西汉西河、上郡、北地三郡边塞考》，王文楚，《文史》第二十一辑，中华书局，1983 年。

《西汉政区地理》，周振鹤，《百科知识》1984 年第 7 期。

《西汉西域都护所辖诸国考》，周振鹤，《新疆大学学报（哲学人文社会科学版）》1985 年第 2 期。

《汉武帝朝鲜四郡考》，周振鹤，《历史地理》第四辑，上海人民出版社，1986 年。

《汉初诸侯王国、西汉郡国、东汉郡国》，周振鹤，见《中国大百科全书·中国历史·秦汉史》，中国大百科全书出版社，1986 年。

《关于〈中国历史地图集〉第二册西汉图几个郡国治所问题——答香港刘福注先生》，王文楚，《历史地理》第五辑，上海人民出版社，1987 年。

《西汉初期长沙国南界探讨——马王堆汉墓出土古地图的论证》，张修桂，《中国历史地理论丛》1988 年第 3 辑。

《关于西汉十三刺史部治所问题》，牟元珪，见复旦大学中国历史地理研究所编《历史地理研究》第二辑，复旦大学出版社，1990 年。

《再谈西汉合浦郡治与朱卢县》，王文楚，《历史地理》第八辑，上海人民出版社，1990 年。

《汉武帝十三刺史部所属郡国考》，周振鹤，《复旦学报（社会科学版）》1993 年第 5 期。

《汉郡再考》，周振鹤，见王元化主编《学术集林》卷一，上海远东出版社，1994年。

《新旧汉简所见县名和里名》，周振鹤，《历史地理》第十二辑，上海人民出版社，1995年。

《从汉代"部"的概念释县乡亭里制度》，周振鹤，《历史研究》1995年第5期。

《〈汉书·王子侯表〉笺正》，周振鹤，见上官鸿南、朱士光主编《史念海先生八十寿辰学术文集》，陕西师范大学出版社，1996年。

《西汉地方行政制度的典型实例——读尹湾六号汉墓出土木牍》，周振鹤，《学术月刊》1997年第5期。

《〈二年律令·秩律〉的历史地理意义》，周振鹤，《学术月刊》2003年第1期。又见《张家山汉简〈二年律令〉研究文集》，广西师范大学出版社，2007年。

《松柏汉墓35号木牍侯国问题初探》，马孟龙，《中国史研究》2011年第2期。

《汉成帝元延三年侯国地理分布研究》，马孟龙，《历史研究》2011年第5期。

《汉高帝十年侯国地理分布研究》，王翠、马孟龙，《历史地理》第二十六辑，上海人民出版社，2012年。

《汉武帝"广关"与河东地区侯国迁徙》，马孟龙，《中华文史论丛》2012年第1辑。

《西汉郡国更置与侯国迁徙——兼论千乘郡的始置年代》，马孟龙，《中国史研究》2012年第4期。

《西汉"王国境内无侯国"格局的形成——以景帝封建体制改革为视角的考察》，马孟龙，见《中国中古史研究》编委会编《中国中古史研究：中国中古史青年学者联谊会会刊（第三卷）》，中华书局，2013年。

《张家山二四七号汉墓〈二年律令·秩律〉抄写年代研究——以汉初侯国建置为中心》，马孟龙，《江汉考古》2013年第2期。

《西汉存在"太常郡"吗？——西汉政区研究视野下与太常相关的几个问题》，马孟龙，《中国历史地理论丛》2013年第3辑。

《荆州松柏汉墓简牍所见"显陵"考》，马孟龙，《复旦学报（社会科学版）》2015 年第 3 期。

《北京大学藏水路里程简册释地五则》，马孟龙，《简帛研究二〇一六（秋冬卷）》，广西师范大学出版社，2017 年。

《西汉桂阳郡阳山侯国、阴山侯国考辨》，马孟龙，《文史》2017 年第 3 辑。

《汉晋阜陵县地望再探——以新发现"阜陵丞印"封泥为契机》，马孟龙，《出土文献》第十一辑，中西书局，2017 年。

《张家山汉简〈二年律令·秩律〉地名校释四则》，马孟龙、杨智宇，《历史地理》第三十七辑，复旦大学出版社，2018 年。

《谈张家山汉简〈秩律〉简 452 之"襄城"及相关问题》，蒋文、马孟龙，《中国历史地理论丛》2019 年第 1 辑。

《西汉广汉郡置年考辨——兼谈犍为郡置年》，马孟龙，《四川文物》2019 年第 3 期。

《西汉北地郡灵州、方渠除道地望考证——以张家山汉简〈秩律〉为中心》，马孟龙，《敦煌研究》2019 年第 5 期。

《西汉归德、中阳、西都地望新考—以张家山汉简〈二年律令·秩律〉为中心》，马孟龙，《陕西师范大学学报（哲学社会科学版）》2020 年第 2 期。

《秦汉上郡肤施县、高望县地望考辨》，马孟龙，《文史》2020 年第 2 辑。

《汉代阜城、蠡吾、临乐地望考辨》，马孟龙，见复旦大学历史学系主编《中国中古史研究：中国中古史青年学者联谊会会刊（第八卷）》，中西书局，2020 年。

《东汉金城郡治地理位置考》，王仁康，《历史研究》1978 年第 10 期。

《再谈汉代金城郡治的地理位置——与刘满同志商榷》，王仁康，《兰州大学学报（社会科学版）》1980 年第 2 期。

《后汉的东海王与鲁国》，周振鹤，《历史地理》第三辑，上海人民出版社，1983 年。

《东汉政区地理研究二题》，李晓杰，《历史地理》第十三辑，上海人民出版社，1996 年。

《新莽东汉易代之际更始政权势力范围考述》，李晓杰，《复旦学报（社会科学版）》1996 年第 4 期。

《东汉下邳国、阜陵国领域变迁考》，李晓杰，《历史地理》第十五辑，上海人民出版社，1999 年。

《东汉荆州刺史部所辖诸郡沿革考》，李晓杰，《湖北大学学报（哲学社会科学版）》2000 年第 5 期。

《〈续汉书·郡国志〉张掖属国领城考》，段伟，《早期中国史研究》2014 年第 1 期。

《〈东汉政区地理〉县级政区补考》，赵海龙，《南都学坛》2016 年第 2 期。

《〈汉书·地理志〉与东汉政区地理研究》，赵海龙，《史学月刊》2018 年第 4 期。

《〈中国行政区划通史·秦汉卷〉东汉部分校补六则——以出土资料为中心》，赵海龙，《历史地理》第三十八辑，复旦大学出版社，2019 年。

魏晋南北朝

《曹魏屯田的几个历史地理问题》，陈家麟，《汕头大学学报》1987 年第 4 期。

《北魏军镇州郡化问题新探》，王兴振，《历史地理研究》2019 年第 1 期。

《北魏八部制政区新探——兼论司州政区的若干问题》，王兴振，《史学月刊》2019 年第 1 期。

《十六国汉、后赵及南朝齐司州治》，吴应寿，见复旦大学中国历史地理研究所编《历史地理研究》第二辑，复旦大学出版社，1990 年。

《十六国时期司州地区政区沿革》，魏俊杰，《历史地理》第二十六辑，上海人民出版社，2012 年。

《关于十六国时期河州的若干问题》，魏俊杰，《西北民族大学学报（哲学社会科学版）》2013 年第 5 期。

《十六国时期河东争夺战》，魏俊杰，《唐都学刊》2013 年第 5 期。

《十六国时期的准政区考论》，魏俊杰，《历史地理》第三十一辑，上海人民出版社，2015 年。

《南朝岭南西江督护与州的增置》，鲁浩，《中国历史地理论丛》2019 年第 2 辑。

《西郡沿革考》，黄学超，《西夏研究》2017 年第 1 期。

隋唐五代

《隋河南郡鹰扬府汇考》，张小永、王晗，《兰州学刊》2010 年第 10 期。

《李密政权势力范围考——隋末唐初群雄辖境考察之一》，杨长玉，《历史地理》第三十四辑，上海人民出版社，2017 年。

《唐北陲二都护府建置沿革与治所迁移》，谭其骧，见尹达等主编《纪念顾颉刚学术论文集》，巴蜀书社，1990 年。

《高昌王国政区建置考》，郁越祖，见复旦大学中国历史地理研究所编《历史地理研究》第二辑，复旦大学出版社，1990 年。

《义胜节度使所置年代考》，满志敏，《历史地理》第八辑，上海人民出版社，1990 年。

《唐代州县等第稽考》，赖青寿，《中国历史地理论丛》1995 年第 2 辑。

《唐代岭南潘州的迁徙与牢禺二州的由来》，张伟然，《岭南文史》1996 年第 3 期。

《唐河中府始置年代辨正》，华林甫，《中国史研究》1998 年第 4 期。

《唐后期方镇（道）建置研究》，赖青寿，《历史地理》第十七辑，上海人民出版社，2001 年。

《盛唐京畿都畿考论》，罗凯，《历史地理》第二十三辑，上海人民出版社，2008 年。

《唐淮西节度使相关问题考论》，武强，《史学月刊》2010 年第 4 期。

《十五采访使始置于开元二十二年论》，罗凯，《中国历史地理论丛》2011 年第 1 辑。

《唐代山州地望与性质考——兼论岭南附贡州的建置》，罗凯，《历史地理》第二十六辑，上海人民出版社，2012 年。

《唐十道演化新论》，罗凯，《中国历史地理论丛》2012 年第 1 辑。

《安史之乱后陇右道诸州郡陷没土蕃过程考》，邢云，《历史地理》第三十二辑，上海人民出版社，2015 年。

《归义军行政区划体系研究》，钟雨齐、叶鹏，《西安文理学院学报（社会科学版）》2019年第3期。

《五代时期幽州卢龙节度使辖区沿革考述》，李晓杰，《历史地理》第二十五辑，上海人民出版社，2011年。

《五代时期魏州天雄军节度使辖区沿革考述》，李晓杰，见复旦大学历史地理研究中心主编《谭其骧先生百年诞辰纪念文集》，上海人民出版社，2012年。

《五代政区地理考述——以凤翔、陇州、秦州、乾州、凤州诸节度使辖区演变为中心》，李晓杰，见北京大学中国古代史研究中心编《舆地、考古与史学新说：李孝聪教授荣休纪念论文集》，中华书局，2012年。

《五代时期荆南（南平）政权辖境政区沿革考述》，李晓杰，见靳润成主编《走向世界的中国历史地理学——2012年中国历史地理国际学术研讨会论文集》，中国社会科学出版社，2014年。

《吴越国政区地理考述》，李晓杰，《历史地理》第二十九辑，上海人民出版社，2014年。

《五代十国时期前后蜀政区地理》，李晓杰，见《史林挥麈——纪念方诗铭先生学术论文集》编辑组编《史林挥麈——纪念方诗铭先生学术论文集》，上海古籍出版社，2015年。

《后梁遥改汶州考》，周庆彰，《历史地理》第二十六辑，上海人民出版社，2012年。

宋辽金西夏

《宋川峡二路分成四路》，祝培坤，《历史地理》创刊号，上海人民出版社，1981年。

《北宋诸路转运司的治所》，王文楚，《文史》第二十八辑，中华书局，1987年。

《再谈荆湖南北路设置问题》，王文楚，《历史地理》第六辑，上海人民出版社，1988年。

《从〈圣朝升改废置州郡图〉看宋代两个政区的建置沿革》，祝碧衡，《中国历史地理论丛》2000年第2辑。

《宋代荆湖北路的渠阳县与渠阳寨》，余蔚，《历史地理》第十六辑，上海人民出版社，2000年。

《宋代的节度、防御、团练、刺史州》，余蔚，《中国历史地理论丛》2002年第1辑。

《唐至宋节度、观察、防御、团练、刺史体系的演变》，余蔚，《中华文史论丛》2003年第3辑，上海古籍出版社。

《宋代节度体系官员与州之关系》，余蔚，《文史》2003年第3辑。

《宋代的财政督理型准政区及其行政组织》，余蔚，《中国历史地理论丛》2005年第3辑。

《完整制与分离制：宋代地方行政权力的转移》，余蔚，《历史研究》2005年第4期。

《宋代的县级政区和县以下政区》，余蔚，《历史地理》第二十一辑，上海人民出版社，2006年。

《分部巡历：宋代监司履职的时空特征》，余蔚，《历史研究》2009年第5期。

《由唐宋间盱眙县隶属看二重证据法的运用》，周庆彰，《历史教学问题》2012年第1期。

《北宋宝兴军治所考略》，马巍、周庆喜，《郑州轻工业学院学报（社会科学版）》2019年第2期。

《北宋宝兴军治所刍议》，马巍、杨宝，《文物世界》2019年第2期。

《宋代乡村"团"制考论》，程涛，《中国历史地理论丛》2019年第4辑。

《论南宋宣抚使和制置使制度》，余蔚，《中华文史论丛》2007年第1辑。

《隐性的机构精简与南宋中央集权之弱化——论南宋地方行政机构的"兼职"现象》，余蔚，《复旦学报（社会科学版）》2012年第4期。

《〈辽史·地理志〉平议》，张修桂、赖青寿，《历史地理》第十五辑，上海人民出版社，1999年。

《辽朝州县制度新探》，傅林祥，《历史地理》第二十二辑，上海人民出版社，2007年。

《论辽代府州遥领制度》，余蔚，《历史地理》第二十三辑，上海人民出版社，2008年。

《辽代懿州考》，余蔚，《中华文史论丛》2009年第4辑。

《辽代州制研究》,余蔚,《历史地理》第二十四辑,上海人民出版社,2010 年。

《辽代斡鲁朵管理体制研究》,余蔚,《历史研究》2015 年第 1 期。

《"山西"源流新探——兼考辽金时期山西路》,安介生,《晋阳学刊》1997 年第 2 期。

《金代地方监察制度研究——以提刑司、按察司为中心》,余蔚,《中国历史地理论丛》2010 年第 3 辑。

《由统县政区的分等看金代政区的统辖模式》,余蔚,《历史地理》第二十六辑,上海人民出版社,2012 年。

《夏国诸州考》,章巽,《开封师院学报》1963 年第 1 期。

元

《西安元代"安西王府"的创建年代》,章巽,《考古》1960 年第 7 期。

《元代的水达达路和开元路》,谭其骧,《历史地理》创刊号,上海人民出版社,1981 年。

《元代靖州路变迁》,傅林祥,《历史地理》第二十辑,上海人民出版社,2004 年。

《元代监司道区划考——兼论元代政治泛区的划分》,丁一,《中国历史地理论丛》2012 年第 1 辑。

《元代的录事司与路府州司县序列》,傅林祥,《历史地理》第二十七辑,上海人民出版社,2013 年。

《元明之际浙江行省辖府考》,宋可达,《浙江学刊》2019 年第 4 期。

明

《羁縻都司卫所》,赵永复,见《中国大百科全书·中国历史》第 1 册,中国大百科全书出版社,1992 年。

《明代卫所屯田的典型实例——〈明代辽东档案汇编〉一五五号档的复原》,周振鹤,《中华文史论丛》第五十一辑,上海古籍出版社,1993 年。

《明朝安庆巡抚辖区驻地考》，靳润成，《安庆师院社会科学学报》1993年第 4 期。

《明代大宁都司沿革考实》，郭红，《历史地理》第十六辑，上海人民出版社，2000 年。

《明代县以下区划的层级结构及其功能》，黄忠怀，《史学月刊》2003 年第 4 期。

《制度替换与"延续"：明清赣南基层行政组织之演变》，吴启琳，《史林》2011 年第 2 期。

《"汉"、"土"之分：明代云南的卫所土军——以大理诸卫为中心》，刘灵坪，《历史地理》第二十七辑，上海人民出版社，2013 年。

《明清时期徽州"图"的区划与组织——几种民间图甲文书举要》，黄忠鑫，《历史地理》第二十八辑，上海人民出版社，2013 年。

《明代延绥巡抚建置问题再探》，韩健夫，《历史地理》第三十二辑，上海人民出版社，2015 年。

《"干崖宣抚司"辨》，郭涛，《中国历史地理论丛》2014 年第 3 辑。

《"实土卫所"含义探析》，傅林祥，见韩宾娜主编《丙申舆地新论——2016 年中国历史地理学术研讨会文集》，东北师范大学出版社，2017 年。

清

《清代的次县级政权与辖区》，傅林祥，见孙进己主编《东北亚历史地理研究》，中州古籍出版社，1998 年。

《清代山西口外蒙古地区政区建置述论》，安介生，《中国方域》1999 年第 1 期。

《清代道的准政区职能分析——以道的辖区与驻所的变迁为中心》，林涓，《历史地理》第十九辑，上海人民出版社，2003 年。

《〈职官录〉与清代行政区划》，大傅（傅林祥），《历史地理》第十九辑，上海人民出版社，2003 年。

《清代的巡抚及其辖区变迁》，林涓，《历史地理》第二十辑，上海人民出版社，2004 年。

《行政区划调整与省级核心区——以清代湖北为例》，张珊珊，《历史地理》第二十一辑，上海人民出版社，2006 年。

《雍正十一年王士俊巡东与山东政区改革》，李嘎，《历史地理》第二十二辑，上海人民出版社，2007 年。

《清代江南苏松常三府的分县和并县研究》，谢湜，《历史地理》第二十二辑，上海人民出版社，2007 年。

《宣统云南统县政区数目考》，杨伟兵，《历史地理》第二十二辑，上海人民出版社，2007 年。

《清代抚民厅制度形成过程初探》，傅林祥，《中国历史地理论丛》2007 年第 1 辑。

《清代新疆镇迪道与地方行政制度之演变》，吴轶群，《中国历史地理论丛》2007 年第 3 辑。

《清代新疆道制建置沿革探析》，吴轶群，《兰州学刊》2007 年第 3 期。

《清初贵州政区的改制及影响（1644—1735 年）》，韩昭庆，《历史地理》第二十三辑，上海人民出版社，2008 年。

《"安庆省"考——兼论清代的省制》，侯杨方，《历史地理》第二十三辑，上海人民出版社，2008 年。

《泛称与特指：明清时期的江南与江南省》，段伟，《历史地理》第二十三辑，上海人民出版社，2008 年。

《江南、湖广、陕西分省过程与清初省制的变化》，傅林祥，《中国历史地理论丛》2008 年第 2 辑。

《"西安省"考——兼论"大陕西"和"小陕西"》，侯杨方，《中国历史地理论丛》2009 年第 1 辑。

《清代湖北、湖南两省的形成——兼论分闱与分省的关系》，段伟，《清史研究》2009 年第 2 期。

《清代江苏建省问题新探》，傅林祥，《清史研究》2009 年第 2 期。

《清代顺治年间兴屯道、厅的兴废及其环境效应分析——基于对陕北中部地区的历史地理学考察》，王晗，《开发研究》2009 年第 4 期。

《清代抚民厅制度形成过程初探》，傅林祥，《中国历史地理论丛》2007 年第 1 辑。

《清代南澳厅考》，刘灵坪，《历史地理》第二十四辑，上海人民出版社，

2010 年。

《清代十八省的形成》，侯杨方，《中国历史地理论丛》2010 年第 3 辑。

《清初直隶州的推广与行政层级的简化》，傅林祥，《历史档案》2010 年第 4 期。

《晚明清初督抚辖区的"两属"与"兼辖"》，傅林祥，《安徽大学学报（哲学社会科学版）》2010 年第 5 期。

《明清贵州插花地研究》，马琦、韩昭庆、孙涛，《复旦学报（社会科学版）》，2010 年第 6 期。

《清康熙六年后守巡道性质探析》，傅林祥，《社会科学》2010 年第 8 期。

《政区·官署·省会——清代省名含义辨析》，傅林祥，《中国历史地理论丛》2011 年第 1 辑。

《清雍正年间的次县级行政机构及其职能探析》，傅林祥，《清史研究》2011 年第 2 期。

《清代上海县以下区划的空间结构试探——基于上海道契档案的数据处理与分析》，周振鹤、陈琍，《历史地理》第二十五辑，上海人民出版社，2011 年。

《1542—2001 年青浦县界变迁》，满志敏，《历史地理》第二十五辑，上海人民出版社，2011 年。

《清康熙六年前守巡道制度的变迁》，傅林祥，《历史地理》第二十五辑，上海人民出版社，2011 年。

《清代府县级行政单位划等问题的再审视——以乾嘉时期浙江省县级单位划等情况的讨论为例》，董枫，《历史地理》第二十五辑，上海人民出版社，2011 年。

《俗称与重构：论安徽、江苏两省的逐渐形成》，段伟，《白沙历史地理学报（彰化）》第 11 期，2011 年。

《清初淮扬总督名实考》，段伟，《历史地理》第二十八辑，上海人民出版社，2013 年。

《清代江南、湖广、陕甘分省标准的异同》，段伟，《中国地方志》2013 年第 4 期。

《将军大臣所统曰城——清代乾隆以降东三省、新疆地方行政区划的名称》，傅林祥，见华林甫主编《清代地理志书研究》，中国人民大学出版社，

2014 年。

《清代两江总督和江苏巡抚得名的时间与方式》，傅林祥，《江苏社会科学》2014 年第 3 期。

《基于〈珲春副都统衙门档〉的珲春协领辖区卡伦体系复原（1736～1860 年）》，徐少卿，《北方文物》2014 年第 4 期。

《明清时期福建省大陆地区县级政区释文》，张修桂，《龚江集》，上海人民出版社，2014 年。

《清代"统部"考》，赖锐，《历史地理》第三十一辑，上海人民出版社，2015 年。

《清代土默特旗与达拉特旗的"滩地旗界纠纷始末》，穆俊，《历史地理》第三十一辑，上海人民出版社，2015 年。

《清朝时期阿拉善和硕特部的巴格、苏木与氏族间的关系》（dayičing gürün-ü üy-e-yin Alayša qošud-un baγ sumu ba oboγ-un qaričayan-u tuqai ögülekü-ni），齐光，《Journal of the Archaeology，History and Culture（蒙古）》第十一辑，2015.

《明清云龙州及其周边地区建置与辖境考述》，杨伟兵，见华林甫、陆文宝主编《清史地理研究》第二集，上海古籍出版社，2016 年。

《关于清初克什克腾扎萨克旗的建立》，齐光，《历史地理》第三十四辑，上海人民出版社，2016 年。

《清代玉环厅隶属关系考辩》，朱波，《历史地理》第三十四辑，上海人民出版社，2017 年。

《摇摆在政区与非政区之间：清代云南直隶盐课提举司研究》，张宁，《历史地理》第三十五辑，复旦大学出版社，2017 年。

《清代福建云霄厅设置时间考辨——兼谈州县征收钱粮时间在清代政区研究中的作用》，叶江英，《历史地理》第三十五辑，复旦大学出版社，2017 年。

《明清时期水患对苏北政区治所迁移的影响》，段伟、李幸，《国学学刊》2017 年第 3 期。

《清代语讹政区名探析——从灵壁县到灵璧县》，段伟，《江汉论坛》2019 年第 1 期。

《清代盛京等省的"城守"与"城"》，傅林祥，《史学集刊》2019 年第 4 期。

《从分藩到分省——清初省制的形成和规范》，傅林祥，《历史研究》

2019 年第 5 期。

《清代政区名演化个案研究：从杂谷厅到理番厅》，段伟，《历史地理研究》2020 年第 3 期。

《挣脱不了的附郭命运：明清时期凤阳府临淮县的设置与裁并》，段伟，《复旦学报（社会科学版）》2020 年第 4 期。

民国

《民国上海市属区的变迁》，傅林祥，《上海地名》1994 年第 4 期。

《民国时期江西省行政区划述略》，郑宝恒，《南昌大学学报（人文社会科学版）》1999 年第 4 期。

《民国时期宁夏省行政区划变迁述略》，郑宝恒，《宁夏党校学报》1999 年第 6 期。

《民国时期福建省行政区划变迁述略》，郑宝恒，《福建师大福清分校学报》2000 年第 1 期。

《民国时期行政区划变迁述略（1912—1949）》，郑宝恒，《湖北大学学报（哲学社会科学版）》2000 年第 2 期。

《民国时期河南省行政区划变迁述略》，郑宝恒，《河南文史资料》2001 年第 4 期。

《民国时期浙江省行政区划变迁述略》，郑宝恒，《浙江方志》2001 年第 4 期。

《民国行政区划三题》，傅林祥，《历史地理》第十九辑，上海人民出版社，2003 年。

《多视角下的民国县级政区变动——安徽婺源改隶江西过程研究》，徐建平，见郑培凯主编《九州学林》第十三辑，复旦大学出版社，2006 年。

《泽国水界——民国时期嘉兴地区县界形态及成因分析》，安介生，《中国方域》2006 年第 1 期。

《互动：政府意志与民众意愿——以民国时期婺源回皖运动为例》，徐建平，《中国历史地理论丛》2007 年第 1 辑。

《民国时期的军事行动与政区调整——以立煌建县为例》，徐建平，见复旦大学亚洲研究中心编《转型中的亚洲文化与社会》，复旦大学出版社，2008 年。

《民国时期英山改隶湖北研究》，徐建平，《历史地理》第二十三辑，上海人民出版社，2008年。

《湖滩开发与省界成型——以丹阳湖为例》，徐建平，《史林》2008年第3期。

《湖滩争夺与省界成型——以皖北青冢湖为例》，徐建平，《中国历史地理论丛》2008年第3辑。

《民国时期鄂皖赣三省沿江边界调整与江堤维护》，徐建平，《史林》2009年第4期。

《民国时期绩溪、昌化两县间皖浙省界调整研究》，徐建平，见复旦大学中国历史地理研究所编《历史地理研究》第三辑，复旦大学出版社，2010年。

《行政区域整理过程中的边界与插花地——以民国时期潼关划界为例》，徐建平，《历史地理》第二十四辑，上海人民出版社，2010年。

《1912年广西迁省之争所涉经济问题及其解决》，李波，《广西地方志》2010年第2期。

《"界"的动与静：清至民国时期蒙陕边界的形成过程研究》，王晗，《历史地理》第二十五辑，上海人民出版社，2011年。

《政区归属过程中的地缘与血缘——以皖浙边区荆州盆地为例》，徐建平，《历史地理》第二十六辑，上海人民出版社，2012年。

《中国近代城市型政区分域过程中的权限划分——以南京特别市为例》，徐建平，《白沙历史地理学报（彰化）》第14期，2012年。

《民国时期南京特别市行政区域划界研究》，徐建平，《中国历史地理论丛》2013年第2辑。

《国共斗争过程中的县级政区变动——以光泽、赣榆为例》，陈熙，《南方论刊》2013年第5期。

《抗战时期日伪河北省政区变迁》，傅林祥，《历史地理》第二十九辑，上海人民出版社，2014年。

《民国时期的县级行政区域整理（1927—1937年）——以浙江省为例》，徐建平，《历史地理》第三十辑，上海人民出版社，2014年。

《城市化与基层政区的归属——以近代上海七宝、莘庄两镇为例》，张乐锋，《历史地理》第三十三辑，上海人民出版社，2016年。

《民国时期的政区调整与民意表达——以二十世纪二十年代江宁县反对废县运动为例》，徐建平，《历史地理》第三十三辑，上海人民出版社，2016年。

《清代民国杭州南关沙地纠纷的考察》，郑俊华，《历史地理》第三十四辑，上海人民出版社，2017年。

《清至民国开县、云阳二县场镇地理考》，何仁刚，《重庆三峡学院学报》2018年第5期。

现代

《市管县与县改市应该慎行》，周振鹤，《探索与争鸣》1996年第2期。

《关于中国行政区划改革的对话》，周振鹤，《公共行政与人力资源》1997年第5期。

《历史时期上海浦东地区经济开发与政区演变的相关研究》，林拓，《经济地理》2000年第2期。

《从自发到自为：经济区位变动中的南汇政区改革探索》，林拓、张修桂，《复旦学报（社会科学版）》2001年第3期。

《环境变迁、经济开发与政区演变的相关研究——以上海浦东地区为例》，林拓、张修桂，《地理学与国土研究》2001年第4期。

《上海南汇地区环境变迁与经济开发及其政区演变的相关研究》，林拓、张修桂，《地理科学》2001年第6期。

《行政区划：历史的启示与龙港的经验》，葛剑雄，《中国方域》2001年第6期。

《从历史的角度看当代行政区划层级与幅员改革之必行》，李晓杰，《江汉论坛》2006年第1期。

《撤乡与强县：中国行政区划改革的方向》，葛剑雄，《南都周刊》2007年7月。

《与其迁都，不如适当分散首都功能》，葛剑雄，《南都周刊》2007年11月。

《社会史视野下的政区变动——以建国后松政县的两度分合为例》，徐文彬，《中国历史地理论丛》2013年第3辑。

1-3. 疆域

《对历史时期的中国边界和边疆问题的几点看法》,谭其骧,《中国史研究动态》1979 年第 11 期。

《西汉诸侯王国封域变迁考(上)》,周振鹤,《中华文史论丛》1982 年第 3 辑,上海古籍出版社。

《西汉诸侯王国封域变迁考(下)》,周振鹤,《中华文史论丛》1982 年第 4 辑,上海古籍出版社。

《春秋战国时期宋国的城邑及疆域考》,钱林书,《历史地理》第七辑,上海人民出版社,1990 年。

《中山国疆域沿革考述》,李晓杰,见复旦大学历史地理研究中心主编《面向新世纪的中国历史地理学:2000 年国际中国历史地理学术讨论会论文集》,齐鲁书社,2001 年。

《战国时期韩国疆域变迁考述》,李晓杰,《中国史研究》2001 年第 3 期。

《战国时期魏国疆域变迁考》,李晓杰,《历史地理》第十九辑,上海人民出版社,2003 年。

《战国时期赵国疆域变迁考述》,李晓杰,《九州》第三辑,商务印书馆,2003 年。

《战国时期齐国疆域变迁考述》,李晓杰,《史林》2008 年第 4 期。

《战国时期楚国疆域变迁考述》,李晓杰,见徐少华主编《荆楚历史地理与长江中游开发》,湖北人民出版社,2009 年。

《楚汉诸侯疆域考》,周振鹤,《中华文史论丛》1984 年第 4 辑,上海古籍出版社。

《西汉梁国封域变迁研究(附济阴郡)》,马孟龙,《史学月刊》2013 年第 5 期。

《略论十六国时期的疆域变迁》,魏俊杰,《云南社会科学》2013 年第 6 期。

《关于隋南宁州总管府唐剑南道的南界问题——答云南大学来件〈隋代初唐南诏三幅图在爨地南部的边界线〉》,谭其骧,《复旦学报(社会科学版)》1996 年第 2 期。

《宋金分界考》,邹逸麟,见复旦大学中国历史地理研究所编《历史地理研究》第二辑,复旦大学出版社,1990 年。

《历史上的夏辽疆界考》，杨蕤，《内蒙古社会科学（汉文版）》2003 年第6 期。

《夏金疆界考论》，杨蕤，《北方文物》2005 年第 2 期。

《明玉珍大夏国疆域研究》，侯文权，《历史地理》第三十一辑，上海人民出版社，2015 年。

《花马礼：16—19 世纪中缅边界的主权之争》，杨煜达、杨慧芳，《中国边疆史地研究》2004 年第 2 期。

《名与实：格尔必齐河位置之争的起源》，杨丽婷、侯杨方，《清史研究》2015 年第 3 期。

《清中期以来阿尔泰山地区分界研究》，徐建平，《复旦学报（社会科学版）》2018 年第 3 期。

《清代帕米尔西部、南部国界与什克南、瓦罕疆域范围》，侯杨方，《中国历史地理论丛》2018 年第 3 辑。

《地理认知与边界划定：清末滇缅边界变迁研究》，董嘉瑜、杨伟兵，《历史地理研究》2020 年第 4 期。

《对中国历史疆域的叙述应按史实》，葛剑雄，《地图》2002 年第 6 期。

《明清中国地方政府的疆界管理——以苏南、浙西地域社会的讨论为中心》，冯贤亮，《历史地理》第二十一辑，上海人民出版社，2006 年。

《儒家思想与中国疆域的形成（上）》，葛剑雄、孙永娟，《文史知识》2008 年第 10 期。

《儒家思想与中国疆域的形成（下）》，葛剑雄、孙永娟，《文史知识》2008 年第 12 期。

《略论明代士人的疆域观——以章潢〈图书编〉为主要依据》，安介生、穆俊，《中国边疆史地研究》2011 年第 6 期。

《地图上的中国与历史上的中国疆域——读〈中国历史地图集·前言〉〈历史上的中国和中国历代疆域〉感言》，葛剑雄，《河南大学学报（社会科学版）》2012 年第 3 期。

《康熙〈皇舆全览图〉与西方对中国历史疆域认知的成见》，韩昭庆，

《清华大学学报（哲学社会科学版）》2015 年第 6 期。

《从现存宋至清"总图"图名看古人"由虚到实"的疆域地理认知》，石冰洁，《历史地理》第三十三辑，上海人民出版社，2016 年。

2. 历史经济地理

2-1. 综论

《从中国历史上经济发展轨迹看 21 世纪的中国经济》，邹逸麟，《历史地理》第十三辑，上海人民出版社，1996 年。

《中国近代经济地理格局形成的机制与表现》，吴松弟，《史学月刊》2009 年第 8 期。

《起源与趋向：中国近代经济地理研究论略》，吴松弟、方书生，《天津社会科学》2011 年第 1 期。

《中国近代史的主线索和经济变迁的特点》，吴松弟，见吴松弟、樊如森主编《近代中国北方经济地理格局的演变》，人民出版社，2013 年。

《"自东向西，由边及里"——中国近代经济变迁的空间进程》，吴松弟，见复旦大学历史地理研究中心、韩国仁荷大学韩国学研究所主编《海洋·港口城市·腹地：19 世纪以来的东亚交通与社会变迁》，上海人民出版社，2015 年。

《先秦两汉时期黄淮海平原的农业开发与地域特征》，邹逸麟，《历史地理》第十一辑，上海人民出版社，1993 年。

《近代化进程与区域历史地理研究：以中国西南为中心》，杨伟兵，见复旦大学历史地理研究中心主编《港口—腹地和中国的现代化进程》，齐鲁书社，2005 年。

《重商民族幻象：人口史视角下清代西北回族经济的基本框架》，路伟东，《回族研究》2017 年第 4 期。

《港口—腹地与中国现代化的空间进程》，吴松弟，《河北学刊》2004 年第 3 期。

《港口—腹地与中国现代化研究概况》，樊如森，《历史地理》第二十一辑，上海人民出版社，2006 年。

《市场的兴起与近代中国区域经济的不均衡发展》，吴松弟，《云南大学学报（社会科学版）》2006 年第 5 期。

《港口—腹地和中国现代化空间进程研究概说》，吴松弟，《浙江学刊》2006 年第 5 期。

《港口—腹地：现代化进程研究的地理视角》，吴松弟，《学术月刊》2007 年第 1 期。

《乾隆实施"一口通商"政策的原因——以清代前期海关税收的考察为中心》，廖声丰，《江西财经大学学报》2007 年第 3 期。

《近代中国开埠通商的时空考察》，吴松弟、杨敬敏，《史林》2013 年第 3 期。

《中国经济现代化进程探索的新范式——〈史学月刊〉与"港口—腹地"研究》，吴松弟、樊如森，见郭常英主编《坚守与求新：纪念〈史学月刊〉创刊 65 周年》，河南大学出版社，2016 年。

《中国近代经济地理变迁中的"港口—腹地"问题阐释》，吴松弟，《河南大学学报（社会科学版）》2018 年第 3 期。

《大阪产业部近代中国及"海上丝路"沿线调查资料整理与研究概况》，樊如森，《云南大学学报（社会科学版）》2019 年第 3 期。

2-2. 农业与牧、副、渔业

《从含嘉仓的发掘谈隋唐时期的漕运和粮仓》，邹逸麟，《文物》1974 年第 2 期。

《甘薯的历史地理——甘薯的土生、传入、传播与人口》，周源和，《中国农史》1983 年第 3 期。

《历史时期黄河流域水稻生产的地域分布和环境制约》，邹逸麟，《复旦学报（社会科学版）》1985 年第 3 期。

《历史时期河西走廊的农牧业变迁》，赵永复，《历史地理》第四辑，上海人民出版社，1986 年。

《辽代西辽河流域的农业开发》，邹逸麟，《辽金史论集》第二辑，书目文献出版社，1987 年。

《清代玉米、番薯分布的地理特征》，曹树基，见复旦大学中国历史地理研究所编《历史地理研究》第二辑，复旦大学出版社，1990 年。

《明清上海地区棉花及棉布产量估计》，侯杨方，《中国史研究》1997 年第 1 期。

《市场作用下的近代西河棉区》，王建革，《古今农业》1997 年第 4 期。

《史前华北火耕农业的变迁》，王建革，《农业考古》1998 年第 1 期。

《浅谈唐中叶关中地区粮食供需状况——兼论关中衰弱之原因》，余蔚，《中国农史》1999 年第 1 期。

《1860—1864 年天京的粮食供应》，路伟东，《近代史研究》2000 年第 1 期。

《定居与近代蒙古族农业的变迁》，王建革，《中国历史地理论丛》2000 年第 2 辑。

《对北宋东南茶叶产量的重新推测》，刘春燕，《中国社会经济史研究》2000 年第 3 期。

《1928—1930 年旱灾后关中地区种植结构之变迁》，郑磊，《中国农史》2001 年第 3 期。

《近代内蒙古农业制度体系的形成及其适应》，王建革，《中国历史地理论丛》2001 年第 4 辑。

《释宋代"买茶额"和"产茶额"》，刘春燕，《中州学刊》2001 年第 2 期。

《内聚与开放：棉花对近代华北乡村社会的影响》，王加华，《中国农史》2003 年第 1 期。

《清季至民国华北的水旱灾害与作物选择》，王加华，《中国历史地理论丛》2003 年第 1 辑。

《清末至民国时期京、津的粮食供应》，樊如森，《中国农史》2003 年第 2 期。

《近代华北的农业特点与生活周期》，王建革，《中国农史》2003 年第 3 期。

《近代蒙古族的半农半牧及其生态文化类型》，王建革，《古今农业》2003 年第 4 期。

《历史时期宁夏平原灌溉渠务经营的人地关系调适》，李智君，《历史地理》第二十辑，上海人民出版社，2004 年。

《抗日战争前后华北作物种植的变化趋势——以棉花与粮食作物对比为中心》，王加华，《中国农史》2004 年第 2 期。

《由糯到籼：对黔东南粮食作物种植与民族生境适应问题的历史考察》，杨伟兵，《中国农史》2004 年第 4 期。

《分工与耦合——近代江南农村男女劳动力的季节性分工与协作》，王加华，《江苏社会科学》2005 年第 2 期。

《节气、物候、农谚与老农——近代江南地区农事活动的运行机制》，王加华，《古今农业》2005 年第 2 期。

《三河：一个欧式农牧文化在中国的复制与变化（1917—1964）》，王建革，《中国经济史研究》2005 年第 2 期。

《宋元时期吴淞江圩田区的耕作制与农田景观》，王建革，《古今农业》2008 年第 4 期。

《历史时期广西旱稻的种植变迁》，郑维宽，《农业考古》2009 年第 1 期。

《元代安徽地区粮食作物的生产种植及其影响因素》，陈瑞，《中国农史》2009 年第 3 期。

《徽州六县的茶叶栽培与茶业分布——基于民国时期的调查材料》，邹怡，见复旦大学中国历史地理研究所编《历史地理研究》第三辑，复旦大学出版社，2010 年。

《明清时期徽州的水碓业》，梁诸英，《安徽史学》2013 年第 3 期。

《明代长江中下游地区柑橘种植北界与气候变化》，刘炳涛，《历史地理》第三十一辑，上海人民出版社，2015 年。

《游牧圈与游牧社会——以满铁资料为主的研究》，王建革，《中国经济史研究》2000 年第 3 期。

《畜群结构与近代蒙古族游牧经济》，王建革，《中国农史》2001 年第 2 期。

《农业渗透与近代蒙古草原游牧业的变化》，王建革，《中国经济史研究》2002 年第 2 期。

《农牧交错与结构变迁：清代内蒙古地区的农业与社会》，王建革，《中国历史地理论丛》2002 年第 3 辑。

《清代黔东南地区农林经济开发及其生态—生产结构分析》，杨伟兵，《中国历史地理论丛》2004 年第 1 辑。

《役畜与近代华北乡村社会》，王建革，《社会科学研究》2006 年第 2 期。

《开埠通商与西北畜牧业的外向化》，樊如森，《云南大学学报（社会科学版）》2006 年第 6 期。

《近代西北地区农牧业开发对土地资源的影响》，阚耀平、樊如森，《干旱区研究》2007 年第 6 期。

《清代以来北方农牧交错地区的经济发展与环境变迁》，樊如森，见安介生、邱仲麟编《边界、边地与边民：明清时期北方边塞地区部族分布与地理生态基础研究》，齐鲁书社，2009 年。

The Role of Land Management in Shaping Arid/Semi-arid Landscapes: the Case of the Catholic Church（CICM）in Western of Inner Mongolia from the 1870's（Late Qing Dynasty）to the 1940s（Republic of China），X.Zhang（张晓虹），T.Sun（孙涛），J. Zhang（张静抒），Geographical Research，March 2009，47（1）：24-33.

The Study of Relationship between Agro-pastoral Line and Spread of Catholic Church in Chahaer Region，Northern China，X.Zhang（张晓虹），T.Sun（孙涛），J.Xu（徐建平），Cetena，2015，Vol134，75-86.

《天主教传播与鄂尔多斯南部地区农牧界线的移动——以圣母圣心会所绘传教地图为中心》，张晓虹、庄宏忠，《苏州大学学报（哲学社会科学版）》2018 年第 2 期。

《有关我国历史上蚕桑业的几个历史地理问题》，邹逸麟，见复旦大学中文系编《选堂文史论苑——饶宗颐先生任复旦大学顾问教授纪念文集》，上海古籍出版社，1994 年。

《明清时期太湖地区蚕丝业的分布与变迁》，林荣琴，《中国历史地理论丛》2003 年第 3 辑。

《明代嘉湖地区的桑基农业生境》，王建革，《中国历史地理论丛》2013 年第 3 辑。

《宋元时期嘉湖地区的水土环境与桑基农业》，王建革，《社会科学研究》2013 年第 4 期。

《明代洞庭湖地区的渔业经济》，尹玲玲，《中国农史》2000 年第 1 期。

《明代江西鄱阳地区的渔业经济》，尹玲玲，《中国社会经济史研究》2000 年第 2 期。

《清代以来黄渤海真鲷资源的分布、开发与变迁》，李玉尚、车群、陈亮，《中国历史地理论丛》2010 年第 3 辑。

《清代太湖乡村的渔业与水域治理》，冯贤亮，《中国高校社会科学》2017 年第 3 期。

2-3. 工矿业与盐业

2-3-1. 工矿业

《西汉丹阳铜产地新考》，魏嵩山，《安徽大学学报（哲学社会科学版）》1979 年第 3 期。

《元代矿冶业考略》，王颋，见复旦大学中国历史地理研究所编《历史地理研究》第一辑，复旦大学出版社，1986 年。

《近代皖人织布工场在沪述略》，戴鞍钢，《安徽史学》1996 年第 2 期。

《清代区域矿产开发的空间差异与矿业盛衰——以湖南郴州桂阳州为例》，林荣琴，《中国社会经济史研究》2003 年第 3 期。

《清代中期（公元 1726—1855 年）滇东北的铜业开发与环境变迁》，杨煜达，《中国史研究》2004 年第 3 期。

《清代中期滇边银矿的矿民集团与边疆秩序——以茂隆银厂吴尚贤为中心》，杨煜达，《中国边疆史地研究》2008 年第 4 期。

《元代徽州路的手工业》，陈瑞，《安徽大学学报（哲学社会科学版）》2009 年第 1 期。

《政府干预与清代滇西铜业的兴盛——以宁台厂为中心》，杨煜达，见杨伟兵主编《明清以来云贵高原的环境与社会》，东方出版中心，2010 年。

《风水观念与基层秩序——对明清皖南禁矿事件的考察》，梁诸英，《中国矿业大学学报（社会科学版）》2011 年第 4 期。

《云南耿马悉宜银厂新发现碑文及史料价值》，杨煜达、[德]金兰中，见林超民编《西南古籍研究（2011 年卷）》，云南大学出版社，2012 年。

《冶塘考》，黄学超，《自然科学史研究》2012 年第 4 期。

《兰坪福隆厂——清代一个非正式官方银厂的研究》，杨煜达，见林超民主编《方国瑜诞辰一百一十周年纪念文集》，云南大学出版社，2013 年。

《滇铜、汉铜与清代中期的汉口铜市场》，杨煜达，《清史研究》2013 年第 2 期。

Silver mines in frontier zones: Chinese mining communities along the southwestern borders of the Qing empire. Yang Yuda（杨煜达）. In Nanny Kim and Keiko Nagase-Reimer edited. Mining, Monies, and Culture in Early Mordern Societies: East Asian and Goobal Perspectives. Koninklijke Brill NV, Leiden, The Netherlands, 2013, pp87-114.

《清代云南铜矿地理分布变迁及影响因素研究——兼论放本收铜政策对云南铜业的影响》，杨煜达，《历史地理》第二十九辑，上海人民出版社，2014 年。

The evolution of reverberatory cupellation furnaces in the southwest of late imperial China. Nanny Kim and Yang Yuda（杨煜达）.Historical Metallurgy, 2017, 51（2）.

The Jinniu Mines and the confusions of Qing sourse on silver mining. Nanny Kim and Yang Yuda（杨煜达）. ARTEFACT: Techniques, Histoire et Humaines.2018, No.8: 111-140.

Texts and Technologies in Chinese Silver Metallurgy, Twelfth to Nineteenth Centuries. Yang Yuda（杨煜达）、Nanny Kim, Techniques, Histoire et Humaines, 2018.

《鄂东南地区两周时期青铜产业链形成探析》，杨婧雅、韩昭庆，《理论月刊》2018 年第 4 期。

《明代云南银矿生产的空间格局研究》，杨煜达、[德]金兰中，《历史地理》第三十八辑，复旦大学出版社，2019 年。

2-3-2. 盐业

《明清扬州盐商社区文化及其影响》，王振忠，《中国史研究》1992 年第 2 期。

《清代两淮盐业盛衰与苏北区域之变迁》，王振忠，《盐业史研究》1992

年第 4 期。

《清代汉口盐商研究》，王振忠，《盐业史研究》1993 年第 3 期。

《袁枚与淮、扬盐商——十八世纪士、商关系的一个考察》，王振忠，《盐业史研究》1993 年第 4 期。

《清代两淮盐务首总制度研究》，王振忠，《历史档案》1993 年第 4 期。

《徽商与两淮盐务"月折"制度初探》，王振忠，《江淮论坛》1993 年第 4 期。

《歙县明清徽州盐商故里寻访记》，王振忠，《盐业史研究》1994 年第 2 期。

《明清浙江盐商、徽歙新馆鲍氏研究——读〈歙新馆鲍氏著存堂宗谱〉》，王振忠，《徽州社会科学》1994 年第 2 期。

《明清淮南盐业与仪征民俗》，王振忠，《盐业史研究》1994 年第 4 期。

《明清淮安河下徽州盐商研究》，王振忠，《江淮论坛》1994 年第 5 期。

《明清时期两淮盐业盛衰与苏北城镇的变迁》，王振忠，《历史地理》第十二辑，上海人民出版社，1995 年。

《康熙南巡与两淮盐务》，王振忠，《盐业史研究》1995 年第 4 期。

《〈淮南宴客记〉小考》，王振忠，《盐业史研究》1996 年第 2 期。

《一册珍贵的徽州盐商日记——跋徽州文书抄本〈日记簿〉》，王振忠，《历史文献》第五辑，上海科学技术文献出版社，2001 年。

《晚清盐务官员之应酬书柬——徽州文书抄本〈录稿备观〉研究》，王振忠，《历史档案》2001 年第 4 期。

《徽商与盐务官僚——从历史档案看乾隆后期的两淮盐政》，王振忠，《河南商业高等专科学校学报》2002 年第 2 期。

《晚清淮南盐衰的历史地理分析》，鲍俊林，《历史地理》第二十八辑，上海人民出版社，2013 年。

《再议黄河夺淮与江苏两淮盐业兴衰——与凌申先生商榷》，鲍俊林，《盐业史研究》2013 年第 3 期。

《再论清代徽州盐商与淮安河下之盛衰——以〈淮安萧湖游览记图考〉为中心》，王振忠，《盐业史研究》2014 年第 3 期。

《明清淮安河下徽州盐商研究》，王振忠，见上海师范大学中国近代社会研究中心编《情缘江南：唐力行教授七十华诞庆寿论文集》，上海书店出版社，2014 年。

《晚清扬州盐商研究——以徽州歙县许村许氏为例》，王振忠，《地方文化研究》2018 年第 3 期。

《清代徽州歙县蜀源鲍氏文书初探》，王振忠，《盐业史研究》2019 年第 3 期。

《从民间文献看晚清的两淮盐政史——以程桓生家族文献为中心》，王振忠，见李庆新主编《师凿精神　忆记与传习——韦庆远先生诞辰九十周年纪念文集》，科学出版社，2019 年。

《1757 年运城盐池洪水与制盐方法的革新》，费杰、周杰，《中国历史地理论丛》2014 年第 4 辑。

《从民间文献看晚清的两淮盐政史——以歙县程桓生家族文献为中心》，王振忠，《安徽大学学报（哲学社会科学版）》2016 年第 4 期。

Centralization and decentralization：Coastal management pattern changes since the late 19th century，Jiangsu Province，China. Bao Junlin（鲍俊林），Gao Shu（高抒），Ge Jianxiong（葛剑雄）. Marine Policy，2019，109.

Dynamic land use and its policy in response to environmental and social-economic changes in China：A case study of the Jiangsu coast（1750–2015）. Bao Junlin（鲍俊林），Gao Shu（高抒），Ge Jianxiong（葛剑雄），Land Use Policy，2019，82.

《传统技术、生态知识及环境适应：以明清时期淮南盐作为例》，鲍俊林，《历史地理研究》2020 年第 2 期。

2-4. 商业与港口

《港口—腹地与东部和中西部经济差异的形成和发展》，吴松弟，见陕西师范大学西北历史环境与经济社会发展研究中心编《历史环境与文明演进——2004 年历史地理国际学术研讨会论文集》，商务印书馆，2005 年。

《港口—腹地和中国现代化空间进程研究概说》，吴松弟，《浙江学刊》2006 年第 5 期。

《通商口岸与近代的城市和区域发展——从港口—腹地的角度》，吴松弟，《郑州大学学报（哲学社会科学版）》2006 年第 6 期。

《港口—腹地：现代化进程研究的地理视角》，吴松弟，《学术月刊》2007 年第 1 期。

《中国近代经济地理变迁中的"港口—腹地"问题阐释》，吴松弟，《河南大学学报（社会科学版）》2018 年第 3 期。

《上海地区最早的对外贸易港——青龙镇》，邹逸麟，《中华文史论丛》1980 年第 1 辑。

《历史上的泉州港》，王天良、郑宝恒，《复旦学报（社会科学版）》1980 年第 S1 期（增刊）。

《鸦片战争以前上海港的形成与发展》，王文楚、金曰寿，《历史教学问题》1981 年第 4 期。

《宋代东南沿海丘陵地区的外贸港口、出口物资和泉州港繁盛的主要原因》，吴松弟，见复旦大学中国历史地理研究所编《历史地理研究》第二辑，复旦大学出版社，1990 年。

《元代的国内商业》，王颋，见复旦大学中国历史地理研究所编《历史地理研究》第二辑，复旦大学出版社，1990 年。

《月港的兴衰》，郑宝恒，《历史地理》第十辑，上海人民出版社，1992 年。

《上海港的历史地理》，邹逸麟、张修桂，《自然杂志》1993 年第 2 期。

《长江中下游地区米谷长途贸易：1912—1937》，侯杨方，《中国经济史研究》1996 年第 2 期。

《论近代上海港崛起的历史地理底蕴》，戴鞍钢，《中国历史地理论丛》1996 年第 3 辑。

《近代上海与长江流域市场网络的架构》，戴鞍钢，《复旦学报（社会科学版）》1996 年第 5 期。

《环境演化与港口变迁》，戴鞍钢、张修桂，《历史地理》第十七辑，上海人民出版社，2001 年。

《清代徽州与广东的商路及商业——歙县茶商抄本〈万里云程〉研究》，王振忠，《历史地理》第十七辑，上海人民出版社，2001 年。

《天津开埠后的皮毛运销系统》，樊如森，《中国历史地理论丛》2001 年第 1 辑。

《明清时期我国最大沿海贸易港的北移趋势与上海港的崛起》，吴松弟，《复旦学报（社会科学版）》2001 年第 6 期。

《近代天津外向型经济体系的架构》，樊如森，《历史地理》第十八辑，上海人民出版社，2002 年。

《民国桐油贸易格局与市场整合——以四川为中心》，张丽蓉，《中国历史地理论丛》2002 年第 2 辑。

《两汉时期徐闻港的重要地位和崛起原因：从岭南的早期开发与历史地理角度探讨》，吴松弟，《岭南文史》2002 年第 2 期。

《西夏外来商品小考》，杨蕤，《宁夏社会科学》2002 年第 6 期。

《近代华北花生的运销体系（1908—1937）》，陈为忠，《中国历史地理论丛》2003 年第 1 辑。

《近代北方药品供销体系的构建》，樊如森、姬天舒，《中国历史地理论丛》2003 年第 2 辑。

《口岸贸易与晚清上海金融业的互动》，戴鞍钢，《复旦学报（社会科学版）》2003 年第 2 期。

《近代宁波港腹地变迁的机制探析》，王列辉，《历史地理》第二十辑，上海人民出版社，2004 年。

《大连港的中转贸易（1907—1931）》，姚永超，《中国历史地理论丛》2004 年第 1 辑。

《天津开埠对腹地经济变迁的影响》，吴松弟、樊如森，《史学月刊》2004 年第 1 期。

《近代东蒙的商人》，王建革，见复旦大学历史地理研究中心主编《港口—腹地和中国现代化进程》，齐鲁书社，2005 年。

《1906—1931 年日俄经济势力在东北地区的空间推移——以港口、铁路、货物运销范围的变化为视角》，姚永超，《中国历史地理论丛》2005 年第 1 辑。

《清末民初苏州典当业分布初探》，徐玲，《中国历史地理论丛》2005 年第 2 辑。

《拨子商与近代东蒙的商业圈和物流》，王建革，《中国历史地理论丛》2005 年第 3 辑。

《近代中国西部内陆边疆通商口岸论析》，戴鞍钢，《复旦学报（社会科学版）》2005 年第 4 期。

《香港与内地的贸易关系（1869—1904）》，毛立坤，《安徽史学》2005 年第 5 期。

《明前期市舶宦官与朝贡贸易管理》，李庆新，《学术研究》2005 年第 8 期。

《晚清时期东南沿海通商口岸对外航线与港势地位的变迁》，毛立坤，《史学月刊》2005 年第 12 期。

The impact of the opening of Tianjin on economic change in its hinterland, Wu Songdi（吴松弟）, Fan Rusen（樊如森）, Selected Publication of Chinese Universities, History, Higher education press.Volume 1, 2005.

《近代东北沿海港口群体的分化与组合研究（1861—1931）》，姚永超，《历史地理》第二十一辑，上海人民出版社，2006 年。

《珠江三角洲港埠与腹地的空间形态（1842—1938）——以近代经济发展的地域尺度为视角》，方书生，《历史地理》第二十一辑，上海人民出版社，2006 年。

《天津的港口—腹地》，樊如森，见吴松弟主编《中国百年经济拼图：港口城市及其腹地与中国现代化》，山东画报出版社，2006 年。

《晚清时期中外贸易的个案分析——以香港转口贸易为例》，毛立坤，《中国历史地理论丛》2006 年第 1 辑。

《中国近代外贸埠际转运史上的上海与天津（1866—1919）》，唐巧天，《史林》2006 年第 1 期。

《论晚清上海作为全国外贸中心的影响力（1864—1904）——以外贸埠际转运为视角》，唐巧天，《中国历史地理论丛》2006 年第 3 辑。

《口岸开放与晚清经济区的形成——岭南经验以及全国尺度》，方书生，《云南大学学报（社会科学版）》2006 年第 4 期。

《华北西北经济现代化与天津开埠》，樊如森，《浙江学刊》2006 年第 5 期。

《开港贸易、腹地纵深与新"东北"区域的塑造（1861—1931）》，姚永超，《浙江学刊》2006 年第 5 期。

《港口城市与区域发展——上海、宁波两港比较的视野》，王列辉，《郑州大学学报（哲学社会科学版）》2006 年第 6 期。

《晚清民国时期江南城镇中的徽州木商：以徽商章回体自传小说〈我之小史〉为例》，王振忠，《传统中国研究集刊》第二辑，上海人民出版社，2006年。

《港势地位变迁的制度因素分析——以营口、大连两港的发展比较为例（1906—1931）》，姚永超，《辽宁大学学报（哲学社会科学版）》2007年第1期。

《口岸城市与周边地区近代交通邮电业的架构——以上海和长江三角洲为中心》，戴鞍钢，《复旦学报（社会科学版）》2007年第1期。

《唐朝至近代长江三角洲港口体系的变迁轨迹》，吴松弟、王列辉，《复旦学报（社会科学版）》2007年第2期。

《近代东北从自然空间到港口经济区空间的转变》，姚永超，《郑州大学学报（哲学社会科学版）》2007年第2期。

《上海宁波两港空间关系研究》，王列辉，《地理研究》2007年第6期。

《论清政府对长途商业的管理政策——以清代榷关的考察为中心》，廖声丰，《云南社会科学》2007年第4期。

《试述清代前期苏州浒墅关的商品流通》，廖声丰，《上海交通大学学报（哲学社会科学版）》2007年第6期。

《中国旧海关统计的认知与利用》，吴松弟、方书生，《史学月刊》2007年第7期。

《近代云南个旧锡矿的对外运销（1884—1943年）》，杨斌、杨伟兵，《历史地理》第二十三辑，上海人民出版社，2008年。

《民国时期芜湖口岸皖南腹地的市场体系——以20世纪30年代系列调查资料为中心》，徐智、吴松弟，《历史地理》第二十三辑，上海人民出版社，2008年。

《近代宁波港腹地的变迁》，王列辉，《中国经济史研究》2008年第1期。

《长三角港口间的竞争合作机制》，樊如森，《南通大学学报（社会科学版）》2008年第3期。

《港口（城市）—腹地关系与山东区域发展战略研究》，陈为忠、吴松弟，《云南大学学报（社会科学版）》2008年第4期。

《近代中国沿海相邻港口发展类型研究》，王列辉，《城市规划学刊》2008年第6期。

《近代北方城镇格局的变迁》，樊如森，《城市史研究》第二十五辑，天津社会科学院出版社，2009年。

《1871—1931年の中日の経済貿易関係》，樊如森著，福島惠譯，《学習院大学人文科学研究所報》，2009年．

《产业集聚与城市区位巩固：徽州茶务都会屯溪发展史（1577—1949）》，邹怡，《"中研院"近代史研究所集刊》第六十六辑，台北"中研院"近代史研究所，2009年。

《走向世界：中国参加早期世界博览会的历史研究——以中国旧海关出版物为中心》，吴松弟，《史林》2009年第2期。

《港口体系变迁与唐宋扬州盛衰》，周运中，《中国社会经济史研究》2010年第1期。

《以农为主，还是多种经营：近代泰顺山区的商品经济》，吴松弟，《温州大学学报（社会科学版）》2010年第2期。

《晚清至民国云贵鸦片的产销路径》，戴鞍钢，《史林》2010年第5期。

《近代的通商口岸与东西部经济现代化》，张永帅，《兰州学刊》2010年第8期。

《商业、环境与乡村经济结构变化——对清代三原、泾阳的分析》，刘炳涛，《兰州学刊》2010年第8期。

《晚清—民国埠际贸易的网络体系（1885～1940）——基于海关数据的分析》，王哲，《史学月刊》2010年第9期。

《民国时期上海市场的对外联系——以1921～1937年贸易和物价指数为中心的分析》，武强，《史学月刊》2010年第9期。

《中国近代港口贸易网络的空间结构——基于旧海关对外—埠际贸易数据的分析（1877—1947）》，王哲、吴松弟，《地理学报》2010年第10期。

《以经济地理视角审视近代龙州的开埠贸易》，李波，《广西地方志》2011年第2期。

《新时期江苏沿海特色临港产业集群发展研究》，陈为忠、吴松弟，《中国港口》2011年第8期。

《内陸の山岳地帯から港湾都市まで—明清以来広州貿易における徽州商人の活動》，王振忠，彭浩、相原佳之訳，《年報都市史研究》第18号

《都市の比較史》，山川出版社，2011年．

《近代日本对上海的贸易和投资》，樊如森，《城市史研究》第二十七辑，天津社会科学院出版社，2011年。

《清代民国西北牧区的商业变革与内地商人》，樊如森、杨敬敏，《历史地理》第二十五辑，上海人民出版社，2011年。

《近代华北港口城市发展与区域经济变迁》，樊如森，见复旦大学历史地理研究中心主编《谭其骧先生百年诞辰纪念文集》，上海人民出版社，2012年。

《近代中国港城关系变迁简析（1916～1936）——以相对集中系数为例的分析》，武强，《中国历史地理论丛》2012年第2辑。

《海洋与上海》，葛剑雄，《国家航海》第二辑，上海古籍出版社，2012年。

《上海港区位重心的历史变迁》，戴鞍钢，《国家航海》第三辑，上海古籍出版社，2012年。

《开埠早期汉口与上海的贸易关系（1864—1899）》，张珊珊，《历史地理》第二十七辑，上海人民出版社，2013年。

《近代上海港与长江流域经济变迁》，戴鞍钢，《国家航海》第五辑，上海古籍出版社，2013年。

《近代中国开埠通商的时空考察》，吴松弟、杨敬敏，《史林》2013年第3期。

《近代海关贸易数据摘编本存在的问题分析——以全国年进出口额和各关直接对外贸易额为例》，吴松弟、伍伶飞，《中国社会经济史研究》2013年第4期。

《太平天国前后徽商在江西的木业经营——新发现的〈西河木业纂要〉抄本研究》，王振忠，《历史地理》第二十八辑，上海人民出版社，2013年。

《19世纪末湖南、江西进口机制棉制品消费分布及形成原因》，杨敬敏，《历史地理》第二十九辑，上海人民出版社，2014年。

《旧海关出版物与近代中国研究》，吴松弟，《社会科学家》2014年第12期。

《晚清对外开放商埠图》，杨伟兵，见《中华人民共和国国家历史地图集》第1册，中国地图出版社、中国社会科学出版社，2014年。

《徽、临商帮与清水江的木材贸易及其相关问题——清代佚名商编路程抄本之整理与研究》，王振忠，《历史地理》第二十九辑，上海人民出版社，2014 年。

《近代中国进出口贸易和主要贸易港的变迁》，吴松弟，《史学集刊》2015 年第 3 期。

《研究中国航海史的瑰宝——中国旧海关内部出版物中的航海资料》，吴松弟，《国家航海》第十三辑，上海古籍出版社，2015 年。

The Distribution of Tea Industry in Huizhou: Based on the Records of Investigations during the Republic of China, Zou Yi（邹怡），Journal of Asian Network for GIS-based Historical Studies, Vol. 3, Dec., 2015.

Sectoral Agglomeration and Urban Development: The History of Tunxi—The Tea Business Centre in Huizhou, Zou Yi（邹怡），Fudan Journal of the Humanities and Social Sciences, Vol. 9, No. 3.2016.

《清代民国西北茶叶运营体系的时空变迁》，樊如森，《人文杂志》2016 年第 8 期。

《海关关区空间结构变动探析——以近代广东沿海为中心》，吴松弟、杨洋洋，《云南大学学报（社会科学版）》2017 年第 1 期。

《1871～1931 年の日中贸易》，樊如森著，吉田建一郎译，见大阪经济大学日本经济史研究所主办《经济史研究》第 21 号，2017 年。

《元明刘家港港区考》，黄学超，《海交史研究》2020 年第 4 期。

《近代中国邮政空间研究——基于多版本邮政舆图的分析》，王哲、刘雅媛，《中国经济史研究》2019 年第 2 期。

《走马贩蜡：四川宁属蜡虫贸易演变研究》，牟旭平，《中华文化论坛》2019 年第 5 期。

《〈海关总署档案馆藏未刊中国旧海关出版物（1860～1949）〉的内容及其价值》，吴松弟，《国家航海》第二十三辑，上海古籍出版社，2019 年。

《清代讼师秘本所见徽州木商的经营活动——以〈控词汇纂〉抄本为中心》，王振忠，见邹振环执行主编《明清史评论》第一辑，中华书局，2019 年。

《近代以来华北城市关系演变与经济中心定位问题》，樊如森，《南开史学》2020 年第 2 期。

《从〈燕行事例〉看 19 世纪东北亚的贸易》，王振忠，《清华大学学报

（哲学社会科学版）》2020 年第 6 期。

History Matters：How Chinese Ports Opened 170 Years Ago Thrived Entrepreneurship Today，WangZhe（王哲），YangHuan（杨嬛），ZhangXinning（张心宁），Regional Studies，2020（5）：1-15.

2-5. 区域经济与区域开发

《我国早期经济区的形成——春秋战国至汉武帝时期》，邹逸麟，《历史地理》第十八辑，上海人民出版社，2002 年。

《宋代东南沿海丘陵地区的经济开发》，吴松弟，《历史地理》第七辑，上海人民出版社，1990 年。

《宋元时期舟山群岛经济文化的发展》，葛庆华，《中州学刊》2000 年第 2 期。

《开发西部的历史反思》，邹逸麟，《探索与争鸣》2000 年第 6 期。

《西北近代经济外向化中的天津因素》，樊如森，《复旦学报（社会科学版）》2001 年第 6 期。

《关于西部开发问题的思考》，邹逸麟，《中国历史地理论丛》2002 年第 2 辑。

《高新园区与乡镇经济联动发展的体制创新》，林拓、张修桂，《复旦学报（社会科学版）》2002 年第 4 期。

《论地理环境与西夏的经济类型及其相关问题》，杨蕤，《宁夏社会科学》2003 年第 4 期。

《论近代中国北方外向型经济的兴起》，樊如森，《史学月刊》2003 年第 6 期。

《近代岭南商埠格局的变迁（1843—1939）》，方书生，《中国历史地理论丛》2004 年第 2 辑。

《论北方在近代上海经济发展中的作用》，樊如森，《城市史研究》第二十三辑，天津社会科学院出版社，2005 年。

《论天津在北方广大地区经济发展中的中心地位》，樊如森，见复旦大学历史地理研究中心主编《港口—腹地和中国现代化进程》，齐鲁书社，

2005 年。

《近代中原外向型经济的发展及其影响》，吴俊范，《中国历史地理论丛》2006 年第 1 辑。

《天津——近代北方经济的龙头》，樊如森，《中国历史地理论丛》2006 年第 2 辑。

《民国时期西北地区市场体系的构建》，樊如森，《中国经济史研究》2006 年第 3 期。

《晚清时期香港与两广的贸易关系》，毛立坤，《安徽史学》2006 年第 4 期。

《市的兴起与近代中国区域经济的不平衡发展》，吴松弟，《云南大学学报（社会科学版）》2006 年第 5 期。

《浙闽の开发と泰顺と地域文化》，吴松弟，秋野祐译，见大阪市立大学文学研究科东洋史研究室编《大阪市立大学东洋史论丛》别册特集号"文献资料学の新たな可能性③"，2007 年。

《道光时代的云南：以黄梦菊〈滇南事实〉之记述为中心》，杨伟兵，《历史地理》第二十六辑，上海人民出版社，2012 年。

《贵州历史地理的分区与研究》，杨伟兵，《贵州民族研究》2012 年第 5 期。

《环渤海经济区与近代北方的崛起》，樊如森，《史林》2007 年第 1 期。

《近代天津与北方经济发展》，樊如森，《郑州大学学报（哲学社会科学版）》2007 年第 2 期。

《经济空间与城市的发展——以上海为例》，吴松弟，《云南大学学报（社会科学版）》2007 年第 5 期。

《从上海与北方关系的演变看环渤海经济崛起》，樊如森，《史学月刊》2007 年第 6 期。

《青海的早期现代化及其地理因素》，韩昭庆，《历史地理》第二十二辑，上海人民出版社，2007 年。

《边缘城市融入长三角的路径选择——基于近代以来芜湖与长三角城市关系的考察》，徐智，《南京工业大学学报（社会科学版）》2008 年第 4 期。

《清末新政与新疆、西藏、川边地区经济的演变——兼与东部地区的比较》，戴鞍钢，《云南大学学报（社会科学版）》2008 年第 6 期。

《陕西战时经济发展与驱动力分析》，樊如森，见徐少华主编、晏昌贵副主编《荆楚历史地理与长江中游开发》，湖北人民出版社，2009年。

《清末民国时期新疆的本土化开发》，樊如森，见安介生、邱仲麟主编《边疆、边地与边民》，齐鲁书社，2009年。

《长三角经济区演变的过程和机制（1840—2000年）》，吴松弟、方书生，见任远、陈向明、[德]Dieter Läpple 主编《全球城市—区域的时代》，复旦大学出版社，2009年。

《泛长三角沿江城市经济关系的回顾——以芜湖与上海为例（1877—1937）》，徐智，《南通大学学报（社会科学版）》2009年第3期。

《安徽宁国"小三线"企业改造与地方经济腾飞》，段伟，《当代中国史研究》2009年第3期。

《从沪津经济关系看近代沿海口岸城市的发展轨迹》，樊如森、徐智，《城市史研究》第二十六辑，天津社会科学院出版社，2010年。

《近代北方的沿海通商口岸与经济变迁》，吴松弟，见复旦大学中国历史地理研究所编《历史地理研究》第三辑，复旦大学出版社，2010年。

《中国边疆开发政策的近代转型——以新疆为例》，樊如森，见复旦大学中国历史地理研究所编《历史地理研究》第三辑，复旦大学出版社，2010年。

《1912年广西迁省之争所涉经济问题及其解决》，李波，《广西地方志》2010年第2期。

《近代东北开发的意义与特点》，吴松弟，见姚永超著《国家、企业、商人与东北港口空间的构建研究（1861~1931）》，中国海关出版社，2010年。

《雍正开发贵州的决策过程、原因及其影响》，韩昭庆，《历史地理》第二十四辑，上海人民出版社，2010年。

《近代华北经济地理格局的演变》，樊如森，《史学月刊》2010年第9期。

《近代北方口岸的开放及其贸易发展》，吴松弟，见张萍主编《西北地区城乡市场结构演变的历史进程与环境基础》，三秦出版社，2011年。

《近代西北与华北的市场联系——以外向型经济的发展为中心》，樊如森、吴焕良，见张萍主编《西北地区城乡市场结构演变的历史进程与环境基础》，三秦出版社，2011年。

《清代河南四府赋税豁免时空特征及其机制研究》，王一帆、傅辉，《兰州学刊》2011 年第 6 期。

《近代环渤海经济一体化及其动力机制》, 樊如森,《学术月刊》2011 年第 7 期。

《1926—1948 年上海银行的时空变迁及其动力机制》, 樊如森、伍伶飞,《南通大学学报（社会科学版）》2012 年第 1 期。

《资源、产业、交通、政策与小区域发展: 宋元丽水保定镇的经济地理研究》, 马峰燕,《历史地理》第二十六辑, 上海人民出版社, 2012 年。

《大生企业扩张与近代苏北沿海地区的开发》, 陈为忠,《历史地理》第二十六辑, 上海人民出版社, 2012 年。

《甘肃天水三线建设初探》, 段伟,《中国经济史研究》2012 年第 3 期。

The economic connection between the opening port cities of China and East Asia during 1843-1949, Wu Songdi（吴松弟）, Wang Zhe（王哲）, The Journal of Korean Studies, Center for Korean Studies Inha University, Korea, No.26, Feb 2012.

《近代环渤海市场结构的时空演进》, 樊如森、伍伶飞,《历史地理》第二十八辑, 上海人民出版社, 2013 年。

《近代环渤海经济的剧变与渐变》, 樊如森, 见吴松弟、樊如森主编《近代中国北方经济地理格局的演变》, 人民出版社, 2013 年。

《近代华北港口城市的发展》, 樊如森, 见韩国仁荷大学韩国学研究所主编《The Formation and Netxork of the Open Port City in East Asia》, 2013 Printed in Incheon, Korea.

《上海小三线建设在县域分布特点的历史地理考察——以安徽省宁国县为例》, 段伟,《中国史研究（韩国）》第八十二辑, 2013 年。

《略论明代山陕地域共同体的形成——基于边防、区域经济以及灾荒应对的分析》, 安介生,《历史地理》第二十八辑, 上海人民出版社, 2013 年。

《"赶大营"——近代天津商人与西北经济开发》, 樊如森, 见安介生、邱仲麟主编《有为而治: 前现代治边实践与中国边陲社会变迁研究》, 三晋出版社, 2014 年。

《近代环渤海经济一体化简析》, 樊如森, 见靳润成主编《走向世界的中国历史地理学——2012 年中国历史地理国际学术研讨会论文集》, 中国社会科学出版社，2014 年。

《甘肃天水三线企业的选址探析》，段伟，《开发研究》2014 年第 6 期。

《中国北方近代经济的市场化与空间差异》，樊如森，《江西社会科学》2015 年第 2 期。

《北宋时期淮北地区的城镇经济探析》，康武刚，《鸡西大学学报》2015 年第 5 期。

《三线建设对中国工业经济及城市化的影响》，徐有威、陈熙，《当代中国史研究》2015 年第 4 期。

《清代民国时期西北区域市场的发育和整合——以茶叶贸易为中心》，樊如森，《江西社会科学》2016 年第 9 期。

《清代徽商与长江中下游的城镇及贸易——几种新见徽州商编路程图记抄本研究》，王振忠，《安徽大学学报（哲学社会科学版）》2019 年第 1 期。

《三线厂与农民之间的互动关系研究——以上海小三线建设为中心》，陈熙，《二十一世纪》（香港中文大学），2019 年 2 月号。

《从京津关系演变看天津在中国北方的经济定位》，樊如森，《中国经济史研究》2019 年第 3 期。

Coastal engineering evolution in low-lying areas and adaptation practice since the eleventh century, Jiangsu Province, China., Bao Junlin（鲍俊林），Climatic Change，2020，162.

3. 历史人口地理

3-1. 人口

《略论我国封建社会各阶级人口增长的不平衡性》，葛剑雄，《历史研究》1982 年第 6 期。

《关于我国古代人口调查的几个问题》，葛剑雄，见复旦大学中国历史地理研究所编《历史地理研究》第一辑，复旦大学出版社，1986 年。

《对中国人口史若干规律的新认识》，葛剑雄，《学术月刊》2002 年第 4 期。

《洪亮吉的人口学思想》，周源和，《复旦学报（社会科学版）》1980 年第 1 期。

《清初人口统计析疑——读〈清代前期人口数字勘误〉》，周源和，《复旦学报（社会科学版）》1980 年第 3 期。

《西汉户口最盛年分质疑》，葛剑雄，《复旦学报（社会科学版）》1980 年第 S1 期（增刊）。

《西汉人口考》，葛剑雄，《中国史研究》1981 年第 4 期。

《清代人口研究》，周源和，《中国社会科学》1982 年第 2 期。

《秦汉的上计和上计史》，葛剑雄，《中华文史论丛》1982 年第 2 辑。

《隋代户口的几个问题》，李德清，《学术月刊》1982 年第 10 期。

《汉武帝徙民会稽说正误——兼论秦汉会稽丹阳地区的人口分布》，葛剑雄，《历史地理》第三辑，上海人民出版社，1983 年。

《汉武帝时"户口减半"实考》，葛剑雄，《学术月刊》1983 年第 9 期。

《西汉人口地理》，葛剑雄，《百科知识》1984 年第 4 期。

《上海历史人口研究》，周源和、吴申元，《复旦学报（社会科学版）》1985 年第 4 期。

《西汉大长安地区人口估计》，周庄（周振鹤），《人口研究》1986 年第 1 期。

《读史札记二则（〈宋史·地理志〉户口年代考异、〈三阳志〉成书年代考）》，吴松弟，见复旦大学中国历史地理研究所编《历史地理研究》第二辑，复旦大学出版社，1990 年。

《论中国史上之户口——兼论准确使用梁方仲〈中国历代户口、田地、田赋统计〉》，葛剑雄，见云南大学历史系编《纪念李埏教授从事学术活动五十周年史学论文集》，云南大学出版社，1992 年。

《黄淮海平原历史时期人口分布的初步研究》，吴松弟，《历史地理》第十一辑，上海人民出版社，1993 年。

《宋代人口新证》，葛剑雄，《历史研究》1993 年第 6 期。

The densely populated areas in ancient China：Their types and effects on historical development，Ge Jianxiong（葛剑雄），Theo Barker and Anthony Sutcliffeed：Megalopis：The giant city in history，St. Martin's Press，New York，1993.

《人口学视野中的秦汉洛阳》，葛剑雄，《河洛史志》1994 年第 1 期。

《中国人口：21世纪的忧思和希望》，葛剑雄，《世纪》1994年第3期。

《中国人口：历史的启示》，葛剑雄，《中国社会科学季刊（香港）》1994年总第6期。

《对明代人口总数的新估计》，葛剑雄、曹树基，《中国史研究》1995年第1期。

《宋代福建人口研究》，吴松弟，《中国史研究》1995年第2期。

《上海历史上的人口总量估计》，侯杨方，《学术月刊》1995年第7期。

《人口与中国疆域的变迁——兼论中国人口对外部世界的影响基金报告》，葛剑雄，《中国社会科学季刊》1995年总第11期。

《1370~1900年江南地区人口变动与社会变迁——以江阴范氏家族为个案的研究》，彭希哲、侯杨方，《中国人口科学》1996年第3期。

《太平天国战前的中国人口》，曹树基，《中国经济史研究》1997年第3期。

《家谱：作为历史文献的价值和局限》，葛剑雄，《历史教学问题》1997年第6期。

《太平天国战争对苏南人口的影响》，曹树基，《历史研究》1998年第2期。

《对清末民初两次人口调查的分析（以当时新疆人口为中心）》，文静，《西北史地》1998年第4期。

《明清江南地区两个家族人口的生育控制》，侯杨方，《中国人口科学》1998年第4期。

《宣统年间的人口调查——兼评米红等人论文及其他有关研究》，侯杨方，《历史研究》1998年第6期。

《宣统年间的户口调查及全国人口数估计》，侯杨方，《历史地理》第十五辑，上海人民出版社，1999年。

《国家对人民的控制——以洪武时期的户口调查为例》，曹树基，《历史地理》第十五辑，上海人民出版社，1999年。

《洪武时期东南府、县治城市人口数量研究——以京师、福建和江西为例》，曹树基，《中国经济史研究》1999年第1期。

《宋代户口的汇总发布系统》，吴松弟，《历史研究》1999年第4期。

《论明代的人口增长率》，曹树基，见刘东主编《中国学术》第三辑，商务印书馆，2000年。

《民国时期全国人口统计数字的来源》，侯杨方，《历史研究》2000年第4期。

《清代前期"丁"的实质》，曹树基、刘仁团，《中国史研究》2000年第4期。

《太平天国战争对浙江人口的影响》，曹树基、李玉尚，《复旦学报（社会科学版）》2000年第5期。

《17世纪中叶至19世纪初入越华侨问题初探——以人口估算为中心》，孙宏年，《东南亚纵横》2000年第S1期。

《元朝官方户籍和户口数据的统计范围》，吴松弟，《历史地理》第十七辑，上海人民出版社，2001年。

《清代中期的云南人口——以嘉庆二十五年户口数据为中心》，曹树基，《历史地理》第十七辑，上海人民出版社，2001年。

《〈元史·地理志〉所载嘉兴、福州、饶州三路户口考证》，吴松弟，见复旦大学历史地理研究中心主编《面向新世纪的中国历史地理学：2000年国际中国历史地理学术讨论会论文集》，齐鲁书社，2001年。

《咸同年间的鼠疫流行与云南人口的死亡》，李玉尚、曹树基，《清史研究》2001年第2期。

《清代中期的江西人口》，曹树基，《南昌大学学报（人文社会科学版）》2001年第3期。

《南宋人口的发展过程》，吴松弟《中国史研究》2001年第4期。

《清代北方城市人口研究——兼与施坚雅商榷》，曹树基，《中国人口科学》2001年第4期。

《宋代五等丁产簿研究》，吴松弟，见韩国宋辽金元史研究会《宋辽金元史研究》第5号，2001年。

《南宋路和全国主要户口资料的考证和估测》，吴松弟，见韩国宋辽金元史研究会《宋辽金元史研究》第6号，2001年。

《山西高原人口承载量的历史考察》，安介生，《中国历史地理论丛》2001年增刊。

《调节人口的生产和生活方式是改善西部自然环境的关键》，葛剑雄，

《中国历史地理论丛》2002 年第 2 辑。

《清代江苏城市人口研究》，曹树基，《杭州师范学院学报（社会科学版）》2002 年第 4 期。

《同治光绪年间陕西人口的损失》，路伟东，《历史地理》第十九辑，上海人民出版社，2003 年。

《清代中期四川分府人口——以 1812 年数据为中心》，曹树基，《中国经济史研究》2003 年第 1 期。

《试析盛京内务府户口（1644—1796）》，任玉雪，《清史研究》2003 年第 2 期。

《从明末清初浙皖丘陵地区"户"的演变看赋役制度之整合》，王锐红，《中国社会经济史研究》2003 年第 3 期。

《清代陕西回族的人口变动》，路伟东，《回族研究》2003 年第 4 期。

《民国时期中国人口的死亡率》，侯杨方，《中国人口科学》2003 年第 5 期。

《中国人口变迁的若干问题》，葛剑雄，《人口学与计划生育》2003 年第 6 期。

《民国时期江苏城市人口研究》，徐建平，《历史地理》第二十辑，上海人民出版社，2004 年。

《1958—1962 年四川省人口死亡研究》，曹树基，《中国人口科学》2004 年第 1 期。

《近代上海周边地区的市镇人口——以宝山、嘉定为例》，游欢孙，《中国人口科学》2004 年第 3 期。

《明代山西藩府的人口增长与数量统计》，安介生，《史学月刊》2004 年第 5 期。

《明清江南地区家族人口的生育和死亡》，侯杨方，见《中国人文社会科学博士硕士文库》编委会编《中国人文社会科学博士硕士文库（续编）》，浙江教育出版社，2005 年。

《从吴简蠡测孙吴初期临湘侯国的疾病人口问题》，高凯，《史学月刊》2005 年第 12 期。

《辽宋金元时代の中国における南北人口発展の重大な不均衡とその

相关问题》，吴松弟，《宋代の长江流域——社会经济史の视点がら》，见《日本宋代史研究会研究报告》第八集，日本汲古学院，2006 年。

《人口史研究の资料と方法：宋代を中心として》，吴松弟，见大阪市立大学文学研究科东洋史研究室编《大阪市立大学东洋史论丛》别册特集号"文献资料の新たな可能性②"，2007 年。

《明代陕西逃户：徭役与环境的博弈》，马雷，《中国历史地理论丛》2007 年第 4 辑。

《照抄还是扬弃：明清时期广西户口数字辨析》，郑维宽，《河池学院学报》2007 年第 4 期。

《长江三角洲历史人口初步研究》，路伟东，见《亚洲研究集刊》第四辑《转型中的亚洲文化与社会》，复旦大学出版社，2008 年。

《中国历代人口数量的衍变及增减的原因》，葛剑雄，《党的文献》2008 年第 2 期。

《乾隆时期民数汇报及评估》，侯杨方，《历史研究》2008 年第 3 期。

《民国时期河南人口统计调查述论》，郑发展，《河南社会科学》2008 年第 5 期。

《南宋人口增长的空间差异及对区域经济的影响》，吴松弟，见邓小南主编《宋史研究论文集》，云南大学出版社，2009 年。

《1940 年代末江南地区人口与家庭的微观分析——以保甲户籍册资料为中心》，李强、侯杨方，《西北人口》2009 年第 2 期。

《清代陕西渭南县回民村落与人口分布的特征和变迁》，张永帅，《兰州学刊》2009 年第 4 期。

《人丁编审废止后的人丁——从清后期江浙地区几部〈赋役全书〉展开》，薛理禹，《史林》2009 年第 5 期。

《浙江原额人丁考》，薛理禹，《浙江社会科学》2009 年第 12 期。

《中国家庭与户的规模及结构（1910—1953 年）》，侯杨方，见复旦大学中国历史地理研究所编《历史地理研究》第三辑，复旦大学出版社，2010 年。

《20 世纪上半期中国的城市人口：定义及估计》，侯杨方，《上海师范大学学报（哲学社会科学版）》2010 年第 1 期。

《〈大清一统志〉中"原额人丁"的来源——以江南为例》，张鑫敏、侯杨方,《清史研究》2010 年第 1 期。

《试论抗战时期户口统计中的壮丁调查与征兵》,郑发展,《齐鲁学刊》2010 年第 1 期。

《清代陕甘回民峰值人口数分析》,路伟东,《回族研究》2010 年第 1 期。

《掌教、乡约与保甲册——清代户口管理体系中的陕甘回民人口》,路伟东,《回族研究》2010 年第 2 期。

《从人口为主要动力看宋代经济发展的限度兼论中西生产力的主要差距》,吴松弟,《人文杂志》2010 年第 6 期。

《从石仓土地执照看花户内涵的衍变与本质》,单丽、曹树基,《社会科学》2010 年第 8 期。

《宣统人口普查"地理调查表"甘肃分村户口数据分析》,路伟东,《历史地理》第二十五辑,上海人民出版社,2011 年。

《1955～1956 年上海首次城市人口紧缩与粮食供应》,陈熙,《当代中国史研究》2011 年第 3 期。

《清代屯丁研究:以江南各卫所及归并州县屯丁为例》,薛理禹,《史林》2012 年第 2 期。

《〈大清一统志〉中"滋生男妇大小"考——以江苏为例》,张鑫敏,《中国经济史研究》2012 年第 3 期。

《延续香火的理想与普遍绝嗣的现实——基于家谱的人口数据》,陈熙,《南方人口》2012 年第 6 期。

《中国人口史研究的几个关键性问题与前瞻——兼评何炳棣的中国人口研究》,侯杨方,《历史地理》第二十七辑,上海人民出版社,2013 年。

《复杂多样的清代"人丁"——以浙江为例的研究》,薛理禹,《历史地理》第二十七辑,上海人民出版社,2013 年。

《高陵回民十三村聚落群与清代陕甘回民人口分布格局》,路伟东,《历史地理》第二十八辑,上海人民出版社,2013 年。

《清代家族人口繁衍研究——兼论支脉重构在微观历史人口学中的应用》,陈熙,《福建论坛(人文社会科学版)》2013 年第 2 期。

《明嘉靖年间浙江保甲法的实施》,薛理禹,《历史地理》第三十辑,上海人民出版社,2014 年。

《清代四川人口统计制度新探——以省志所载人口数字为中心》，张鑫敏，《清史研究》2014 年第 1 期。

《清后期广西瑶人分布的"山地化"（1820—1912）》，胡列箭，《清史研究》2014 年第 2 期。

《略论清代至民国时期户籍管理与民族人口——以川西松潘为例》，安介生，《历史地理》第三十二辑，上海人民出版社，2015 年。

《晚清甘肃城市人口与北方城市人口等级模式——一项基于宣统"地理调查表"的研究》，路伟东、王新刚，《复旦学报（社会科学版）》2015 年第 4 期。

《民国时期广西非汉族群的户籍管理与人口统计研究》，龙小峰，《中国历史地理论丛》2015 年第 4 辑。

《从族外婚到族内婚：中国回族婚姻制度转变背后的人口因素》，路伟东，《西南边疆民族研究》第二十二辑，云南大学出版社，2017 年。

《宣统甘肃 1000 人以上聚落分布与人口迁移的空间特征与规律——一项基于宣统地理调查表的研究》，路伟东，《历史地理》第三十五辑，复旦大学出版社，2017 年。

Population Collapses in the Pre-modern Period: Case Study of the Fuping County, Northwest China. Fei Jie（费杰），Zhang David D.（章典），Chinese Journal of Population, Resources and Environment, 2017, 15（4）.

《清以降云南山地小流域人口 Access 数据库的设计——以峨山县槽子河流域聚落人口为例》，白玉军，《文山学院学报》2018 年第 2 期。

《宣统甘肃"地理调查表"里的城乡与晚清北方城乡人口结构》，路伟东，《福建论坛（人文社会科学版）》2019 年第 9 期。

《历史人口地理个案研究：明清之际重庆地区人口数量下限推测》，葛剑雄、侯文权，《历史地理研究》2019 年第 2 期。

《山地聚落历史人口的重建：以近三百年云南峨山沿河村为例》，白玉军、杨煜达，《历史地理研究》2020 年第 2 期。

3-2. 移民

《中国历代移民的类型和特点》，葛剑雄，《历史地理》第十一辑，上海人民出版社，1993 年。

《〈中国移民史〉发凡》，葛剑雄，《历史地理》第九辑，上海人民出版社，1990年。

《秦汉时期的人口迁移与文化传播》，葛剑雄，《历史研究》1992年第4期。

《唐代安史之乱与北方人民的南迁》，周振鹤，《中华文史论丛》1987年第2、3期合刊，上海古籍出版社。

《宋代靖康之乱以后北方人民的南迁》，吴松弟，《中华文史论丛》第51辑，上海古籍出版社，1993年。

《三次北方人口南迁和南方汉族的形成与发展》，吴松弟，《历史地理》第十四辑，上海人民出版社，1998年。

《历史时期中国人口迁移若干规律的探讨》，安介生，《地理研究》2004年第5期。

《20世纪中国移民史的阶段性特征》，葛剑雄、安介生，《探索与争鸣》2010年第2期。

《西汉时期西北地区的人口迁移》，葛剑雄，《中华文史论丛》1984年第2辑，上海古籍出版社。

《西汉关中的人口迁移》，葛剑雄，《文史集林（人文杂志丛刊）》第四辑，陕西省社会科学院出版，1985年。

《中国历代移民大势及其对汉语方言地理的影响》，周振鹤，《国外人文地理》1988年第1期。

《湖南人由来新考》，曹树基，《历史地理》第九辑，上海人民出版社，1990年。

《明代初年长江流域的人口迁转》，曹树基，《中华文史论丛》第四十七辑，上海古籍出版社，1991年。

《中国历史上的人口迁移与文化传播——以魏晋南北朝为例》，葛剑雄，见东南大学东方文化研究所编《东方文化》第二集，东南大学出版社，1992年。

《永嘉丧乱后北方诸族的迁移》，葛剑雄，见庆祝王锺翰先生八十寿辰学术论文集编辑委员会编《庆祝王锺翰先生八十寿辰学术论文集》，辽宁大学出版社，1993年。

Migration of population and cultural dissemination during Qin and Han Periods, Ge Jianxiong（葛剑雄）, social Sciences in China, Third Issue, 1993.

《古都与移民》, 葛剑雄, 见中国古都学会等编《中国古都研究》第九辑, 三秦出版社, 1994 年。

《移民与秦文化》, 葛剑雄, 见秦始皇兵马俑博物馆《论丛》编委会编《秦文化论丛》第三辑, 西北大学出版社, 1994 年。

《移民·移民文化·上海文化》, 葛剑雄,《上海文化》1994 年第 3 期。

《宋代靖康乱后江南地区的北方移民》, 吴松弟,《浙江学刊》1994 年第 1 期。

《北方移民与南宋思想文化的发展》, 吴松弟, 见祝瑞开主编《宋明思想文化与华夏文明》, 学林出版社, 1995 年。

《唐五代时期朝鲜半岛对中国的移民》, 吴松弟, 见《韩国研究论丛》第一辑, 上海人民出版社, 1995 年。

《试论拓跋鲜卑的早期迁移问题》, 安介生, 见陈少峰主编《原学》第二辑, 中国广播电视出版社, 1995 年。

《西汉至民国时期黄淮海平原人口变迁概述》, 吴松弟, 见会议组委会编《成长中的新一代史学——1991 年全国青年史学工作者学术会议论文集》, 陕西人民教育出版社, 1995 年。

《福建早期移民史实辨正》, 葛剑雄,《复旦学报（社会科学版）》1995 年第 3 期。

《洪武时期河北地区的人口迁移》, 曹树基,《中国农史》1995 年第 3 期。

《中国历史上的移民与地名》, 葛剑雄,《中国方域》1995 年第 4 期。

《金代东北民族的内迁》, 吴松弟,《中国历史地理论丛》1995 年第 4 辑。

《客家南宋源流说》, 吴松弟,《复旦学报（社会科学版）》1995 年第 5 期。

《香港和深圳地区 1669—1820 年的外来移民与人口增长》, 吴松弟,《历史地理》第十三辑, 上海人民出版社, 1996 年。

《中国的人口与疆域的变迁》, 葛剑雄, 见上官鸿南、朱士光主编《史念海先生八十寿辰学术文集》, 陕西师范大学出版社, 1996 年。

《隋唐五代时期突厥的内迁》, 吴松弟, 见上官鸿南、朱士光主编《史念海先生八十寿辰学术文集》, 陕西师范大学出版社, 1996 年。

《北魏代都人口迁出考》，安介生，见上官鸿南、朱士光主编《史念海先生八十寿辰学术文集》，陕西师范大学出版社，1996年。

《北方流民武装集团与南宋初期时局》，吴松弟，《岳飞研究》第四辑，中华书局，1996年。

《宋代今广东省境的南方籍移民》，吴松弟，见《第二届宋史学术研讨会论文集》，中国文化大学出版部，1996年。

《蒙（元）时期朝鲜半岛对中国的移民》，吴松弟，《韩国研究论丛》第二辑，上海人民出版社，1996年。

《隋唐时代西域胡人的内迁》，吴松弟，台北《汉学研究》1996年第1期。

《近代黄河三角洲的发展与移民》，董龙凯，《中国历史地理论丛》1996年第1辑。

《唐代吐谷浑和吐蕃的民族迁徙》，吴松弟，《河北学刊》1996年第2期。

《从家谱资料试析清代登莱二府的人口迁移》，赵发国，《中国历史地理论丛》1996年第2辑。

《唐后期五代江南地区的北方移民》，吴松弟，《中国历史地理论丛》1996年第3辑。

《北宋初年山西向外移民考》，安介生，《晋阳学刊》1996年第3期。

《洪武时期东三府地区的人口迁移》，曹树基，《中国社会经济史研究》1996年第4期。

《客家源流异说》，周振鹤，《民族研究》1996年第5期。

《永嘉乱后汉人对河西的迁移及其文化意义》，葛剑雄，见武汉大学中国三至九世纪研究所编《中国前近代史理论国际学术研究会论文集》，湖北人民出版社，1997年。

《先秦齐地人口迁移试探》，赵发国，《中国历史地理论丛》1997年第1辑。

《清末的国际移民及其在近代上海文化建构中的作用》，邹振环，《复旦学报（社会科学版）》1997年第3期。

《洪武时期凤阳府的人口迁移》，曹树基，《安徽史学》1997年第3期。

《清代前期浙江山区的客家移民》，曹树基，《客家学研究》1997年第4期。

《晚清上海的国际移民与海派文化的多元组合》，邹振环，《探索与争鸣》1997 年第 4 期。

《移民促进了近代上海文化心态的开放》，张根福，《探索与争鸣》1997 年第 4 期。

《铜瓦厢改道后山东沿黄泛区村庄迁立分析》，董龙凯，《中国方域》1997 年第 5 期。

《试论近代移民对巩固中国边疆的作用》，张根福，《史学月刊》1997 年第 9 期。

《赣、闽、粤三省毗邻地区的社会变动和客家形成》，曹树基，《历史地理》第十四辑，上海人民出版社，1998 年。

《清光绪年间黄河变迁与山东人口迁移》，董龙凯，《中国历史地理论丛》1998 年第 1 辑。

《1855～1874 年黄河漫流与山东人口迁移》，董龙凯，《文史哲》1998 年第 3 期。

《清代山西境内"客民"刍议》，安介生，《晋阳学刊》1998 年第 6 期。

《移民与山西区域文化之变迁》，安介生，《历史地理》第十五辑，上海人民出版社，1999 年。

《清代归化土默特地区移民文化特征》，安介生，《复旦学报（社会科学版）》1999 年第 5 期。

《明代山西流民问题述论》，安介生，《历史地理》第十六辑，上海人民出版社，2000 年。

《清代归化城土默特地区的移民过程》，王卫东，《历史地理》第十六辑，上海人民出版社，2000 年。

《移民与中华民族的形成》，葛剑雄、曹树基，《历史教学问题》2000 年第 3 期。

《从岁时到天时：明清移民以后土著苗民在日常生活上的安排——以黔中、黔西南地区为例》，司佳，《中国历史地理论丛》2000 年第 4 辑。

《鄂尔多斯地区近代移民研究》，王卫东，《中国边疆史地研究》2000 年第 4 期。

《太平天国战后"下江南"移民的类型与动因——以苏浙皖交界地区为

中心》，葛庆华，《历史地理》第十七辑，上海人民出版社，2001年。

《清代移民与陕西汉水流域民间风俗的嬗变》，张晓虹，《中国历史地理论丛》2002年第3辑。

《明代流民成因新探——以明代河南为中心》，苏新留，《中州学刊》2002年第3期。

《中国历史上几次大规模移民》，葛剑雄，《党政干部文摘》2002年第7期。

《盛唐时期的人口迁移及其空间分析》，吴松弟，见李孝聪主编《唐代地域结构和运作空间》，上海辞书出版社，2003年。

《上海本地人源流主成分分析》，李辉、周振鹤、徐立群、张凌君、金建中、金力、卢大儒，《中央民族大学学报（自然科学版）》2003年第2期。

《清代前期在缅甸的华人（1662—1795）》，杨煜达，《华侨华人历史研究》2003年第4期。

《从清末民初山东黄河南岸十三州县迁民及返迁看政府与农民关系》，董龙凯，《社会科学战线》2003年第6期。

《东汉初年西北边郡的省并与徙吏民问题》，曹旭东，《中国历史地理论丛》2005年第2辑。

《南宋における移民と临安文化の变迁》，吴松弟，山崎觉士译，见大阪市立大学文学研究科东洋史研究室主编《大阪市立大学东洋史论丛》别册特集号，2005年。

《南宋移民与临安文化》，吴松弟，《历史研究》2006年第5期。

《华北移民后裔异姓同宗现象探微》，傅辉，《寻根》2006年第5期。

《明代移民与昆明城市的发展》，乔飞，《史学月刊》2006年第12期。

《明代北方灾荒性移民研究》，安介生，见曹树基主编《田祖有神——明清以来的自然灾害及其社会应对机制》，上海交通大学出版社，2007年。

《农坊制度与雍正敦煌移民》，路伟东，《历史地理》第二十二辑，上海人民出版社，2007年。

《分姓现象与明初华北移民政策关系研究》，傅辉，《中州学刊》2007年第2期。

《试论三江源生态移民的文化变迁》，百乐·司宝才仁、韩昭庆，《复旦学报（社会科学版）》2007 年第 3 期。

《明代陕西逃户：徭役与环境的博弈》，马雷，《中国历史地理论丛》2007 年第 4 辑。

《移民与中国城市发展》，葛剑雄，《城市规划学刊》2007 年第 6 期。

《20 世纪上半期东北移民的再考察——以伪满"临时国势调查"资料为核心》，李强、侯杨方，《历史地理》第二十三辑，上海人民出版社，2008 年。

《清代前中期陕甘地区的人口西迁》，路伟东，《中国历史地理论丛》2008 年第 4 辑。

《明朝洪武初年山西人口移民河南规模初探》，郑发展，《中州学刊》2009 年第 2 期。

《冲突与调适——明代宣德至正统年间的灾民外迁与户籍制度变革》，安介生，见郝平、高建国主编《多学科视野下的华北灾荒与社会变迁研究》，北岳文艺出版社，2010 年。

《清代移民与云南生态危机的形成》，段伟、李军，见杨伟兵主编《明清以来云贵高原的环境与社会》，东方出版中心，2010 年。

《移民与都市文化》，葛剑雄，见加拿大文化更新研究中心编《都市发展与文化保存国际研讨会论文集》，2010 年。

《宋代以来四川的人群变迁与辛味调料的改变》，吴松弟，《河南大学学报（社会科学版）》2010 年第 1 期。

《抗战时期河南的人口迁移》，郑发展，《史学月刊》2010 年第 4 期。

《明末清初移居台湾的大陆人》，薛理禹，《寻根》2010 年第 2 期。

《移民与近代上海回民社会（1849—1959）》，林勇、苏金子，《回族研究》2012 年第 4 期。

《明初洮岷河湟地区的江淮移民研究——基于移民群体类型、来源地和数量的考察》，晏波，《兰州学刊》2012 年第 12 期。

《近三百年来西南山区聚落多椰树村的移民与开发研究》，霍仁龙、杨煜达，《历史地理》第二十八辑，上海人民出版社，2013 年。

《1920 年～1937 年河南灾荒性移民与社会救助》，陈鹏飞、安介生，《中北大学学报（社会科学版）》2013 年第 2 期。

《明清时期中国东南沿海移民潮与海疆规模》，安介生，见涂山、聂影主编《浮生：2013 清华大学"水上环境"论坛话语实录》，中国水利水电出版社，2014 年。

《现代化进程中的人口迁移规律——略论中外"移民法则"研究及其警示意义》，安介生，《人民论坛·学术前沿》2014 年第 16 期。

《咸同之际江南人避兵江北考》，计小敏，《安徽史学》2015 年第 3 期。

《大跃进影响下的城乡人口迁移——以上海为中心》，陈熙，《中国经济史研究》2016 年第 2 期。

《落地不生根：上海皖南小三线人口迁移研究》，陈熙、徐有威，《史学月刊》2016 年第 2 期。

《晚明时期中国漳泉地区对吕宋的移民》，周振鹤，《南国学术》2016 年第 3 期。

《"大跃进"时期浙江支宁移民档案述略》，张雪峰，《浙江档案》2017 年第 1 期。

《布朗运动与在城集聚：同治年间西北战时人口迁移的特征》，路伟东，《江西社会科学》2017 年第 9 期。

《明代中国东南沿海的移民及其背景——以浙江瑞安为中心》，罗诚，《历史地理》第三十六辑，复旦大学出版社，2018 年。

《清初迁界与移民——以顺治十八年的温州迁界为中心》，罗诚，《中国社会经济史研究》2018 年第 2 期。

《华夷之辨：明代苗疆族群迁徙与移民记忆的历史阐释——以麻阳为切口》，黄权生、孙健，《铜仁学院学报》2018 年第 12 期。

《清代中国东南沿海的移民活动与区域开发——以浙江瑞安为中心》，罗诚，《历史地理》第三十八辑，复旦大学出版社，2019 年。

《守土与离乡：同治西北战争期间战区人口的外迁》，路伟东，《复旦学报（社会科学版）》2019 年第 2 期。

4. 历史聚落地理

4-1. 都城

《中国历史上的七大首都（上）》，谭其骧，《历史教学问题》1982 年第 1 期。

《中国历史上的七大首都（中）》，谭其骧，《历史教学问题》1982 年第 3 期。

《要从两方面着手改变古都研究的现状》，谭其骧，《南京文物》1986 年第 1 期。

《论首都研究在历史地理研究中的重要地位和特殊性》，吴松弟，见张宝秀主编《北京学研究》，中国社会科学出版社，2019 年。

《辽后期迁都中京考实》，谭其骧，《中华文史论丛》1980 年第 2 辑，上海古籍出版社。

《春秋楚都丹阳辨正》，魏嵩山，《中国古代史论丛》1981 年第 3 辑。

《战国时期的七国都城》，钱林书，《历史教学问题》1982 年第 2 期。

《也谈辽后期辽都中京问题》，葛剑雄，《中华文史论丛》1983 年第 1 辑。

《长安的崛起》，陈家麟，《历史知识》1984 年第 5 期。

《古都研究如何深入》，谭其骧，《南京史志》1985 年第 1 期。

《秦汉首都》，赵永复，见中国大百科全书编辑部编《中国大百科全书·中国历史》第 2 册，中国大百科全书出版社，1986 年。

《唐称长安为西京不始于天宝元年》，禾子（谭其骧），《历史地理》第五辑，上海人民出版社，1987 年。

《古都洛阳研究的新篇章——读〈洛阳—丝绸之路的起点〉后感》，邹逸麟，《河洛史志》1993 年第 1—2 期。

《也谈安阳是否够格列为中国历史上的大古都》，邹逸麟，《陕西师大学报（哲学社会科学版）》1994 年第 1 期。

《试论邺都兴起的历史地理背景及其在古都史上的地位》，邹逸麟，《中国历史地理论丛》1995 年第 1 辑。

《再谈安阳是否能称得上大古都》，邹逸麟，《中国方域》1996 年第 5 期。

《"七大古都"说论辩始末》，冯贤亮，《中国史研究动态》1997 年第 11 期。

《南宋皇城主要宫殿建筑考》，满志敏，《历史地理》第二十辑，上海人民出版社，2004 年。

《西安还是洛阳？中国古都两千年的徘徊》，周振鹤，《国家人文地理》

2009 年第 5 期。

《北京与南京：中国古都的南北往复》，周振鹤，《国家人文地理》2009年第 6 期。

《中国统一王朝都城的转移》，吴松弟，见邱冠华主编《苏州大讲坛Ⅰ》，文汇出版社，2010 年。

《论北宋首都定位的地缘政治基础》，赵天改，《理论界》2010 年第 1 期。

《山西何以成为中国历史上建都最多的省区之一》，安介生，《三门峡职业技术学院学报》2017 年第 1 期。

《与张之、王世恩论安阳与七大古都书》，谭其骧遗著，邹逸麟整理，《历史地理研究》2019 年第 1 期。

4-2. 城市

《明清临清的盛衰与地理条件的变化》，杨正泰，《历史地理》第三辑，上海人民出版社，1983 年。

《明清时期长江以北运河城镇的特点与变迁》，杨正泰，见复旦大学中国历史地理研究所编《历史地理研究》第一辑，复旦大学出版社，1986 年。

《上海城市发展的历史过程及其今后的建设》，周维衍，《史林》1987 年第 1 期。

《淮河下游南北运口变迁和城镇兴衰》，邹逸麟，《历史地理》第六辑，上海人民出版社，1988 年。

《明年是上海建城 700 周年》，周振鹤，《文汇报》1990 年 7 月 3 日。

《西汉长安——陵县：中国最早的城市群》，葛剑雄，见尹达等主编《纪念顾颉刚学术论文集》，巴蜀书社，1990 年。

《明清两淮盐商与扬州城市的地域结构》，王振忠，《历史地理》第十辑，上海人民出版社，1992 年。

《上海城市的形成——上海建城七百周年的回顾》，周振鹤，《上海文化年鉴》编辑部编《1992 上海文化年鉴》，《上海文化年鉴》编辑部出版，1992 年。

《"国中之国"早期市政建设——上海城建近代化之先河》，安介生，《上海城市规划》1994 年第 3 期。

《今年是上海设市七十周年》，周振鹤，《文汇报》1997 年 7 月 29 日。

《無徽不成鎮——徽州商人と塩業都市の発展》，王振忠，沢崎京子訳，《年報都市史研究》第 6 号《宗教と都市》，山川出版社，1998 年．

《临淄盛衰原因试探》，王卫东，《管子学刊》1999 年第 1 期。

《陕西历史聚落地理研究》，张晓虹，《历史地理》第十六辑，上海人民出版社，2000 年。

《澳门话古今》，邹逸麟，《上海地名》2000 年第 1 期。

《城市重建及其防护体系的构成——十六世纪倭乱在江南的影响》，冯贤亮，《中国历史地理论丛》2002 年第 1 辑。

《开埠初期上海与横滨城市发展的比较——从城市地理学的角度探讨租界与近代城市发展的关系》，薄井由，《历史地理》第十九辑，上海人民出版社，2003 年。

《上海设市的历史地位》，周振鹤，见苏智良主编《上海：近代新文明的形态》，上海辞书出版社，2004 年。

《从历史地理看西北城市化之路》，葛剑雄，《历史地理》第二十辑，上海人民出版社，2004 年。

《从英、美租界道路网的形成看近代上海城市空间的早期拓展》，吴俊范，《历史地理》第二十一辑，上海人民出版社，2006 年。

《城市化与上海地区市镇空间结构的演变——以 1870—1937 年真如、罗店为例》，张晓虹，《历史地理》第二十二辑，上海人民出版社，2007 年。

《青州城历史城市地理的初步研究——以广县城与广固城为研究重心》，李嘎，《管子学刊》2007 年第 2 期。

《盐城在海中考》，周运中，《盐业史研究》2007 年第 2 期。

《上海城市生态的近代转型——以晚清上海道路为中心》，陈琍，《中国历史地理论丛》2007 年第 2 辑。

《上海道契所保存的历史记忆——以〈上海道契〉英册 1—300 号道契为例》，陈琍，《史林》2007 年第 2 期。

《竞争与互补：两个毗邻单岸城市的关系——以宋代的鄂州、汉阳为例》，张伟然、梁志平，《历史地理》第二十三辑，上海人民出版社，2008 年。

《三百年战祸与明代贵阳城市社会应对》，杨伟兵，见林超民主编《西南古籍研究（2008 年卷）》，云南大学出版社，2008 年。

《上海老城厢：一个江南城市的景观演变史及其动力机制》，吴俊范，《中国历史地理论丛》2008 年第 1 辑。

《近代上海法租界城市空间的扩展》，牟振宇，《城市规划学刊》2008 年第 2 期。

《唐长安住宅的形制与布局》，张永帅，《三门峡职业技术学院学报》2008 年第 3 期。

《近代上海法租界空间扩展及其驱动力分析》，牟振宇，《中国历史地理论丛》2008 年第 4 辑。

《扬州与运河——共生共荣的关系》，邹逸麟，《中国名城》2008 年第 S1 期。

《唐长安住宅的规模》，张永帅，《史林》2009 年第 2 期。

《论唐长安住宅所有权的延续与转移》，张永帅，《陕西师范大学学报（哲学社会科学版）》2009 年第 5 期。

《城外城——晚清上海繁华地域的变迁》，周振鹤，见周振鹤著《看山是山》，上海人民出版社，2019 年。原载复旦大学文史研究院编《"都市繁华——1500 年来的东亚城市生活史"国际学术研讨会论文集》，2009 年。

《青州城市历史地理初步研究》，李嘎，《历史地理》第二十四辑，上海人民出版社，2010 年。

《论中国江南经济史研究中"城镇"的界定——以 1927—1933 年江苏句容城市化水平为中心》，江伟涛，《中国经济史研究》2010 年第 3 期。

《江汉平原湖洼地带商业市镇的发展——以明清以来沔阳县为中心的考察》，黄忠鑫，《华中师范大学研究生学报》2010 年第 4 期。

《大城市边缘地区"社会—空间"类型和策略研究——以上海为例》，万勇，《同济大学学报（社会科学版）》2011 年第 2 期。

《城·市·城市——从中国的城市体制看旧城破坏》，葛剑雄，《中国图书评论》2011 年第 7 期。

《城市空间的生产——以近代上海江湾五角场地区的城市化为例》，张晓虹、孙涛，《地理科学》2011 年第 10 期。

《北宋中期两浙路における城镇の研究—商税、户数、空间分布に基づく考察》，吴松弟、马峰燕，平田茂树监訳，王标訳，见大阪市立大学都市文化研究やごター编《都市の历史的形成と文化创造力》，日本清文堂，2011 年。

《19世纪70年代初上海城区犯罪空间分析——以〈申报〉为中心》，杨晓光，《历史地理》第二十六辑，上海人民出版社，2012年。

《上海城市空间的成长》，张晓虹，《江汉论坛》2012年第1期。

《近代上海公共租界巡捕房的设立与分布》，吴恒，《史林》2012年第3期。

《近代城市地图与开埠早期上海英租界区域城市空间研究》，张晓虹，《历史地理》第二十八辑，上海人民出版社，2013年。

《上海开埠初期英租界洋行分布及景观复原初探》，罗婧，《历史地理》第二十七辑，上海人民出版社，2013年。

《历史城市研究中的文献价值意义》，满志敏，《上海档案》2013年第12期。

《意大利人活动范围：不同圈子的聚集》，［意］史地法诺（Stefano Piastra），见意大利驻上海总领事馆文化处编《意大利人在上海（1608—1949）》，2013年。

《外滩何处是"源"》，周振鹤、罗婧，《文汇报》2013年3月18日。

《近代中国的城市发展与空间分布》，吴松弟，《历史地理》第二十九辑，上海人民出版社，2014年。

《曾以科学、秩序、理性的城市理念抗衡"租界"假想敌》，张晓虹，《东方早报》，2014年4月18日。

《20世纪之交的中国城市革命及其性质》，吴松弟，《南国学术》2014年第3期。

《释"实中"》，黄学超，《中国典籍与文化》2014年第4期。

《Ikh Khureenii Damnuurchin uussen uil yavc》，SATO Noriyuki（佐藤宪行），2014.12.《International conference dedicated to 375th anniversary of the capital city Ulaanbaatar "The capital city of Mongolia.... From Nomads to Sedentary"》

《开埠初期上海英租界城市景观研究——以1855年〈上海外国租界地图：洋泾浜以北〉为中心》，罗婧，《历史地理》第三十一辑，上海人民出版社，2015年。

《清末以来城墙拆除的阶段、动因与地区差异》，刘雅媛，《历史地理》第三十一辑，上海人民出版社，2015年。

《明清时期淮安城水道管理体制的变迁》，肖启荣，《历史地理》第三十一辑，上海人民出版社，2015年。

《上海外滩地区历史景观研究（开篇）——近代繁华之前世（1843年前后）》，周振鹤、陈琍，《文汇报》2015年4月24日。

《上海外滩地区历史景观研究（二篇）——城市景观之雏形（1845—1855年）》，周振鹤、罗婧，《文汇报》2015年4月24日。

《唐长安城坊市与雩空间》，贾鸿源，《长安大学学报（社会科学版）》2015年第4期。

《城市空间的生产与消费——近代上海静安区域的形成及其文化意象变迁》，张晓虹、孙涛、项蓉敏，台北《东方文化集刊》2015年第6辑。

《水患对集镇迁移的影响——以清代清河县王家营等为例》，段伟、李幸，《历史地理》第三十三辑，上海人民出版社，2016年。

《理想·消费·政治：二十世纪新村在上海地区的发展与时空演变》，张晓虹，见宁越敏主编《中国城市研究》，科学出版社，2016年。

《〈上海年鉴（1854）〉解题》，周振鹤，《上海地方志》2016年第2期。

《民国碛石的区位条件与产业布局——兼议城市史研究的当代意义》，邹怡，《海宁档案史志》2016年第3期。

《唐长安银台门考》，贾鸿源，《文博》2016年第4期。

《从"县"到"城"，上海模样如何改变》，周振鹤，《解放日报》2016年9月6日。

《从"八家栈"街到黄山市区：屯溪城市发展简史》，邹怡，《屯溪文史》第十六辑，2017年。

《晚清小说与上海城市社会空间研究——以〈海上繁华梦〉为中心》，张晓虹，《历史地理》第三十七辑，复旦大学出版社，2018年。

《"九里十三步"城与"九里三十步"城考》，来亚文，《历史地理》第三十六辑，复旦大学出版社，2018年。

《城居与防守：战争状态下小民避祸逃生的一个侧面——以同治西北战争为例》，路伟东，《城市史研究》第三十八辑，社会科学文献出版社，2018年。

《第1章 プレ·ウランバートル時代における「ゲル地区」について》，

佐藤宪行，龙口良编著《近现代モンゴルにおける都市化と伝統的居住の諸相：ウランバートル・ゲル地区にみる住まいの管理と実践》，日本东北大学东北亚研究中心，2018 年。

《宋元之际四川主要城市地理分布格局演变探析》，伍磊，《中国历史地理论丛》2018 年第 1 辑。

《宋代江阴城市空间格局的演变》，来亚文，《史林》2019 年第 2 期。

《上海为什么越变越大》，张晓虹，《文汇报》2019 年 5 月 20 日。

《宋代上海建镇说质疑》，傅林祥，《史林》2019 年第 3 期。

《从传统治所到工业重镇——明清以降兴平城市空间与城市形态演变研究》，田大刚，《咸阳师范学院学报》2019 年第 3 期。

《近代跨国精英的社交空间：上海的总会和俱乐部》，丁雁南，《华东师范大学学报（哲学社会科学版）》2020 年第 1 期。

《中国城市体系的"成熟"——基于近代多源数据的分析》，王哲，《中国经济史研究》2020 年第 2 期。

《推进中国的城市史研究之省思》，吴松弟，《南国学术》2020 年第 2 期。

4-3. 城镇聚落

《上海得名和建镇的年代问题》，谭其骧，《文汇报》1962 年 6 月 21 日。

《关于上海历史地理的几个问题》，王文楚、邹逸麟，《文物》1982 年第 2 期。

《上海市大陆地区城镇的形成与发展》，王文楚，《历史地理》第三辑，上海人民出版社，1983 年。

《一个具有二千多年历史的村寨》，龚江（张修桂），《历史地理》第三辑，上海人民出版社，1983 年。

《关于宋代建制镇的几个历史地理问题》，郁越祖，《历史地理》第六辑，上海人民出版社，1988 年。

《清代江南三大政与苏北城镇的盛衰变迁》，邹逸麟、王振忠，见庆祝王锺翰先生八十寿辰学术论文集编辑委员会编《庆祝王锺翰先生八十寿辰学术论文集》，辽宁大学出版社，1993 年。

《明清时期两淮盐业盛衰与苏北城镇的变迁》，王振忠，《历史地理》第十二辑，上海人民出版社，1995 年。

《近代华北乡村的社会内聚及其发展障碍》，王建革，《中国农史》1999 年第 4 期。

《华北平原内聚型村落形成中的地理与社会影响因素》，王建革，《历史地理》第十六辑，上海人民出版社，2000 年。

《历史时期新疆北部城镇的形成与发展》，阚耀平，《人文地理》2001 年第 4 期。

《近代新疆城镇形态与布局模式》，阚耀平，《干旱区地理》2001 年第 4 期。

《庙宇与华北平原明清村落社区的发展》，黄忠怀，《历史地理》第二十一辑，上海人民出版社，2006 年。

《民国市镇的区位条件与空间结构（上）——以浙江海宁硖石镇为例》，邹怡，《历史地理》第二十一辑，上海人民出版社，2006 年。

《民国市镇的区位条件与空间结构（下）——以浙江海宁硖石镇为例》，邹怡，《历史地理》第二十二辑，上海人民出版社，2007 年。

《青龙镇兴衰考辨》，邹逸麟，《历史地理》第二十二辑，上海人民出版社，2007 年。

《十五至十六世纪江南粮长的动向与高乡市镇的兴起——以太仓璜泾赵市为例》，谢湜，《历史研究》2008 年第 5 期。

《城市化与乡村聚落的空间过程——开埠后上海东北部地区聚落变迁》，张晓虹、牟振宇，《复旦学报（社会科学版）》2008 年第 6 期。

《河流、道路、市场与山区聚落：以 1644—1949 年的浙江泰顺县为例》，吴松弟，见黄富三主编《海、河与台湾聚落变迁：比较观点》，台北"中研院"台湾史研究所，2009 年。

《清代集镇名实初探》，邹逸麟，《清史研究》2010 年第 2 期。

《地貌与村落扩展：1753—1982 年河北南部村落研究》，郑微微，《中国历史地理论丛》2010 年第 3 辑。

《魏塘：明代以降一个江南城镇的空间形态与社会变革》，冯贤亮，见邹振环等主编《明清以来江南城市发展与文化交流》，复旦大学出版社，2011 年。

《16—20 世纪滇池流域的乡村聚落与人地关系——以柴河三角洲为

例》，刘灵坪，《中国历史地理论丛》2012 年第 1 辑。

《江南城镇的空间、形态与管理（1912－1949）》，冯贤亮，见邹逸麟主编《明清以来长江三角洲地区城镇地理与环境研究》，商务印书馆，2013 年。

《明代以来江南菱湖镇的空间与结构：以产业、金融与商业等为中心》，杨伟兵、郭婷，见刘昶、陆文宝主编《水乡江南：历史与文化论集》，上海古籍出版社，2014 年。

《河患、迁城与地方社会——以明代孟津县城迁移为中心》，张乐锋，《华北水利水电大学学报（社会科学版）》2015 年第 2 期。

《云南省掌鸠河流域近 300 年来聚落空间演变》，霍仁龙、杨煜达、满志敏，《地理研究》2016 年第 9 期。

《从社会改良到意识形态展示：20 世纪上海新村的发展历程》，张晓虹、郑端，《时代建筑》2017 年第 2 期。

《大上海的小街区——王家厍／张家宅的地理空间与文化空间》，邹振环，《史林》2019 年第 2 期。

《基于地理加权回归的江南市镇发展动力机制分析（1736—1949 年）》，陈浩东、张伟然，《华南师范大学学报（自然科学版）》2019 年第 6 期。

《黄河流域的史前聚落》，王妙发，《历史地理》第六辑，上海人民出版社，1988 年。

《我国东方沿海地区的远古文化考察》，高蒙河，《复旦学报（社会科学版）》1999 年第 1 期。

《从江苏龙南遗址论良渚文化的聚落形态》，高蒙河，《考古》2000 年第 1 期。

《考古地理学视野中的三峡古代遗存》，高蒙河，《历史地理》第十八辑，上海人民出版社，2002 年。

《考古地理学与三峡考古实践》，高蒙河，《中原文物》2002 年第 6 期。

5. 历史交通、军事地理

5-1. 交通

《秦汉三国时代的海上交通（公元前第三世纪到公元后第三世纪时）》，章巽，《地理知识》1955 年第 12 期。

《宋元时代的海上交通》，章巽，《地理知识》1956 年第 1 期。

《隋唐时代的海上交通（从公元第六世纪末年到公元第九世纪末年时）》，章巽，《地理知识》1956 年第 1 期。

《元"海运"航路考》，章巽，《地理学报》1957 年第 1 期。

《秦帝国的主要交通线》，章巽，《学术月刊》1957 年第 2 期。

《鄂君启节铭文释地》，谭其骧，《中华文史论丛》第二辑，上海古籍出版社，1962 年。

《再论鄂君启节地理答黄盛璋同志》，谭其骧，《中华文史论丛》第五辑，上海古籍出版社，1964 年。

《历史时期南阳盆地与中原地区间的交通发展》，王文楚，《史学月刊》1964 年第 10 期。

《秦始皇修驰道与秦王朝的陆路交通》，周源和、魏嵩山，《地理知识》1974 年第 4 期。

《汉唐时期新疆和内地的交通》，王仁康，见《新疆历史论文集（征求意见稿）》，新疆人民出版社，1978 年。

《论定陶的兴衰与古代中原水运交通的变迁》，邹逸麟，《中华文史论丛》第八辑，上海古籍出版社，1978 年。

《从内蒙古昆都仑沟几个古城遗址看汉至北魏时期阴山稒阳道交通》，王文楚，《复旦学报（社会科学版）》1980 年第 S1 期（增刊）。

《楚捍关考——兼及清江和大溪源流及巴族迁徙路线》，魏嵩山，《江汉论坛》1980 年第 5 期。

《两宋和高丽海上航路初探》，王文楚，《文史》第十二辑，中华书局，1981 年。

《圆仁〈入唐求法巡礼记〉东返日本航路再探》，王文楚，《历史地理》第二辑，上海人民出版社，1982 年。

《现存最早的商旅交通指南》，杨正泰，《历史地理》第二辑，上海人民出版社，1982年。

《元湖广行省站道考略》，王颋、祝培坤，《历史地理》第三辑，上海人民出版社，1983年。

《中国古代驿传制度概述》，王文楚，《历史教学问题》1983年第3期。

《唐代两京驿路考》，王文楚，《历史研究》1983年第6期。

《郑和出使宝船刍议》，苏松柏，《中国史研究》1985年第4期。

《西安洛阳间陆路交通的历史发展》，王文楚，见复旦大学中国历史地理研究所编《历史地理研究》第一辑，复旦大学出版社，1986年。

《战国时期主要陆路交通初探》，卢云，见复旦大学中国历史地理研究所编《历史地理研究》第一辑，复旦大学出版社，1986年。

《郑和下西洋前夕中西海上交通阻断及其原因》，苏松柏，见复旦大学中国历史地理研究所编《历史地理研究》第一辑，复旦大学出版社，1986年。

《旧中国铁路的兴建与路权的丧失》，郑宝恒，见复旦大学中国历史地理研究所编《历史地理研究》第一辑，复旦大学出版社，1986年。

《略论明清时期商编路程图记》，杨正泰，《历史地理》第五辑，上海人民出版社，1987年。

《明朝与琉球的海上航路》，王文楚，《史林》1987年第1期。

《宋代江阴军市舶务小史》，周振鹤，《海交史研究》1988年第1期。

《两宋时期上海市舶机构辨正》，周振鹤，《上海研究论丛》第一辑，上海社会科学院出版社，1988年。

《从历史地理角度看古代航海活动》，周振鹤，见复旦大学中国历史地理研究所编《历史地理研究》第二辑，复旦大学出版社，1990年。

《明代国内交通路线初探》，杨正泰，《历史地理》第七辑，上海人民出版社，1990年。

《唐代〈长安太原驿道〉校补》，王文楚，《历史地理》第八辑，上海人民出版社，1990年。

《元云南行省站道考略》，王颋，见复旦大学中国历史地理研究所编《历史地理研究》第二辑，复旦大学出版社，1990年。

《略论历史上交通运输与社会经济发展的关系》，邹逸麟，《复旦学报

（社会科学版）》1991 年第 1 期。

《宋辽驿路及其改迁》，王文楚，《历史地理》第十一辑，上海人民出版社，1993 年。

《关于古代西南交通的几个问题》，葛剑雄，见四川大学历史系编《中国西南的古代交通与文化》，四川大学出版社，1994 年。

《近代上海与长江流域商路变迁》，戴鞍钢，《近代史研究》1996 年第 4 期。

《唐代洛阳至太原驿路再考》，王文楚，《文史》第四十九辑，中华书局，1999 年。

《应山为清前期安南贡道必经之地》，孙宏年，《历史地理》第十六辑，上海人民出版社，2000 年。

《新近发现的徽商"路程"原件五种笺证》，王振忠，《历史地理》第十六辑，上海人民出版社，2000 年。

《回顾与启示：上海地区内河航运的历史变迁》，戴鞍钢、张修桂，《上海行政学院学报》2001 年第 2 期。

《晚清黟县茶商抄录的路程》，王振忠，《历史地理》第十八辑，上海人民出版社，2002 年。

《交通道路和俞源的兴衰》，吴松弟，见邹伟平、俞松发编著《走进俞源》，中国文联出版社，2002 年。

《关于西夏丝路研究中几个问题的再探讨》，杨蕤，《中国历史地理论丛》2003 年第 4 辑。

《从中国历史地理认识郑和航海的意义》，葛剑雄，《中国文化》2004 年第 1 期。

《明清时期朝鲜朝天、燕行路线及其变迁》，杨雨蕾，《历史地理》第二十一辑，上海人民出版社，2006 年。

《从考古发现看秦汉六朝时期的岭南与南海交通》，李庆新，《史学月刊》2006 年第 10 期。

《〈海道经〉源流考》，周运中，《海交史研究》2007 年第 1 期。

《上海城市生态的近代转型——以晚清上海道路为中心》，陈琍，《中国历史地理论丛》2007 年第 3 辑。

《北宋东西两京驿路考》，王文楚，《中华文史论丛》2008 年第 4 辑。

《新安江流域交通、商业与社会的综合性研究——以新发现的徽州商编路程〈摽船规戒〉为例》，王振忠，见复旦大学中国历史地理研究所编《历史地理研究》第三辑，复旦大学出版社，2010 年。

《介绍一册新发现的徽州商编路程》，王振忠，《徽州文化研究》2010 年第 2 期。

《西口地区驿站研究》，段伟，见杀虎口历史文化丛书编委会编《西口文化论衡》，中国社会出版社，2010 年。

《民国以来的黄河航运》，樊如森，《历史地理》第二十四辑，上海人民出版社，2010 年。

《刘邦赴汉中所过栈道新解》，晏波，《史林》2010 年第 2 期。

《耶鲁藏清代航海图北洋部分考释及其航线研究》，丁一，《历史地理》第二十五辑，上海人民出版社，2011 年。

《略谈江南水乡地区桥梁的社会功能》，邹逸麟，见唐力行主编《江南社会历史评论》第三期，商务印书馆，2011 年。

《近代黄河航运考》，樊如森，见周长山、林强主编《历史·环境与边疆——2010 年中国历史地理国际学术研讨会论文集》，广西师范大学出版社，2012 年。

《郑和下西洋南海、爪哇海与泰国湾航路考》，周运中，《历史地理》第二十六辑，上海人民出版社，2012 年。

《北宋东京与登州间驿路考》，王文楚，《中华文史论丛》2012 年第 1 辑。

《清中期至民国交通线的变化对奇台商业经济的影响》，龙小峰，《兰州学刊》2012 年第 3 期。

《民国期の黄河水運》，樊如森，河野剛彦譯，见鶴間和幸、葛劍雄编《東アジア海文明の歴史と環境》，東方書店，2013 年。

《从地名透视历史交通地理》，周振鹤，《环球人文地理》2013 年第 7 期。

《天山南北地区的近代交通网络》，樊如森，见复旦大学历史地理研究中心、韩国仁荷大学韩国学研究所编《海洋·港口城市·腹地——19 世纪以来的东亚交通与社会变迁》，上海人民出版社，2014 年。

《岳麓书院藏秦"质日"简交通地理考》，郭涛，《历史地理》第三十辑，上海人民出版社，2014 年。

《清代民国时期敦煌婼羌道路考》，宋立州，《历史地理》第三十三辑，上海人民出版社，2016 年。

《北宋东京与太原间驿路考》，王文楚，《中华文史论丛》2016 年第 1 辑。

《跨越自然的阻隔：清代金沙江中下游津渡与川滇交通》，姜建国，《中国历史地理论丛》2016 年第 4 辑。

《明代云南驿道交通的变迁及其原因》，姜建国，《烟台大学学报（哲学社会科学版）》2016 年第 6 期。

《近代中国灯塔空间体系初探》，伍伶飞，《海洋文明研究》2016 年第 8 期。

《清代浩罕与新疆之间的交通路线研究——以〈霍罕路程记〉为中心》，史雷，《历史地理》第三十四辑，上海人民出版社，2017 年。

《轮船招商局与晚清沪瓯海上交通》，戴鞍钢，《国家航海》第十九辑，上海古籍出版社，2017 年。

《关隘》，安介生、周妮，见彭兆荣主编《文化遗产关键词》第三辑，贵州人民出版社，2017 年。

《明清云贵地区的交通建设及其原因探析》，安介生、姜建国，《社会科学》2017 年第 2 期。

《宦游日记中的南宋时空纪行——以〈吴船录〉为中心》，刘斌，《安徽文学》2017 年第 6 期（下半月）。

《玄奘帕米尔东归路线的复原——基于 GPS 和实地考察的研究》，侯杨方，《历史地理》第三十六辑，复旦大学出版社，2018 年。

《丽水市莲都区的古道遗存及其在浙闽通道变迁中的位置》，邹怡，《历史地理》第三十八辑，复旦大学出版社，2019 年。

《清代徽商与长江中下游的城镇及贸易——几种新见徽州商编路程图记抄本研究》，王振忠，《安徽大学学报（哲学社会科学版）》2019 年第 1 期。

《产业政策与航运格局：以近代日本灯塔事业为中心》，伍伶飞、吴松弟，《复旦学报（社会科学版）》2019 年第 1 期。

《丝绸之路与西南历史交通地理》，葛剑雄，《思想战线》2019 年第 2 期。

《从丝绸之路到"一带一路"——"一带一路"的机遇和挑战》，葛剑雄，见罗家祥主编《华中国学》第 13 卷，华中科技大学出版社，2020 年。

《丝绸之路的历史地理背景》，葛剑雄，《西北工业大学学报（社会科学版）》2020 年第 1 期。

《天津地区内河航运的时空变迁》，樊如森，《运河学研究》第四辑，社会科学文献出版社，2020 年。

5-2. 军事

《秦关中北边长城》，禾子（谭其骧），《历史地理》第三辑，上海人民出版社，1983 年。

《论明代军屯的几个问题》，陈家麟，《中国史研究》1988 年第 1 期。

《赵佗犯长沙的路线与龁道县置废的年代》，张修桂，《历史地理》第六辑，上海人民出版社，1988 年。

《赤壁古战场历史地理研究》，张修桂，《复旦学报（社会科学版）》2004 年第 3 期。

《略论先秦至唐代关塞格局构建的时空进程》，安介生，《历史地理》第二十二辑，上海人民出版社，2007 年。

《韩滉与德宗——兼论德宗削藩战争中的镇海军》，李碧妍，《中华文史论丛》2011 年第 2 期。

《明中后期辽北军事地理考论——以万历〈开原图说〉为中心》，黄忠鑫、马桂菊，《博物馆研究》2012 年第 4 期。

《赤壁古战场的争论和旅游资源的开发——兼与冯金平先生商榷》，张修桂，《历史地理》第二十九辑，上海人民出版社，2014 年。

《明代镇守广东总兵设置考——兼论明代广东陆防与海防重心的时空演变》，韩虎泰，见纪宗安、汤开建主编《暨南史学》第十辑，广西师范大学出版社，2015 年。

《明代巡海向巡洋会哨制度的转变——兼论南海巡洋区划与连界会哨》，韩虎泰，《海南大学学报（人文社会科学版）》2015 年第 6 期。

《从现代地名看苗疆地区土司军事活动——兼论苗疆地区土司军事建制及防御系统》，周妮，《贵州文史丛刊》2016 年第 2 期。

《明代南海海防兵力部署初探》，韩虎泰，《海南师范大学学报（社会科学版）》2016 年第 3 期。

《南宋料角考——兼论南宋淮南东路及两浙东西路的海防体系》，王华震，《海洋文明研究》2016 年第 8 期。

《明代广东海防分路新考》，韩虎泰，《历史档案》2017 年第 2 期。

《1685 年第一次"雅克萨战役"前大清帝国致沙皇俄国的两封蒙古文书信》，齐光，见达力扎布主编《中国边疆民族研究》第十一辑，中央民族大学出版社，2018 年。

《论清代四川盆地寨堡的防御力和阶段性特征》，武磊，《西华师范大学学报（哲学社会科学版）》2018 年第 5 期。

《同治西北战争期间的粮食与饮水问题》，路伟东，《历史地理》第三十八辑，复旦大学出版社，2019 年。

《1730 年前後の戦争期におけるジュンガルの对清戦略》，齐光，见日本早稻田大学文学部东洋史研究室主编《史滴》第四十号，2019 年。

《博弈太行——宋廷亲征北汉陉口北移与粮食补给刍议》，马巍，《宋史研究论丛》第二十六辑，科学出版社，2020 年。

《清代西藏地方军事地理格局的演变》，孙宏年、苗鹏举，《中国边疆史地研究》2020 年第 3 期。

6. 历史文化地理

6-1. 综论

《方言与中国文化》，游汝杰、周振鹤，《复旦学报（社会科学版）》1985 年第 3 期。

《秦汉时期滨海地区的方士文化》，卢云，《复旦学报（社会科学版）》1988 年第 6 期。

《中国知识阶层的地域性格与政治冲突》，卢云，《复旦学报（社会科学版）》1990 年第 3 期。

《家谱与文化地理研究》，周振鹤，见上海图书馆编《中国谱牒研究》，上海古籍出版社，1999 年。

《中国文化的历史地理环境》，葛剑雄，见张岱年、方克立主编《中国文化概论》，北京师范大学出版社，1994 年。

《重视文化资源的开发与利用》，张晓虹，《探索与争鸣》2000 年第 6 期。

《历史人才分布研究中值得注意的三个问题》，葛剑雄，见缪进鸿、郑云山主编《中国东南地区人才问题国际研讨会文集》，浙江大学出版社，1993 年。

《浙江东阳近现代人才盛况及其人文背景浅析》，朱海滨，《中国历史地理论丛》1997 年第 2 辑。

《试论明清时期广西人才地理分布的演变及原因》，郑维宽，《河池学院学报（哲学社会科学版）》2006 年第 6 期。

《国家科举与地方家族文化：对浙江泰顺旧家谱的分析》，吴松弟，见复旦大学历史地理研究中心、哈佛大学哈佛燕京学社编《国家视野下的地方》，上海人民出版社，2014 年。

《宋代温州科举的兴盛及其背景》，朱海滨，《杭州师范大学学报》2015 年第 5 期。

《明代温州科举的衰落》，朱海滨，《历史地理研究》2019 年第 2 期。

《定额制度与区域文化的发展——基于清代长江三角洲地区的研究》，张伟然、梁志平，《中国历史地理论丛》2008 年第 3 辑。

《定额非"定额"——晚清各府州县学缺额研究》，梁志平，《兰州学刊》2009 年第 2 期。

《清代府州县学学额及专设学额的运作：基于长三角地区的研究》，梁志平、张伟然，《中国历史地理论丛》2011 年第 1 辑。

《明清学额制度之基层运作——以十七、十八世纪福建莆田、仙游两县学额争端为中心》，叶鹏，《"中研院"近代史研究所集刊》第 108 期，台北"中研院"近代史研究所，2020 年。

6-2. 综合文化区划

《西汉时期的文化区域与文化重心》，卢云，《历史地理》第五辑，上海人民出版社，1987 年。

《东汉时期的文化区域与文化重心》，卢云，见复旦大学编《中国文化研究集刊》第四辑，复旦大学出版社，1987 年。

《三国西晋时期的文化区域与文化重心》，卢云，《历史地理》第六辑，上海人民出版社，1988年。

《行政建置对湖南文化发展的影响》，张伟然，《中国方域》1993年第6期。

《试论湖南的历史文化区域》，张伟然，《地理学报》1995年第1期。

《关于西南早期文化源流的随想》，葛剑雄，《中华文化论坛》1995年第1期。

《历史时期湖北文化格局与交通形势变迁的关系》，张伟然，《历史地理》第十三辑，上海人民出版社，1996年。

《湖南文化的发展过程》，张伟然，《中国史研究》1996年第2期。

《从"九州异俗"到"六合同风"——两汉风俗区划的变迁》，周振鹤，《中国文化研究》1997年第4期。

《明代云南区域文化地理》，康健，见周振鹤主著《中国历史文化区域研究》，复旦大学出版社，1997年。

《江淮平原的人文》，邹逸麟，见谢觉民主编《自然、文化、人地关系》，科学出版社，1999年。

《福建文化地域性研究的若干理论思考》，林拓，《历史地理》第十六辑，上海人民出版社，2000年。

《陕西文化区划及其机制分析》，张晓虹，《人文地理》2000年第3期。

《陕西商雒地区文化归属试探》，张晓虹，见复旦大学历史地理研究中心主编《面向新世纪的中国历史地理学：2000年国际中国历史地理学术讨论会论文集》，齐鲁书社，2001年。

《福建文化地域格局的演变及其机制》，林拓，《人文地理》2001年第3期。

《元代福建文化地域格局的过渡性变化》，林拓，《历史地理》第十八辑，上海人民出版社，2002年。

《南宋徽州人文环境变迁与新安理学的形成》，杨晓光，《江淮论坛》2003年第6期。

《公元439年：河陇地域学术发展的转捩点》，李智君，《中国文化研究》2005年第2期。

《青海历史文化多元性及地域文化命名》，韩昭庆，《攀登》2006年第

5 期。

《试论徽州学术文化区形成的地理基础》，周晓光，《历史地理》第二十二辑，上海人民出版社，2007 年。

《试论明清时期广西的文化区域及形成机制》，郑维宽，《河池学院学报》2008 年第 3 期。

《"长江第一门户"吴淞的文化成长：历程、阶段及取向》，林拓、张修桂，《复旦学报（社会科学版）》2008 年第 5 期。

《略论明清"淮海文化圈"的形成及其地理环境——以阮元〈淮海英灵集〉及〈续集〉为核心的初步分析》，安介生，见谭宏、徐杰舜编《人类学与江河文明》，黑龙江人民出版社，2014 年。

6-3. 方言地理

《方言地理和历史行政地理的密切关系——以浙江方言分区为例》，游汝杰、周振鹤，《复旦学报（社会科学版）》1984 年第 2 期。

《一种新的方言区划分法的尝试》，游汝杰、周振鹤，《高等学校文科学报文摘》1984 年第 2 期。

《方言和文化史研究》，周振鹤、游汝杰，见复旦大学编《中国文化研究集刊》第一辑，复旦大学出版社，1984 年。

《人口变迁和语言演化的关系》，周振鹤、游汝杰，《上海社会科学院学术季刊》1986 年第 4 期。

《地名和语言研究》，游汝杰、周振鹤，《语文园地》1986 年第 7 期。

《湖南省方言区划及其历史背景》，周振鹤、游汝杰，《方言》1985 年第 4 期。

《方志所见上海地区 16—19 世纪方言地理》，周振鹤、游汝杰，见复旦大学中国历史地理研究所编《历史地理研究》第一辑，复旦大学出版社，1986 年。

《从语言学角度看栽培植物史》，游汝杰、周振鹤，《农业考古》1986 年第 2 期。

《现代汉语方言地理的历史背景》，周振鹤，《历史地理》第九辑，上海人民出版社，1990 年。

《南方地名分布的区域特征与古代语言的关系》,游汝杰、周振鹤,见尹达等主编《纪念顾颉刚学术论文集》,巴蜀书社,1990 年。

《关于〈安仁方言〉的若干问题》,张伟然,《湘潭师范学院学报》1998 年第 1 期。

《关于湖南安仁方言中句段关联助词的讨论》,张伟然,《中国语文》1999 年第 2 期。

《陕西方言地理格局的形成及其历史地理背景》,张晓虹,《历史地理》第十五辑,上海人民出版社,1999 年。

《楚语的演替与湖北历史时期的方言区域》,张伟然,《复旦学报(社会科学版)》1999 年第 2 期。

《浙江方言分布的历史人文背景——兼论语言底层与南方方言区的形成》,朱海滨,《历史地理》第二十五辑,上海人民出版社,2010 年。

《汉语方言地理是怎么形成的》,周振鹤,《地图》2009 年第 5 期。

《汉语用字的地域分异》,周振鹤,《咬文嚼字》2009 年第 10 期。

《楚语的演替和湖北历史时期的方言区域》,张伟然,《环球人文地理》2010 年第 6 期。

《浙江吴方言的分布格局及其形成机制》,朱海滨,见吴松弟、连晓鸣、洪振宇主编《走入历史的深处:中国东南地域文化国际学术讨论会论文集》,上海人民出版社,2011 年。

《南腔北调:汉语方言是怎样形成的》,周振鹤,《周口人文》2011 年第 4 期。

《基于语感资料的唐代汉语方言分区》,张伟然、张吾南,《历史地理》第三十六辑,复旦大学出版社,2017 年。

《浙江吴语的分布》,朱海滨,见浙江省河道管理总站、浙江省钱塘江管理局编《钱塘江文化论文集》,浙江人民出版社,2018 年。

Language/Music Contacts and Exchanges: Nomadic Mongolian Music Transformations in Ordos Area in the Early Twentieth Century, Zhang Xiaohong (张晓虹), Handbook of the Changing World Language Map, 2019.

6-4. 宗教、信仰地理

6-4-1. 宗教地理

《秦汉宗教地理略说》，周振鹤，见复旦大学编《中国文化研究集刊》第三辑，复旦大学出版社，1986 年。

《滨海地区的早期道教及其传播》，卢云，见复旦大学中国历史地理研究所编《历史地理研究》第二辑，复旦大学出版社，1990 年。

《南北朝佛教地理的初步研究（上篇）》，张伟然，《中国历史地理论丛》1991 年第 4 辑。

《东晋南朝时期湖南佛教的流布》，张伟然、李世红，《湖南师范大学社会科学学报》1991 年第 6 期。

《南北朝佛教地理的初步研究（下篇）》，张伟然，《中国历史地理论丛》1992 年第 1 辑。

《湖南隋唐时期佛教的地理分布》，张伟然，《佛学研究（中国佛教文化研究所学报）》1995 年第 4 期。

《湖北省境东晋南北朝的佛教传输与义学分布》，张伟然，《中国历史地理论丛》1999 年第 4 辑。

《同治回民起义与陕西天主教的传播》，张晓虹，《复旦学报（社会科学版）》2002 年第 6 期。

《陕西天主教教区的初步研究》，张晓虹，见郑培凯主编《九州学林》第八辑，复旦大学出版社，2005 年。

《晚清至民国时期陕西基督教宣教区研究》，张晓虹，《中国历史地理论丛》2006 年第 4 辑。

《吴淞江两岸寺院发展的时空过程》，张伟然，《历史地理》第二十二辑，上海人民出版社，2007 年。

《西晋泛海石佛传说与吴淞江边相关寺院历史》，张伟然、顾晶霞，见觉醒主编《觉群佛学》，宗教文化出版社，2008 年。

《南宋临安城寺庙分布研究》，牟振宇，《杭州师范学院学报（社会科学版）》2008 年第 1 期。

《也谈唐代佛教寺院分布的辑补——兼析敦煌文书〈诸山圣迹志〉的史料价值》，张伟然、聂顺新，《世界宗教研究》2008 年第 2 期。

《隋唐五代天台宗的地理分布》，张伟然、黄菊，见张建民主编《10 世纪以来长江中游区域环境、经济与社会变迁》，武汉大学出版社，2008 年。

《佛教地理的空间轨迹》，张伟然，《国家人文地理》2008 年第 3 期。

《中国佛教宗派形态的地域差异与地理环境》，张伟然，《东洋文化研究》2008 年第 10 期。

《清末至民国时期江南地区庙产兴学的时空分析》，欧阳楠、张伟然，《历史地理》第二十四辑，上海人民出版社，2010 年。

《影子官寺：长安兴唐寺与唐玄宗开元官寺制度中的都城运作》，聂顺新，《史林》2011 年第 4 期。

《天主教与晚清内蒙古西部地区的景观重构——以三盛公天主教社区为例》，张晓虹，见北京大学中国古代史研究中心编《舆地、考古与史学新说：李孝聪教授荣休纪念论文集》，中华书局，2012 年。

《近代上海城市寺庙变迁研究》，陈云霞，《中国历史地理论丛》2013 年第 4 辑。

《佛教空间与明清江南妇女生活——以"三言两拍"为中心》，张伟然、于淑娟，《九州》第五辑，商务印书馆，2014 年。

《河阴之变后北魏洛阳城的佛寺与乡里》，黄学超，《中原文化研究》2014 年第 3 期。

《19 世纪天主教蒙古传教区东部界线争端研究》，庄宏忠，《中国历史地理论丛》2016 年第 3 辑。

《明代青弋江流域佛教系统初探——以寺院的时空分布为中心》，王开队、周邦兴，《安徽史学》2017 年第 3 期。

《北宋皇后别庙空间布局演变研究》，贾鸿源，《河南大学学报（社会科学版）》2018 年第 5 期。

《众神共祀：宋元时期镇江地区宗教文化景观构建与背景分析》，安介生、周妮，《历史地理》第三十八辑，复旦大学出版社，2019 年。

《民国江南地区佛教会社研究》，徐安宁，《历史地理》第三十八辑，复旦大学出版社，2019 年。

《明清江南观音香汛的地域系统》，张伟然，《地理研究》2019 年第 6 期。

6-4-2. 信仰地理

《湖南古代的民间信仰及其区域差异》，张伟然，《中国历史地理论丛》1995 年第 4 辑。

《湖南民祀的区域差异》，张伟然，《宗教学研究》1995 年第 4 期。

《徽州"五通（显）"与明清以还福州的"五帝"信仰》，王振忠，《徽州社会科学》1995 年第 1—2 期。

《历史自然灾害与民间信仰——以近 600 年来福州瘟神"五帝"信仰为例》，王振忠，《复旦学报（社会科学版）》1996 年第 2 期。

《明清时期陕西民间信仰的区域差异》，张晓虹，《中国历史地理论丛》2000 年第 1 辑。

《太白山信仰与关中气候——感应与行为地理学的考察》，张晓虹、张伟然，《自然科学史研究》2000 年第 3 期。

《民间信仰中的政府行为——以陕西太白山信仰为例》，张晓虹，见复旦大学历史地理研究中心主编《自然灾害与中国社会历史结构》，复旦大学出版社，2001 年。

《清代徽州民间的灾害、信仰及相关习俗——以婺源县浙源乡孝悌里凰腾村文书〈应酬便览〉为中心》，王振忠，《清史研究》2001 年第 2 期。

《浙江地方神信仰的区域差异》，朱海滨，《历史地理》第十七辑，上海人民出版社，2001 年。

《体系化与分散化：明清福建民间信仰沿海与内陆的分异形态》，林拓，《历史地理》第十七辑，上海人民出版社，2001 年。

《明清徽州的祭祀礼俗与社会生活——以〈祈神奏格〉展示的民众信仰世界为例》，王振忠，《历史人类学刊》2003 年第 2 期。

《江南周宣灵王信仰的发生及其演变》，朱海滨，《史林》2008 年第 2 期。

《明清时期岭南三界神信仰考论》，郑维宽，《岭南文史》2008 年第 2 期。

《民间信仰的区域化与本土化——以陕南杨泗将军为例》，张晓虹，《陕西师大学报（哲学社会科学版）》2008 年第 6 期。

《关中气候刺激下的太白山信仰》，张伟然、张晓虹，《国家人文地理》2008 年第 11 期。

《民间信仰——中国最重要的宗教传统》，朱海滨，《江汉论坛》2009 年第 3 期。

《近世浙江、韩国的祖先崇拜比较》，朱海滨，见金泽等主编《宗教人类学》第一辑，民族出版社，2009 年。

《民间信仰的地域性——以浙江胡则神为例》，朱海滨，《社会科学研究》2009 年第 4 期。

《近世韩国洞神与中国江南土地神崇拜的比较》，朱海滨，《历史地理》第二十四辑，上海人民出版社，2010 年。

《四邻地主：社区空间中的村庙系统——以明清时期泰顺四都为例》，祁刚，《历史地理》第二十四辑，上海人民出版社，2010 年。

《明清时期黄河流域金龙四大王信仰的地域差异》，张晓虹、程佳伟，《历史地理》第二十五辑，上海人民出版社，2011 年。

《国家武神关羽明初兴起考——从姜子牙到关羽》，朱海滨，《中国社会经济史研究》2011 年第 1 期。

《近世浙江丧葬习俗的区域特征及地域差异》，朱海滨，《中国历史地理论丛》2011 年第 3 辑。

《明清徽州乡村的信仰景观——以歙县丰南为中心的微观考察》，张灵超，《徽州社会科学》2011 年第 5 期。

《中国民间信仰中的合祀问题研究——以河南方志资料为中心》，赵天改，《理论界》2010 年第 11 期。

《东南沿海地区的五通神信仰》，薛理禹，《寻根》2011 年第 4 期。

《山西汾阳太符观壁画所揭示的村落民众信仰》，郝红霞，《文物世界》2012 年第 3 期。

《华云进香：民间信仰、朝山习俗与明清以来徽州的日常生活》，王振忠，《地域文化研究》2013 年第 2 期。

《近代上海城市鲁班庙分布及功能研究》，陈云霞，《历史地理》第二十七辑，上海人民出版社，2013 年。

《明清漕运与淮安天妃信仰的变迁》，王聪明，《安徽史学》2014 年第 6 期。

《徽州民间宗教的多元图景》，王振忠，《徽州社会科学》2014 年第 10 期。

《潮神崇拜与钱塘江沿岸低地开发——以张夏神为中心》，朱海滨，《历史地理》第三十一辑，上海人民出版社，2015 年。

《城市地域信仰的形成及转型——以近代上海瞿真人信仰研究为例》，陈云霞，《历史地理》第三十二辑，上海人民出版社，2015年。

《信仰与空间的互动——〈夷坚志〉行瘟故事探析》，贾鸿源，《地方文化研究》2015年第6期。

《明中期以降关羽信仰的普及——以东南地区为中心》，朱海滨，《历史地理》第三十三辑，上海人民出版社，2016年。

《清末民国江南地区跨境迎神赛会的社会空间——以吴江"双杨会"为中心》，方志龙，《历史地理》第三十三辑，上海人民出版社，2016年。

《明代浙江城隍周新信仰成立考——兼论省城隍神的诞生》，朱海滨，《上海师范大学学报（哲学社会科学版）》2016年第3期。

《明代温州的民间信仰》，朱海滨，见唐力行主编《江南社会历史评论》第十五期，商务印书馆，2019年。

《清代温州的民间信仰》，朱海滨，《中华文化论坛》2019年第5期。

6-5. 风俗、艺术及其他

《秦汉风俗地理区划浅议》，周振鹤，《历史地理》第十三辑，上海人民出版社，1996年。

《先秦两汉时期婚姻礼制的地域扩展与阶层传播》，卢云，《历史地理》第八辑，上海人民出版社，1990年。

《湖南岁时习俗的区域差异》，张伟然，《求索》1994年第2期。

《太平天国仪服文化及其与戏剧赛会的关系》，张伟然，《复旦学报（社会科学版）》1996年第3期。

《明清时期陕西岁时民俗的区域差异》，张晓虹，《中国历史地理论丛》1997年第2辑。

《清代陕西婚俗地域分布的初步研究》，张晓虹，《陕西师范大学学报（哲学社会科学版）》1997年第2期。

《唐宋时期峡江女性的形象及日常生活》，张伟然，《中国文化研究》1998年第2期。

《清代陕西岁时民俗的区域差异》，张晓虹，《地理学报》1998年第S1期。

《明清时期陕西商品经济的发展与社会风尚的嬗递》，张晓虹、郑召利，

《中国社会经济史研究》1999年第3期。

《试论民初江苏社会风尚的变迁》，孙宏年，《江海学刊》1999年第4期。

《〈朱峙三日记〉所见晚清武昌县民俗及其变迁》，王振忠，《民俗研究》2001年第1期。

《上海：二十世纪三十年代的中国戏曲文化中心》，盛丰，《复旦学报（社会科学版）》2002年第3期。

《祈雨习俗及其地域差异——以传统社会后期的江南地区为中心》，林涓，《中国历史地理论丛》2003年第1辑。

《讨鼓旗——以女性丧礼为中心的经济与法律问题》，张伟然，《历史人类学学刊》2003年第2期。

《亲情的变迁及地域类型——以湘东南的再婚女性对子女为中心》，张伟然，《历史地理》第二十辑，上海人民出版社，2004年。

《浙江岁时习俗的区域差异》，朱海滨，见郭声波、吴宏岐主编《南方开发与中外交通：2006年中国历史地理国际学术研讨会论文集》，西安地图出版社，2007年。

《近世浙江岁时习俗的地域差异》，朱海滨，《历史地理》第二十二辑，上海人民出版社，2007年。

《困顿与坚守——从〈退想斋日记〉看清末民初晋中岁时风俗与节庆文化之变迁》，安介生，《中国非物质文化遗产》2007年第3辑。

《南宋临安节日活动的时空结构研究》，张晓虹、牟振宇、陈琍、丁雁南，《中国历史地理论丛》2008年第4辑。

《谈济宁文化风俗与京杭大运河》，乔飞、郑微微，《知识经济》2009年第16期。

《浙江节日习俗的区域特征及地域差异》，朱海滨，见李松等主编《节日研究》第二辑，山东大学出版社，2010年。

《陇右地区端午旋鼓风俗的源与流——基于文献和田野的考察》，晏波，《兰州学刊》2010年第3期。

《近世浙江婚俗的区域特征及地域差异》，朱海滨，见周宁主编《人文国际》第3辑，厦门大学出版社，2011年。

《明清陕西商贾流寓与扬州秦腔文化流行区》，张健，《中国历史地理论丛》2011 年第 2 辑。

《浙江泰顺宗祠祭祖的考察与初步研究》，吴松弟、吴庆功，见北京大学中国古代史研究中心编《舆地、考古与史学新说：李孝聪教授荣休纪念论文集》，中华书局，2012 年。

《近代典妻风俗的地域分布——兼评叶丽娅〈典妻史〉》，徐建平，见郑培凯主编《九州学林》第三十一辑，上海人民出版社，2013 年。

《"禁火"、"改火"与历史时期寒食节风俗之演变》，安介生，见行龙、徐杰舜主编《人类学与黄土文明》，黑龙江人民出版社，2015 年。

《寒食节缘起与介休乡土地理新论》，安介生，《中原文化研究》2016 年第 1 期。

《却望并州是故乡——唐诗所见晋中地域环境简论》，安介生，《晋阳学刊》2019 年第 3 期。

《北宋画家之地理分布》，赵振宇，《艺术工作》2016 年第 4 期。

《明代画家之地理分布研究》，赵振宇，《荣宝斋》2016 年第 5 期。

《清代绘画地理格局探析——以清代画家分布为线索》，赵振宇，《荣宝斋》2016 年第 6 期。

《五代画家地理分布考述》，赵振宇，《西北美术》2017 年第 2 期。

《先秦时期的俗乐区域与雅乐中心》，卢云，见复旦大学中国历史地理研究所编《历史地理研究》第二辑，复旦大学出版社，1990 年。

《汉水流域传统音乐文化形成的历史地理背景》，张晓虹，《黄钟》2016 年第 1 期。

《倾听之道：Soundscape 研究的缘起与发展》，张晓虹，《文汇报》2017 年 3 月 31 日。

《清代乐律学家地理分布研究》，石林昆、赵振宇，《中国音乐学》2017 年第 2 期。

《民国时期鄂尔多斯地区音乐地理研究》，张晓虹、薛九英，《民族艺术研究》2018 年第 6 期。

《地方、政治与声音景观：近代陕北民歌的传播及其演变》，张晓虹，

《云南大学学报（社会科学版）》2019 年第 2 期。

6-6. 文化感知和地理意象

《释江南》，周振鹤，《中华文史论丛》第四十九辑，上海古籍出版社，1992 年。

《释"湖湘"》，张伟然，《江汉论坛》1994 年第 5 期。

《湖北历史时期的感觉文化区》，张伟然，《历史地理》第十六辑，上海人民出版社，2000 年。

《"江汉好游"：女性形成的文化景观》，张伟然，《历史地理》第十五辑，上海人民出版社，1999 年。

《原型空间初论——以白居易的江州诗为例》，左鹏，《历史地理》第十八辑，上海人民出版社，2002 年。

《〈石钟山记〉的表述过程与思维过程》，张伟然，《文史知识》2003 年第 5 期。

《唐人心目中的文化区域及地理意象》，张伟然，见李孝聪主编《唐代地域结构与运作空间》，上海辞书出版社，2003 年。

《巫山神女：一种文学意象的地理渊源》，林涓、张伟然，《文学遗产》2004 年第 2 期。

《诗性空间：唐代西北边塞诗意象地理研究》，李智君，《宁夏社会科学》2004 年第 6 期。

《杜诗中的"江汉"》，张伟然，《文史知识》2005 年第 1 期。

《何处是江南》，张伟然，《江南论坛》2005 年第 2 期。

《唐代的南北地理分界线及相关问题》，张伟然、周鹏，《中国历史地理论丛》2005 年第 2 辑。

《中古乐府诗中的地理意象》，李刚，《中国历史地理论丛》2005 年第 4 辑。

《潇湘的意象及历史》，张伟然，《历史学家茶座》第六辑，山东人民出版社，2006 年。

《历史学者说：江南是沿革》，周振鹤，《中国国家地理》2007 年第 3 期。

《中古文学作品中"江汉"含义的再讨论》，张伟然，《华中师范大学学报（人文社会科学版）》2008 年第 4 期。

《泛称与特指：明清时期江南区域范围的变化》，段伟，见陆文宝主编《江南水乡文化：江南水乡与社会文化变迁学术研讨会论文特辑》，中国艺术出版社，2009 年。

《〈坛经〉中的岭南文化》，张伟然，见杨源兴主编《禅和之声》，宗教文化出版社，2009 年。

《旧秩序衰解前的内陆重镇——晚清西安城市意象解读》，张晓虹，《陕西师范大学学报（哲学社会科学版）》2010 年第 4 期。

《文学中的地理意象》，张伟然，《读书》2014 年第 10 期。

《潇湘都市说》，李四知（张伟然），《中国三峡》2016 年第 1 期。

《荆楚地域文化研究大有可为》，张伟然，《长江大学学报（社科版）》2017 年第 4 期。

《越韵吴风：吴越文化共轭中的嘉兴》，宋可达，《历史地理》第三十五辑，复旦大学出版社，2017 年。

《从吴地到越地：吴越文化共轭中的湖州》，张伟然、宋可达，《中国历史地理论丛》2018 年第 1 辑。

《东晋南朝时人对南方山林的地理认知》，张伟然、夏军，《云南大学学报（社会科学版）》2018 年第 1 期。

《圣山重塑：中古以降佛教须弥山世界与西域地理意象》，孙健，《地域文化研究》2018 年第 6 期。

《唐代文学中的江南》，张伟然，见胡阿祥、吴景平、虞云国等著《江南纪》，学林出版社，2020 年。

6-7. 文化传播

《明清时期苏州府梨园子弟的播迁》，张敏，《复旦学报（社会科学版）》1997 年第 6 期。

《唐代长安流行文化的传播地域及方式》，张晓虹，见李孝聪主编《唐代地域结构与运作空间》，上海辞书出版社，2003 年。

《唐代士人的流迁与北方文化南传之途径》，姜修宪，《齐鲁学刊》2005 年第 5 期。

《丝绸之路与唐代流行文化及其空间格局》，张晓虹，《交响（西安音乐学院学报）》2017 年第 3 期。

7. 历史社会地理与区域社会史

《历史地名变迁的社会地理背景——以明清以来的皖南低山丘陵为中心》，王振忠，《上海师范大学学报（哲学社会科学版）》2008 年第 3 期。

《从〈宦游笔记〉看 18 世纪中国的社会地理景观》，王振忠，见北京大学中国古代史研究中心编《舆地、考古与史学新说》，中华书局，2012 年。

《客家人与太平天国》，王振忠，《岭南文史》1993 年第 1 期。

《十九世纪华北绍兴师爷网络之个案研究——从〈秋水轩尺牍〉、〈雪鸿轩尺牍〉看"无绍不成衙"》，王振忠，《复旦学报（社会科学版）》1994 年第 4 期。

《明清时期"绍兴刀笔"与绍兴乡土习俗的传播》，王振忠，见陈少峰主编《原学》第一辑，中国广播电视出版社 1994 年。

《凤阳花鼓新证》，王振忠，《复旦学报（社会科学版）》1995 年第 2 期。

《从祖籍地缘到新的社会圈——关于明清时期侨寓徽商土著化的三个问题》，王振忠，见陈少峰主编《原学》第二辑，中国广播电视出版社，1995 年。

《徽州文会初探》，葛庆华，《江淮论坛》1997 年第 4 期。

《闽粤赣三省毗邻地区的社会变动与客家形成》，曹树基，《历史地理》第十四辑，上海人民出版社，1998 年。

《〈唐土门簿〉与〈海洋来往活套〉——佚存日本的苏州徽商资料及相关问题研究》，王振忠，《江淮论坛》1999 年第 2 期。

《同善堂规则章程——介绍徽商与芜湖的一份史料》，王振忠，《安徽大学学报（哲学社会科学版）》1999 年第 4 期。

《新近发现的徽商信函所见"徽侨"及相关史实》，王振忠，《中华文史论丛》第六十辑，上海古籍出版社，1999 年。

《契兄、契弟、契友、契父、契子——围绕着日本汉文小说〈孙八救人得福〉的历史民俗背景解读》，王振忠，台北《汉学研究》2000 年第 1 期。

《一个徽州山村社会的生活世界——新近发现的"歙县里东山罗氏文书"研究》，王振忠，《中国社会历史评论》2000 年第 2 期。

《论明清徽商在浙江衢、严二府的活动》，祝碧衡，《中国社会经济史研究》2000 年第 3 期。

《晚清哥老会势力的分布及其产生的社会条件》，祝碧衡，《四川大学学报（哲学社会科学版）》2000 年第 3 期。

《黄宾虹〈新安货殖谈〉的人文地理价值》，王振忠，《历史教学问题》2000 年第 5 期。

《晚清徽州民众生活及社会变迁——〈陶甓公牍〉之民俗文化解读》，王振忠，见安徽大学徽学研究中心编《徽学》（2000 年卷），安徽大学出版社，2001 年。

《清代一个徽州村落的文化与社会变迁——以〈重订潭滨杂志〉为中心》，王振忠，见朱国宏等著《中国社会变迁：反观与前瞻》，复旦大学出版社，2001 年。

《徽州旅浙硖石同乡会与〈徽侨月刊〉》，王振忠，《福建论坛（人文社会科学版）》2001 年第 2 期。

《十九世纪徽州民俗风情的素描》，王振忠，《寻根》2001 年第 3 期。

《宁绍信客研究》，王振忠，见复旦大学历史地理研究中心主编《面向新世纪的中国历史地理学：2000 年国际中国历史地理学术讨论会论文集》，齐鲁书社，2001 年。

《上海徽州典当商生活一瞥——民国时期婺源方氏典商信函研究》，王振忠，《上海研究论丛》第十三辑，上海社会科学院出版社，2001 年。

《无徽不成镇图说——定远方氏与北炉桥镇》，王振忠，《寻根》2002 年第 2 期。

《徽州人编纂的一部商业启蒙书——〈日平常〉抄本》，王振忠，《史学月刊》2002 年第 2 期。

《徽商与清民国时期的信客与信局》，王振忠，见武汉大学中国传统文化与现代化研究中心编《人文论丛（2001 年卷）》，武汉大学出版社，2002 年。

《新安江上的徽商武装巡船》，王振忠，《寻根》2003 年第 2 期。

《清代城市社会公共事业的运作——以杭州城消防事业为中心》,邹怡,《清史研究》2003 年第 4 期。

《清末以来会馆的地理分布——以东亚同文书院调查资料为依据》,薄井由,《中国历史地理论丛》2003 年第 3 辑。

《明清江南乡村民众的生活与地区差异》,冯贤亮,《中国历史地理论丛》2003 年第 4 辑。

《抄本〈信书〉所见金陵典铺伙计的生活》,王振忠,《古籍研究》2004 年第 2 期。

《从粮食事件看晚清徽州绅商的社会作用——以〈歙地少请通浙米案呈稿〉和〈祁米案牍〉为例》,吴媛媛,《安徽史学》2004 年第 6 期。

《清代、民国时期江浙一带的徽馆研究——以扬州、杭州和上海为例》,王振忠,见熊秉真、熊月之主编《明清以来江南社会与文化论集》,上海社会科学院出版社,2004 年。

《〈汪作黼同年哀挽录〉中的徽州典商事迹》,王振忠,《安徽史学》2005 年第 2 期。

《从新发现的徽州文书看"叫魂"事件》,王振忠,《复旦学报(社会科学版)》2005 年第 2 期。

《清代至民国初年徽州黟县商人初探》,赵力、范喜霞,《保定师范专科学校学报》2005 年第 3 期。

《〈新安吕氏宗谱〉中的一份明初徽州户帖》,王振忠,《华南研究资料中心通讯》第四十期,香港科技大学华南研究会,2005 年。

《明清以来汉口的徽商与徽州人社区》,王振忠,见李孝悌编《中国的城市生活》,台北联经出版事业股份公司,2005 年。

《清代徽州典铺伙计之信函汇集》,王振忠,《历史文献》第九辑,上海古籍出版社,2005 年。

《清末民初江南地方慈善组织的经营实态:以川沙至元堂为中心(1895—1927)》,王大学,见章开沅、严昌洪主编《近代史学刊》第 2 辑,华中师范大学出版社,2005 年。

《明清文献中"徽商"一词的初步考察》,王振忠,《历史研究》2006 年第 1 期。

《九姓渔民来源新探》，朱海滨，《中国历史地理论丛》2006年第2辑。

《从〈应星日记〉看晚明清初的徽州乡土社会》，王振忠，《社会科学》2006年第12期。

《堕民来源新探》，朱海滨，见郑培凯主编《九州学林》第十三期，复旦大学出版社，2006年。

《"徽州朝奉"与"绍兴师爷"——读〈萧山长潭鲍氏宗谱〉札记》，王振忠，见王岳红主编《谱牒学论丛》第一辑，山西古籍出版社，2006年。

《慈善与教育：政区变迁中地方组织间的冲突——以民国初年松江撤府为中心》，王大学、刘明明，见章开沅、严昌洪主编《近代史学刊》第3辑，华中师范大学出版社，2006年。

《从谱牒史料谈徽州墨商的几个问题——以光绪戊戌环川〈（璁公房修）詹氏支谱〉为中心》，王振忠，《安徽史学》2008年第1期。

《明清徽州宗族的分房与轮房——以文书资料为中心》，刘道胜，《安徽史学》2008年第2期。

《晚清民国时期的徽州宗族与地方社会——黟县碧山何氏之〈族事汇要〉研究》，王振忠，《社会科学战线》2008年第4期。

《万历〈歙志〉所见明代商人、商业与徽州社会》，王振忠，《传统中国研究集刊》第五辑，上海人民出版社，2008年。

《瞻彼淇奥：族姓纷争与清代前期的徽州社会》，王振忠，见唐力行主编《江南社会历史评论》第一期，商务印书馆，2009年。

《晚清婺源墨商与墨业研究》，王振忠，《徽学研究》2009年第1期。

《元代安徽地区的书院》，陈瑞，《合肥师范学院学报》2009年第1期。

《清代江南徽州典当商的经营文化——哈佛燕京图书馆所藏典当秘籍四种研究》，王振忠，见刘东主编《中国学术》第二十五辑，商务印书馆，2009年。

《清朝民国时期的善书与徽州社会》，王振忠，见米盖拉等主编《徽州：书业与地域文化》，《法国汉学》第十三辑，中华书局，2010年。

《乡绅支大纶"志徐节妇"事及所见晚明嘉善地域社会》，林宏，《史学月刊》2011年第11期。

《明清以来徽州的保安善会与"五隅"组织》，王振忠，《民俗曲艺》第一七四期（"华中、南与台湾的宗教与社会"专辑），台北财团法人施合郑民俗文化基金会，2011年。

《清代前期徽州民间的日常生活——以婺源民间日用类书〈目录十六条〉为例》，王振忠，见胡晓真、王鸿泰编《日常生活的论述与实践》，台北允晨文化实业股份有限公司，2011年。

《清末民初福州的古田商帮——以福州古田会馆碑刻为中心的考察》，黄忠鑫，《中国经济史研究》2012年第1期。

《徽州歙县白杨源：一个盆地小区域社会的初步调查与研究》，王振忠，《上海师范大学学报（哲学社会科学版）》2012年第3期。

《19世纪70年代初上海城区犯罪空间分析——以〈申报〉为中心》，杨晓光，《历史地理》第二十六辑，上海人民出版社，2012年。

《清·民国期の江南の徽馆——杭州と上海を事例にして》，王振忠，《年报都市史研究》第19号《伝統都市論》，山川出版社，2012年.

《从婺源虹关文书看晚清上海徽帮学徒的社会生活》，王振忠、朱红，《安徽师范大学学报（人文社会科学版）》2013年第2期。

《宁国商人再探：明清皖南商帮的兴起及其地域分化》，李甜、陆洋，《中国经济史研究》2013年第3期。

《清代以来江南的徽馆业》，王振忠，《徽州社会科学》2014年第1期。

《1935年保学在婺源的推行及其折射的社会变迁——以〈徽光〉杂志的记述为中心》，邹怡，《安徽大学学报（哲学社会科学版）》2014年第4期。

《闽南贸易背景下的民间日用类书——〈指南尺牍生理要诀〉研究》，王振忠，《安徽史学》2014年第5期。

《试论清朝、民国时期徽州会馆征信录的史料价值》，王振忠，见黄浙苏主编《会馆与地域文化：2013中国会馆保护与发展（宁波）论坛论文集》，文物出版社，2014年。

《〈皖歙岔口村风土志略〉的标点与整理》，王振忠，《新安》2015年第2期。

《20世纪初以来的村落调查及其学术价值——以社会学家吴景超的〈皖歙岔口村风土志略〉为例》，王振忠，《安徽大学学报（哲学社会科学版）》2015年第3期。

《善欲何为：明清时期北京歙县会馆研究（1560—1834）》，邹怡，《史林》

2015 年第 5 期。

《商邦、产业分布与城市空间——17 世纪以来景德镇徽州会馆之管理与运作》，王振忠，《历史地理》第三十三辑，上海人民出版社，2016 年。

《民国时期江南城镇的生活形态与社会习尚》，冯贤亮，见唐力行主编《江南社会历史评论》第八期，商务印书馆，2016 年。

《清代安徽慈善组织时空特征初探》，王大学，《社会科学》2017 年第 12 期。

《清代皖江水上救生事业初探》，杨伟兵、杨斌，《苏州大学学报（哲学社会科学版）》2018 年第 3 期。

《近代上海徽馆业的分布与变迁》，周炫宇，《历史地理》第三十六辑，复旦大学出版社，2018 年。

《商帮、产业分布与城市空间——17 世纪以来景德镇徽州会馆之管理与运作研究》，王振忠，见马学强、[日] 塚田孝主编《中日城市史研究论集》，商务印书馆，2019 年。

《晚清民国徽州的日常生活与乡村治理——以稿本〈开检可观〉为例》，王振忠，《安徽大学学报（哲学社会科学版）》2020 年第 1 期。

《晚清徽商与宁波新安会馆之建立》，王振忠，《徽州社会科学》2020 年第 5 期。

《历史地理与徽学研究》，葛剑雄，见安徽大学徽学研究中心编《徽学》（2000 年卷），安徽大学出版社，2001 年。

《民间档案文书与徽州社会史研究的拓展》，王振忠，《天津社会科学》2001 年第 5 期。

《从历史地理看徽商的兴衰》，葛剑雄，《安徽史学》2004 年第 5 期。

《新发现的徽州文书与徽学研究的新进展》，王振忠，《探索与争鸣》2004 年第 12 期。

《明清时期徽商社会形象的文化透视》，王振忠，《复旦学报（社会科学版）》1993 年第 6 期。

《两淮“商籍”何以无徽商》，王振忠，《盐业史研究》1994 年第 1 期。

《河政与清代社会》，王振忠，《湖北大学学报（哲学社会科学版）》1994

年第 2 期。

《"徽州朝奉"的俗语学考证》,王振忠,《中国社会经济史研究》1996年第 4 期。

《浅论浙江东阳"百工之乡"的形成背景及历史变迁》,朱海滨,《浙江学刊》1998 年第 1 期。

《〈唐土门簿〉与〈海洋来往活套〉——佚存日本的苏州徽商资料及相关问题研究》,王振忠,《江淮论坛》1999 年第 2 期。

《〈唐土门簿〉与〈海洋来往活套〉——佚存日本的苏州徽商资料及相关问题研究(续)》,王振忠,《江淮论坛》1999 年第 3 期。

《民国年间流传于徽州的一册〈(新刻)花名宝卷〉》,王振忠,《古籍研究》1999 年第 3 期。

《徽州商业文化的一个侧面——反映民国时期上海徽州学徒生活的十封书信》,王振忠,《复旦学报(社会科学版)》1999 年第 4 期。

《徽商展墓日记所见徽州的社会与民俗——以〈(歙县)大阜潘氏支谱附编文诗钞〉为中心》,王振忠,见上海图书馆编《中国谱牒研究》,上海古籍出版社,1999 年。

《抄本〈三十六串〉介绍——清末徽州的一份民间宗教科仪书》,王振忠,《华南研究资料中心通讯》第十四期,香港科技大学华南研究会,1999 年。

《徽州文书所见种痘及相关习俗》,王振忠,《民俗研究》2000 年第 1 期。

《一部反映徽商活动的佚名无题抄本》,王振忠,《河南商业高等专科学校学报》2000 年第 1 期。

《抄本〈便蒙习论〉——徽州民间商业书的一份新史料》,王振忠,《浙江社会科学》2000 年第 2 期。

《传统社会末期江南地区的行业生活与互济行为——以苏州府为中心》,冯贤亮,《思想战线》2000 年第 2 期。

《〈应急(杂字)〉——介绍新近发现的一册徽州启蒙读物》,王振忠、朱红,《古籍研究》2000 年第 4 期。

《徽商家族文书与徽州族谱——黟县史氏家族文书抄本研究》,王振忠,见上海图书馆编《中华谱牒研究——迈入新世纪中国族谱国际学术研讨会论文集》,上海科学技术文献出版社,2000 年。

《稀见清代徽州商业文书抄本十种》，王振忠，《华南研究资料中心通讯》第二十期，香港科技大学华南研究会，2000 年。

《徽商日记所见汉口茶商的社会生活——徽州文书抄本〈日知其所无〉笺证》，王振忠，见复旦大学文物与博物馆学系编《文化遗产研究集刊》第二辑，上海古籍出版社，2001 年。

《徽州的春祈祭社——介绍一份社祭菜单》，王振忠，《华南研究资料中心通讯》第二十五期，香港科技大学华南研究会，2001 年。

《老朝奉的独白：徽商程国儇相关文书介绍》，王振忠，《华南研究资料中心通讯》第二十九期，香港科技大学华南研究会，2002 年。

《抄本〈习登日记〉——一册徽州学徒的日记》，王振忠，《古籍研究》2002 年第 2 期。

《清代徽商的〈弄月嘲风〉》，王振忠，《寻根》2002 年第 4 期。

《榜青与社会流动——近代东蒙地区社会转型的过程透视》，王建革，《近代史研究》2002 年第 5 期。

《少林武术与徽商及明清以还的徽州社会》，王振忠，见朱万曙主编《徽学》第 3 卷，安徽大学出版社，2004 年。

《徽州女童的战争日记——1937—1938 年的〈腾正日记〉抄本》，王振忠，《安徽师范大学学报（人文社会科学版）》2005 年第 2 期。

《新安江的路程歌及其相关歌谣》，王振忠，《史林》2005 年第 4 期。

《收集、整理和研究徽州文书的几点思考》，王振忠，《史学月刊》2005 年第 12 期。

《清代一个徽州小农家庭的生活状况——对〈天字号阄书〉的考察》，王振忠，《上海师范大学学报（哲学社会科学版）》2006 年第 1 期。

《社会节奏与自然节律的契合——近代江南地区的农事活动与乡村娱乐》，王加华，《史学月刊》2006 年第 3 期。

《稿本〈南旋日记〉与胡雪岩籍贯之争的再探讨》，王振忠，《徽州社会科学》2006 年第 4 期。

《徽商章回体自传〈我之小史〉的发现及其学术意义》，王振忠，《史林》2006 年第 5 期。

《晚清徽州民间社会生活管窥——〈新旧碎锦杂录〉抄本两种整理札

记》，王振忠、陶明选，《安徽史学》2006 年第 5 期。

《从山西宗藩看明朝中后期出现的"宗禄困境"》，安介生，见行龙、杨念群主编《区域社会史比较研究》，社会科学文献出版社，2006 年。

《18 世纪一个贡生眼中的徽州社会——关于〈澄潭山房古文存稿〉的史料价值》，王振忠，《天津社会科学》2007 年第 1 期。

《寻根途上的徽州人》，王振忠，《寻根》2007 年第 1 期。

《论邱熺与牛痘在华之传播》，董少新，《广东社会科学》2007 年第 1 期。

《从艾儒略〈性学觕述〉看明末清初西医入华与影响模式》，董少新，《自然科学史研究》2007 年第 1 期。

《明清徽州民间契约关系的维系》，刘道胜，《安徽师范大学学报（人文社会科学版）》2007 年第 2 期。

《新官绅及乡镇权力结构——以浙江省海宁县长安镇为中心》，丰箫，《清华大学学报（哲学社会科学版）》2007 年第 2 期。

《扬州澡堂：江南那池"忘忧汤"》，王振忠，《中国国家地理》2007 年第 3 期。

《古代书札：传统社会的情感档案》，王振忠，《历史学家茶座》第七辑，山东人民出版社，2007 年。

《寄往上海安亭镇的晚清徽州典商信札考释》，王振忠，《亚洲研究集刊》第三辑，复旦大学出版社，2007 年。

《明清徽州宗族的"公匣"制度》，刘道胜，《中国农史》2008 年第 1 期。

《徽州村落文书的形成——以〈新安上溪源程氏乡局记〉抄本二种为例》，王振忠，《社会科学》2008 年第 3 期。

《清代徽州族长的权力简论》，陈瑞，《安徽史学》2008 年第 4 期。

《明清徽州的民间调处及其演变——以文书资料为中心的考察》，刘道胜，《安徽师范大学学报（人文社会科学版）》2008 年第 4 期。

《明清时期徽州宗族对族人的职业控制》，陈瑞，《安徽大学学报（哲学社会科学版）》2008 年第 4 期。

《从〈歙县修志私议〉到民国〈歙县志〉——有关徽州方志史家许承尧的新史料之研究》，王振忠，见卞利主编《徽学》第 5 卷，安徽大学出版社，2008 年。

《清末徽州新式教育经费的筹措与配置研究》，张小坡，《安徽史学》2008 年第 5 期。

《明清以来的徽州日记及其学术价值》，王振忠，《传统中国研究集刊》第四辑，上海人民出版社，2008 年。

《清末徽州学生的〈庚戌袖珍日记〉》，王振忠，《安徽史学》2009 年第 1 期。

《明清徽州合同契约与民间合约关系》，刘道胜，《安徽大学学报（哲学社会科学版）》2009 年第 1 期。

《元代徽州的宗族建设》，陈瑞，《安徽师范大学学报（人文社会科学版）》2009 年第 2 期。

《公匣制度与明清徽州民间文书的保存》，刘道胜，《图书馆杂志》2009 年第 2 期。

《明清时期徽州宗族内部的伦常秩序控制》，陈瑞，《江海学刊》2009 年第 3 期。

《明清徽州宗子考论》，陈瑞，《学术界》2009 年第 5 期。

《清代扬州盐商宋迪文信函汇编之考释》，王振忠，《东吴历史学报》第 21 期，台北东吴大学，2009 年。

《在田野中解读历史：徽州文书与实地调查》，王振忠，《探索与争鸣》2009 年第 6 期。

《黄山白岳之间的徽州与徽商》，王振忠，《国家人文地理》2009 年第 8 期。

《徽州文书与传统中国研究》，王振忠，《徽州社会科学》2009 年第 8 期。

《〈皇明条法事类纂〉所见明成弘时期"奢靡"之风》，吴启琳，《中国社会历史评论》2009 年第 10 期。

《清、民国时期徽州征信录及其史料价值》，王振忠，《江南与中外交流》第三辑，复旦大学出版社，2009 年。

《晚清徽州典商信札考释》，王振忠，《徽州文化研究》2010 年第 1 期。

《从徽州征信录看清民国时期徽商的活动》，王振忠，《徽州文化研究》2010 年第 3 期。

《明清时期徽州宗族中的房长及其权力》，陈瑞，《安徽大学学报（哲学社会科学版）》2010 年第 6 期。

《旌德隐龙方氏与清代徽州宗族组织的扩大》，李甜，《安徽史学》2010年第6期。

《明以前徽州余氏家族史管窥——哈佛燕京图书馆所藏〈婺源沱川余氏族谱〉及其史料价值》，王振忠，见卞利主编《徽学》第6卷，安徽大学出版社，2010年。

《二程家族与徽州关系考》，冯剑辉，《史学月刊》2011年第3期。

《徽州与衢州：江南城乡的片断记忆——稿本〈静寄轩见闻随笔、静寄轩杂录〉初探》，王振忠，《社会科学》2011年第3期。

《雍正开豁世仆令与清代地方社会——以"宁国世仆"为中心》，李甜，《清史研究》2011年第4期。

《从〈徽州游行纪〉看清末民初地方社会》，李甜，见卞利主编《徽学》第七辑，黄山书社，2011年。

《民间文献所见徽商与明清以来的广州贸易》，王振忠，见黄山学院徽州文化研究所编《徽州学研究》，中国文史出版社，2011年。

《明清徽州的祭祀礼仪与社会生活》，王振忠，见刘永华主编《中国社会文化史读本》，北京大学出版社，2011年。

《地方性知识的传承与社会秩序之维持——以清代徽州的村落日用类书为中心》，王振忠，见日本文学研究资料馆档案研究系编《9—19世纪文書资料の多元的複眼的比较研究：2010年度年次报告书》，人间文化研究机构连携研究"人间文化资源"之总合的研究人间文化研究机构，2011年。

《竹枝词所见明清以来温州的风俗》，王振忠，《安徽大学学报（哲学社会科学版）》2012年第1期。

《村落文书与村落志——以徽州歙县西溪南为例》，王振忠，见连晓鸣、庞学铨编《汉学研究与中国社会科学的推进——国际学术研讨会论文集》，中国社会科学出版社，2012年。

《民间文献与古村落历史记忆传承》，王振忠，见罗杨主编《守望古村落》，中国文联出版社，2012年。

《排日账所见清末徽州农村的日常生活——以婺源〈龙源欧阳起瑛家用账簿〉抄本为中心》，王振忠，《中国社会历史评论》第十三辑，天津古籍出版社，2012年。

《游艺中的盛清城市风情——古籍善本〈扬州画舫纪游图〉研究》，王振忠，《安徽大学学报（哲学社会科学版）》2013年第1期。

《上海徽商余之芹的生平及其时代——近代徽州重要史料〈经历志略〉研究》，王振忠，《安徽史学》2013年第2期。

《从〈澄潭山房古文存稿〉看十八世纪的徽州社会》，王振忠，《徽州》2013年第2期。

《传统徽州村落社会的日常生活》，劳格文、王振忠，《民间文化论坛》2013年第3期。

《传统徽州的宗族、经济与社会生活》，王振忠，《徽州社会科学》2013年第4期。

《明代徽州家谱中的嫡庶之争——〈珰溪金氏家谱补戚篇〉解读》，冯剑辉，《安徽史学》2013年第5期。

《清末婺源塾师笔下的徽州农村社会》，王振忠，《徽州社会科学》2013年第6期。

《歙县南乡一个传统徽州村落的朝夕日暮》，王振忠，《徽州社会科学》2013年第8期。

《近代城市管理中的社区自治组织——以福州救火会为考察中心》，徐文彬，《兰州学刊》2013年第8期。

《广州与长崎：东西洋贸易背景下的清代徽商之海外活动及其影响》，王振忠，见王世华、李琳琦、周晓光主编《“纪念张海鹏先生诞辰八十周年暨徽学学术讨论会”文集》，安徽师范大学出版社，2013年。

《〈太平欢乐图〉的创作及其传承脉络》，王振忠，见唐力行主编《江南社会历史评论》第五期，商务印书馆，2013年。

《区域文化视野中的民间日用类书——从〈祭文精选〉看二十世纪河西走廊的社会生活》，王振忠，《地方文化研究》2014年第1期。

《重商思潮激荡下的传统徽墨经营——关于〈有乾公号四轮承做合同新章〉的解读》，王振忠，《安徽大学学报（哲学社会科学版）》2014年第4期。

《乡村社会中的帝国：明清乡厉坛的组织与管理》，董乾坤，《西华师范大学学报（哲学社会科学版）》2014年第6期。

《徽商·毛文龙·辽阳海神——歙县芳坑茶商江氏先世经商地“平岛”地

望考辨》，王振忠，见唐力行主编《江南社会历史评论》第六期，商务印书馆，2014 年。

《清水江文书所见清、民国时期的风水先生——兼与徽州文书的比较》，王振忠，见张新民、朱荫贵主编《民间契约文书与乡土中国社会——以清水江流域天柱文书为中心的研究》，江苏人民出版社，2014 年。

《从清季"思永执"分家阄书看胡适家世》，王振忠，《徽州文博》2015 年第 3 期。

《徽州士商江南春与〈静寄轩随笔〉》，王振忠，《徽州文博》2015 年第 3 期。

《万安停榇处：一处徽州慈善设施的重要遗存》，王振忠，《寻根》2015 年第 3 期。

《从"徽学"到域外文献研究》，王振忠，《徽州社会科学》2015 年第 3 期。

《休宁万安的传统徽州慈善设施遗存》，王振忠，《徽州社会科学》2015 年第 7 期。

《一位落魄徽商的自白——稿本〈记忆平生事述〉研究》，王振忠，见唐力行主编《江南社会历史评论》第七期，商务印书馆，2015 年。

《明末东亚变局中的徽州商人》，王振忠，《新安》2016 年第 1 期。

《东亚视域中的中国区域社会研究》，王振忠，见复旦大学文史研究院编《全球史、区域史与国别史——复旦、东大、普林斯顿三校合作会议论文集》，中华书局，2016 年。

《抗日战争时期的徽州社会》，王振忠，见黄山市屯溪区政协文史资料委员会编《屯溪文史》第十四辑，黄山市屯溪区政协文史资料委员会，2016 年。

《清代徽州甲酒研究》，王振忠，《中国徽学》2017 年第 2 期。

《19 世纪中后期的长崎贸易与徽州海商之衰落——以日本收藏的程稼堂相关文书为中心》，王振忠，《学术月刊》2017 年第 3 期。

《传统村落保护的多样性与差异性》，王振忠，《新安》2017 年第 4 期。

《从"虹关长人"到"中国巨人"：晚清婺源詹世钗生平事迹考证》，王振忠，《安徽师范大学学报（人文社会科学版）》2017 年第 5 期。

《徽商与明清以来中国社会的新探讨》，王振忠，《安徽大学学报（哲学社会科学版）》2017 年第 6 期。

《清代徽商与扬州的园林名胜——以〈江南园林胜景〉图册为例》，王振忠，《安徽大学学报（哲学社会科学版）》2017年第6期。

《清代〈布经〉抄本五种之综合性研究——兼论徽商西贾与明清时代商书的编纂》，王振忠，见唐力行主编《江南社会历史评论》第十一期，商务印书馆，2017年。

《徽州文书与明清以来的中国史研究》，王振忠，《安徽大学学报（哲学社会科学版）》2018年第1期。

《村落文书与村落志》，王振忠，见徽州区徽文化研究会编《（2008—2017）〈徽学〉会刊选编》第一辑，2018年。

《从〈歙县修志私议〉到民国〈歙县志〉——有关徽州方志史家许承尧的新史料之研究》，王振忠，见徽州区徽文化研究会编《（2008—2017）〈徽学〉会刊选编》第三辑，2018年。

《明代徽州分家文书研究——以嘉靖年间稿本〈曹氏本素轩创承遗绩〉为例》，王振忠，见唐力行主编《江南社会历史评论》第十三期，商务印书馆，2018年。

《晚清黟县胥吏眼中的徽州社会——未刊稿本〈扫愁帚笔谈〉研究》，王振忠，见周晓光主编《徽学》第10辑，社会科学文献出版社，2018年。

《重商思潮激荡下的传统徽墨经营——关于〈有乾公号四轮承做合同新章〉的解读》，王振忠，见安徽大学学报编辑部编《徽学研究的拓展与深化——教育部名栏安徽大学学报徽学专栏论文选》，北京师范大学出版集团、安徽大学出版社，2018年。

《钱塘江沿岸的徽商及其商贸生活》，邹怡，见浙江省河道管理总站、浙江省钱塘江管理局编《钱塘江文化论文集》，浙江人民出版社，2018年。

《清代藏书家汪启淑的商业经营与社会生活——对几份新见契约文书的解读》，王振忠，《学术月刊》2019年第1期。

《20世纪30年代徽州的现代教育与乡村社会——以〈婺源第二学区庆源私立辉二小学十周年纪念刊〉为例》，王振忠，《江海学刊》2019年第4期。

《明清徽商与江南社会》，王振忠，见上海市社会科学界联合会编《能不忆江南——江南文化十讲》，上海人民出版社，2019年。

《上海徽商余之芹的生平及其时代——经历志略研究》，王振忠，见李庆新主编《学海扬帆一甲子：广东省社会科学院历史与孙中山研究所（海洋史研究中心）成立六十周年纪念文集》，科学出版社，2019年。

《清代徽商编纂的三种〈商贾格言〉》，王振忠，见周晓光主编《徽学》第13辑，社会科学文献出版社，2020年。

《晚清徽商在皖西大别山区的贸易与纠纷——以〈照抄知单议约禀帖告示稿〉抄本为中心》，王振忠，《安徽史学》2020年第4期。

《清代徽州的基层科举参与和社会流动——以道光休宁县王百龄府试讼案为中心》，叶鹏，《安徽大学学报（哲学社会科学版）》2020年第5期。

《太平天国之后淳安港口镇的徽商活动与诉讼纠纷——以〈福元店屋讼底抄稿〉为中心》，王振忠，《地方文化研究》2020年第5期。

《"末代秀才"詹鸣铎与〈振先杂稿〉的学术价值》，朱红、王振忠，《学术月刊》2020年第11期。

《新安江水路上的徽商与淳安茶园》，王振忠，《徽州社会科学》2020年第12期。

8. 边疆史地与民族地理

8-1. 综论

《历史边疆地理：学科发展与现实关怀》，杨煜达，《学习与探索》2006年第6期。

《中国古代边疆意识的形成与发展——基于历代王朝边疆争议的分析》，安介生，《社会科学》2013年第3期。

《论中国近代边疆地理研究的重要性和迫切性》，吴松弟，见韩宾娜主编《丙申舆地新论——2016年中国历史地理学术研讨会文集》，东北师范大学出版社，2017年。

《多民族背景下的中国边陲》，姚大力，见清华国学院编《全球史中的文化中国》，北京大学出版社，2014年。

《中国边疆的基本特性》，姚大力，《学术月刊》2019年第2期。

《历史民族地理之"界域"研究——以地处川、青（藏）、甘之交的松潘地区为核心》，安介生，见徐少华主编《荆楚历史地理与长江中游开发：2008年中国历史地理国际学术研讨会论文集》，湖北人民出版社，2009年。

《"长时段"研究理论与中国历史民族地理格局及演变趋势之解析》，安介生，《江西社会科学》2012年第4期。

《台湾历史民族地理初探》，安介生，见李勇先、高志刚主编《中国方舆研究》第一辑，科学出版社，2018年。

8-2. 分论

《贝加尔湖以东地区的历史真相》，周维衍、施一揆，《复旦学报（社会科学版）》1980年第S1期（增刊）。

《八旗察哈尔的编立及其与清朝可汗间的关系》，齐光，见达力扎布主编《中国边疆民族研究》第九辑，中央民族大学出版社，2015年。

《1685年第一次"雅克萨战役"前大清帝国致沙皇俄国的两封蒙古文书信》，齐光，见达力扎布主编《中国边疆民族研究》第十一辑，中央民族大学出版社，2019年。

《丝绸之路——汉唐时期中两陆路交通》，赵永复，《地理知识》1973年第1期。

《汉唐的西域》，赵永复，《历史教学问题》1983年第2期。

《突厥二题刍议》，周维衍，《历史地理》第七辑，上海人民出版社，1990年。

《历史地理学与西部资源的可持续发展——以新疆为例》，阚耀平，《干旱区地理》2002年3期。

《一次不平凡的远游——记17世纪初耶稣会修士鄂本笃的中国之行》，盛丰，《西域研究》2002年第4期。

《另一种视角的蒙古史》，姚大力，《文景》2006年第1期。

《简论明瑞在新疆的活动——兼评乾隆的用人策略》，马长泉，《新疆大学学报（哲学社会科学版）》2006年第1期。

《文化人类学视角下的蒙古史》，姚大力，《出版人》2006年第5期。

《百年来的清代西北边疆史地学研究述评》，侯德仁，《西域研究》2007年第4期。

《赞普葬仪的先例与吐蕃王政的起源——敦煌 P.T.1287 号〈吐蕃赞普传记〉第 1 节新探》,任小波,《敦煌吐鲁番研究》2013 年第 13 期。

《蒙古阿拉善和硕特部的服属与清朝西北边疆形势》,齐光,《中国边疆史地研究》2014 年第 1 期。

《17 世纪后半期青海和硕特蒙古对阿里、拉达克的征服》,齐光,《中国藏学》2014 年第 3 期。

《公元 763 年吐蕃陷长安之役——吐蕃王朝军政体制探例》,任小波,《历史地理》第三十三辑,上海人民出版社,2016 年。

《曹议金东征甘州回鹘史事证补——浙敦 114 号〈肃州府主致沙州令公书状〉译释》,任小波,见沈卫荣主编《西域历史语言研究集刊》第十辑,科学出版社,2017 年。

《暗军考——吐蕃王朝军政体制探例》,任小波,《中国藏学》2017 年第 2 期。

《同治西北战争的一个侧面:战争波及人群的心理创伤及长远影响》,路伟东,《北方民族大学学报(哲学社会科学版)》2018 年第 2 期。

《沟通欧亚的"瓶颈":新疆在中西文化交流史上的地位》,姚大力,《西北民族研究》2018 年第 3 期。

《大月氏与吐火罗的关系:一个新假设》,姚大力,《复旦学报(社会科学版)》2019 年第 2 期。

《桂家事迹新考》,杨煜达,《云南社会科学》2003 年第 4 期。

《清朝前期(1662—1765)的对缅政策与西南边疆》,杨煜达,《中国历史地理论丛》2004 年第 1 辑。

《吴大勋事迹与〈滇南闻见录〉的史料价值》,杨煜达,见林超民编《西南古籍研究(2004 年卷)》,云南大学出版社,2005 年。

《张泰交〈受祜堂集〉与云南地方史研究》,杨煜达,见林超民编《西南古籍研究(2006 年卷)》,云南大学出版社,2007 年。

《清代中期滇边银矿的矿民集团与边疆秩序——以茂隆银厂吴尚贤为中心》,杨煜达,《中国边疆史地研究》2008 年第 4 期。

《边疆危机与行政应对——中法战争后清政府的西南治边策略探析》,

郑维宽，《安徽史学》2008 年第 6 期。

《藩属体系下的礼仪之争——老官屯和约考略》，杨煜达，《云南师范大学学报（哲学社会科学版）》2010 年第 5 期。

《西藏史学中有关唐蕃边界的叙述传统》，任小波，《历史地理》第三十辑，上海人民出版社，2014 年。

《拉达克与 18 世纪前半期的清朝、准噶尔在西藏的角逐》，齐光，《历史地理》第三十辑，上海人民出版社，2014 年。

《清朝的准噶尔情报收取与西藏王公颇罗鼐家族》，齐光，见达力扎布主编《中国边疆民族研究》第十辑，中央民族大学出版社，2016 年。

《历史上的金门与马祖》，谭其骧，《文汇报》1958 年 9 月 27 日。

《台湾历史地理中的几个问题》，周维衍，《历史研究》1978 年第 10 期。

《再谈台湾历史地理中的几个问题》，周维衍，《历史地理》第四辑，上海人民出版社，1986 年。

《开埠初期闽浙沿海的海盗活动初探》，姜修宪、王列辉，《安徽史学》2006 年第 2 期。

《七洲洋考》，谭其骧，《中国史研究动态》1979 年第 6 期。

《宋端宗到过的"七洲洋"考》，谭其骧，《中国史研究动态》1980 年第 3 期。

New Cartographic Records Supporting Chinese Sovereignty over the Diaoyu Islands Prior to the First Sino-Japanese War（1894-1895）. Fei Jie（费杰），Lai Zhongping（赖忠平）. China Oceans Law Review, 2016, 23.

8-3. 民族史与民族人口

《播州杨保考》，谭其骧，《贵州民族学院学报（社会科学版）》1982 年第 1 期。

《辽宁民族史上的几个问题》，谭其骧，《辽宁地方志通讯》1984 年第 2 期。

《乌洛侯民族试探——兼谈鄂温克、鄂伦春族源》，周维衍，见复旦大学中国历史地理研究所编《历史地理研究》第一辑，复旦大学出版社，1986 年。

《关于卢水胡的族源及变迁》，赵永复，《西北史地》1986 年第 4 期。

《休屠（屠各）胡的族源及徙移》，赵永复，《历史地理》第八辑，上海人民出版社，1990 年。

《两汉时期的秦人》，赵永复，《历史地理》第九辑，上海人民出版社，1990 年。

《蒙元时代西域文献中的"因朱"问题》，姚大力，《南京大学学报（哲学·人文科学·社会科学）》1991 年第 2 期。

《塞北游牧社会走向文明的历程》，姚大力，见张树栋、刘广明主编《古代文明的起源与演进》，南京大学出版社，1991 年。

《"狼生"传说与早期蒙古部族的构成》，姚大力，《元史论丛》第五辑，中国社会科学出版社，1993 年。

《关于元朝"东诸侯"的几个考释》，姚大力，见南开大学历史系《中国史论集》编辑组编《中国史论集：祝贺杨志玖教授八十寿辰》，天津古籍出版社，1994 年。

《唐代铁勒诸部的内迁》，吴松弟，《西北史地》1994 年第 1 期。

《追寻回民意识的当代心灵历程：读〈心灵史〉》，姚大力，《中国研究》1998 年第 3 期。

《也论北魏前期的民族融合与政权建设——与孔毅先生商榷》，安介生，《中国史研究》2002 年第 4 期。

《中国历史上的民族关系与国家认同》，姚大力，见刘东主编《中国学术》第十二辑，商务印书馆，2002 年。

《中国古史的"万邦时代"——兼论先秦时期国家与民族发展的渊源与地理格局》，安介生，《复旦学报（社会科学版）》2003 年第 3 期。

《试论汉魏时期南中地区大姓的形成和汉族社会的嬗变》，杨煜达，《民族研究》2003 年第 5 期。

《河南回族掌教制度的历史变迁》，胡云生，《回族研究》2004 年第 1 期。

《"回回祖国"与回族认同的历史变迁》，姚大力，见刘东主编《中国学术》第十七辑，商务印书馆，2004 年。

《追溯匈奴的前史——兼论司马迁对"史道"的突破》，姚大力，《复旦学报（社会科学版）》2004 年第 4 期。

《三重关系互动中的回族认同》，胡云生，《民族研究》2005 年第 1 期。

《论拓跋鲜卑部的早期历史——读〈魏书·序纪〉》，姚大力，《复旦学报

（社会科学版）》2005年第2期。

《晚近少数民族文化的变迁及未来展望》，葛剑雄，《社会学家茶座》第十辑，山东人民出版社，2005年。

《制度变迁与地域社会：清代云贵地区改土归流和民族生态变迁新探》，杨伟兵，《历史地理》第二十一辑，上海人民出版社，2006年。

《解读云南省勐海县的"帕西傣"族群》，武世刚，《中国穆斯林》2006年第6期。

《"满洲"如何演变为民族——论清中叶前"满洲"认同的历史变迁》，姚大力、孙静，《社会科学》2006年第7期。

《河流与民族——清代内蒙古各部分布的地理基础探述》，安介生，见王利华主编《中国历史上的环境与社会》，生活·读书·新知三联书店，2007年。

《略论北魏时期的"上客"、"第一客"与招怀政策》，安介生，《中国边疆史地研究》2007年第1期。

《明代以来岭南地区壮族的地理分布及变迁研究》，刘祥学，《历史地理》第二十三辑，上海人民出版社，2008年。

《羊头会、乡绅、讼师与官吏：同治以前关中地区的回、汉冲突与协调机制》，路伟东，《回族研究》2010年第3期。

《清前期桂西土民的"瑶化"（1644—1735年）——以瑶人分布为中心》，胡列箭，《历史地理》第二十八辑，上海人民出版社，2013年。

《民国时期广西瑶民的地理分布》，胡列箭，《广西民族研究》2013年第3期。

《清代民国的汉人蒙古化与蒙古人汉化》，樊如森，《民俗研究》2013年第5期。

《"吐蕃"一名的读音与来源》，姚大力，见刘迎胜主编《元史及民族与边疆研究集刊》第二十六辑，上海古籍出版社，2014年。

《论鲜卑段部的源流和兴衰》，魏俊杰，《北华大学学报（社会科学版）》2014年第3期。

《民国时期瑶族人的户籍管理与社会转变——以广西大瑶山编户为中心》，龙小峰，《中国边疆史地研究》2014年第4期。

《变化中的国家认同——读〈中国寻求民族国家的认同〉札记》，姚大力，见熊文驰、马骏主编《新旧之变：从传统中国到当代国际政治》，上海人民出版社，2014年。

《归属与创伤：伯林论民族意识与民族主义》，陈来撰，姚大力评议，见刘东、徐向东主编《以赛亚·伯林与当代中国：自由与多元之间》，译林出版社，2014年。

《清代云南回族人口规模变动研究》，路伟东、王新刚，《西南边疆民族研究》第十八辑，云南大学出版社，2015年。

《明清回族进士与回族人口空间分布》，路伟东，《北方民族大学学报（哲学社会科学版）》2015年第2期。

《"新清史"之争背后的民族主义》，姚大力，《高等学校文科学术文摘》2015年第3期。

《游牧、农耕两大生态区整合背景中的清代多民族治理》，邹怡，《复旦学报（社会科学版）》2016年第3期。

《不再说"汉化"的旧故事》，姚大力，见葛兆光等著《殊方未远：古代中国的疆域、民族与认同》，中华书局，2016年。

《略芜取精，可为我用——兼答汪荣祖》，姚大力，见葛兆光等著《殊方未远：古代中国的疆域、民族与认同》，中华书局，2016年。

《中国历史上的民族问题：教训及启示——怎样看待民族史研究及其研究成果》，葛剑雄，《探索与争鸣》2018年第1期。

《"华夏边缘"是怎样被蛮夷化的》，姚大力，《思想战线》2018年第1期。

《从历史地理看太行山精神与民族崛起》，安介生，《山西大学学报（哲学社会科学版）》2019年第1期。

《吴简大姓与六朝湘州土著族群》，程涛，《史林》2019年第2期。

9. 域外地理

《关于亚洲中部和西部古代历史的研究》，章巽，《文汇报》1960年第30期。

《〈职方外纪〉：世界图像与海外猎奇》，邹振环，《复旦学报（社会科学版）》2009 年第 4 期。

《"混一疆理图"中的南亚和东南亚》，姚大力，见刘迎胜主编《〈大明混一图〉与〈混一疆理图〉研究——中古时代后期东亚的寰宇图与世界地理知识》，凤凰出版社，2010 年。

《"混一图"与元代域外地理知识——对海陆轮廓图形的研究札记》，姚大力，见复旦大学历史地理研究中心编《跨越空间的文化：16—19 世纪中西文化的相遇与调适》，东方出版中心，2010 年。

《沧桑琉球：琉球国·中国·日本》，李晓杰，《太平洋学报》2010 年第 10 期。

《〈印中搜闻〉及其有关中国的报道》，李晓杰，见关西大学文化交涉学教育研究中心、出版博物馆编《印刷出版与知识环流：十六世纪以后的东亚》，上海人民出版社，2011 年。

《"脱亚入欧"的虚与实——对日本前近代社会的断想》，周振鹤，《复旦学报（社会科学版）》2011 年第 2 期。

《〈世界广说〉与〈职方外纪〉文本关系考》，魏毅，《历史地理》第二十九辑，上海人民出版社，2014 年。

《"混一疆理图"中的印度半岛》，姚大力，见本书编辑组编《史林挥麈：纪念方诗铭先生学术论文集》，上海古籍出版社，2015 年。

The Introduction of Ideas of the Antarctic Region into China during the past 400 years. Fei Jie（费杰）. World History Studies, 2018, 5（1）.

《〈大明混一图〉上的两个印度》，姚大力，《复旦学报（社会科学版）》2020 年第 1 期。

《16—20 世纪中文地理文献中的冰岛》，费杰，《国际汉学》2020 年第 3 期。

10. 地名考证

10-1. 先秦、秦汉

《"鄳郹"解》，钱林书，《江汉论坛》1981 年第 1 期。

《传说中的夏》，袁樾方，《历史教学问题》1981 年第 2 期。

《"晋空桐考"》，王仁康，《地名知识》1981 年第 3 期。

《释"群舒"》，胡嘏（胡阿祥），《历史地理》第四辑，上海人民出版社，

1986 年。

《涂山考》，谭其骧，《淮河志通讯》1987 年第 1 期。

《孙武故里乐安在今广饶说》，周维衍，《管子学刊》1991 年第 3 期。

《古谢邑故址应在今南阳县境》，谭其骧，《南都学坛》1992 年第 1 期。

《伍子胥所筑阖闾城究竟在哪里？》，魏嵩山，《苏州大学学报（哲学社会科学版）》1992 年第 2 期。

《春秋秦汉郲城古址考辨》，邹逸麟，《殷都学刊》1995 年第 2 期。

《河内郡始置于战国》，路伟东，《历史地理》第十五辑，上海人民出版社，1999 年。

《勾践国都勾乘山献疑》，邹逸麟，《义乌方志》2007 年第 2 期。

《春秋时期晋国的"瓜衍之县"》，木子（李晓杰），《历史地理》第二十三辑，上海人民出版社，2008 年。

《〈山海经〉昆仑山位置新考》，周运中，《中国历史地理论丛》2008 年第 2 辑。

《先秦齐国梧宫考》，贾鸿源，《文博》2017 年第 1 期。

《"陆梁地"解》，周振鹤，《地名知识》1985 年第 2 期。

《战国时期的上党地区及上党郡》，钱林书，《地名知识》1985 年第 2 期。

《冷泉地名探源》，王文楚，《地名知识》1985 年第 2 期。

《景德镇与浮梁》，王天良，《地名知识》1985 年第 2 期。

《释"郇瑕氏"与"郇瑕"》，钱林书，《地名知识》1985 年第 5 期。

《秦"闽中郡"小议》，项国茂，《福建师大福清分校学报》1986 年第 1 期。

《周家台 30 号秦墓竹简"秦始皇三十四年质日"释地》，郭涛，《历史地理》第二十六辑，上海人民出版社，2012 年。

《秦代南郡"阴"地考》，郭涛，《中国历史地理论丛》2015 年第 4 辑。

《垓下在安徽不在河南》，魏嵩山、邹逸麟，《安徽师大学报（哲学社会科学版）》1979 年第 4 期。

《陈胜乡里阳城考》，谭其骧，《社会科学战线》1981 年第 2 期。

《〈通鉴〉胡注纠谬一则》，禾子（谭其骧），《历史地理》第二辑，上海人民出版社，1982 年。

《〈汉书·地理志〉县目试补》，周庄（周振鹤），《历史地理》第二辑，上海人民出版社，1982 年。

《冶即东部候官辨：〈续汉书·郡国志〉会稽郡下的一条错简》，吴松弟，《历史地理》第四辑，上海人民出版社，1984 年。

《秦嘉籍贯考辨》，陈业新，《安徽史学》2003 年第 4 期。

《汉金文"杜宜"考识——兼谈汉代铜器铭文的宫名"省写"现象》，郝红霞、马孟龙，《文物世界》2011 年第 6 期。

《〈汉书·地理志〉汝南郡"宜春"非"宣春"之讹误》，马孟龙，《中国历史地理论丛》2012 年第 1 辑。

《谈肩水金关汉简中的几个地名》，马孟龙，《中国历史地理论丛》2012 年第 3 辑。

《汁防侯国非广汉郡汁方县考》，马孟龙，《四川文物》2013 年第 4 期。

《居延汉简地名校释六则》，马孟龙，《文史》2013 年第 4 辑。

《谈肩水金关汉简中的几个地名（二）》，马孟龙，《中国历史地理论丛》2014 年第 2 辑。

《〈新旧汉简所见县名和里名〉订补》，马孟龙，《历史地理》第三十辑，上海人民出版社，2014 年。

《汉末分巴与旧名共享——古代争夺地名文化资源的一个实例》，葛洲子，《中国历史地理论丛》2014 年第 4 辑。

《湖南地区若干汉代城聚地望新考》，黄学超，《中国方舆研究》2018 年第 1 期。

《尹湾汉简地名笺证》，赵海龙，《简帛》2018 年第 1 期。

《汉至五代宋初"崆峒"地望变迁析论——以汉武帝元鼎五年登崆峒事件为例》，周能俊，《历史地理》第三十七辑，复旦大学出版社，2018 年。

10-2. 魏晋南北朝

《碣石考》，谭其骧，《学习与批判》1976 年第 2 期。

《真谛传中之梁安郡》，章巽，《福建论坛（社科教育版）》1983 年第 4 期。

《不要混淆了"漯水"与"灅水"》，胡阿祥，《地名知识》1987 年第 3 期。

《辨〈十七史商榷〉魏武有三都说之妄》,禾子(谭其骧),《历史地理》第七辑,上海人民出版社,1990年。

《〈通鉴〉秦、益二州胡注正误》,王振忠,《历史地理》第七辑,上海人民出版社,1990年。

《〈通鉴〉庲降(都)督胡注辨正》,王振忠,《历史地理》第十一辑,上海人民出版社,1993年。

《汉晋下隽县地望辨》,张伟然,《中国历史地理论丛》1996年第1辑。

《"代郡武川"辨析》,安介生,《历史地理》第十三辑,上海人民出版社,1996年。

《南兰陵郡与兰陵县》,王文楚,见常州市齐梁文化研究会编《齐梁故里考证与齐梁文化新论》,南京大学出版社,2009年。

《〈水经·涑水注〉张泽得名蒲坂考》,王长命,《历史地理》第二十五辑,上海人民出版社,2011年。

《汉晋华阴县地望及相关问题考辨——兼论〈水经·渭水注〉的相关记载》,杨长玉,《历史地理》第二十六辑,上海人民出版社,2012年。

10-3. 隋唐

《隋唐润州未尝治今丹徒镇》,胡菊兴,《历史地理》第三辑,上海人民出版社,1983年。

《〈隋书·地理志〉赣、南康纠谬》,王天良,《历史地理》第四辑,上海人民出版社,1986年。

《唐代的碎叶城》,邹逸麟、赵永复,《复旦学报(社会科学版)》1980年第S1期(增刊)。

《郭著〈李白与杜甫〉地理正误》,谭其骧,《历史地理》第二辑,上海人民出版社,1982年。

《关于石敬瑭问题的两封信》,谭其骧、郑学檬,《社会科学》1983年第8期。

《唐代的"流鬼"和"窟说"》,周维衍,《复旦学报(社会科学版)》1984年第2期。

《〈通鉴·唐纪〉胡注地理正误》,华林甫,见复旦大学中国历史地理研究所编《历史地理研究》第二辑，复旦大学出版社，1990年。

《〈新唐书纠谬〉之纠谬》，华林甫，《历史地理》第七辑，上海人民出版社，1990年。

《唐代〈长安太原驿道〉校补》，王文楚，《历史地理》第八辑，上海人民出版社，1990年。

《〈元和郡县图志〉误校"昭潭"》，张伟然，《中国历史地理论丛》1991年第3辑。

《〈旧唐书·地理志〉总叙部分纠谬》，吴松弟，《中国历史地理论丛》1992年第1辑。

《新旧〈唐书·地理志〉今河南省部分纠谬》，吴松弟，《中州今古》1992年第3期。

《〈旧唐书·地理志〉京师、京兆府和华州部分纠谬》，吴松弟，《中国历史地理论丛》1994年第2辑。

《〈旧唐书·地理志〉延、绥、银、灵、会、麟诸州部分纠谬》，吴松弟，《中国历史地理论丛》1994年第3辑。

《新旧〈唐书·地理志〉今山东部分纠谬》，吴松弟，《古籍整理研究学刊》1994年第6期。

《〈旧唐书·地理志〉同、丹、庆三州和凤翔府部分纠谬》，吴松弟，《中国历史地理论丛》1995年第1辑。

《〈新唐书·地理志〉京兆府部分纠谬》，吴松弟，《中国历史地理论丛》1995年第4辑。

《〈新唐书·地理志〉纠谬》，吴松弟，《中国历史地理论丛》1996年第4辑。

《唐总章二年不当有登州考》，一令（邹逸麟），《历史地理》第十四辑，上海人民出版社，1998年。

《〈资治通鉴〉胡注纠谬一则》，冯贤亮，《历史地理》第十六辑，上海人民出版社，2000年。

《唐诗"刀州"释》，王文楚，《历史地理》第十八辑，上海人民出版社，2002年。

《汉唐汾阳县城及汉羊肠仓址考述——对〈水经·汾水注〉一段记载的解读》，黄学超，《晋阳学刊》2012年第6期。

10-4. 宋元明

《十八里河考》,郁越祖,见复旦大学中国历史地理研究所编《历史地理研究》第一辑,复旦大学出版社,1986 年。

《〈宋史·地理志〉补正三则》,祝碧衡,《中国历史地理论丛》1999 年第4 辑。

《宋代施渚镇考》,马峰燕,《中国历史地理论丛》2010 年第 2 辑。

《〈宋史·地理志〉南平军名称勘误》,康武刚,《中国历史地理论丛》2013 年第 3 辑。

《〈续资治通鉴长编〉太原府曲阳县辨误一则》,马巍,《中国地方志》2018 年第 4 期。

《兀剌海方位探索》,王颋,见复旦大学中国历史地理研究所编《历史地理研究》第一辑,复旦大学出版社,1986 年。

《〈元史·地理志〉"贵州"注文之误》,张伟然,《历史地理》第十三辑,上海人民出版社,1996 年。

《"崁"与"赤嵌"》,朱方,《辞书研究》1982 年第 4 期。

《关于明代"东番"的地理范围》,周维衍,《历史地理》第三辑,上海人民出版社,1983 年。

《明代山西沿边的几个地名》,王卫东,《历史地理》第十六辑,上海人民出版社,2000 年。

《明代〈西域土地人物略〉部分中亚、西亚地名考释》,赵永复,《历史地理》第二十一辑,上海人民出版社,2006 年。

《论明代辽东"铺"与"堡"的混同》,刘晶、陈文备,《东北史地》2013 年第 4 期。

《明代孟津县城迁移时间考》,张乐锋,《历史地理》第三十一辑,上海人民出版社,2015 年。

10-5. 清

《〈肇城志〉陕西部分的几个问题》,郑宝恒,《历史地理》第六辑,上海人民出版社，1989 年。

《〈清史稿·地理志〉安徽部分纠谬》，段伟，见华林甫主编《清代地理志书研究》，中国人民大学出版社，2014 年。

10-6. 其他

《阴山》，谭其骧，《中华文史论丛》第七辑，上海古籍出版社，1978 年。

《"姑苏"新解》，谭其骧，《杭州大学学报（哲学社会科学版）》1979 年第 4 期。

《古夜郎三题》，周维衍，《历史研究》1979 年第 11 期。

《有关山西几个古地名的考释》，王仁康，《地名知识》1980 年第 1 期。

《岛夷释》，魏嵩山，《学术月刊》1980 年第 1 期。

《"亶洲"非海南岛说——与袁臻同志商榷》，陈家麟，《学术月刊》1981 年第 10 期。

《夜郎历史地理中的几个问题》，周维衍，《历史地理》第二辑，上海人民出版社，1982 年。

《夜郎史地零证》，周维衍，见贵州省哲学社会科学研究所《夜郎考》第三集，贵州人民出版社，1983 年。

《阴山—陶山—阳山》，周庄（周振鹤），《历史地理》第三辑，上海人民出版社，1983 年。

《"白堤"和"刘家峡"》，华林甫，《读书》1984 年第 7 期。

《"岛夷"、"雕题"、"东鳀"非台湾早期名称》，陈家麟，《复旦学报（社会科学版）》1985 年第 2 期。

《"次固镇"还是"次固镇"》，一得（葛剑雄），《历史地理》第四辑，上海人民出版社，1986 年。

《释"观下"》，一令（邹逸麟），《历史地理》第四辑，上海人民出版社，1986 年。

《〈入蜀记〉"次江陵之建宁镇"析》，龚江（张修桂），《历史地理》第六辑，上海人民出版社，1988 年。

《谭遂昌县始置》，谭其骧，《遂昌县志通讯》1988 年第 2 期。

《江津戍地望考》，龚江（张修桂），《历史地理》第十三辑，上海人民出版社，1996年。

《对〈"双屿"考略〉和〈南诏小国城池多〉二文的意见》，葛剑雄，《中国方域》1997年第4期。

《"钱塘"辨证》，华林甫，《杭州研究》1998年第2期。

《柳毅传书之"洞庭"考》，张伟然，《中国地名》1998年第5期。

《〈读史方舆纪要〉地名正误（浙江省部分）》，华林甫，《书品》1998年第6期。

《千顷池、万顷池考辨》，杨伟兵，《西南师范大学学报（人文社会科学版）》2000年第3期。

《上海"钩玉弄"地名由来考——语言学和历史学角度的考察》，周辉，《中国历史地理论丛》2001年第4辑。

《长江三峡历史地理》第三编"三峡历史地理杂考"部分内容，杨伟兵，见蓝勇主编《长江三峡历史地理》，四川人民出版社，2003年。

《竺文纠缪二则》，周筱赟，《晋阳学刊》2004年第2期。

《历史上的徐州洪和吕梁洪》，李德楠，《江苏地方志》2006年第1期。

《古代合浦史地杂谈》，邹逸麟，见郑州大学历史学院编《高敏先生八十华诞纪念文集》，线装书局，2006年。

《南靖县境域沿革三题》，黄学超，《闽台文化研究》2014年第1期。

《"岭南"、"五岭"考》，马雷，《中华文史论丛》2015年第4辑。

《武进故地考》，王文楚、薛国屏，《江苏地方志》2017年第2期。

《昫衍抑或龟兹——宁夏盐池县张家场古城考辨》，马孟龙，《中国边疆史地研究》2019年第4期。

四、历史地理学家与历史地理文献研究

1. 历史地理学家

《徐松与〈西域水道记〉》，陈家麟、孔祥珠，见梁斌编《新疆历史论文集》，新疆人民出版社，1977年。

《徐霞客及其游记》，吴应寿，《复旦学报（社会科学版）》1979 年第 5 期。

《郦道元生年考》，赵永复，《复旦学报（社会科学版）》1980 年第 S1 期（增刊）。

《顾炎武和〈肇域记〉》，杨正泰，《历史地理》第四辑，上海人民出版社，1986 年。

《与徐霞客差相同时的杰出地理学家——王士性》，谭其骧，见朱荣等选编《纪念徐霞客论文集》，广西人民出版社，1987 年。

《徐霞客游峨眉山考辨》，吴应寿，《历史地理》第六辑，上海人民出版社，1988 年。

《王应麟与〈通鉴地理通释〉》，杨正泰，见复旦大学中国历史地理研究所编《历史地理研究》第二辑，复旦大学出版社，1990 年。

《晚清地学界的泰斗——兼论杨守敬的治学成就》，杨正泰，见复旦大学中国历史地理研究所编《历史地理研究》第二辑，复旦大学出版社，1990 年。

《班固评传》，周振鹤，见谭其骧主编《中国历代地理学家评传》第一卷（秦汉魏晋南北朝唐），山东教育出版社，1990 年。

《阚骃评传》，赵永复，见谭其骧主编《中国历代地理学家评传》第一卷（秦汉魏晋南北朝唐），山东教育出版社，1990 年。

《盛弘之评传》，张修桂，见谭其骧主编《中国历代地理学家评传》第一卷（秦汉魏晋南北朝唐），山东教育出版社，1990 年。

《王应麟评传》，吴松弟，见谭其骧主编《中国历代地理学家评传》第二卷（两宋元明），山东教育出版社，1990 年。

《潘季驯评传》，邹逸麟，见谭其骧主编《中国历代地理学家评传》第二卷（两宋元明），山东教育出版社，1990 年。

《魏源与地学》，周维衍，《复旦学报（社会科学版）》1991 年第 1 期。

《郦道元任冀州镇东府长史的时间》，赵永复，《历史地理》第十辑，上海人民出版社，1992 年。

《郦道元未曾闲居九年》，赵永复，《历史地理》第十一辑，上海人民出版社，1993 年。

《谢肇淛评传》，王振忠，见谭其骧主编《中国历代地理学家评传》第三卷（清近现代），山东教育出版社，1993 年。

《胡渭评传》，邹逸麟，见谭其骧主编《中国历代地理学家评传》第三卷（清近现代），山东教育出版社，1993年。

《齐召南评传》，王振忠，见谭其骧主编《中国历代地理学家评传》第三卷（清近现代），山东教育出版社，1993年。

《李兆洛评传》，张修桂，见谭其骧主编《中国历代地理学家评传》第三卷（清近现代），山东教育出版社，1993年。

《杜还评传》，王文楚，见谭其骧主编《中国历代地理学家评传》第三卷（清近现代）"补遗"，山东教育出版社，1993年。

《王士性的地理学思想及其影响》，周振鹤，《地理学报》1993年第1期。

《正眼看世界的第一人——纪念徐继畬诞辰二百周年》，周振鹤，《中国研究》，日本东京中国研究所，1996年。

《徐霞客与明代后期旅行家群体》，周振鹤，《徐霞客研究》第一辑，学苑出版社，1997年。

《元代水利专家任仁发及其〈水利集〉》，刘春燕，《上海师范大学学报（哲学社会科学版）》2001年第2期。

《梁份：清初西北地理考察的先行者》，周振鹤，见周振鹤著《中人白话》，华东师范大学出版社，2001年。

《毕沅整理研究史地典籍之成果与方法》，黄忠怀，《中国历史地理论丛》2003年第1辑。

《郦道元任官考》，黄学超，《历史地理》第二十八辑，上海人民出版社，2013年。

《清代徐松学术转向研究》，史雷，《伊犁师范学院学报（社会科学版）》2016年第3期。

《沈曾植与早期中外史地研究》，许全胜，见耿昇等主编《中外关系史论丛》第十二辑《多元视野中的中外关系史研究——中国中外关系史学会第六届会员代表大会论文集》，延边大学出版社，2007年。

《竺可桢与中国历史气候研究》，周振鹤，《文景》2005年第1期。

《谭其骧与中国历史地理学》，葛周（葛剑雄、周振鹤），《中国史研究》1982年第4期。

《致用史观与冯家昇的边疆史研究》，张永帅、张炜，《中国边疆史地研究》2010 年第 2 期。

2. 历史地理文献

《论〈五藏山经〉的地域范围》，谭其骧，见李国豪等主编《中国科技史探索》，上海古籍出版社，1982 年。

《〈山海经〉所载之金属矿产地》，王妙发，见复旦大学中国历史地理研究所编《历史地理研究》第二辑，复旦大学出版社，1990 年。

《被忽视了的秦代〈水经〉——略论〈山海经·海内东经·附篇〉的写作年代》，周振鹤，《自然科学史研究》1986 年第 1 期。

《中国古代撰写水经的传统》，周振鹤，《历史地理》第八辑，上海人民出版社，1990 年。

《〈水经〉成书考说》，黄学超，《历史地理》第三十七辑，复旦大学出版社，2018 年。

《〈水经注〉究竟记述多少条水》，赵永复，《历史地理》第二辑，上海人民出版社，1982 年。

《〈水经注〉和〈法显传〉》，章巽，《中华文史论丛》1984 年第 3 辑。

《〈唐六典〉记〈水经注〉河流的总数》，赵永复，《历史地理》第七辑，上海人民出版社，1990 年。

《〈水经注〉资料断限》，赵永复，《历史地理》第八辑，上海人民出版社，1990 年。

《王国维〈水经注旧本集校〉书前题记》，谭其骧，《中国文化》1992 年第 2 期。

《〈水经注〉现存主要版本考述》，李晓杰、杨长玉、王宇海、屈卡乐，《历史地理》第三十一辑，上海人民出版社，2015 年。

《不可无一 不容有二——谈谈我对〈水经注〉的认识》，周振鹤，《文汇报》2016 年 12 月 23 日。又见李晓杰主编《水经注校笺图释·渭水流域诸篇》，复旦大学出版社，2017 年。

《〈明抄本水经注〉序》，李晓杰，见［北魏］郦道元著《明钞本水经注》，国家图书馆出版社，2018 年。

《〈水经注〉杨图纠谬一则》，杨伟兵，《历史地理》第十九辑，上海人民出版社，2003 年。

《〈水经注〉佚文甄辨》，夏婧，《历史地理》第三十一辑，上海人民出版社，2015 年。

《略论张穆〈魏延昌地形志〉存稿的学术价值》，安介生，见复旦大学历史地理研究中心主编《谭其骧先生百年诞辰纪念文集》，上海人民出版社，2012 年。

《明抄本〈十六国春秋略〉考辨》，魏俊杰，《图书馆理论与实践》2013 年第 3 期。

《洪亮吉〈十六国疆域志〉谬误举要》，魏俊杰，《社会科学论坛》2013 年第 11 期。

《〈宋书·州郡志〉所载政区建制断限新考》，李伟，《魏晋南北朝隋唐史资料》第三十六辑，上海古籍出版社，2017 年。

《〈魏土地记〉成书年代考》，李昊林，《中国历史地理论丛》2018 年第 4 辑。

《我国现存最早一部地理总志——〈元和郡县志〉》，王文楚、邹逸麟，《历史地理》创刊号，上海人民出版社，1981 年。

《点校本〈元和郡县志〉指瑕》，华林甫，《书品》1997 年第 3 期。

《简评〈太平寰宇记〉》，李德清，《华东师范大学学报（自然科学版）》1980 年第 5 期。

《〈太平寰宇记〉局本优于万本一证》，王文楚，《历史地理》第十辑，上海人民出版社，1992 年。

《〈太平寰宇记〉成书年代及版本问题》，王文楚，《复旦学报（社会科学版）》1996 年第 2 期。

《〈通鉴地理通释〉的历史地理学成就》，傅林祥，见傅璇琮、施孝峰编《王应麟学术讨论集》，清华大学出版社，2009 年。

《〈玉海·地理〉宋代地理史料的价值》，傅林祥，见傅璇琮、施孝峰编《王应麟学术讨论集（2011）》，清华大学出版社，2012 年。

《〈元丰九域志〉的成书及其价值》，王文楚、魏嵩山，《历史地理》第二辑，上海人民出版社，1982 年。

《〈舆地纪胜〉的流传及其价值》，邹逸麟，《古籍整理与研究》1992 年第 7 期。

《论〈方舆胜览〉的流传与评价问题》，谭其骧，《中华文史论丛》1984 年第 4 辑，上海古籍出版社。

《万恭和〈治水筌蹄〉》，邹逸麟，《历史地理》第三辑，上海人民出版社，1983 年。

《顾祖禹与〈读史方舆纪要〉散论》，陈家麟，见复旦大学中国历史地理研究所编《历史地理研究》第一辑，复旦大学出版社，1986 年。

《〈肇域志〉陕西部分的几个问题》，郑宝恒、王天良，《历史地理》第六辑，上海人民出版社，1988 年。

《〈广志绎〉校点意见四则》，郭涛、王含梅，《历史地理》第三十一辑，上海人民出版社，2015 年。

《试述〈大明一统志〉的刊本及其历史贡献》，巴兆祥，《中国地方志》2015 年第 1 期。

《试析〈大明一统志〉的史料来源——以重庆府部分为例》，陈浩东，《史志学刊》2019 年第 1 期。

《复旦藏清一统志抄本的成书年代及价值》，傅林祥，《中国地方志》2014 年第 3 期。

《浅议"四部备要"与"四部丛刊"——以史部地理类籍刊为中心》，李晓杰，见复旦大学历史系等编《中华书局与中国近现代文化》，上海人民出版社，2013 年。

《不妨读读历代正史地理志》，周振鹤，《文史知识》，1995 年第 8 期。

《〈全蜀边域考〉的成书与版本问题初探》，赖锐，《史志学刊》2019 年第 1 期。

《〈西游录〉与〈黑鞑事略〉的版本及研究——兼论中日典籍交流及新见

沈曾植笺注本〉,许全胜,《复旦学报(社会科学版)》2009 年第 2 期。

3. 地理学史

《与〈中国地理学史〉商榷》,华林甫,《读书》1985 年第 7 期。

《薛福成与〈瀛环志略〉续编》,邹振环,见王元化主编《学术集林》卷十四,上海远东出版社,1998 年。

《清末地理学共同体的形成与近代中国地理学的转型》,邹振环,《中华文史论丛》第五十八辑,上海古籍出版社,1999 年。

《西方地理学的学术挑战与中韩学人的应战——明末清初地理学汉文西书的东传及其在中韩文化史上的意义》,邹振环,《复旦学报(社会科学版)》1999 年第 3 期。

《明清西方耶稣会士的地理学汉文西书与中韩学人的"世界意识"》,邹振环,见《韩国研究论丛》第六辑,中国社会科学出版社,1999 年。

《慕维廉与中文版西方地理学百科全书〈地理全志〉》,邹振环,《复旦学报(社会科学版)》2000 年第 3 期。

《戊戌至辛亥时期西方地理学的输入及其影响》,邹振环,见《近代中国》第十辑,上海社会科学院出版社,2000 年。

《〈遐迩贯珍〉中的一些过渡性地理学术语》,周振鹤,见周振鹤著《中人白话》,华东师范大学出版社,2001 年。

《试论晚清近代地理学教科书的编纂》,邹振环,《历史文献》2001 年第 5 辑。

《麦都思及其早期中文史地著述》,邹振环,《复旦学报(社会科学版)》2003 年第 5 期。

《中国古代的地理考察及其著述》,张伟然,《文史知识》2003 年第 11 期。

《十九世纪中国"地理大发现"的影响与意义》,邹振环,见日本关西大学编《或问》2004 年 2 月第 7 号。

《南怀仁〈坤舆格致略说〉研究》,邹振环,见荣新江、李孝聪主编《中外关系史:新史料与新问题》,科学出版社,2004 年。

《从明人文集看晚明旅游风气及其与地理学的关系》,周振鹤,《复旦学报（社会科学版）》2005年第1期。

《近代学科形成过程中的晚清地理教科书述论》，倪文君，《华东师范大学学报（哲学社会科学版）》2006年第5期。

《晚明中国地理学近代化的两个表征》，周振鹤，《九州》第四辑，商务印书馆，2007年。

《19世纪西方地理学译著与中国地理学思想从传统到近代的转换》，邹振环，《四川大学学报（哲学社会科学版）》2007年第3期。

《晚清的世界地理知识》，周振鹤，见周振鹤著《知者不言》，生活·读书·新知三联书店，2008年。

《马六甲印刷所与〈察世俗每月统记传〉中的史地汉文文献》，邹振环，见张伯伟编《风起云扬：首届南京大学域外汉籍研究国际学术研讨会论文集》，中华书局，2009年。

《晚明中国地理学独立的标志》，周振鹤，《环球人文地理》2011年第4期。

《明末清初输入中国的海洋动物知识——以西方耶稣会士的地理学汉文西书为中心》，邹振环，《安徽大学学报（哲学社会科学版）》2014年第5期。

《〈松窗梦语〉：明代人文地理著述传统的复兴》，王振忠，《徽州社会科学》2016年第9期。

《李希霍芬山西考察的地理学价值刍议》，安介生、古帅，《中国历史地理论丛》2018年第4辑。

《查尔斯·威瑟斯与英国历史地理学的"地理知识转向"》，丁雁南，《云南大学学报（社会科学版）》2018年第4期。

Ferdinand von Richthofen's loess research in China, Fei Jie（费杰），Progress in Physical Geography, 2019, 1.

Decentralisation of Historical Geography in China 2006–2020, Ding Yannan（丁雁南），GEOGRAPHY COMPASS, 2020.

《舆地智环：近代中国最早编译的百科全书〈四洲志〉》，邹振环，《中国出版史研究》2020年第1期。

五、历史地图、古旧地图研究与历史地理信息系统（HGIS）

1. 历史地图与古地图研究

1-1.《中国历史地图集》编绘及考订

《〈中国历史地图集〉释文辑录》，谭其骧，《谭其骧全集》，人民出版社，2015 年。

《〈中国历史地图集〉工作琐忆》，邹逸麟，《历史地理》第二十一辑，上海人民出版社，2006 年。

《〈图集〉自然地理要素编绘点滴》，张修桂，《历史地理》第二十一辑，上海人民出版社，2006 年。

《〈图集〉编绘点滴》，赵永复，《历史地理》第二十一辑，上海人民出版社，2006 年。

《谭其骧主编〈中国历史地图集〉编绘始末及其学术意义》，邹逸麟著，杨伟兵整理，见华林甫主编《清代地理志书研究》，中国人民大学出版社，2014 年。

《编撰〈中国历史地图集〉和大字本注释往事》，邹逸麟口述，林丽成撰稿，《浦江纵横》2018 年第 12 期。

《〈中国历史地图集〉考释（一）瓜洲》，邹逸麟，见复旦大学中国历史地理研究所编《历史地理研究》第一辑，复旦大学出版社，1986 年。

《〈中国历史地图集〉考释（一）获水、汳水、汴水、通济渠（汴河）》，邹逸麟，见复旦大学中国历史地理研究所编《历史地理研究》第一辑，复旦大学出版社，1986 年。

《〈中国历史地图集〉考释（一）温麻、连江与长汀县》，胡菊兴，见复旦大学中国历史地理研究所编《历史地理研究》第一辑，复旦大学出版社，1986 年。

《〈中国历史地图集〉考释（一）新罗、杂罗与龙岩县》，胡菊兴，见复旦大学中国历史地理研究所编《历史地理研究》第一辑，复旦大学出版社，

1986 年。

《〈中国历史地图集〉考释（一）新罗县与长汀县》，胡菊兴，见复旦大学中国历史地理研究所编《历史地理研究》第一辑，复旦大学出版社，1986 年。

《〈中国历史地图集〉考释（一）湛渠、白沟、五丈河（广济河）》，邹逸麟，见复旦大学中国历史地理研究所编《历史地理研究》第一辑，复旦大学出版社，1986 年。

《〈中国历史地图集〉考释（一）——两汉定襄县与西汉安陶县》，王文楚、施一揆，见复旦大学中国历史地理研究所编《历史地理研究》第一辑，复旦大学出版社，1986 年。

《〈中国历史地图集〉考释（一）——两汉平定县与西汉富昌县》，王文楚、施一揆，见复旦大学中国历史地理研究所编《历史地理研究》第一辑，复旦大学出版社，1986 年。

《〈中国历史地图集〉考释（一）——两汉武泉县与北舆县》，王文楚、施一揆，见复旦大学中国历史地理研究所编《历史地理研究》第一辑，复旦大学出版社，1986 年。

《〈中国历史地图集〉考释（一）——两汉桐过县》，王文楚、施一揆，见复旦大学中国历史地理研究所编《历史地理研究》第一辑，复旦大学出版社，1986 年。

《〈中国历史地图集〉考释（一）——秦两汉九原县与两汉五原、河阴县》，王文楚、施一揆，见复旦大学中国历史地理研究所编《历史地理研究》第一辑，复旦大学出版社，1986 年。

《〈中国历史地图集〉考释（一）——东晋南朝双头州郡》，吴应寿，见复旦大学中国历史地理研究所编《历史地理研究》第一辑，复旦大学出版社，1986 年。

《关于〈中国历史地图集〉第二册两项较大修改的说明》，周振鹤，《历史地理》第十辑，上海人民出版社，1992 年。

《〈中国历史地图集〉考证三则》，谭其骧，《历史地理》第二十辑，上海人民出版社，2004 年。

《谭图中莎车附近两条"河道"的辨误》，宋立州，《历史地理》第二十六辑，上海人民出版社，2012 年。

《〈中国历史地图集·明时期〉正误一则》，李伟，《历史地理》第三十二辑，上海人民出版社，2015年。

1-2. 古地图研究

《二千一百多年前的一幅地图》，谭其骧，《文物》1975年第2期。

《马王堆汉墓出土地图所说明的几个历史地理问题》，谭其骧，《文物》1975年第6期。

《清朝全国地图的测绘》，葛剑雄，《百科知识》1980年第10期。

《斯文赫定（Sven Hedin）对中国地理测绘史的一点正误》，一得（葛剑雄），《历史地理》创刊号，上海人民出版社，1981年。

《马王堆汉墓出土地形图拼接复原中的若干问题》，张修桂，《自然科学史研究》1984年第3期。

《利玛窦〈坤舆万国全图〉所引用的中国资料》，赵永复，见复旦大学中国历史地理研究所编《历史地理研究》第一辑，复旦大学出版社，1986年。

《马王堆〈驻军图〉主区范围辨析与论证》，张修桂，见复旦大学中国历史地理研究所编《历史地理研究》第一辑，复旦大学出版社，1986年。

《马王堆〈驻军图〉测绘精度及绘制特点研究》，张修桂，《地理科学》1986年第4期。

《马王堆〈地形图〉绘制特点、岭南水系和若干县址研究》，张修桂，《历史地理》第五辑，上海人民出版社，1987年。

《马王堆古地图的作者》，张修桂，见谭其骧主编《中国历代地理学家评传》第一卷（秦汉魏晋南北朝唐），山东教育出版社，1990年。

《关于〈北京历史地图集〉的一封信》，谭其骧，《中国文化》1990年第1期。

《天水〈放马滩地图〉的绘制年代》，张修桂，《复旦学报（社会科学版）》1991年第1期。

《世界上最早的地图：天水〈放马滩地图〉》，张修桂，《科学》1991年第2期。

《当前考古所见最早的地图——天水〈放马滩地图〉研究》，张修桂，

《历史地理》第十辑，上海人民出版社，1992年。

《长久保赤水和他的中国历史地图》，周振鹤、[日]鹤间和幸，《历史地理》第十一辑，上海人民出版社，1993年。

《马徵麟〈长江图〉研究》，张修桂，见曹婉如等编《中国古代地图集》第三册，文物出版社，1997年。

《两幅大同镇图比较研究》，郭红，《中国历史地理论丛》2000年第1辑。

《清光绪年间贵州省各府州〈总图〉评述》，傅林祥，见复旦大学历史地理研究中心主编《面向新世纪的中国历史地理学：2000年国际中国历史地理学术讨论会论文集》，齐鲁书社，2001年。

《欧洲和日本古地图中的日本海地名》，吴松弟，《韩国研究论丛》第九辑，上海人民出版社，2002年。

《中国近代测绘机构与地图管理（1900—1949）》，张晓虹、王均，《历史地理》第十八辑，上海人民出版社，2002年。

《西洋古地图里的中国》，周振鹤，见郑培凯主编《九州学林》创刊号，复旦大学出版社，2003年。

《利玛窦世界地图的刊刻与明清士人的"世界意识"》，邹振环，见《近代中国研究集刊》第1辑《近代中国的国家形象与国家认同》，上海古籍出版社，2003年。

《十九世纪早期在华传教士所描绘的美国——高理文及其〈美理哥合省国志略〉》，李晓杰，见荣新江、李孝聪主编《中外关系史：新史料与新问题》，科学出版社，2004年。

《上海城市化进程的古旧地图反映》，傅林祥，见郑锡煌主编《中国古代地图集：城市地图》，西安地图出版社，2005年。

《论〈武备志〉和〈南枢志〉中的〈郑和航海图〉》，周运中，《中国历史地理论丛》2007年第2辑。

《美国国会图书馆藏〈松江府海塘图〉的年代判定及其价值》，王大学，《中国历史地理论丛》2007年第4辑。

《章巽藏清代航海图的地名及成书考》，周运中，《海交史研究》2008年第1期。

《穆克登查边与〈皇舆全览图〉编绘——兼对穆克登"审视碑"初立位置

的考辨》，马孟龙，《中国边疆史地研究》2009 年第 3 期。

《中国地图史研究的由今推古及由古推古——兼评余定国〈中国地图学史〉》，韩昭庆，《复旦学报（社会科学版）》2009 年第 6 期。

《制图六体新释、传承及与西法的关系》，韩昭庆，《清华大学学报（哲学社会科学版）》2009 年第 6 期。

《〈清朝舆地全图·国朝天下舆地全图〉绘制时代考》，段伟，见复旦大学中国历史地理研究所编《历史地理研究》第三辑，复旦大学出版社，2010 年。

《"源流派分"与"河网密切"——中国古地图中江南水系的两种绘法》，丁一，《中国历史地理论丛》2011 年第 3 辑。

《康熙〈皇舆全览图〉投影种类的统计分析》，陆俊巍、韩昭庆、诸玄麟、钱浩，《测绘科学》2011 年第 6 期。

《我所知最早的中国语言地图》，周振鹤，《地图》2011 年第 6 期。

《中国近代军事地图的若干特点——兼评〈英国国家档案馆庋藏近代中文舆图〉》，韩昭庆，《历史地理》第二十六辑，上海人民出版社，2012 年。

《〈清廷三大实测全图集——康熙皇舆全览图〉错排纠谬》，孙涛，《历史地理》第二十六辑，上海人民出版社，2012 年。

《明清县域地图与地方地理认知——以明清之际泰顺县域地图的分析为中心》，董枫，《复旦学报（社会科学版）》2012 年第 1 期。

《从图像到信息：历史舆图内容的空间定位问题》，满志敏，见复旦大学历史地理研究中心主编《谭其骧先生百年诞辰纪念文集》，上海人民出版社，2012 年。

《从甲午战争前欧洲人所绘中国地图看钓鱼岛列岛的历史》，韩昭庆，《复旦学报（社会科学版）》2013 年第 1 期。

《天水放马滩木板地图新释》，屈卡乐，《自然科学史研究》2013 年第 4 期。

《"古地图"八处失实，郑和发现美洲？》，侯杨方，《海洋世界》2013 年第 7 期。

《晚清世界地图的新建构——从〈万国大地全图〉到〈大地全球一览之图〉》，邹振环，见台北故宫博物院编《故宫学术季刊》（2013 年秋季）第 31

卷第 1 期。

《明清保甲制下的基层编制、户籍管理和聚落地理——〈江西新城县保甲图册〉的古地图信息 GIS 分析》，郭永钦，《历史地理》第二十九辑，上海人民出版社，2014 年。

《清乾隆年间西域测绘再考察》，靳煜，《历史地理》第三十辑，上海人民出版社，2014 年。

《康熙〈皇舆全览图〉空间范围考》，韩昭庆，《历史地理》第三十二辑，上海人民出版社，2015 年。

《新发现 19 世纪西文地图与钓鱼岛及其附属岛屿的主权归属》，费杰，《台海研究》2015 年第 3 期。

《制图六体实为制图"三体"论》，韩昭庆，《中国科技史杂志》2015 年第 4 期。

《长江三峡历史地图集·自然地理图说》，杨伟兵，见蓝勇主编《长江三峡历史地图集》，星球地图出版社，2015 年。

《从现存宋至清"总图"图名看古人"由虚到实"的疆域地理认识》，石冰洁，《历史地理》第三十三辑，上海人民出版社，2016 年。

《中国科学院图书馆藏〈萍乡县图〉表现年代考》，段伟，见华林甫、陆文宝主编《清史地理研究》第二集，上海古籍出版社，2016 年。

《康熙〈皇舆全览图〉的数字化及意义》，韩昭庆，《清史研究》2016 年第 4 期。

《南怀仁〈坤舆全图〉及其绘制的美洲和大洋洲动物图文》，邹振环，见上海中国航海博物馆主办《国家航海》第十五辑，上海古籍出版社，2016 年。

《神和乃囧：利玛窦世界地图的在华传播及其本土化》，邹振环，《安徽史学》2016 年第 5 期。

《早期西方地图中澳门地名与标注方位的谜团》，周振鹤、林宏，见李庆新主编《海洋史研究》第十辑，社会科学文献出版社，2017 年。

《蒋友仁的〈坤舆全图〉与〈地球图说〉》，邹振环，《北京行政学院学报》2017 年第 1 期。

《题桂萼〈大明舆地图〉考论》，袁方，《中国历史地理论丛》2017 年第 2 辑。

《16—19 世纪欧洲对东北亚海域地名的认识及其命名方式的东来：对欧洲和东北亚古地图的分析》，吴松弟，《历史地理》第三十六辑，复旦大学出版社，2017 年。

《哈佛燕京图书馆藏〈南阳县图〉研究》，徐建平，《历史地理》第三十六辑，复旦大学出版社，2017 年。

《〈坤舆全图〉与大航海时代西方动物知识的输入》，邹振环，见戴龙基、杨迅凌主编《全球地图中的澳门（第二卷）》，社会科学文献出版社，2017 年。

《地图学史视角下的古地图错讹问题》，丁雁南，《安徽史学》2018 年第 3 期。

《全地新构：邝其照及其〈地球五大洲全图〉》，邹振环，《复旦学报（社会科学版）》2018 年第 6 期。

《魏德文与南天书局的地图出版》，邹振环，《中国出版史研究》2019 年第 1 期。

《1808 年西沙测绘的中国元素暨对比尔·海顿的回应》，丁雁南，《复旦学报（社会科学版）》2019 年第 2 期。

《利玛窦世界地图中明清序跋文及其史料价值——兼评〈利玛窦明清中文文献资料汇释〉及〈补遗〉》，邹振环，见邹振环执行主编《明清史评论》第一辑，中华书局，2019 年。

《康熙〈皇舆全览图〉与〈乾隆十三排图〉中广西地区测绘内容的比较研究》，韩昭庆、李乐乐，《复旦学报（社会科学版）》2019 年第 4 期。

《美国哈佛大学中国古旧地图馆藏特色与学术价值》，陈熙，见马小鹤、蒋树勇主编《天禄论丛——中国研究图书馆员学会学刊》第十卷，广西师范大学出版社，2020 年。

《波特兰海图研究及存在问题的分析》，何国璠、韩昭庆，《清华大学学报（哲学社会科学版）》2020 年第 2 期。

《中国海图史研究现状及思考》，韩昭庆，见李庆新主编《海洋史研究》第十五辑，社会科学文献出版社，2020 年。

《基于地图数字化的民国政区复原——以 1934 年版〈中华民国新地图〉为例》，徐建平，《历史地理研究》2020 年第 3 期。

《两个"帕拉塞尔"之谜：地图史理论变迁与西沙群岛地理位置认知的演化》，丁雁南，《南海学刊》2020 年第 3 期。

《试论明代方志建置图准确性问题——以嘉靖〈陕西通志〉为中心》，田大刚，《中国地方志》2020 年第 3 期。

《地理知识与贸易拓展：17 世纪荷兰东印度公司手稿地图上的南海》，丁雁南，《云南大学学报（社会科学版）》2020 年第 5 期。

2. 历史地理信息系统（HGIS）与地理信息系统（GIS）

2-1. 综论

《创建世界一流应该有明确的目标——为什么要研制"中国历史地理信息系统"》，葛剑雄、周筱赟，《东南学术》2002 年第 4 期。

《关于 CHGIS 第二阶段数据模型的定义问题》，满志敏，《历史地理》第十九辑，上海人民出版社，2003 年。

《长江三角洲历史地理数据库开发的基本思路》，路伟东，《历史地理》第二十一辑，上海人民出版社，2006 年。

《行政区划：范围和界线》，满志敏，《江汉论坛》2006 年第 1 期。

《小区域研究的信息化：数据架构及模型》，满志敏，《中国历史地理论丛》2008 年第 2 辑。

《国际学界国家历史地理信息系统建设与利用的现状及启示》，王大学，《江苏师范大学学报（哲学社会科学版）》2016 年第 3 期。

《2015 年复旦大学历史地理信息系统（HGIS）沙龙综述》，陈浩东，《中国历史地理论丛》2016 年第 1 辑。

《基于 GIS 的中国古籍地理信息系统研究》，王大学、陈熙、杨光辉，《复旦学报（自然科学版）》2016 年第 6 期。

《GIS 进入历史地理学研究 10 年回顾》，潘威、孙涛、满志敏，《中国历史地理论丛》2012 年第 1 辑。

《近 20 年来历史地理信息化的发展成就》，潘威、王哲、满志敏，《中国历史地理论丛》2020 年第 1 辑。

2-2. 应用

《古代城市结构复原的 GIS 分析与应用——以北宋东京城为例》，王一帆、孔云峰、马海涛，《地球信息科学》2007 年第 5 期。

《同治以前陕甘回民聚落分布与数据库建设》，路伟东，《西北民族研究》2012 年第 4 期。

《GIS 支撑下的长时段区域人口变动规律分析》，路伟东，《历史地理》第三十辑，上海人民出版社，2014 年。

《GIS 支持下的小人口基数小概率历史事件研究——以清代回族进士规模与空间分布为例》，路伟东，《回族研究》2014 年第 2 期。

《清末民初西北地区的城市与城市化水平———项基于 6920 个聚落户口数据的研究》，路伟东，《历史地理》第三十二辑，上海人民出版社，2015 年。

《CHGIS 数据模型与千年尺度完整时间序列空间基础数据——以1912—1949 县级治所点数据为例》，路伟东，《历史地理》第三十三辑，上海人民出版社，2016 年。

《田野调查和 GIS 方法在近 300 年来小尺度区域土地利用变化研究中的应用》，霍仁龙、杨煜达，《中国历史地理论丛》2018 年第 4 辑。

《GIS 支撑下的中国县级政区沿革基础数据（1912—2015）——以甘肃省为例》，徐建平，《历史地理》第三十八辑，上海人民出版社，2019 年。

3. 遥感与地理信息系统（GIS）

Method for managing and querying geo-spatial data using a grid-code-array spatial index［J］. Li Shuang（李爽）, Pu Guoliang（濮国梁）, Cheng Chengqi（程承旗）, Chen Bo（陈波）, Earth Science Informatics, 2019, 12：173–181.

QRA-Grid：Quantitative risk simulation and grid-based pre-warning model for urban natural gas pipeline［J］. Li Shuang（李爽）, Cheng Chengqi（程承旗）, Pu Guoliang（濮国梁）, Chen Bo（陈波）, ISPRS International Journal of Geo-Information, 2019, 8（3）：122.

A Space-Interconnection algorithm for satellite constellation based on spatial grid model，Li Shuang（李爽），Hou Kaihua（侯闿华），Cheng Chengqi（程承旗），Li Shizhong（李世忠），Chen Bo（陈波）. Remote Sensing，2020，12（13）.

六、其他

1. 综述、书评与序言等

1–1. 会议综述

《中国地理学会黄土高原历史地理暨历史地图学术讨论会在太原召开》，满志敏，《地理学报》1988 年第 4 期。

《1990 年国际中国历史地理讨论会》，满志敏，《科学》1991 年第 2 期。

《国际中国历史地理学术讨论会综述》，王振忠，《历史地理》第十辑，上海人民出版社，1992 年。

《地理环境和中国历史与文化专题讨论会述要》，吴松弟，《中国史研究动态》1992 年第 8 期。

《韩国东海（日本海）地名国际学术讨论会综述》，吴松弟，《韩国研究论丛》第二辑，上海人民出版社，1996 年。

《纪念谭其骧 85 周年诞辰讨论会概述》，葛剑雄，《国际学术动态》1997 年第 4 期。

《〈中国移民史〉的成就与特点——多卷本〈中国移民史〉讨论会报道》，赵发国、安介生，《复旦学报（社会科学版）》1998 年第 4 期。

《"灾害与社会学术讨论会"在复旦大学召开》，左鹏，《历史地理》第十六辑，上海人民出版社，2000 年。

《2000 年中国历史地理国际学术讨论会综述》，张晓虹，《中国史研究动态》2001 年第 11 期。

《20 世纪 90 年代以来中国大陆秦汉历史地理研究评述》，李晓杰，《历史地理》第二十辑，上海人民出版社，2004 年。

《港口—腹地和中国现代化空间进程研究的基本构想》，吴松弟，见复旦大学历史地理研究中心主编《港口—腹地和中国现代化进程》,齐鲁书社,2005 年。

《"文化地图:数字中国、数字东亚"国际学术讨论会综述》,张晓虹,《历史地理》第二十一辑,上海人民出版社,2006 年。

《"明清以来云贵高原的环境与社会"国际学术讨论会在复旦大学召开》,杨伟兵,《历史地理》第二十三辑,上海人民出版社,2008 年。

《"跨越空间的文化"国际学术研讨会召开》,徐建平,《历史地理》第二十三辑,上海人民出版社,2008 年。

《"清代地理国际学术研讨会"综述》,杨伟兵,《中国历史地理论丛》2010 年第 1 辑。

《中国东南地域文化国际学术研讨会综述》,马峰燕,《史学月刊》2010 年第 1 期。

A Summary of the International Conference on Chinese Geography during the Qing Dynasty, Yin Zongyun(尹宗云), Fudan Jornal of the Humanities and Social Science, 2010（1）.

《走入传统中国的乡村社会——"中国东南地域文化国际学术研讨会"综述》,祁刚,《史林》2010 年第 2 期。

《长水悠悠——历史地理学界纪念谭其骧院士百年诞辰》,段伟、吴松弟,《地理研究》2011 年第 6 期。

《悠悠长水、巍巍高山——复旦大学纪念谭其骧先生百年诞辰历史地理学术研讨会综述》,邹怡,《历史地理》第二十六辑,上海人民出版社,2012 年。

《近代中国北方经济地理格局变迁学术研讨会在复旦大学召开》,樊如森、曾声威,《历史地理》第二十六辑,上海人民出版社,2012 年。

《第五届历史地理暑期前沿研修班在复旦大学成功举行》,杨煜达、韩健夫,《历史地理》第二十九辑,上海人民出版社,2014 年。

《首届古史新锐南开论坛综述》,龚珍,《中国史研究动态》2014 年第 6 期。

《第六届(2014 年)暑期历史地理前沿研修班在复旦大学成功举办》,路伟东、王新刚,《历史地理》第三十一辑,上海人民出版社,2015 年。

《城市人文遗产的世界·世界的城市人文遗产——"国际视野中的都

市人文遗产研究与保护"国际学术研讨会综述》，邹怡，《城市史研究》第三十三辑，社会科学文献出版社，2015年。

《古地图中的丝绸之路国际学术研讨会综述》，韩昭庆，《历史地理》第三十四辑，上海人民出版社，2016年。

《中国历史地理学重要成果汇报暨学科发展战略高层论坛会议综述》，刘雅媛，《历史地理》第三十五辑，复旦大学出版社，2017年。

《第五届边疆中国论坛暨"社会转型、知识话语与新边疆学"学术研讨会召开》，古帅，《历史地理》第三十六辑，复旦大学出版社，2017年。

《第九届（2017年）暑期历史地理前沿研修班在复旦大学成功举办》，袁慧，《历史地理》第三十六辑，复旦大学出版社，2017年。

《中国历史地理学重要成果汇报暨学科发展战略高层论坛举办》，张伟然，《地理学报》2017年第1期。

《"海关文献与近代中国"学术研讨会议综述》，刘雅媛，《海关与经贸研究》2017年第2期。

《"云南和中国西南地区的环境与历史"国际学术讨论会综述》，霍仁龙、杨煜达，《历史地理》第三十七辑，复旦大学出版社，2018年。

《城市人文遗产研究与保护的跨学科激荡——"跨学科背景下的城市人文遗产研究与保护"国际学术研讨会综述》，邹怡，《城市史研究》第三十八辑，社会科学文献出版社，2018年。

《中国经济史研究的GIS路径——"中国经济史前沿：GIS与经济史研究"暑期班综述》，王哲，《中国经济史研究》2019年第6期。

1-2. 学术综述

《"扶桑"讨论综合评述》，朱方，《历史地理》创刊号，上海人民出版社，1981年。

《中国佛教地理研究史籍述评》，张伟然，《地理学报》1996年第4期。

《1996年中国历史地理研究综述》，华林甫，《中国史研究动态》1997年第9期。（另华林甫撰写的1990年度、1991年度、1992年度、1993年度、1994年度、1995年度、1996年度、1997年度历史地理学学术动态，被译成韩文，刊载于韩国《文化历史地理》年刊第8、9、10、11号上

（1997~1999 年）。）

《〈历史地理〉集刊在反映学科发展和实践中的作用》，朱毅，《历史地理》第十四辑，上海人民出版社，1998 年。

《宋代户口调查统计制度史研究述评》，吴松弟，见包伟民编《宋代制度史研究百年（1900—2000）》，商务印书馆，2004 年。

《西夏地理研究述评》，杨蕤，《宁夏社会科学》2004 年第 2 期。

《港口—腹地和中国现代化进程学术研究综述》，樊如森，《史学月刊》2004 年 12 期。

《乡村政治秩序的演变研究述评（1853—1953）》，杨焕鹏，《许昌学院学报》2005 年第 1 期。

《大陆中国における宋代都市史研究回顾》，吴松弟，见大阪市立大学文学研究科东洋史研究室编《大阪市立大学东洋史论丛》，第 14 号，2005 年。

《"七大古都"说论辩始末》，冯贤亮，《中国史研究动态》1997 年第 11 期。

《20 世纪 80 年代以来国内清代长江中游经济史研究综述》，林荣琴，《中国史研究动态》2005 年第 11 期。

《徽州佃仆制研究综述》，邹怡，《安徽史学》2006 年第 1 期。

《国外港口体系研究述评》，王列辉，《经济地理》2007 年第 2 期。

《三十年的坚守与发展——论历史地理杂志的贡献》，段伟，见郭声波、吴宏岐主编《南方开发与中外交通：2006 年中国历史地理国际学术研讨会论文集》，西安地图出版社，2007 年。

《近三十年来中国历史上环境与资源保护研究综述》，梁志平，《农业考古》2008 年第 6 期。

《陕西抗战时期经济发展述评》，樊如森，《云南大学学报（社会科学版）》2009 年第 5 期。

《中国大陆宋代城市史研究回顾（1949—2003）》，吴松弟，《宋史研究通讯》2009 年第 1 期。

《近三十年来中国历史气候研究方法的进展——以文献资料为中心》，杨煜达、王美苏、满志敏，《中国历史地理论丛》2009 年第 2 辑。

《变化中的国家认同——对中国国家观念史的研究述评》，姚大力，见陈明等主编《原道》第十七辑，首都师范大学出版社，2012年。

《20世纪50年代以来淮剧研究综述》，张金贞，《淮阴师范学院学报（哲学社会科学版）》2012年第6期。

《美国生态人类学研究述略》，韩昭庆，《原生态民族文化学刊》2012年第1期。

《近代中日贸易述评》，樊如森、吴焕良，《史学月刊》2012年第6期。

《关于黄河安流及其相关问题的研究述评》，江伟涛，《白沙历史地理学报（彰化）》第13期，2012年。

《中国历史气候研究述评》，刘炳涛、满志敏，《史学理论研究》2014年第1期。

《过去2000年中国环境变化综合研究的回顾》，满志敏、郑景云、方修琦，《南京工业大学学报（社会科学版）》2014年第2期。

《家庭现代化理论与当代中国家庭：一个文献综述》，陈熙，《重庆社会科学》2014年第8期。

《中国海塘史研究的回顾与前瞻》，王大学，《历史地理》第三十二辑，上海人民出版社，2015年。

《清代自然灾害与粮食价格相关性的研究综述》，王斐、王新刚，《经济研究导刊》2015年第27期。

《中国苗族医学研究综述》，周妮，《三峡大学学报（人文社会科学版）》2016年第2期。

《回顾与展望：近三十年来国内以"饮水"为主题的史学研究》，张亮，《三峡论坛（三峡文学·理论版）》2018年第5期。

《张家山汉简〈秩律〉政区地理研究的回顾与展望》，马孟龙，见复旦大学历史学系、《中国中古史研究》编委会编《中国中古史研究：中国中古史青年学者联谊会会刊（第七卷）》，中西书局，2019年。

1-3. 书评与序跋

《读郭著〈蔡文姬〉后》，谭其骧，《文汇报》1959年7月10日。

《简评〈太平寰宇记〉》，李德清，《华东师范大学学报（自然科学版）》1980年第5期。

《对〈中国历代监察制度的变迁〉一文的几点意见》，陈家麟，《历史教学》1981年第1期。

《〈浙江分县简志〉读后》，谭其骧，《出版研究》1985年第4期。

《〈黄河史论丛〉前言》，谭其骧，见谭其骧主编《黄河史论丛》，复旦大学出版社，1986年。

《一部高质量的读史工具书——〈中国历史大事年表（古代）〉》，谭其骧，《辞书研究》1987年第6期。

《〈中国古代地图集〉序》，谭其骧，《文物》1987年第7期。

《〈河山集〉第四集序》，谭其骧，《中国历史地理论丛》1988年第3辑。

《王育民著〈中国历史地理概论〉介绍》，邹逸麟，《学术月刊》1988年第9期。

《〈中国七大古都〉序》，谭其骧，《中国历史地理论丛》1989年第2辑。

《评〈太平天国地理志〉》，谭其骧，《社会科学报》1991年11月7日。

《陈学文著〈明清时期杭嘉湖市镇史研究〉序》，邹逸麟，见陈学文著《明清时期杭嘉湖市镇史研究》，群言出版社，1993年。

《博约精微　嘉惠学林——评〈中华古文献大辞典·地理卷〉》，邹逸麟，《地理研究》1993年第2期。

《〈中国历史时期植物与动物变迁研究〉序》，邹逸麟，见文焕然著《中国历史时期植物与动物变迁研究》，重庆出版社，1995年。

《〈邺都佚志辑校注〉序》，邹逸麟，见许作民辑校注《邺都佚志辑校注》，中州古籍出版社，1996年。

《读新编〈蚌埠市志〉有感》，邹逸麟，见蚌埠市地方志编纂委员会编《蚌埠市志评论文集》，黄山书社，1996年。

《〈中国虎与中国熊的历史变迁〉序》，邹逸麟，见何业恒著《中国虎与中国熊的历史变迁》，湖南师范大学出版社，1996年。

《评日本学者平势隆郎所著〈新编史记东周年表〉》，周振鹤，《中国史研究动态》1996年第5期。

《"存史"应是评判方志质量的主要标准：评〈黄浦区志〉》，周振鹤，《上海修志向导》1996年第4期。

《读韩著〈宋代农业地理〉》，吴松弟，《中国史研究动态》1996年第4期。

《矻矻十年磨一剑——评王育民〈中国人口史〉》，邹逸麟，《博览群书》1996 年第 10 期。

《读〈《尚书·虞夏书》新解〉之〈禹贡〉篇一得》，邹逸麟，《社会科学战线》1997 年第 2 期。

《〈两湖平原开发探源〉简评》，王天良，《中国历史地理论丛》1997 年第 2 辑。

《历史城市地理研究的重大成果——评史念海主编〈西安历史地图集〉》，邹逸麟，《中国史研究动态》1997 年第 3 期。

《〈洛阳市志〉第 3 卷〈城市建设志·交通志·邮电志〉读后的几点感想》，邹逸麟，《河洛史志》1997 年第 4 期。

《评新编〈宁波市志〉》，邹逸麟，《中国地方志》1997 年第 6 期。

《是学术创新，还是低水平的资料编纂？——评杨子慧主编〈中国历代人口统计资料研究〉》，葛剑雄、曹树基，《历史研究》1998 年第 1 期。

《新编〈黄河志〉是一部认识黄河研究黄河的百科全书》，邹逸麟，《黄河史志资料》1998 年第 4 期。

《〈港口·城市·腹地〉序》，邹逸麟，见戴鞍钢著《港口·城市·腹地：上海与长江流域经济关系的历史考察（1843—1913）》，复旦大学出版社，1998 年。

《〈唐代羁縻府州研究〉序》，邹逸麟，见刘统著《唐代羁縻府州研究》，西北大学出版社，1998 年。

《［韩］全海宗〈中韩关系史论集〉（中译本）评介》，魏志江，《中国边疆史地研究》1999 年第 1 期。

《〈东北历史地理研究〉简介》，吴越（华林甫），《中国史研究动态》1999 年第 6 期。

《〈古代交通生态研究与实地考察〉序》，邹逸麟，见蓝勇著《古代交通生态研究与实地考察》，四川人民出版社，1999 年。

《评〈清代江河洪涝档案史料丛书〉》，满志敏，《历史地理》第十六辑，上海人民出版社，2000 年。

《评李晓杰〈东汉政区地理〉》，张伟然，见刘东主编《中国学术》第三辑，商务印书馆，2000 年。

《评〈上海地名志〉》，周振鹤，《中国地名》2000 年第 1 期。

《明代江南水利简史一种——介绍〈明江南治水记〉》,冯贤亮,《文献》2000年第1期。

《我看〈光明之城〉》,吴松弟,《世纪书窗》2000年第2期。

《评〈汉唐佛寺文化史〉——从历史文化地理学的角度观察》,张伟然,《学术界》2000年第2期。

《清代湖北地区重要水利史料——〈楚北水利堤防纪要〉述评》,尹玲玲,《文献》2000年第3期。

《探索与拓展——评张伟然的〈湖北历史文化地理研究〉》,张晓虹,《地理学报》2000年第4期。

《就〈两宋苏州经济考略〉致方健先生》,吴松弟,《中国历史地理论丛》2000年第3辑。

《我对学术批评的态度——答〈中国历代人口统计资料研究〉编委会》,葛剑雄,《学术界》2000年第3期。

《一度作为先行学科的地理学——序〈晚清西方地理学在中国的传播和影响〉》,周振鹤,《书屋》2000年第8期。

《〈中国人口史〉第三卷(辽宋金元时期)卷后记》,吴松弟,《宋史研究通讯》2001年第1期。

《早稻田大学所藏〈西域水道记〉修订本》,周振鹤,《中国典籍与文化》2001年第1期。

《也谈〈宋代地域文化〉的学术定位》,张伟然,《学术界》2001年第2期。

《〈山西移民史〉评价》,左鹏,《中国史研究动态》2001年第2期。

《中国历史地理学的半世纪回顾——读〈中国历史地理学的五十年〉》,吴松弟,《中国历史地理论丛》2001年第3辑。

《一部徽州族谱的社会文化解读——〈绩溪庙子山王氏谱〉研究》,王振忠,《社会科学战线》2001年第3期。

《经济史学的方法论:描述与分析——评〈中国经济通史·清代经济卷〉》,曹树基,《中国经济史研究》2001年第3期。

《历史是我们的财富——评"千秋兴亡丛书"》,邹逸麟,《中国图书评论》2001年第6期。

《〈中国地名学史考论〉序》,邹逸麟,见华林甫著《中国地名学史考论》，社会科学文献出版社，2002 年。

《〈明清江南地区的环境变动与社会控制〉序》，邹逸麟，见冯贤亮著《明清江南地区的环境变动与社会控制》，上海人民出版社，2002 年。

《历史的描述和地理的想象——评阙维民编著〈杭州城池暨西湖历史图说〉》，曹树基，《历史地理》第十八辑，上海人民出版社，2002 年。

《马尔萨斯理论和清代以来的中国人口——评美国学者近年来的相关研究》，曹树基、陈意新，《历史研究》2002 年第 1 期。

《互动还是应对——夏明方著〈民国时期自然灾害与乡村社会〉评介》，齐敬霞，《中国农史》2002 年第 4 期。

《读杨守建先生的反批评文章有感》，张伟然，《云梦学刊》2003 年第 1 期。

《尊重中国人口史的真实——对〈摘掉人口决定论的光环〉一文之回应》，陈意新、曹树基，《学术界》2003 年第 3 期。

《对学术必需有负责和认真的态度——评〈淮河和长江中下游旱涝灾害年表与旱涝规律研究〉》，邹逸麟，《中国图书评论》2003 年第 11 期。

《黄树民：〈林村的故事：一九四九年后的中国农村变革〉》，张伟然，见刘东主编《中国学术》第十四辑，商务印书馆，2003 年。

《评〈黄河文化丛书：住行卷〉》，张晓虹，《历史地理》第二十辑，上海人民出版社，2004 年。

《〈肇域志〉整理点校出版》，王文楚，《历史地理》第二十辑，上海人民出版社，2004 年。

《〈国家、科举与社会：以明代为中心的考察〉序》，邹逸麟，见钱茂伟著《国家、科举与社会：以明代为中心的考察》，北京图书馆出版社，2004 年。

《〈明清长江中下游渔业经济研究〉序》，邹逸麟，见尹玲玲著《明清长江中下游渔业经济研究》，齐鲁书社，2004 年。

《"来华基督教传教士传记丛书"序》，周振鹤，见周振鹤主编"来华基督教传教士传记丛书"，广西师范大学出版社，2004 年。

《从上府铸锅匠到大上海钢材商人——为〈铁流千里—周宁商业移民现象透视〉序》，吴松弟，《上海闽商》2004 年第 1 期。

《〈中国盐书目录〉述介》,赵赟,《盐业史研究》2005 年第 1 期。

《〈民俗曲艺·天灾与宗教专辑〉书评》,邹怡,《历史人类学学刊》2005 年第 2 期。

《一座尚未充分利用的近代史资料宝库——中国旧海关系列出版物评述》,吴松弟、方书生,《史学月刊》2005 年第 3 期。

《一本值得一读的沿革地理佳作——评〈童书业历史地理论集〉》,邹逸麟,《书品》2005 年第 3 期。

《读〈唐代佛教地理研究〉》,黄菊,《中国历史地理论丛》2005 年第 4 辑。

《从天下观到世界观的第一步——读〈利玛窦世界地图研究〉》,周振鹤,《中国测绘》2005 年第 4 期。

《历史研究无关个人情感——评英国〈经济学家〉发表的伪地图》,周振鹤,《中国测绘》2006 年第 2 期。

《〈徽州传统学术文化地理研究〉序》,邹逸麟,见周晓光著《徽州传统学术文化地理研究》,安徽人民出版社,2006 年。

《体系重构与整体超越——韦庆远、柏桦教授〈中国政治制度史〉读后》,李庆新,《广东社会科学》2006 年第 1 期。

《港口经济地理的创新之作——〈中国百年经济拼图:港口城市及其腹地与中国现代化〉》,王列辉,《中国港口》2006 年第 5 期。

《竹枝词与地域文化研究——评王利器、王慎之、王子今辑〈历代竹枝词〉》,王振忠,《历史地理》第二十一辑,上海人民出版社,2006 年。

《〈地理环境与中国古代社会变迁三论〉序》,邹逸麟,见高凯著《地理环境与中国古代社会变迁三论》,天津古籍出版社,2006 年。

《〈清代云南季风气候与天气灾害研究〉序》,邹逸麟,见杨煜达著《清代云南季风气候与天气灾害研究》,复旦大学出版社,2006 年。

《评〈1421:中国发现世界〉——兼论真实史料的重要性》,葛剑雄,见郑州大学历史学院编《高敏先生八十华诞纪念文集》,线装书局,2006 年。

《“中国行政区划的历史回顾与改革展望”笔谈:尊重历史,立足现实》,葛剑雄,《江汉论坛》2006 年第 1 期。

《历史地理学理论的新写法——阿兰·贝克新著〈跨越地理学与历史学的鸿沟〉述评》,谢湜,《中国历史地理论丛》2006 年第 4 辑。

《张鹏翮〈治河全书〉整理出版前言》，邹逸麟，见张鹏翮著《治河全书》，天津古籍出版社，2007年。

《简评阿兰·贝克的〈地理学与历史学——架起跨越鸿沟的桥〉》，段伟，《中国历史地理论丛》2007年第1辑。

《别开生面的徽州宗族研究——评唐力行先生的〈徽州宗族社会〉》，王振忠，《史林》2007年第1期。

《在华北与蒙古之间：一以贯之的生态史情结——王建革著〈农牧生态与传统蒙古社会〉读后》，张俊峰，《中国农史》2007年第2期。

《作为启蒙读物的徽州书信活套——刊本〈汪大盛新刻详正汇采书信要言〉介绍》，王振忠、王娜，《安徽史学》2007年第3期。

《〈中国历史地貌与古地图研究〉简评》，韩昭庆，《地理学报》2007年第8期。

《〈中国地方志流播日本研究〉序》，邹逸麟，见巴兆祥著《中国地方志流播日本研究》，上海人民出版社，2008年。

《〈禳灾与减灾：秦汉社会自然灾害应对制度的形成〉序》，邹逸麟，见段伟著《禳灾与减灾：秦汉社会自然灾害应对制度的形成》，复旦大学出版社，2008年。

《安介生著〈历史民族地理〉评介》，罗凯，《地理研究》2008年第3期。

《构建中国历史民族地理学体系的开拓之作——评安介生著〈历史民族地理〉》，郑维宽，《中国边疆史地研究》2008年第4期。

《〈太平寰宇记〉校点本的重大贡献》，邹逸麟，《书品》2008年第6期。

《读〈河工器具图说〉》，马峰燕，《黑龙江史志》2008年第22期。

《民间信仰与国家宗教关系的探索——序〈祭祀政策与民间信仰变迁〉》，周振鹤，见朱海滨著《祭祀政策与民间信仰变迁——近世浙江民间信仰研究》，复旦大学出版社，2008年。

《"晚清驻华外交官传记丛书"序》，周振鹤，见周振鹤主编"晚清驻华外交官传记丛书"，广西师范大学出版社，2008年。

《〈政治地理视角下的省界变迁〉序》，周振鹤，见徐建平著《政治地理视角下的省界变迁：以民国时期安徽省为例》，上海人民出版社，2009年。

《〈剑出丰城：县域社会经济史个案研究〉序》，王振忠，见易咏春主编

《剑出丰城：县域社会经济史个案研究》，江西人民出版社，2009 年。

《综合研究中的创新问题——读〈秦汉历史地理与文化分区研究〉》，梁志平，《中国历史地理论丛》2009 年第 2 辑。

《透析社会历史变迁的乡土视野——行龙教授新著〈走向田野与社会〉读后》，安介生，《晋阳学刊》2009 年第 3 期。

《〈驶向枢纽港：上海宁波两港空间关系研究（1843—1941）〉序》，吴松弟，见王列辉著《驶向枢纽港：上海宁波两港空间关系研究（1843—1941）》，浙江大学出版社，2009 年。

《灾害进入历史——〈危机与应对——自然灾害与唐代社会〉评介》，段伟，《中国经济史研究》2009 年第 3 期。

《〈《新安志》整理与研究〉评介》，陈瑞，《中国史研究动态》2009 年第 11 期。

《〈《中国评论》（1872—1901）与西方汉学〉序》，周振鹤，见王国强著《〈中国评论〉（1872—1901）与西方汉学》，上海书店出版社，2010 年。

《〈基督教在中国：比较研究视角下的近现代中西文化交流〉序》，周振鹤，见刘树森编《基督教在中国：比较研究视角下的近现代中西文化交流》，上海人民出版社，2010 年。

《〈明清以来云贵高原的环境与社会〉序》，邹逸麟，见杨伟兵著《明清以来云贵高原的环境与社会》，东方出版中心，2010 年。

《〈跨越空间的文化：16—19 世纪中西文化的相遇与调适〉序》，周振鹤，见复旦大学历史地理研究中心编《跨越空间的文化：16—19 世纪中西文化的相遇与调适》，东方出版中心，2010 年。

《〈秦汉招降战略战术研究〉序》，周振鹤，见阎盛国著《秦汉招降战略战术研究》，人民出版社，2010 年。

《〈长水声闻〉前言》，周振鹤，《东吴学术》2010 年第 1 期。

《评王健〈利害相关：明清以来江南苏松地区民间信仰研究〉》，朱海滨，《历史人类学学刊》2010 年第 1 期。

《中国家谱的总汇　家谱研究的津梁——〈中国家谱总目〉评介》，葛剑雄，《安徽史学》2010 年第 1 期。

《修志贵在征信——读新修〈云翔寺志〉有感》，邹逸麟，《上海地方志》

2010 年第 2 期。

《公共领域话语的中国意义——评〈为权力祈祷：佛教与晚明中国士绅社会的形成〉》，章宏伟，《云梦学刊》2010 年第 3 期。

《瓷商之路：跋徽州商编路程〈水陆平安〉抄本》，王振忠，《历史地理》第二十五辑，上海人民出版社，2011 年。

《大山的现实关怀：评朱圣钟〈历史时期凉山彝族地区经济开发与环境变迁〉》，杨伟兵，《中国历史地理论丛》2011 年第 1 辑。

《〈明清以来徽州村落社会史研究〉书评》，邹怡，《历史人类学学刊》2011 年第 2 期。

《中国旧海关出版物评述——以美国哈佛燕京图书馆收藏为中心》，吴松弟，《史学月刊》2011 年第 12 期。

《探微抉疑，独标新帜——读侯冲〈白族心史——《白古通记》研究〉》，杨煜达，《大理民族文化研究论丛》第五辑，民族出版社，2012 年。

《〈形神之间——早期西洋医学入华史稿〉序》，周振鹤，见董少新著《形神之间——早期西洋医学入华史稿》，上海古籍出版社，2012 年。

《评钟翀〈北江盆地——宗族、聚落的形态与发生史研究〉》，朱海滨，《历史人类学学刊》2012 年第 1 期。

《山田贤〈移民的秩序——清代四川地域社会史研究〉书评》，郑俊华，《历史人类学学刊》2012 年第 2 期。

《〈北江盆地——宗族、聚落的形态与发生史研究〉评述》，黄忠鑫，《地理学报》2012 年第 6 期。

《〈晚清稀见中外关系史料丛书〉序》，周振鹤，见周振鹤著《余事若觉》，中华书局，2012 年。

《〈繁华与喧嚣：清代常州城市社会〉序》，王振忠，见叶舟著《繁华与喧嚣：清代常州城市社会》，南京大学出版社，2013 年。

《卜正民〈备受困忧的帝国——元明时代的中国〉》，程秀金，见姚大力、刘迎胜主编《清华元史》第二辑，商务印书馆，2013 年。

《重新讲述"长城内外"》，姚大力，见葛剑雄等编《谁来决定我们是谁》，译林出版社，2013 年。

《东海西海 和而不同——〈明清之际西方传教士汉籍丛刊〉前言》，周振鹤，见周振鹤主编《明清之际西方传教士汉籍丛刊》第一辑，凤凰出版社，2013年。

《〈徽州近代师范教育史（1905—1949）〉序》，王振忠，见方光禄等著《徽州近代师范教育史（1905—1949）》，安徽师范大学出版社，2013年。

《〈乡土绩溪〉序》，王振忠，见章恒全摄著《乡土绩溪》，中国艺术摄影出版社，2013年。

《对〈方志百科全书〉"方志"条释义的几点意见》，邹逸麟，《浙江学刊》2013年第1期。

《万花筒视角下的中国环境史——〈中国的环境和历史〉书评》，韩昭庆，《中国历史地理论丛》2013年第4辑。

《评〈壮族地区人地关系过程中的环境适应研究〉》，龙小峰，《历史地理》第二十九辑，上海人民出版社，2014年。

《〈明清徽州灾害与社会应对〉序》，王振忠，见吴媛媛著《明清徽州灾害与社会应对》，安徽大学出版社，2014年。

《〈明清时期辽宁、冀东地区历史地理研究——以〈燕行录〉资料为中心〉序》，周振鹤，见〔韩〕黄普基著《明清时期辽宁、冀东地区历史地理研究——以〈燕行录〉资料为中心》，复旦大学出版社，2014年。

《〈程灵洗与徽州社会〉序》，王振忠，见程景梁、程振朔主编《程灵洗与徽州社会》，黄山书社，2014年。

《〈山中砚语〉序》，王振忠，见汪鸿欣、王剑辉著《山中砚语》，四川美术出版社，2014年。

《〈神文时代：谶纬、术数与中古政治研究〉书评》，邹怡，《历史人类学学刊》2014年第2期。

《〈许村志〉序》，王振忠，《徽州社会科学》2014年第6期。

《解读历史区域文化地理的一把钥匙——〈定额制度与区域文化的发展：基于清代长江三角洲地区学额的研究〉评介》，段伟，《地理研究》2014年第7期。

《新安旧梦从头说——序冯剑辉著〈徽州家谱宗族史叙事冲突研究〉》，王振忠，《徽州社会科学》2014年第7期。

《〈时空之间：关于地理学想象的反思〉评介》，王含梅，《地理学报》

2014 年第 12 期。

《王金富等著〈赤城历代行政区划〉序》，李晓杰，见王金富等著《赤城历代行政区划》，经济日报出版社，2015 年。

《多特生、哈佐德〈吐蕃纪年译注并附图说〉》，任小波，见姚大力、刘迎胜主编《清华元史》第三辑，商务印书馆，2015 年。

《拉铁摩尔〈中国的亚洲内陆边疆〉》，姚大力，见姚大力、刘迎胜主编《清华元史》第三辑，商务印书馆，2015 年。

《〈歙县北岸村志〉序》，王振忠，《徽学研究》2015 年第 3、4 期。

《回顾与前瞻——〈明清徽商与淮扬社会变迁〉再版后记》，王振忠，《徽州社会科学》2015 年第 4 期。

《〈时空交织的视野：澳门地区历史地理研究〉简评》，韩虎泰，《中国史研究动态》2015 年第 5 期。

《发现与探赜：读庄钦永先生著〈"无上"文明古国：郭实猎笔下的大英〉》，李晓杰，《中国出版史研究》2016 年第 3 期。

《〈"发现"欧洲：《世界广说》欧洲部分译注与研究〉序》，李晓杰，见魏毅著《"发现"欧洲：〈世界广说〉欧洲部分译注与研究》，复旦大学出版社，2017 年。

《〈十六国疆域与政区研究〉序》，李晓杰，见魏俊杰著《十六国疆域与政区研究》，复旦大学出版社，2018 年。

《〈环境变迁与水利纠纷〉序》，邹逸麟，见胡其伟《环境变迁与水利纠纷：以民国以来沂沭泗流域为例》，上海交通大学出版社，2018 年。

《〈清代西北回族人口与回族经济〉后记》，路伟东，《回族研究》2018 年第 4 期。

《〈万物并作：中西方环境史的起源与展望〉译介》，韩昭庆，《原生态民族文化学刊》2019 年第 3 期。

《拓展徽学研究，推动皖南区域研究——简评李甜著〈明清宁国府区域格局与社会变迁〉》，段伟，见罗家祥主编《华中国学》第 12 卷，华中科技大学出版社，2019 年。

《黄河北徙与政权兴衰——〈河流、平原、政权：北宋中国的一出环境戏剧〉述评》，杨霄，《地理学报》2019 年第 3 期。

《现代事业，古典人格——〈侯仁之学谱〉读后》，丁雁南，张宝秀主编《北京学研究（2019）》，中国社会科学出版社，2020 年。

《〈2018 年全国历史地理学术研讨会论文集〉序》，吴松弟，见华林甫等主编《2018 年全国历史地理学术研讨会论文集》，齐鲁书社，2020 年。

1–4. 其他

《悼念王庸先生（1900——1956 年）》，谭其骧，《地理学报》1956 年第 3 期。

《学者、才子、为社会主义奋斗终身的好干部》，谭其骧，见北京市历史学会编《吴晗纪念文集》，北京出版社，1984 年。

《何炳松与〈新史学〉》，谭其骧，《暨南学报（哲学社会科学版）》1991 年第 2 期。

《冯承钧及其在中国翻译史上的贡献》，邹振环，《学术月刊》1996 年第 4 期。

《百年复旦人物志：国学大师——陈寅恪校友》，丁雁南，《复旦学报（社会科学版）》2005 年第 3 期。

《陈垣先生与史源学——以〈日知录校注〉为中心的考察》，李晓杰，见北京师范大学陈垣研究室编《陈垣先生的史学研究与教育事业：纪念陈垣先生诞辰 130 周年学术论文集》，北京师范大学出版社，2010 年。

《学习科学家竺可桢说真话不讲假话》，谭其骧，《竺可桢研究会通讯》1985 年第 11 期。

《锲而不舍，终身以之》，谭其骧，《浙江日报》1981 年 5 月 22 日。

《谭其骧自传》，谭其骧，《文献》1982 年第 1 期。

《谭其骧日记选之一》，葛剑雄，《史学理论研究》1996 年第 1 期。

《谭其骧日记选之二》，葛剑雄，《史学理论研究》1996 年第 2 期。

《谭其骧日记选之三》，葛剑雄，《史学理论研究》1996 年第 3 期。

《谭其骧日记选之四》，葛剑雄，《史学理论研究》1996 年第 4 期。

《谭其骧日记选之五》，葛剑雄，《史学理论研究》1997 年第 1 期。

《谭其骧日记选之六》，葛剑雄，《史学理论研究》1997 年第 4 期。

《悠悠长水——谭其骧传（选载之一）》，葛剑雄，《史学理论研究》1996

年第 1 期。

《悠悠长水——谭其骧传（连载之二）》，葛剑雄，《史学理论研究》1996年第 2 期。

《悠悠长水——谭其骧传（选载之三）》，葛剑雄，《史学理论研究》1996年第 3 期。

《悠悠长水——谭其骧传（连载之四）》，葛剑雄，《史学理论研究》1996年第 4 期。

《悠悠长水——谭其骧传（选载之五）》，葛剑雄，《史学理论研究》1997年第 1 期。

《关于古籍整理的笔谈（二）：当前最紧迫的任务是大量翻印古籍》，谭其骧，《文献》1982 年第 1 期。

《学术研究要实事求是》，谭其骧，《中国水利》1982 年第 3 期。

《值得怀念的三年图书馆生活》，谭其骧，《文献》1982 年第 14 期。

《破坏之罪不下于盗窃》，谭其骧，《人民日报》1982 年 12 月 23 日。

《初学历史地理学必读书目》，谭其骧，《图书馆杂志》1983 年第 2 期。

《一个历史地理工作者的希望》，谭其骧，《社会科学战线》1983 年第 2 期。

《协作搞好资料，避免重复劳动》，谭其骧，《东北地方史研究》1984 年第 1 期。

《培养博士生的几点体会》，谭其骧，《高教战线》1985 年第 5 期。

《谭其骧谈治学》，谭其骧，《全国新书目》1998 年第 8 期。

《耕耘历史地理园地五十年的结晶——读谭其骧〈长水集〉》，葛剑雄，《历史地理》第五辑，上海人民出版社，1987 年。

《一丝不苟 精益求精——学习季龙师的工作态度和治学精神》，邹逸麟，《历史地理》第九辑，上海人民出版社，1990 年。

《追念恩师谭季龙教授》，邹逸麟，《历史地理》第十二辑，上海人民出版社，1995 年。

《谭其骧与〈中国历史地图集〉》，王文楚，《文史知识》1995 年第 9 期。

《从〈长水集续编〉看谭其骧先生晚年的杰出贡献——纪念谭其骧先生85 周年诞辰》，葛剑雄，《学术月刊》1996 年第 3 期。

《〈长水集续编〉编后》，葛剑雄，《历史地理》第十三辑，上海人民出版社，1996年。

《谭其骧教授与中国历史地理学》，吴松弟，《嘉禾春秋》1996年第2期。

《探赜索隐　融会贯通——谭其骧民族史学论著解析》，安介生，见复旦大学历史地理研究中心主编《面向新世纪的中国历史地理学：2000年国际中国历史地理学术讨论会论文集》，齐鲁书社，2001年。

《谭其骧先生的五星级文章及学术活性》，张伟然，《社会科学论坛》2005年第3期。

《纪念谭其骧先生》，王文楚，《历史地理》第二十一辑，上海人民出版社，2006年。

《谭其骧与〈中国历史地图集〉》，葛剑雄，《中国测绘》2004年第4期。

《顾颉刚、谭其骧创办〈禹贡〉半月刊始末》，葛剑雄，《历史学家茶座》2010年第4期。

《料青山见我应如是——怀念我的老师季龙先生》，周振鹤，《南方都市报》2011年6月7日。

《什么叫真正的大学者——忆谭其骧师为我举行的博士入学考试》，张伟然，《书城》2011年第8期。

《怀念一代宗师谭其骧先生》，周源和，见复旦大学历史地理研究中心主编《谭其骧先生百年诞辰纪念文集》，上海人民出版社，2012年。

《纪念杰出的历史地理学家谭其骧》，葛剑雄，《燕京学报》新三十期，2012年。

《谭其骧先生年谱》，葛剑雄，见复旦大学历史地理研究中心主编《谭其骧先生百年诞辰纪念文集》，上海人民出版社，2012年。

《谭其骧先生与复旦大学中国历史地理研究所》，吴松弟，见复旦大学历史地理研究中心主编《谭其骧先生百年诞辰纪念文集》，上海人民出版社，2012年。

《长水泽后学——谭其骧先生与历史文化地理研究》，张伟然，《读书》2017年第3期。

《深切缅怀侯仁之先生》，邹逸麟，《中国历史地理论丛》2014年第1辑。

《怀念侯仁之先生》，葛剑雄，《中国历史地理论丛》2014年第1辑。

《黄河流域环境变迁研究中的重大贡献——恭贺史念海先生八十华诞》，邹逸麟，见上官鸿南、朱士光主编《史念海先生八十寿辰学术文集》，陕西师范大学出版社，1996 年。

《开辟中国历史地理学新阶段的史念海先生》，张修桂，《中国历史地理论丛》2014 年第 2 辑。

《怀念章巽（丹枫）先生》，周振鹤，见芮传明、章嘉平编《丹枫苍桧：章巽百年诞辰纪念文集》，广东人民出版社，2015 年。

《纪念石泉先生：真正的学者》，葛剑雄，《中国历史地理论丛》2005 年第 3 辑。

《陈桥驿先生在记忆中》，张伟然，《中国历史地理论丛》2015 年第 2 辑。

《斯人已去，学术永存——敬悼陈桥驿先生》，吴松弟，《中国历史地理论丛》2015 年第 4 辑。

《史地巨子 郦学大家——陈桥驿先生对中国历史地理科学的重大学术贡献》，吴松弟，见陈桥驿著《陈桥驿全集》，人民出版社，2018 年。

《独辟蹊径 为霞满天——略述何业恒先生对于中国历史地理研究的贡献》，张伟然，《历史地理》第十五辑，上海人民出版社，1999 年。

《饶宗颐先生与禹贡学会及顾颉刚先生》，张伟然，见《西泠艺丛·饶宗颐社长追思集》，西泠印社，2018 年。

《试论严耕望先生对中国历史地理学发展的贡献》，邹逸麟，见《中国古代政治制度与历史地理——严耕望先生百龄纪念论文集》，齐鲁书社，2019 年。

《学术生涯之回顾与展望》，邹逸麟，见施岳群、周斌主编《与历史同行——复旦大学哲学社会科学研究的回顾与展望（1978—1998）》，复旦大学出版社，1998 年。

《我与中国历史地理学》，邹逸麟，见张世林编《学林春秋（三编下册）》，朝华出版社，1999 年。

《求实·严谨·创新——著名历史地理学家邹逸麟教授访谈录》，邹逸麟、冯贤亮，《历史教学问题》2002 年第 2 期。

《对学术的诚敬——邹逸麟与历史地理》，张伟然，《历史学家茶座》第二辑，山东人民出版社，2005 年。

《重抚〈冶即东部候官辨〉改稿，追忆邹逸麟先生的学术关怀》，吴松弟,《历史地理研究》2020年第4期。

《学术的合作与创新》,张伟然,《读书》2007年第9期。

2. 历史地理考察报告

《太湖以东及东太湖地区历史地理调查考察简报》,复旦大学历史地理研究室,《历史地理》创刊号,上海人民出版社,1981年。

《中美泰顺地方历史文化联合考察综述》,董枫,《中国历史地理论丛》2007年第2辑。

《中国东南山区的地域社会结构:以明清浙江泰顺县为例》,吴松弟,《历史地理》第二十四辑,上海人民出版社,2010年。

《云龙五井及相关联之碑刻调查》,杨伟兵,《台大历史学术通讯》2011年第11期。

《云南大理州历史水利考察纪行》,杨吉超、杨伟兵,《三峡论坛(三峡文学·理论版)》2013年第2期。

《2013年帕米尔高原历史地理考察报告》,张晓虹,《历史地理》第二十九辑,上海人民出版社,2014年。

《越南中北部古迹田野考察报告》,郭永钦,见西南大学历史地理研究所编《中国人文田野》第五辑,巴蜀书社,2012年。

《额尔古纳河及黑龙江上游历史地理考察纪实》,阿丽雅、齐光,《呼伦贝尔学院学报》2019年第6期。

3. 方志学

《关于编修地方史志的意见》,谭其骧,《贵州文史丛刊》1981年第3期。

《地方志与地方史的区别》,谭其骧,《江海学刊》1982年第1期。

《关于编修地方志的两点意见》,谭其骧,《百科知识》1982年第10期。

《地方史志不可偏废,旧志资料不可轻信》,谭其骧,见中国地方史志协会编《中国地方史志论丛》,中华书局,1984年。

《地方志与总志及历代地方行政区划》,谭其骧,《中国地方志通讯》

1984 年第 4、5 期。

《古方志存目研究例说》，周振鹤，《复旦学报（社会科学版）》1987 年第 4 期。

《对编纂第一部上海市志的几点期望》，谭其骧，《上海研究论丛》第二辑，上海社会科学院出版社，1988 年。

《一部资料性很强的新编地方志：读〈晋江市志〉》，周振鹤，《福建史志》1994 年第 6 期。

《冲田一和〈上海地名志〉》，邹逸麟，《上海地名》1996 年第 3 期。

《读新编〈蚌埠市志〉有感》，邹逸麟，见蚌埠市地方志编纂委员会编《蚌埠市志评论文集》，黄山出版社，1996 年。

《对新编方志工作的几点意见》，邹逸麟，《中国地方志》2000 年第 5 期。

《方志目录学刍议》，巴兆祥，《中国地方志》2003 年第 3 期。

《论编修地方志与发展旅游事业》，巴兆祥，《宁夏社会科学》2003 年第 3 期。

《论方志目录学》，巴兆祥，《新世纪图书馆》2003 年第 3 期。

《日本天皇"御览"孤本崇祯〈嘉兴县志〉考述》，巴兆祥、董艳，《历史地理》第二十辑，上海人民出版社，2004 年。

《论明代方志的数量与修志制度——兼答张升〈明代地方志质疑〉》，巴兆祥，《中国地方志》2004 年第 4 期。

《论方志联合目录的演变及其发展趋势》，巴兆祥，《图书馆理论与实践》2004 年第 6 期。

《〈方志学新论〉出版》，巴兆祥，《中国地方志》2004 年第 10 期。

《论近代乡土志的几个问题》，巴兆祥，《安徽史学》2006 年第 6 期。

《清末民国中日方志贸易述略》，巴兆祥，《历史地理》第二十二辑，上海人民出版社，2007 年。

《陆心源所藏方志流失日本考》，巴兆祥，《安徽大学学报（哲学社会科学版）》2007 年第 6 期。

《修志者心目中要有读者》，邹逸麟，《中国地方志》2009 年第 6 期。

《第二轮志书风俗志编纂刍议》，巴兆祥，《中国地方志》2010 年第 3 期。

《第二轮志书宗教志编纂刍议》，巴兆祥，《中国地方志》2011 年第 8 期。

《近代江南城市的方志图书市场》,巴兆祥,《复旦史学集刊》第四辑,复旦大学出版社,2011年。

《清代江浙方志东传日本述略》,巴兆祥,见[日]山田奖治、郭南燕编《江南文化と日本:资料·人的交流の再発掘》,国际日本文化研究センター(京都),2012年。

《2000年以来台湾的方志学研究》,巴兆祥,《中国地方志》2012年第5期。

《中华书局与中国古方志考》,巴兆祥,见复旦大学历史系、出版博物馆、中华书局、上海辞书出版社编《中华书局与中国近现代文化》,上海人民出版社,2013年。

《日本见藏稀见(康熙)〈镇江府志〉考述》,巴兆祥,见华林甫主编《清代地理志研究》,中国人民大学出版社,2014年。

《中国大陆二轮志书艺文志编纂探讨》,巴兆祥、王慧,《台湾文献》2014年第1期。

《方志传播学的构建》,巴兆祥,《中国地方志》2014年第5期。

《商务印书馆与近代方志事业》,巴兆祥,《浙江方志》2014年第6期。

《感知价值视角下上海社会群体对于方志文化建设的认知和态度》,巴兆祥、张丽,《中国地方志》2015年第6期。

《旧志整理成果现状及其发展趋势》,巴兆祥、郭墨寒,《中国地方志发展报告(2015)》,方志出版社,2015年。

《指导地方志事业发展的重要文献——读〈全国地方志事业发展规划纲要(2015—2020年)〉》,邹逸麟,《中国地方志》2016年第4期。

《中国地方志发展规律述略》,巴兆祥、何沛东,《中国地方志》2016年第8期。

4. 地名学

《古越语地名初探——兼与周生春同志商榷》,周振鹤、游汝杰,《复旦学报(社会科学版)》1980年第4期。

《地名的学问》,周振鹤、游汝杰,《百科知识》1980年第4期。

《汉阳命名辨析》，张修桂，《武汉师范学院学报（自然科学版）》1981 年第 1 期。

《年号与地名——我国历史上一种独特的地名命名方式》，郁越祖，《地名知识》1981 年第 6 期。

《谭其骧论地名学》，邹逸麟，《地名知识》1982 年第 2 期。

《我国古代地区名的命名》，钱林书，《地名知识》1983 年第 6 期。

《广德湖考》，邹逸麟，《中国历史地理论丛》第二辑，1985 年。

《地名带"阳"字未必标是水北山南》，周庄（周振鹤），《历史地理》第四辑，上海人民出版社，1986 年。

《江西省县市命名探源》，王天良，见复旦大学中国历史地理研究所编《历史地理研究》第一辑，复旦大学出版社，1986 年。

《"番禺"一名的由来及其读音之演变》，陈家麟，《汕头大学学报》1988 年第 Z1 期。

《编写古地名条目应该注意的几个问题》，谭其骧，《浙江地名文汇》1989 年第 1 期。

《中国载籍中的日本海地名》，吴松弟，《太平洋学报》1995 年第 1 期。

《上海市最早的地名》，赵永复，《上海地名》1996 年第 3 期。

《论应劭、圈称的地名学贡献》，华林甫，《中州学刊》1996 年第 6 期。

《论唐代的地名学成就》，华林甫，《自然科学史研究》1997 年第 1 期。

《略论敦煌文书的地名学意义》，华林甫，《中国历史地理论丛》1997 年第 2 辑。

《论胡三省注〈通鉴〉地名的得与失》，华林甫，《浙江学刊》1997 年第 5 期。

《简论〈元一统志〉的地名学价值》，华林甫，见孙进己主编《东北亚历史地理研究》，中州古籍出版社，1998 年。

《论郦道元〈水经注〉的地名学贡献》，华林甫，《地理研究》1998 年第 2 期。

《汉译西洋地名的两个系统》，周振鹤、司佳，见香港中国语文学会编《词库建设通讯》1998 年第 17 期。

《魏晋南北朝时期的地名学成就》，华林甫，《历史地理》第十四辑，上海人民出版社，1998年。

《略论吴卓信〈汉书地理志补注〉的地名学价值》，华林甫，《中国历史地理论丛》1999年第1辑。

《论民国时期中国地名学从传统向现代的过渡》，华林甫，《历史地理》第十五辑，上海人民出版社，1999年。

《〈元和郡县志〉的地名学研究》，华林甫，《北京社会科学》1999年第2期。

《文献价值与历史地名研究》，满志敏，《上海地名》2013年第4期。

《山西介休村落与村落地名研究》，姜建国，《山西师范大学学报（自然科学版）》2016年第2期。

《山东诸城村名的命名与演变》，古帅，《史志学刊》2016年第6期。

《官印与地名——"慎阳"及相关地名变迁的传说与史实》，张伟然、蔡允贤，《复旦学报（社会科学版）》2019年第3期。

《中古同名地记辑佚中存在的问题——以〈湘中记〉为例》，李伟，《白沙历史地理学报（彰化）》第19期，2018年。

5. 附译文

《测绘中国地图纪事》，［法］J. B. 杜赫德著，葛剑雄译，《历史地理》第二辑，上海人民出版社，1982年。

《汉简所见地名考》，［日］日比野丈夫著，周振鹤（译），《历史地理》第三辑，上海人民出版社，1983年。

《明清时期的洞庭湖水利》，［美］彼得·C·珀杜著，卢云摘译，吴越校对，《历史地理》第四辑，上海人民出版社，1986年。

《长江下游地区的城市化和市场发展（摘译）》，［日］斯波义信著，郁越祖译，见复旦大学中国历史地理研究所编《历史地理研究》第一辑，复旦大学出版社，1986年。

《唐末以前福建的开发》，［美］汉斯·比伦斯泰因著，周振鹤译，《历史地理》第五辑，上海人民出版社，1987年。

《长江下游城市化和市场的发展（节译）》，［日］斯波义信著，洪偶译，见复旦大学中国历史地理研究所编《历史地理研究》第二辑，复旦大学出版社，1990年。

《科举和社会流动的地域差异》，[美]何炳棣著，王振忠译，《历史地理》第十一辑，上海人民出版社，1993年。

《韩国1960—1985年城市和农村之间的移民及模式》，[韩]卢熙芳著，尹玲玲译，吴松弟校，《韩国研究论丛》第五辑，中国社会科学出版社，1998年。

《"广东人"诞生之谜——从传说和史实之间来考察》，[日]片山刚著，朱海滨译，《历史地理》第二十一辑，上海人民出版社，2006年。

《地方史的兴起：宋元婺州的历史、地理和文化》，[美]Peter Bol（包弼德）著，吴松弟译，《历史地理》第二十一辑，上海人民出版社，2006年。

《去汉人不能久呆的地方：瘴疠与清代云南边疆地区的民族管理空间结构》，[美]David A. Bello（贝杜维）著，杨煜达译，载陆韧主编《现代西方学术视野中的中国西南边疆史》，云南大学出版社，2007年。

《上海法租界公董局关于公共道路、下水道和粪便处理系统的城市卫生工作报告（1849—1940年）》，上海市档案馆藏，牟振宇、张华译，《历史地理》第二十三辑，上海人民出版社，2008年。

《从〈放生河规约〉看明代后期江南士大夫家族》，[日]滨岛敦俊著，朱海滨译，见张江华、张佩国编《区域文化与地方社会："区域社会与文化类型"国际学术研讨会论文集》，学林出版社，2011年。

《〈汉书〉侯表地名注记的体例特征——从〈地理志〉的相关性出发》，[日]仲山茂著，郭永钦译，《历史地理》第二十六辑，上海人民出版社，2012年。

《从山地到沙龙——茶叶种植与中国政府》，[美]濮德培著，韩昭庆译，见刘凤云等编《清代政治与国家认同》，社会科学文献出版社，2012年。

《西藏的鸟类》，[英]黎吉生著，任小波译，见王尧主编《国外藏学研究译文集》第二十辑，西藏人民出版社，2013年。

《中国江南三角洲地貌的形成》，[日]海津正伦著，邹怡译，《历史地理》第二十七辑，复旦大学出版社，2013年。

《综合视角下的汉代边疆》，[美]狄宇宙著，程秀金译，见余太山等主编《欧亚译丛》第一辑，商务印书馆，2015年。

《自流井的盐井》，[英] G.R.G.Worcester（夏士德）著，伍伶飞译，《盐业史研究》2016年第1期。

《探寻地图中的主张：以1136年的〈禹迹图〉为例》，[美] Peter Bol（包弼德）著，邢云译，《历史地理》第三十四辑，上海人民出版社，2017年。

《〈世界地图学史〉的编纂（1977—2022）》，[美] 马修·埃得尼、[美] 罗杰·凯恩著，夏晗登译，《历史地理》第三十四辑，上海人民出版社，2017年。

《树的生长——从历史的角度谈可持续性》，[德] 克里斯托夫·毛赫著，韩昭庆、陆丽雯译，《原生态民族文化学刊》2018年第1期。

附

编

（壹）著作

一、历史学与其他学科

1. 断代史

日本にとって中国とは何か（中国の歴史 = A history of China；12），
尾形勇，鶴間和幸，上田信，葛剑雄，王勇，礪波護 著．講談社，2005.11.

本书为日本讲谈社出版的"中国的历史"书系中的一册，讲述中国自神话时期至 20 世纪末的历史，是由专家撰写的面向大众的中国史读物。葛剑雄撰写的是第四章"世界史中的中国——中国与世界"，内容包括"中国的形成""从天下到世界""中国与世界"等，系统阐述了中国的天下观和世界观。

［其他版次］

《日本人眼中的中国：过去与现在》，[日]尾形勇、[日]鹤间和幸、[日]上田信、葛剑雄、王勇、[日]砺波护著，陈柏杰译，台北商务印书馆，2017 年。

《東アジア海文明の歴史と環境》，鶴間和幸、葛剑雄編，東方書店，2013 年。

本书收录了中日学者研究东亚海域文明的历史与环境的论文 20 余篇，主要内容包括对东亚海域文明的历史与环境的认识，以及黄河、运河与华北大平原、水利技术的发展、灾害与环境等。

《统万城建城一千六百年国际学术研讨会文集》，侯甬坚、邢福来、邓辉、安介生、陈识仁编，陕西师范大学出版总社，2015 年。

本书是 2013 年在靖边召开的"统万城建城 1600 年国际学术研讨会"精选论文集，共收录会议论文 45 篇，以"统万城及周边环境""统万城的区域影响""赫连勃勃集团及其作为""统万城及周边的民族活动""统万城城市史""统万城文化遗产保护和开发"为题分成六编。全书内容涉及统万城及其遗址的地理环境、城市建筑、民族史、经济史、宗教史、军事交通、考古学、文化人类学等内容。安介生为学术组成员，参加论文集论文遴选工作。

《北魏王言制度》，王兴振著，花木兰文化出版社，2017 年。

作者以北魏王言制度为研究对象，全面分析了北魏的政治制度。王言为皇帝的御用文书，王言制度是文书学研究、中古时期文书行政研究的重要内容。作为皇帝权力的象征，王言既是制度革创的载体，亦是政治决策的重要方式，经皇帝下达的命令文书，一须遵循王言之体的书式、用语，二须遵循王言的生成与出纳机制，二者构成王言制度的双重向面。王言制度是考察北魏及南北朝政治史的一扇窗。

《危机与重构：唐帝国及其地方诸侯》，李碧妍著，北京师范大学出版社，2015 年。

本书旨在探讨唐帝国在安史之乱这场危机爆发后，于内地普设藩镇这种行为背后的政治动因，并尝试揭示处在一个藩镇时代的唐帝国，是如何通过重构藩镇的空间结构与权力结构，来应对由藩镇所带来的紧张危机并重新树立其统治力的。研究以为，唐帝国所遭遇的最严重的危机就是由原边境藩镇带来的大军团危机，而化解这一危机的过程就是一个重构这些藩镇空间结构与权力结构的过程。安史之乱的意义，就在于它既是这一危机最明显的体现，也提供给了帝国一个化解这一危机的契机。到宪宗元和末年，随着唐廷对关中、江淮、河南藩镇旧有势力的清除，藩镇危机基本宣告结束。但是在旧有势力清除的同时，藩镇内部的新兴地方势力却在迅速崛起，并将在此后成为主导藩镇走势的决定性力量。而藩镇时代的意义，就在于它见证了帝国从区域本位向中央本位的转变，也见证了帝国社会阶层的重要变化。本书在作者博士论文的基础上修改而成。

《吐蕃时期藏译汉传佛典:〈善恶因果经〉对勘与研究》,任小波著,中国藏学出版社,2016 年。

本书是对吐蕃时期藏译汉传佛典《善恶因果经》对勘与研究的著作。汉文《善恶因果经》,堪称中古时代汉地佛教世俗化的代表性经典。此经虽被定作伪经,内容通俗,义理浅显,但却流行甚广,影响亦大。根据藏文经录,可以大致确定此经藏文译本的源流。8—9 世纪之交,或经吐蕃译师释迦光之手,此经于吐蕃本部(拉萨/桑耶)被首次译为藏文。及至 9 世纪前半叶,复经吐蕃译师法成之手,此经于河陇一带(沙州/甘州)被重新译为藏文。如上两种藏文译本,皆完整地见存于藏文大藏经《甘珠尔》之中,经考源自同一汉文文本系统。基于汉藏对勘,可知法成的后出译本或曾参用过释迦光的早先译本。敦煌所出此经藏文残本 5 件,经考均属法成译本系统。通过《善恶因果经》的对勘与研究,发掘此经与其他汉藏佛教文本之间的联系,可为深入考察吐蕃帝国兴佛运动背景下的敦煌佛教,吐蕃时期藏译汉传佛典的成立路径,以及吐蕃译师法成的译经活动和佛学思想,提供一扇语文学和佛教史的视窗。

《〈梦粱录〉〈武林旧事〉注释》,傅林祥点校、注释,山东友谊出版社,2001 年。

本书为两种笔记的整理本。《梦粱录》二十卷,宋吴自牧著。其"缅怀往事,殆犹梦也",因此用唐人寓言"黄粱梦"作书名。该书叙述南宋时期杭州城市的方方面面,举凡节序风俗、公廨物产、山川景物、市肆乐部、古代人物,无不详载。卷七至卷十八的内容多节录自《咸淳临安志》,点校时多以此志互校。《武林旧事》十卷,宋周密著。周密长期居住在杭州癸辛街,"目睹耳闻,最为真切",尤其是"诸色伎艺人""官本杂剧段数"诸节,保留了丰富的戏曲史资料。两书均以校刻较为完备的《知不足斋丛书》本为底本,加以整理校注。

《蒙元制度与政治文化》,姚大力著,北京大学出版社,2011 年。

本书为作者学术论文自选集,收录了作者近 30 年来撰写的 14 篇学术论文,其中贯穿着同一种追问:如何从一部以汉文叙事的《元史》,去揭示出蒙元中国的制度成分及其文化所特有的多样性品格。蒙元政权在征服中原的过程中，由草原游牧帝国转变为一个以治理广袤的汉文化地区为重要任务的"帝国式王朝"。本书聚焦于在此期间蒙元政治体系所发生的变化，从皇权、权力中枢机构、官僚体系、刑法体系、官僚铨选制度、地方行政体系等方面，分别展开专题式的分析和论述。这一政治制度体系具有相当程度的"汉化"特征，但又不能简单地使用"汉化"概念来界定或概括它，其中保持着或变相保持着一些蒙古制度成分。

《明清江南的州县行政与地方社会研究》，冯贤亮著，上海古籍出版社，2015 年。

本书以明清时期江南地区的州县行政与社会关系为切入点，从历史社会学的分析层面，探讨当时的州县政府，作为国家行政权力下延的端点和地方意志表达的起点，在维持社会安定、经济运作、思想教化等方面的重大问题，是如何进行操作的，在进一步保证国家对乡村有效控制的同时，其相关对策或应对措施与一般熟知的制度史描绘会有多大的距离，廓清以往研究在这方面的一些模糊性认识。具体研究内容包括明清江南府州县衙门及其官僚群体的考察、府县秩序与地方行政问题、社会治安与秩序控制、特大水灾与社会应对、地方水利变化及其行政调控、州县地方的命案检验及其相关的改革调整、地方社会中的匪乱妖言及其官方应对、州县行政的社会评判等，深化对于国家的制度安排、社会教化、州县的整顿、基层控制及其时代变革问题的理解，强调州县行政与社会关系的地区差异和时代变迁的影响。

《河山有誓：明清之际江南士人的生活世界》，冯贤亮著，复旦大学出版社，2019 年。

本书的研究，基本以江南地区的人物活动与故事为主线，对晚明至清代康熙年间漫长的王朝更替进程中，那些内阁重臣、大乡绅、布衣、艺坛领袖、小秀才以及青楼杰出女性等人的命运遭际，进行专题性研究，注意大时代的变化、地方社会的特质及地方与国家视野的交互论述。主要内容包括江南科举文化兴盛的背景下地方杰出人士与布衣文人的人生历程、交游网络、姻亲关系，以及地方社会的权势结构变化，对于社会与国家的影响与意义，同时也注意明清两代鼎革前后，江南社会生活的日常变化、士人记忆、文化中心的转移、士人契合政治的重要表现及其对于国家统治的意义，特别是在经历明清交替后到康熙时期，很多士人的经历与"梦忆"故事中，鲜明地表达了处世态度与人生抱负，虽然因地方不同、出身不同、情感表达不同而差异颇大，但都可以深切地认识到他们的人生感受、地方政治参与的态度，感知他们所处时代的文化氛围，他们的所言所行在整个王朝历史进程中的意义。

《大清帝国时期蒙古的政治与社会——以阿拉善和硕特部研究为中心》，齐光著，复旦大学出版社，2013 年。

本书利用满、汉、蒙、藏多种语言文字史料，以卫拉特蒙古的一支阿拉善和硕特部为切入点，通过揭示该部在清朝时期的活动，首先探讨了康熙、雍正时期西北准噶尔部、青海和硕特部、达赖喇嘛地方政权等的内部动向，以及清朝基于这种动向所实施的方针政策。同时又以阿拉善和硕特部为中心，考察了清朝时期外藩蒙古札萨克旗内部的社会行政组织的存在形式及其具体运营，以及札萨克王爷的部众支配手段，以此较详细、系统地论述了清朝时期外藩蒙古的政治与社会的具体面貌。

《16—18 世纪喀尔喀蒙古政治社会体制研究》，齐光著，复旦大学出版社，2020 年。

本书利用满、蒙、藏、汉文史料，以 16 世纪中期至 18 世纪晚期为时间轴，以蒙古高原和青藏高原为主要历史舞台，以七和硕喀尔喀兀鲁斯体制为切入点，阐明了清代初、中期喀尔喀蒙古的七和硕喀尔喀兀鲁斯体制从其形成到服属清朝成为外藩及被分成四部后的社会制度的发展变迁历程。除关注七和硕喀尔喀兀鲁斯本身的发展外，主要揭示了其与拥有巨大政治影响力的清朝皇帝之间的关系，以及清朝基于这种动向所实施的方针政策，以此深入探讨了服属清朝前后喀尔喀蒙古政治社会体制的变化及其原因。

《圣谕广训：集解与研究》，周振鹤撰集，顾美华点校，上海书店出版社，2006 年。

康熙的"圣谕十六条"以及雍正的《圣谕广训》是有清一代统治者颁布

的一项重要的文化政策，也是维护统治稳定，对老百姓进行思想、法制教育的重要手段。为了贯彻统治意志，各地方长官及文人都对这两份材料作各种通俗化尝试，有浅显的文言、口语化的白话以至方言的解释。本书即是关于这一专题的资料汇编，是目前可以搜集到的相关资料的集大成。全书分集解编、资料编、研究编等三编。对于研究清代思想文化政策、治国方略及文言、白话的语言变化，本书是一份珍贵的史料。

《晚清营业书目》，周振鹤编，上海书店出版社，2005年。

本书将晚清同治光绪年间上海、浙江、湖北等地各官办书局、民办书庄刊印的书目，以及上海书业公所原始档案中的"书底"，按年代顺序，汇为一编，含书名、价格、内容简介、注译者姓名等相关资料。其主要价值是：1.借此关照晚清时期中国南方，特别是上海的文化出版事业的整体风貌；2.为西学东渐之过程研究提供第一手资料；3.由此把握当时政治、社会和文教改革的基本动向；4.以书价为参考的物价情况等社会资料。所有内容均为现代出版史料专书所未载，底本均为散失在民间或湮没在陈档中的原件，弥足珍贵。

《运书日记》，陈训慈著，周振鹤整理，中华书局，2013年。

《运书日记》是抗战期间浙江图书馆馆长陈训慈先生抢救国家珍稀文献，辗转将文澜阁四库全书从杭州运往内地的日记，共两册，时间为1938年1月1日至1938年2月28日。附录为浙江大学徐永明根据《陈训慈日记》关于搬运《四库全书》内容作的辑录，时间为1937年8月至1938年12月底，正好作为这两本日记的前事补叙。本书由作者收藏并点校整理。2019年增补版又增加了陈训慈先生居青岛期间的日记一册，时间为1936年7月16日至8月16日，并删除初版本的附录。

［其他版次］

《运书日记：附胶海逭暑日记》，陈训慈著，周振鹤、周旸谷整理，中华书局，2019年。

《国故论衡（先校本）》，章太炎著，周振鹤导读，商务印书馆，2015年。

《国故论衡》是章太炎的重要著作，分小学、文学、诸子学三卷，系统论述文字音韵学、文学、文献学、周秦诸子学、经学及佛道之学等，在中国现代学术史上有着极其重要的影响。《国故论衡》出版的早版本为日本秀光社1910年版，但未完全将太炎先生的修改稿收入。此次影印的为周振鹤藏太炎在《国故论衡》初稿本的批改本。修订之处多在卷中和卷下，正文注文皆有。本书前言为周振鹤撰写的前言《关于章太炎〈国故论衡〉的先校本》。

2. 专门史

2-1. 经济史

《清代人丁研究》，薛理禹著，社会科学文献出版社，2014年。

本书的研究对象是清代"人丁"，主要利用丰富的原始档案及其他史料，研究人丁编审和丁银征收制度的发展过程，考察不同时代、地域、语境之下人丁的实际含义，探究人丁与当时社会其他政治、经济要素的关联。本书研究上溯明代中期，下延清代晚期，厘清了这一历史时期人丁编审和丁银征收制度的完整发展演变脉络，对这一研究领域有较大推进。在研究中，作者尝试以多元化视角探究清代"人丁"，梳理从中央到地方，由各级政府到乡村基层，结合具体的地理环境与当时政治、经济、社会状况，考察各级官府对于人丁编审与丁银征收的具体执行措施和各阶层的反应对策，揭示朝廷君臣、地方官员、胥役、里甲头目、各阶层民众对于人丁编审及丁银征收各自不同的价值取向，探究朝廷"立法"、地方"执法"及各阶层民众"守法"行为的互动，具体、全面、生动地展示清代人丁编审和丁银征收对整个社会的影响。本书不仅完善了人口史研究的某些空白不足，也有益于法制史、经济史、社会史等学科领域的发展。本书在作者博士论文的基础上修改而成。

《给曾国藩算算账》，张宏杰著，中华书局，2015年。

本书重点讲述了晚清时期曾国藩任京官时期的收入来源。这些收入中，哪些是国家俸禄，哪些是灰色收入。其支出中，哪些用于生活，哪些用于送礼。通过细节恢复了曾国藩的生活状况——生活水平如何，吃什么样的饭，住什么样的房子，坐什么样的车子。同时，作者的文笔还深入到了晚清社会的很多侧面，比如清代督抚衙门的运转、官场潜规则的具体运作方式等。本书在作者博士论文《曾国藩的收入与支出》的基础上修改而成。

2-2. 农史

《被结构的时间：农事节律与传统中国乡村民众年度时间生活——以江南地区为中心的研究》，王加华著，上海古籍出版社，2015 年。

时间并不是一种无关乎人的存在物，而是与人的生活紧密相关，因此它的根本性质即在于社会建构。从表面来看，传统中国乡村民众年度时间生活是杂乱无章、毫无规律可循的，但实际情况却并非如此，而是在纷繁芜杂的背后体现出强烈的结构性特征。一年之中，受自然节律的影响，农业生产活动从种植到收获也会表现出一定的节律性特征，即农事节律。与此相适应，乡村社会生活也会表现出一定的节奏性，从年初到年末，各种活动是各有其时。农业生产活动有涨有落，于是乡村社会生活诸活动也必然会随之起起落落，一年四季各有其时，各种活动也就会巧妙配合而又有序地分布于时间与空间之中。也就是说，传统乡村民众年度时间生活表现出一种强烈的农事节律特色，体现出传统中国乡村民众对于年度时间周期的结构性安排策略。而这一结构性特征的背后，则是传统中国"以农为本"的农耕文明特色。这种"以农为本"的年度时间特色，对传统中国时间观的形成与发展产生了深远影响，如漠视精确、缺乏发达测度时间概念等。反过来，这一时间观又对传统中国社会与文化产生了深刻影响，如保证了中国社会长期稳定、有序的发展，形塑了民众保守主义的社会心态等。本书在作者博士论文的基础上修改而成。

2-3. 宗教史

《唐代佛教官寺制度研究》，聂顺新著，中国社会科学出版社，2020 年。

佛教官寺即唐代通过皇帝诏敕在全国诸州统一设立、制度整齐划一、承担若干特殊功能的官立佛教寺院。佛教官寺既是唐代国家宗教政策和宗教制度的重要内容，也是唐代全国佛教寺院网络的核心组成部分。本书在系统梳理相关成果的基础上，针对既有研究中存在的缺失和不足，辨析了关于唐代佛教官寺制度渊源的三种主要观点；研究了唐高宗乾封元年佛教官寺制度的内容、执行及其意义；在辑考、系年和空间定位的基础上，对武周大云官寺、唐中宗龙兴官寺、唐玄宗开元官寺的制敕内容、设立时间、设立方式、制敕的执行力度、官寺的时空分布变迁大势及其原因进行了讨论；归纳并梳理了唐代佛教官寺的四项主要特殊功能及其产生和发展过程；揭示了佛教官寺与中晚唐半独立藩镇的政治合法性构建之间的关系；梳理了唐代官寺官观制度对北宋、日本奈良朝、朝鲜半岛高丽朝的影响。本书在作者博士论文的基础上修改而成。

2-4. 教育史

《定额制度与区域文化的发展：基于清代长江三角洲地区学额的研究》，梁志平、张伟然著，漓江出版社，2013 年。

定额是中国历史上为平衡各地区发展而经常采用的一种地区保护性措施。在科举时代，学额（各府州县每科取录的生员数）、解额（各省每科取录的举人数）堪称第一等重要的社会文化资源。本书以清代长三角地区为讨论范围，详细考订各府州县学定额的变化过程，并运用统计手段，分析各地学额与其中举人、中进士人数的相关关系。在此基础上，进一步分析各地文风高下、户口钱粮多寡在学额定等、分割与增减中的作用。该书还讨论了因定额制度而引起的冒籍现象及特殊时期学额的实际取进问题。本书可为研究历史上的知识群体、教育发展和科举制度等问题提供重要参考。

2-5. 中外文化交流史

《东亚同文书院大旅行研究》，[日]薄井由著，上海书店出版社，2001 年。

本书为作者的博士论文，对东亚同文书院大旅行作了深入研究。东亚同文书院学生的大旅行，从时间上说，历时二至三个月，从地域上说，跨三四个省区。每期学生分成几组，每个组选定一条路线，并拟定旅行时准备调查的事项。数十年下来，调查范围遍及中国全境，旅行最远处，西北到达新疆，东南及于沿海。调查的内容涉及面很广，从地方政府的施政范围到一般农民的生活习俗，从钱庄的汇兑方式到穴居的具体形态，事无巨细，只要有特点的东西，一律认真记述在旅行日记里，并以这些日记为基础，写出每一期（一个学生从入学到毕业为一期）一册的旅行报告。书末还对大旅行的中外评价进行了梳理和总结。

《皇家亚洲文会北中国支会研究》，王毅著，上海书店出版社，2005 年。

本书为作者的博士论文，主要研究了皇家亚洲文会北中国支会（The North-China Branch of the Royal Asiatic Society，1857—1952，简称亚洲文会）这一设在上海的近代远东最为著名的公共文化机构的历史及其在近代中外文化交流史上的贡献。该书出版后，产生了一定的社会效应。2008 年，亚洲文会在上海复建；2009 年，亚洲文会会刊复刊；2013 年，亚洲文会会报影印出版，该书作为导论附录修订再版；2018 年，亚洲文会遗存藏品作为"上海市世纪典藏"向社会展览，亚洲文会再次受到社会瞩目。

《形神之间——早期西洋医学入华史稿》，董少新著，上海古籍出版社，2008 年。

本书对早期西医入华史作了系统、全面的阐述。在绪言中交代相关历史背景，提出理论框架和思路。上编阐述西医在澳门、下层社会及清宫中的传播，通过社会学、宗教学等方法，深入分析了行医与传教之间的关系。下编则通过"性学"与"医学"之关系，全面分析了传教士中文著述中的"性学"知识及其在中西文化中扮演的角色；还对早期西医翻译中的词汇和解剖图在华的流变作了分析。最后总结全书内容，并进一步提炼出本书的结论。本书的理论前提是，传统西医与传统中医具有一定的相似性，但又属于两个不同的文化系统，它们均与现代科学医学有着很大的区别。因此，本研究摒弃用现代科学医学理解当时医学交流的做法，力图用当时中西医的原本内涵来理解。本书论证的逻辑性强，有理有据，因为本书的所有结论都是建立在扎实的史料基础之上的。交叉学科的综合研究、不同文献文物之间的互相印证，使得本研究在方法上具有一定的创新意义，更能体现出历史的原貌。本书是作者在博士后出站报告的基础上修改而成的。

［其他版次］

《形神之间：早期西洋医学入华史稿》，董少新著，上海古籍出版社，2012 年。

《〈中国评论〉（1872—1901）与西方汉学》，王国强著，上海书店出版社，2010年。

《中国评论》（*The China Review or, Notes and Queries on the Far East, 1872—1901*）是晚清在香港出版的一份英文汉学期刊。作者在研读《中国评论》全部25卷文本内容的基础上，参考与其同时代出版的报刊，并结合相关研究，较为全面而详细地考证了《中国评论》的基本史实。从汉学史的角度来看，《中国评论》是西方世界第一份真正的汉学期刊；若从地理的角度考察，该刊是19世纪后半期"侨居地汉学"的重要代表。《中国评论》不仅继承了法国汉学所开创的文献研究法，还在汉学研究的过程中引入了其时西方世界各种新兴学科（如语言学、语音学、民俗学、民族学和碑铭学等）的相关理论和研究方法，从而发展出了西方汉学史上文献研究与（类似于"田野工作"的）实地考察相结合的新传统。在一些重要的研究领域，《中国评论》还为20世纪西方汉学研究的深入发展提供了方法和资料等方面的准备。本书在作者博士论文的基础上修改而成。

《袖中东海一编开：域外文献与清代社会史研究论稿》，王振忠著，复旦大学出版社，2014年。

历史研究的视野不当囿于国别，而应以具有相互联系的区域作为论述的空间，探讨跨国家和跨区域的技术传播、贸易以及相关的诸多交往。在明清时代，东亚是个具有频繁经济、文化交流的区域空间，在东亚视域中考察中国区域社会的诸多问题，将国与国之间的经济、文化交流，还原为具体人群之间的交往，有助于将各种原本孤立的现象加以综合分析，从而缀合出更为完整的社会文化图景。本书作者重点发掘朝鲜燕行录、琉球官话课本、日本唐通事史料以及近代西方传教士书写的方言文献，以社会史研究的方法将各类史料熔于一炉，在全球史的视野下瞻瞩中外、盱衡古今，希望借此推动中外交流史由政治史、贸易史以及广义的文化史向社会史的拓展。

《跨越空间的文化：16—19世纪中西文化的相遇与调适》，复旦大学历史地理研究中心编，东方出版中心，2010年。

本书为"跨越空间的文化——16—19世纪中西文化的相遇与调适国际

学术研讨会"论文集，会议发起人为周振鹤。本书收录了海内外共 40 余位学者的论文，牵涉中西文化交涉领域中的历史、地理、语言、文学、宗教、哲学、科技以及汉学史等各领域，展示了目前中西文化交涉方面研究的最新成果，对中外关系史、中西交通史、中西文化交流史的发展都有促进。

《长江与莱茵河：长江与莱茵河历史文化比较研讨会论文集》，[荷]包乐史、王振忠主编，中西书局，2019 年。

本书为 2017 年 10 月举办的"长江与莱茵河历史文化比较研讨会"会议论文集，共收录论文 25 篇。论文作者来自北京大学、复旦大学、南京大学、香港中文大学等国内高校，以及荷兰莱顿大学、德国法兰克福大学、英国华威大学、法国国家科学研究中心等国外研究机构。所收论文的研究方向主要包括：河流文化研究的历史回顾，河流与社会文化，河流、港口与城镇文化，河流、交通与商业，河流、技术与人地关系，河流、环境以及产业文化，等等。

《明清之际西方传教士汉籍丛刊》第一辑（全 6 册），周振鹤主编，凤凰出版社，2013 年。

本书对明清之际西方来华传教士的汉文文献进行了系统整理，对中外关系史、中西文化交流等多学科都具有重要文献价值。本辑六册共收录相关文献 30 种：《天主实录》《天主圣教实录》《泰西人身说概》《泰西人身图说》《七克》《庞子遗诠》《齐家西学》《达道纪言》《三山论学记》《儒教实义》《天学略义》《天儒印》《正学镠石》《譬学》《不得已辩》《不得已辨》《主制群征》《崇一堂日记随笔》《述友篇》《盛世刍荛》《口铎日抄》《哀矜行诠》《古今敬天鉴》《几何原本》《同文算指》《天问略》《寰有诠》《天步真原》《浑盖通宪图说》《方星图解》。

《明清之际西方传教士汉籍丛刊》第二辑（全 8 册），周振鹤主编，凤凰出版社，2017 年。

本辑共收书 23 种，涵盖了人文学科和自然科学两方面内容。本辑有如下特点：首先，整理者具备深厚的专业基础，如《御制律吕正义续编》的整理是由音乐史专家完成的,《泰西水法》是由科技史专家完成的。其次,就具体内容说来,如《坤舆格致》为近年来新发现的汤若望重要译著,此为首次公开。此外,《超性学要》《御制律吕正义续编》等大多数文献均为首次整理。再次,少数如《泰西水法》等文献以前整理过的,此次则搜罗多个版本进行汇校整理。最后,本次整理对版本精心选择。很多底本为以前学界少人知晓或难以窥见的,如《远镜说》一书,以往所见多以清代《西洋新法历书》本所收为主,此次则以新见韩国奎章阁藏明刻本参校。每种著述前面都有具体的版本介绍与内容提要,方便学者了解相关文献的具体情况。

"来华基督教传教士传记丛书",周振鹤主编,广西师范大学出版社,2004 年起。

本套丛书具有特殊意义,即从晚明以来的天主教与基督教新教传教士在中外关系史与中外文化交流史上有其特殊的地位。传教士中的佼佼者或者知名度较高者,其主要功绩或在历史上的重要表现并不在传教的成绩方面,而在于他们在中西文化交流史上的特殊贡献,或在中外关系史方面所起的作用(这种作用有好有坏)。通过阅读传教士的传记或与传记相关的资料,可以加深对中外关系史与中外文化交流史的了解。

这套丛书的译者主要任务是坚持将尽可能原始的材料翻译给那些没有太多时间去找原著,或阅读原著比较费时费事的读者。选取的原则首先以本人的回忆录或书信集为主,其次是他人所写的传记,传记里又以作者为传主亲近者为先,然后才是专家所写的学术或思想评传。相信读者们能对这些传记进行批判的阅读。

本丛书作者、译者与书目如下:[英]马礼逊夫人编,顾长声译《马礼逊回忆录》;[美]丁韪良著,沈弘、恽文婕、郝田虎译《花甲忆记》;[美]卫斐列著,顾钧、江莉译《卫三畏生平及书信:一位美国来华传教士的心路历程》;[英]苏慧廉著,关志远、关志英、何玉译《李提摩太在中国》;[美]雷孜智著,尹文涓译《千禧年的感召:美国第一位来华新教传教士裨治文传》;[美]丹尼尔·W.费舍著,关志远、苗凤波、关志英译《狄考文传:一位在中国山东生活了四十五年的传教士》;[法]荣振华、[法]方立中、[法]热

355

拉尔·穆赛、[法]布里吉特·阿帕乌著，耿昇译《16—20世纪入华天主教传教士列传》；[美]吉瑞德著，段怀清、周俐玲译《朝觐东方：理雅各评传》；[英]伟烈亚力著，倪文君译《1867年以前来华基督教传教士列传及著作目录》；[美]贝奈特著，金莹译《传教士新闻工作者在中国：林乐知和他的杂志（1860—1883）》；张陈一萍、戴绍曾著《虽至于死：台约尔传》。

"晚清驻华外交官传记丛书"，周振鹤主编，广西师范大学出版社，2008年起。

本丛书出版的目的是对晚清外交史的研究贡献一个基本文献资料。晚清的驻华外国外交官有明显的殖民主义与帝国主义特征，他们在政治、经济、文化等方面与中国发生直接关系，对晚清起着形形色色的重要影响。传记文献既可以给读者提供一个传记作者的研究成果，也可以给读者提供文献来源，以便借助这些文献寻找传记所依据的原始文献，可以更全面地了解历史的本来面目。希望读者对这些文献进行批判性的阅读。

本丛书作者、译者与书目如下：[美]爱德华·V.吉利克著，董少新译《伯驾与中国的开放》；[英]斯坦利·莱恩－普尔、[英]弗雷德里克·维克多·狄更斯著，金莹译《巴夏礼在中国》；[美]乔赛亚·昆西编著，褚艳红译《山茂召少校日记及其生平：美国第一任驻广州领事》。

"晚清稀见中外关系史料丛书"，周振鹤主编，广西师范大学出版社，2013年起。

本丛书选取晚清稀见外文史料为主要出版对象进行汉译，尽量采用未经加工或相对原始或基础的史料，使历史真相更趋于明晰。如第一批选取的两种均为法文原版，一是加略利有关中法黄埔条约谈判的日记，一是伯希和进入敦煌藏经洞的笔记。希望读者批判性地进行阅读，以期对这些史料有新的认识。

本丛书作者、译者与书目如下：[法]加略利著，谢海涛译《1844年法国使华团外交活动日记》；[法]保罗·伯希和著，萧菁译《伯希和北京日记》；苏精辑注《林则徐看见的世界：〈澳门新闻纸〉的原文与译文》。

2-6. 中外语言接触史

《逸言殊语》，周振鹤著，浙江摄影出版社，1998年。

本书为作者关于中外语言接触研究的重要著作。上卷是札记式的文字，是作者在读书与社会调查中想到或发现的一些实例，每个例子都从某个角度折射文化与语言的关系，而大部分偏重于语言接触方面。下卷除两篇外，均是较长的专门性研究文字，是为研究中外语言接触史作准备的初步探索。增订版上卷补充的新材料均以附识的形式补在原文后，下卷则补入两篇关于洋泾浜英语的论文。第三版删去两篇较长文和三篇短文，补入一篇附录《十九世纪中期的广东英语——以唐廷枢〈英语集全〉的材料为说》，该文是对唐廷枢《英语集全》一书中的广东英语现象过录并加以点评。

[其他版次]

《逸言殊语》（增订版），周振鹤著，上海人民出版社，2008年。

《逸言殊语》（第三版），周振鹤著，上海人民出版社，2020年。

《耦耕集：文化语言学存稿》，游汝杰、周振鹤著，广西师范大学出版社，2014年。

本书分为上、下两编，上编是探讨文化语言学的一系列文章，涉及方言地理和历史行政地理之关系、方言和文化史研究等论题，从中可见其学术思想发展的路径；下编则是有关"文化语言"的论文与译文，阐述了该研究领域的学术思想和方法，译介了海外相关研究情况。

《中欧语言接触的先声：闽南语与卡斯蒂里亚语初接触》，周振鹤编，复旦大学出版社，2018年。

本书为编者主持的"闽南话与西班牙语接触研究"工作坊的论文集。本书从诞生于16世纪西欧传教士与福建闽南人接触下产生的最早的"中西字典"出发，通过这份历史悠久的珍贵史料，结合其他材料，从语言学、音韵学、文化交流等多个角度探讨了中西语言文化最初的直接且深入的接触，以及在此之后语言的交流与演变，同时对过程中出现的关于闽南移民的声腔差异也进行了深入研究。附录为存世的闽南语与卡斯蒂里亚语的对照词汇集。本书对于引发对具体的语言接触现象的思考以及对语言接触学这一新兴学科的兴趣，具有重要意义。

2-7. 中外关系史

《清代中越宗藩关系研究》，孙宏年著，黑龙江教育出版社，2006 年。

本书以 1644 年至 1885 年间的中越关系为研究对象，主要依据中越两国的相关文献资料，利用中、法两国的档案，对清代中越宗藩关系的内容、事项、规范、经贸关系、边界、海事和边事、文化交流以及华侨、华人问题作了系统阐述和考辨，初步构建了这一时期中越关系研究的框架体系。作者认为，1644 年至 1885 年中越关系始终是两个自主国家之间的关系，不仅包括政治、外交上的宗藩往来，而且涉及经贸往来、文化交流、边界领土交涉、海难互助和边境事件以及侨民等诸多方面，其中宗藩关系是两国相互认可的封建王朝或政权之间的官方政治关系，与经贸往来、文化交流、边界交涉等一样，都是两国关系的一部分；宗藩关系又与其他方面相互影响，其演变、发展在某种程度上又成为中越发展关系的背景和基础。本书由作者的博士论文《中越关系研究（1644—1885）》修订、增补而成，2014 年再次增补、修订，更名为《清代中越关系研究（1644—1885）》。

［其他版次］

《清代中越关系研究（1644—1885）》，孙宏年著，黑龙江教育出版社，2014 年。

《燕行与中朝文化关系》，杨雨蕾著，上海辞书出版社，2011 年。

本书通过古代中国"华夷观"的文化视角，探寻 16 世纪到 19 世纪初，中国与朝鲜半岛文化交流的轨迹及其文化关系的变动，以期在文化的传播和容受、观念的坚持和变迁，以及身份、认同等方面的讨论中探寻明清中韩朝贡关系的发展和变化，并由此分析这种朝贡关系背后的文化因素。《燕行与中朝文化关系》以朝鲜使臣的入华行纪，即明朝的"朝天录"和清朝的"燕行录"为文献基础，并参照《明实录》《清实录》《清史稿》《大清会典》《朝鲜王朝实录》等官修正史，在文献资料的运用上，可谓周详备至。本书由作者的博士论文修改而成。

3. 其他学科

Urbanization, Informal Settlement, and Chinese Urbanism, A Study on the Chengzhongcun, Yannan Ding（丁雁南）, Leuven; KU Leuven, 2012.

自 20 世纪 80 年代以来，随着中国城市化进程的加速，有一大批城郊原有的乡村聚落被纳入城市的行政或建设范围内，形成具有中国城市特色的"城中村"现象。通过对"城中村"现象的宏观地理因素的分析，本书将中国城市化的经验同其他处在或曾处在相当城市化发展程度的国家的经验相比较，并且通过文献和调研相结合的研究设计，着重指出了"城中村"同其他国家的多种类型的非正式居住区的异同。在微观层面，通过对上海、合肥、深圳、北京等地的"城中村"的调研，特别是前两地的问卷访谈，实证分析了"城中村"居民的经济和社会指标，及其同融入城市的观念和过程之间的关系。此外，本书也关注了公共艺术在具体到"城中村"问题的城市开发过程中的作用，以及在部分发展中国家出现的贫民窟旅游的文化地理因素。

《近現代モンゴルにおける都市化と伝統的居住の諸相：ウランバートル・ゲル地区にみる住まいの管理と実践》，龙口良编著，佐藤宪行他著，日本东北大学东北亚研究中心，2018 年。

由于 1990 年社会体制转换后人口急剧增加，蒙古国首都乌兰巴托城市环境也发生了巨大变化。城市周边形成的"蒙古包地区"（居民的大多数居住于游牧民的天幕"蒙古包（蒙古语：ger）"）逐渐扩大，环境恶化和社会分裂已成为严重的城市问题。本书从建筑学、城市规划学、社会心理学、地理学、历史学和人类学多角度研究了"蒙古包地区"形成与发展及独特的居住文化。

二、历史地理综合类

《我国古代的海上交通》，章巽著，新知识出版社，1956 年。

本书是一本古代航海史综论的普及性著作。初版收录《从远古到战国时代的海上交通》《秦汉三国时代的海上交通》《隋唐时代的海上交通》和《宋元时代的海上交通》四篇文章。1986 年版除增补原书以外，还补写了晋、南北朝、五代、明、清（鸦片战争以前）各时段的海上交通发展情况，是一本时段比较完整的中国海上交通简史。

［其他版次］

《我国古代的海上交通》，章巽著，商务印书馆，1986 年。

《普天之下——统一分裂与中国政治》，葛剑雄著，吉林教育出版社，1989 年。

本书是作者首次就中国历史上的统一与分裂问题撰写的专著。全书共分 4 章，从统一观的回顾与思考、统一与分裂的根源、人口迁徙、文化与制度等方面，客观探讨了长城的价值、炎黄子孙与中国人、中国的分裂、分治与自治、人口的逆向强制性迁移、一国多制与统一、高度统一下的高度不统一，以及征服者的被征服等一系列中国政治文化中极为重要而又被人们所忽视的问题，还系统地提出了一些独到见解。作者在此书基础上撰写的论文《统一分裂与中国历史》入选"纪念党的十一届三中全会召开十周年理论研讨会"。

［其他版次］

《普天之下——统一分裂与中国政治》，葛剑雄著，台北万象图书股份有限公司，1993 年。

《普天之下——统一分裂与中国政治》，葛剑雄著，韩国新书苑出版，1996 年。

《无所不在的伟力——地理环境与中国政治》，吴松弟著，吉林教育出版社，1989 年。

本书针对中国政治文化中的人文地理因素，探讨了中国六大区域的政治、民族战争、统一的多民族国家的地理特质、历史上南北对峙的自然条件，以及历史上出现割据的主要区域分析、地理环境与都城、都会的关系等一系列重要问题，勾勒出较为完整的中国政治文化所赖以建立和发展的空间结构以及这种空间结构与政治文化相互作用的历史过程。

［其他版次］

《无所不在的伟力——地理环境与中国政治》，吴松弟著，台北万象图书股份有限公司，1993 年。

《亿兆斯民——中国人口史再认识》，葛剑雄著，中华书局 (香港) 有限公司，1989 年。

本书是作者对中国人口发展过程的概括性论述，分为 6 章，主要内容是：人口调查制度的起源和演变、历史人口资料的评价、人口数量的变化及其特点、人口的构成与再生产、人口的分布和人口的迁移等。1996 年简体字版改名为《生生不息的中国人》，增加了第七章"人口与中国历史"，探讨人口与中国疆域、人口与社会发展、人口与治乱、人口与中国的现代化等问题。

［其他版次］

《生生不息的中国人》，葛剑雄著，广东人民出版社、华夏出版社，1996 年。

《千古黄河》，邹逸麟著，中华书局 (香港) 有限公司，1990 年。

本书从若干条线索中勾勒出两千年来黄河历史变迁的大致轮廓，探求河患的根源，并尝试总结古今治河经验。读者可以从中详细认识黄河水文，也可了解历代治河者为保障百姓生命财产所付出的努力。

［其他版次］

《千古黄河》，邹逸麟著，上海远东出版社，2012 年。

《中国历代行政区划的变迁》，周振鹤著，中共中央党校出版社，1991 年。

本书从若干角度分析两千年来中国行政区划变迁的历史过程，主要内容包括：行政区划的由来、郡县制的"封建"变形、行政区划层级的增减、行政区划复原的伸缩、行政区划划界的原则等。中国历代政区沿革的特点概括而言是：凡有创设必有指导思想；凡有改革必有一定原因和基础；凡有变化必是渐变而非突变。

[其他版次]

《中国历代行政区划的变迁》，周振鹤著，商务印书馆，1998年。

《中国历代行政区划的变迁》，周振鹤著，中国国际广播出版社，2010年。

《中国历代疆域的变迁》，葛剑雄著，中共中央党校出版社，1991年。

本书讲述的是历史上中国疆域的变迁过程，主要内容包括：历史上的中国的含义、什么是疆域、各个历史时期的疆域变化、清朝时期最终如何形成统一的中国疆域等，进而指出统一的中国疆域的形成是历史的必然，我们要为实现祖国统一大业而奋斗。2007年版更名为《历史上的中国：中国疆域的变迁》，增加多幅历史图片、古迹照片和历史地图。

[其他版次]

《中国历代疆域的变迁》，葛剑雄著，商务印书馆，1997年。

《历史上的中国：中国疆域的变迁》，葛剑雄著，上海锦绣文章出版社，2007年。

《中国古代都城》，吴松弟著，中共中央党校出版社，1991年。

本书讲述的是中国古都的概况，主要内容包括：早期的都城、不同历史时期的都城、统一王朝都城转移的原因、都城的选址与布局、都城的经济文化等。本书概括介绍了北京、西安、洛阳、开封、南京、杭州和安阳七大古都及历代王朝。

[其他版次]

《中国古代都城》，吴松弟著，台北商务印书馆，1994年。

《中国古代都城》，吴松弟著，商务印书馆，1998年。

《中国古代都城》，吴松弟著，中国国际广播出版社，2009年。

《上海港：从青龙镇到外高桥》，茅伯科、邹逸麟著，上海人民出版社，1991年。

本书是姚秉楠、施宣圆、周振鹤主编的"大上海"丛书之一，是一部记录上海港发展的简史。上海港史的发展有两个特点：一是港区航道不断向海口迁移，早期港口区在吴淞江上游青浦县境内的青龙镇，后为吴淞江下游的上海镇，明代以后改在黄浦江边的大小东门，近代主要向黄浦江下游移动，渐至吴淞口一带。二是上海城市的兴起、扩展和布局都与上海港的发展紧密相关。

《移民与中国》，葛剑雄、曹树基、吴松弟著，中华书局（香港）有限公司，1992年。

本书概述了中国历史上发生过的主要移民过程，并说明移民对中国各方面的重大影响，是一本中国移民史的提纲。本书以中国的范围为主，对涉及境外的移民只叙述其在中国境内的部分。

《统一与分裂：中国历史的启示》，葛剑雄著，台北锦绣出版事业有限公司，1992年。

本书探讨的是中国历史上的统一与分裂问题。统一与分裂在中国历史上交替出现，背后有各种制约因素，比如地理环境、人口的增长与迁徙、生产方式、经济水平、文化制度、关键人物的作为、社会各阶层的影响等。作者不循惯例，不以王朝起讫为统一的终始，不以定论成说为立论的依据，立足真实的历史疆域，用凝练的笔触，理清统一与分裂的长度，诠释统一与分裂的标准，追寻中国历史的分分合合。2008年增订版补入《统一分裂与中国历史》《再论中国历史上的统一和分裂》和《分久必合，合久必分——统一分裂与中国历史余论》三篇文章。

［其他版次］

《统一与分裂：中国历史的启示》，葛剑雄著，生活·读书·新知三联书店，1994年。

《统一与分裂：中国历史的启示（增订版）》，葛剑雄著，中华书局，2008年。

《统一与分裂：中国历史的启示》，葛剑雄著，商务印书馆，2013年。

《十大古都》，赵永复著，上海古籍出版社，1992年。

本书介绍了中国历史上十大古都的概况与历史变迁。这十大古都分别是：安阳、西安、洛阳、开封、南京、北京、杭州、沈阳、大同、江陵。

《上海交通话当年》，周源和著，华东师范大学出版社，1992 年。

本书从近百年间各式车子的历史演变，展现了旧上海交通面貌，反映出旧上海的社会政治、经济活动和人情风俗的发展变化。

《绍兴师爷》，王振忠著，福建人民出版社，1994 年。

本书试图勾勒出绍兴师爷的区域乡土背景，揭示绍兴师爷在传统政治体制下的作用，以及他们的心理感受和对于明清社会风尚的重大影响。本书为"区域人群文化丛书"的一种。

［其他版次］

《绍兴师爷》，王振忠著，福建人民出版社，1997 年。

《山西票商》，安介生编著，福建人民出版社，1994 年。

本书从经济背景和文化传统出发，探索山西票号的根与本、票商发达的源与流，以及近代山西票号走上没路的始末，通过对山西票商的研究来探寻山西人经商的历史轨迹。本书为"区域人群文化丛书"的一种。

［其他版次］

《山西票商》，安介生著，福建人民出版社，1997 年。

《泱泱中华》，葛剑雄著，广东教育出版社，1995 年。

本书是一本概述中国历史地理变迁的小书，主要介绍中国的得名、历代的疆域与政区变迁等基础知识。本书为葛剑雄主编"沧桑神州·中国历史地理谈丛"中的一种。主要作者与书目为：葛剑雄著《泱泱中华》、葛剑雄著《滔滔黄河》、曹树基著《浩浩长江》、褚赣生著《巍巍昆仑》和刘统著《悠悠丝路》。

《滔滔黄河》，葛剑雄著，广东教育出版社，1995 年。

本书是一本介绍黄河的简史，对黄河的概况、历史、河流变迁与治理、黄河与环境的关系等问题进行了概括和总结。黄河的影响并不仅限于一个区域，而是对中华文明的发展具有重要影响和意义。本书为"沧桑神州·中国历史地理谈丛"中的一种。

《斜晖脉脉水悠悠》，王振忠著，辽宁教育出版社，1996 年。

本书为作者的学术随笔集，收录了作者在 20 世纪 90 年代前期撰写的 16 篇文章，涉及徽州、江南、东南等地区的明清区域人群和地域文化等内容。

《随无涯之旅》，周振鹤著，生活·读书·新知三联书店，1996 年。

本书收录了作者 29 篇学术随笔，其中有谈论文化史的，有谈比较容易被忽视的人和书或事的，有作者国内外的游记，有写史学史上的人物的，有写中国近代文化史上的来华外国人的，也有写中外语言接触现象的，还有书评和作者的买书经验等等，展现了作者宽广的学术视野和深厚的学养。其中《假如齐国统一了天下》《点石成金、披沙沥金与脸上贴金》《别琴竹枝词百首笺释》《释江南》《上海城市的形成——上海建城七百周年的回顾》等名篇影响很大。

［其他版次］

《随无涯之旅》，周振鹤著，生活·读书·新知三联书店，2007 年。

《随无涯之旅》，周振鹤著，生活·读书·新知三联书店，2017 年。

《往事和近事》，葛剑雄著，生活·读书·新知三联书店，1996 年。

本书是作者的学术随笔集，收录了《中国历史疆域的再现》《天堑何曾限南北》《永恒的矛盾：追求与现实之间》《11 世纪初的天书封禅运动》《浩劫中的忘我追求》《最忆康桥风雪时》《移民·移民文化·上海文化》等文章。书中既有事关中国历史地理和统一与分裂话题的文章，又有读书尤其是读史书的札记或感想；既有对师辈的回忆和怀念，又有对社会热门话题的直陈己见；还有若干篇是以专业背景来谈论人口、移民和环境等问题。

［其他版次］

《往事和近事》，葛剑雄著，生活·读书·新知三联书店，2007 年。

《往事和近事》，葛剑雄著，九州出版社，2016 年。

《九州郡县——中国历代地方行政制度的变迁》，李晓杰著，沈阳出版社，1997 年。

本书是一部有关中国历代地方行政制度演变的概述性著述。

《遥远的回响——乞丐文化透视》，王振忠、汪冰著，上海人民出版社，1997 年。

本书是作者在安徽凤阳、滁州和定远等地的实地社会史调查的基础上，发掘"正统"文献史料和戏曲、民歌和俚语等相关资料撰写而成的介绍区域人群"凤阳乞丐"的历史和文化的著作。

《中国历代王朝兴衰启示录·泱泱汉风》，葛剑雄著，长春出版社，1997 年。

本书从汉朝历史中选取若干片断，如楚汉之争、西汉初的内外政策、汉与匈奴、汉武帝的晚年、空前的疆域、王莽、商人与商业、汉帝国与世界、东汉的党锢、汉魏禅让等，全面地展示了汉代的政治、经济、军事、文化、科技、宗教、法制等领域的历史大事和兴亡嬗变，希望能从新的视角提供历史的启示。

本书系名为"中国历代王朝兴衰启示录"，2000 年整套出版改名为"千秋兴亡"，2007 年改名为"中国历代王朝兴衰录"，2008 年改名为"大哉中华：王朝兴衰与中国政治"，葛剑雄任总主编。作者和书名分别为：杨志刚著《六合一统》，葛剑雄著《泱泱汉风》，郭建、王志强著《沧桑分合》，宋昌斌著《盛唐气象》，姚荣涛著《国脉如缕》，姚大力著《漠北来去》，安震（安介生、王振忠）著《日月云烟》，徐洪兴著《残阳夕照》。2000 年，"千秋兴亡"书系获得第十二届中国图书奖。

［其他版次］

《中国历代王朝兴衰启示录·泱泱汉风》，葛剑雄著，台北年轮文化事业有限公司，1998 年。

《千秋兴亡·泱泱汉风》，葛剑雄著，长春出版社，2005 年。

《大哉中华：王朝兴衰与中国政治·泱泱汉风》，葛剑雄著，长春出版社，2008 年。

《千秋兴亡·泱泱汉风》，葛剑雄著，Hamandom Coperation（韩国），2008 年。

《中国历代王朝兴衰录·大汉王朝》，葛剑雄著，长春出版社、人民出版社，2013 年。

《中国历代王朝兴衰启示录·漠北来去》，姚大力著，长春出版社，1997年。

本书讲述的故事是一个多民族统一国家形成的前史，以实例展现元代中国文化在欧亚旧大陆最初的世界体系中发散出的多彩的光芒。

[其他版次]

《中国历代王朝兴衰启示录·漠北来去》，姚大力著，台北年轮文化事业有限公司，1998年。

《千秋兴亡·元朝风云》，姚大力著，长春出版社，2005年。

《大哉中华：王朝兴衰与中国政治·元朝风云》，姚大力著，长春出版社，2008年。

《千秋兴亡·元朝风云》，姚大力著，Hamandom Coperation（韩国），2008年。

《中国历代王朝兴衰录·元朝风云》，姚大力著，长春出版社、人民出版社，2013年。

《中国历代王朝兴衰启示录·日月云烟》，安震（安介生、王振忠）著，长春出版社，1997年。

本书站在时代的高度，以大明王朝为宏大背景，从把握相关历史时期的脉动和发展入手，全面系统地展示了明朝政治、经济、军事、文化、科技、宗教、法制等领域的历史大事和兴亡嬗变，生动描写了发生在各个历史时期的历史故事，将历史上那些成功的经验、失败的教训、治世的良策、祸乱的渊薮总结出来，提出可警醒后人、观照当今的历史启示。本书作者为安介生、王振忠。

[其他版次]

《中国历代王朝兴衰启示录·日月云烟》，安震（安介生、王振忠）著，台北年轮文化事业有限公司，1998年。

《千秋兴亡·大明风云》，安震（安介生、王振忠）著，长春出版社，2005年。

《大哉中华：王朝兴衰与中国政治·大明风云》，安震（安介生、王振忠）著，长春出版社，2008年。

《千秋兴亡·大明风云》，安震（安介生、王振忠）著，Hamandom Coperation（韩国），2008 年。

《中国历代王朝兴衰录·大明王朝》，安震（安介生、王振忠）著，长春出版社、人民出版社，2013 年。

《天地玄黄——葛剑雄书话》，葛剑雄著，浙江人民出版社，1997 年。

本书为"今人书话"系列的一种，收录了作者撰写的读书随感和读史笔记。

《未来生存空间·自然空间》，葛剑雄著，上海三联书店，1998 年。

本书探讨的是历史时期的环境变迁及其对社会的影响，作者在此基础上对未来自然环境变化的幅度和发展趋势作出推测，提出了"21 世纪的自然环境不会威胁人类的生存和发展，人类对可能出现的灾害和困难不能没有准备，但也不必过虑"。全书分为八节，介绍了气候变迁、水旱灾害、水土流失、地震、持续发展与资源等问题。

《看得见的沧桑》，葛剑雄著，上海教育出版社，1998 年。

本书主要收录了作者多年来发表的各种文史随笔和散文游记，广泛涉及中国历史地理、文化古迹、人文反思等方面。

［其他版次］

《看得见的沧桑》，葛剑雄著，上海人民出版社，2014 年。

《中国古代的地图测绘》，葛剑雄著，商务印书馆，1998 年。

本书是一本介绍中国古代地图测绘简史的书。全书分为七节，选取从马王堆汉墓出土的地图到民国时期编绘的《申报地图》等 20 余种地图为实例，全面介绍中国古代地图测绘技术的发展与成果。

《走近太阳：阿里考察记》，葛剑雄著，东方出版中心，1999 年。

本书是作者 1996 年考察西藏的实地踏勘的文字结集。全书基本以行程为序，客观而真切地介绍了作者的所见所闻、所感所思，西藏淳朴的民风、独特的宗教信仰、壮观的高原风光、湮没的王国瑰宝等，皆在书中得到了形象、清晰的反映。书中另配有作者所摄精美照片多帧，更使本书有图文并茂、相得益彰之效。

《碎石集》，葛剑雄著，学苑出版社，1999 年。

本书为作者的随笔集，收录《拒绝捷径》《时代性的人性扭曲》《我们应该怎样纪念"七·七"》《我看"陈寅恪现象"》《中国现代化过程中人口问题的回顾》《为什么要研究移民史》《上海还需要移民吗？》《何处家山何处根——中国历史上的移民发源地》等文章。

《乡土中国·徽州》，王振忠著，李玉祥摄，生活·读书·新知三联书店，2000 年。

本书旨在介绍徽州民间传统的地域文化，以图文随记的形式，向大众传播中华本土文化之精髓，复苏久远的历史场景，为探究历史传承、反思文化变迁的人们，开辟一个传统文化的博物馆和乡土社会的史书库。

[其他版次]

《乡土中国·徽州》，王振忠著，李玉祥摄，生活·读书·新知三联书店，2005 年。

《求索时空》，谭其骧著，葛剑雄编，百花文艺出版社，2000 年。

本书是一本为青年读者选编的谭其骧学术随笔集。全书约 23 万字，选编了 67 篇学术文字或随笔等，涉及历史地理的各个领域，还有地名考证、历史地理典籍介绍、上海史地等，另收入一些回忆文章及书信。编者对选入的文章做了一些必要的摘录和调整，另拟了一些篇名和标题，个别地方还进行了简要的注解。

《剑桥札记》，葛剑雄著，鹭江出版社，2000 年。

本书是作者 1998 年在英国剑桥大学做访问学者时的所见所闻所思，包括：《邂逅霍金》《更应为人类着想》《处处有芳草》《人的力量》《从西欧看到的希望》《名城乐水》《签证琐记》《海峡来去》等 26 篇随笔。

《中人白话》，周振鹤著，华东师范大学出版社，2001 年。

本书的文章大都是作者撰写的书话，也有个别文章是游记和少数论文。全书分为"拉杂篇""月旦篇""寻觅篇""烦琐篇""啰嗦篇"五部分，考索稀见近代书刊的文化内涵，评介古今学者的学术成就，记述境外访书的见闻，从语言变迁角度观察近代以来的中西文化交流，针砭社会现象，记录游历感受。其中，文化的变迁是本书关注的重点，书中提及的很多细小的文化表现，看似无关宏旨的变化，但细究起来，确是文化史上不可忽略的重要瞬间。

［其他版次］

《中人白话》，周振鹤著，东方出版社，2018 年。

《历史学是什么》，葛剑雄、周筱赟著，北京大学出版社，2001 年。

历史不仅是指过去的事实本身，更是指人们对过去事实的有意识、有选择的记录。而对于历史的专门性研究，就是历史学，它不仅包括历史本身，还应该包括在历史事实的基础上研究和总结历史发展的规律，以及总结研究历史的方法和理论。本书作者围绕"历史""历史学""中国历史"等核心词汇，结合普通读者熟悉的多个案例深入浅出地呈现了一个学科的精彩面貌。

［其他版次］

《历史学是什么》，葛剑雄、周筱赟著，天地图书有限公司，2003 年。

《历史学是什么》，葛剑雄、周筱赟著，扬智文化事业股份有限公司，2003 年。

《历史学是什么》，葛剑雄、周筱赟著，北京大学出版社，2015 年。

《临机随感》，葛剑雄著，天津古籍出版社，2002 年。

本书为作者的随笔自选集，收录作者 1998 年下半年至 2001 年 7 月间撰写的非学术性文章，分为生活篇、求索篇、自然篇、人文篇四组，共计 66 篇。

《智术无涯》，张隆溪、周振鹤、葛兆光著，百花文艺出版社，2002 年。

本书收录了三位作者的学术随笔短文，说文讲史，谈古论今，显示了开阔的视野、睿智的思索、独到的现代文化视点和扎实的中西文化根基；所有文章皆短小精悍，生动活泼，风趣自然，文化、学问、辞采兼备，雅俗共赏，显示出崭新的文风。其中，收录周振鹤撰写的短文 40 则。

《千年之交在天地之极——葛剑雄南极日记》，葛剑雄著，鹭江出版社，2003 年。

作者 2000 年 12 月初至次年 2 月上旬参加中国第 17 次南极考察队赴南极考察，在南极长城站生活 59 天。本书以日记的形式，记录了作者在南极的所见、所闻、所做和所思，内容分为六部分："期待和准备""飞向乔治王岛""体验长城站""新千年在南极""意料之中和意料之外"以及"归程"。

《四海同根——移民与中国传统文化》，葛剑雄、安介生著，山西人民出版社，2004 年。

本书致力于讨论的是移民与文化之间的关系，是作者研究移民与文化问题的一个阶段性总结与新开始，主要从历史上著名的移民运动、移民与文化发达区域的变迁、周边民族内迁与中原文化、移民的文化贡献、移民与西域文明的传播、向外移民与中国文化外传、移民史与寻根文化等方面展开分析，力求从各个角度、各个层面出发，利用生动而具体的事例来凸显移民运动、移民群体及个人在中国文化发展史上的伟大贡献，从一个侧面反映出传统文化形成与发展的历程。

《体国经野——历代行政区划》，李晓杰著，长春出版社，2004 年。

本书对中国古代行政区划的变迁进行了较为全面的论述，重点解释了在历史的长河中，这些行政区划是怎样一步一步发展到今天这样一种规模，它们各自的区域又是怎样形成的等一系列问题。

本书为葛剑雄主编"制度文明与中国社会"丛书的一种，作者与书目如下：郭建著《金戈铁马——兵制与军事》，陈来生著《风俗流变——传统与风俗》，王子今著《邮传万里——驿站与邮递》，刘海峰、李兵著《学优则仕——教育与科举》，熊月之主编《西制东渐——近代制度的嬗变》，臧知非、沈华著《分职定位——历代职官制度》，吴树国著《民之通货——历代货币流变》，宋昌斌著《编户齐民——户籍与赋役》，郭建著《五刑六典——刑法与法制》，孙宏年编著《四海一家——边疆治理与民族关系》，李晓杰著《体国经野——历代行政区划》，张晓虹编著《万民所依——建筑与意象》。

［其他版次］

《体国经野——历代行政区划》，李晓杰著，长春出版社，2008 年。

《万民所依——建筑与意象》，张晓虹编著，长春出版社，2005 年。

本书展示了中国古代传统建筑的文化特征以及传统建筑中的象征主义，包括天地观念与都城建筑、庄严富丽的皇家建筑、多彩多姿的宗教建筑、人文主义与园林建筑、风水与传统民居建筑等部分。本书为"制度文明与中国社会"丛书的一种。

［其他版次］

《万民所依——建筑与意象》，张晓虹编著，长春出版社，2008 年。

《走非洲》，葛剑雄著，作家出版社，2005 年。

2003 年作者应中央电视台和香港凤凰卫视之邀，担任大型纪录片《走进非洲》摄制组北线队的嘉宾主持，在非洲摩洛哥、阿尔及利亚、突尼斯、利比亚、埃及、苏丹、埃塞俄比亚、肯尼亚八国旅行、考察了近 100 天。此书是当时旅行所见所闻的记录，既产生于纪录片，又不同于纪录片。作者笔下的非洲，颇具浓厚的个性，既是风景的非洲，更是人文历史的非洲。全书图文并茂，可读性很强。

《水岚村纪事：1949 年》，王振忠著，李玉祥摄，生活·读书·新知三联书店，2005 年。

本书通过对徽州山村少年詹庆良的日记的整理和研究，力图对日记涉及的社会风俗及文化现象作尽可能详细的阐释，力求对徽州社会文化的传承与流变作出深度的描摹。全书分三部分：第一、二部分，用散文化的笔调简要记述日记所反映的主要内容，力图勾勒出作为地理边缘的婺源的地域文化背景，以及 1949 年前后中国社会变迁在水岚村的投影，借以反映本书作者对徽州地域文化的整体认知；第三部分收入整理本《詹庆良本日记》，并作少量笺注，是作者对明清以来徽州日记整理研究的一个实例。

《梦想与现实》，葛剑雄著，上海远东出版社，2006年。

本书系作者的学术随笔集，其中部分内容为首次发表。收录的文章包括：《千古钓鱼城》《告别夔门》《巴盐和盐巴》《顺化散记》《活着的与逝去的》《会安古城与美山圣坛》等。

［其他版次］

《梦想与现实》，葛剑雄著，上海远东出版社，2013年。

《黄河》，葛剑雄、左鹏著，江苏教育出版社，2006年。

本书以黄河沧海桑田的变化为线索，围绕黄河的历史、黄河的治理等问题展开叙述，从人文的视角阐释黄河在中华文明发展过程中的贡献以及她对沿岸地域社会所产生的影响。

本书为葛剑雄主编"河流文明丛书"第一辑的一种，作者和书目如下：葛剑雄、左鹏著《黄河》，蓝勇著《长江》，左鹏著《汉水》，王峰著《清江》。

《四渎五湖》，傅林祥编著，长春出版社，2007年。

本书以简明扼要的文字讲述了我国主要河流与湖泊的自然与人文的历史地理变迁。本书同时介绍了与这些大江大湖相关的主要风景名胜、历史传说、著名战争、经济文化活动以及民间故事。本书为葛剑雄主编"沧桑河山"丛书的一种，作者和书目如下：车华玲、刘统著《悠悠丝路》，褚赣生著《五岳独尊》，傅林祥编著《四渎五湖》，李晓杰等编著《九州津梁》，安介生编著《天下雄关》，赵永复著《煌煌古都》，张晓虹编著《洞天福地》，张伟然、顾晶霞编著《琳琅梵宫》。

［其他版次］

《大话中国名水》，傅林祥编著，长春出版社，2007年。

《四渎五湖：江河湖泊探源》，傅林祥编著，长春出版社，2008年。

《江河万古》，傅林祥著，长春出版社，2012年。

《九州津梁》，李晓杰等编著，长春出版社，2007 年。

本书对中国古代出现的各种桥梁，分门别类进行了论述，并在此基础之上，旁及与古代桥梁有关的历史与人文故事，描述了一部以桥梁为中心的中国古代文化史。本书为"沧桑河山"丛书的一种。

［其他版次］

《解读中国古桥》，李晓杰等编著，长春出版社，2007 年。

《九州津梁——古桥名津话旧》，李晓杰等编著，长春出版社，2008 年。

《古桥谈往》，李晓杰等著，长春出版社，2012 年。

《天下雄关》，安介生编著，长春出版社，2007 年。

本书系统地介绍了"关"的释义与关隘地理、历代军事地理形势与关隘格局的演变、雄关意象与雄关诗歌等内容，全面介绍了中国历史上具有重要历史地位的著名关隘，以及相关的重大历史事件和人物故事，从而在更深程度上挖掘关隘景观的历史文化价值。本书为"沧桑河山"丛书的一种。

［其他版次］

《走近中国名关》，安介生编著，长春出版社，2007 年。

《天下雄关——古代关隘释读》，安介生编著，长春出版社，2008 年。

《雄关漫道》，安介生著，长春出版社，2012 年。

《煌煌古都》，赵永复著，长春出版社，2007 年。

本书选取了中国历史进程中占有重要地位的 10 个都城，记载了这些都城的地理条件、形成、发展和演变过程，穿插有关的历史事件、民族变迁、典故和传说，介绍现存的名胜古迹，探究其历史沧桑和文化渊源。本书为"沧桑河山"丛书的一种。

［其他版次］

《寻访中国古都》，赵永复著，长春出版社，2007 年。

《煌煌古都——通都大邑的历史沿革》，赵永复著，长春出版社，2008 年。

《古都寻访》，赵永复著，长春出版社，2012 年。

《洞天福地》，张晓虹编著，长春出版社，2007 年。

本书从中国道教的历史入手，充分揭示道教营造下的宗教圣地所呈现出的文化形态。作为中国本土的宗教，道教在某种程度上具有集中国文化之大成的特点。道教理论家们建构了一套神仙地理系统。这些道教圣地的分布与形成都与中国历史，尤其是道教发展的历程息息相关。本书为"沧桑河山"丛书的一种。

［其他版次］

《中国道观寻幽》，张晓虹编著，长春出版社，2007 年。

《洞天福地——道教与道观》，张晓虹编著，长春出版社，2008 年。

《道观寻幽》，张晓虹著，长春出版社，2012 年。

《琳琅梵宫》，张伟然、顾晶霞编著，长春出版社，2007 年。

本书选取历史文化地理的视角，以汉化佛教寺院为对象，生动地展现了佛寺在中国文化发展过程中的基本面貌，包括汉化佛寺的基本结构、中世以降的中国佛教四大名山、其他各地的佛教胜迹、佛寺分布的历史变迁、石窟寺的分布、寺院与社会生活、与寺院有关的佛教传说故事七个方面，从中深入探究了博大精深的佛教文化的渊源、发展脉络及历史沧桑。本书为"沧桑河山"丛书的一种。

［其他版次］

《中国佛寺探秘》，张伟然、顾晶霞编著，长春出版社，2007 年。

《琳琅梵宫——佛寺的分布与变迁》，张伟然、顾晶霞编著，长春出版社，2008 年。

《佛寺探秘》，张伟然、顾晶霞著，长春出版社，2012 年。

《黄河与河流文明的历史观察》，葛剑雄、胡云生著，黄河水利出版社，2007 年。

本书以黄河沧海桑田为变化为线索，通过黄河与长江、尼罗河等河流的比较，从人文的视角阐释了黄河在中国乃至世界文明发展过程中的贡献，以及她对沿岸地域社会所产生的影响。本书入选国家社科基金中华学术外译项目，英文本由施普林格出版社出版。

《葛剑雄演讲录》，葛剑雄著，山西古籍出版社，2007 年。

本书收录了作者 1996 年至 2005 年的 14 篇演讲的整理稿，涉及历史学、历史地理学、河流文明、中国疆域变迁、移民与中国、统一与分裂、非洲之行、南极考察等多个方面。全书图文并茂，语言生动，是一本学术普及性读物。

《冷眼热言——葛剑雄时评自选集》，葛剑雄著，长春出版社，2007 年。

本书收录了作者近年来创作的评论和杂文 160 余篇，是一本时评类自选集。作者以敏锐的视角，深切的体验和观察，对老百姓关注的国计民生方面的众多社会现象发表了观点鲜明的意见和建议。作者在进行分析和评判时，就事论事，实事求是，中肯客观，其评论有理有据，令人深思。

《人在时空之间》，葛剑雄著，中华书局，2007 年。

《人在时空之间Ⅱ》，葛剑雄著，中华书局，2010 年。

本书是作者撰写的文史方面的杂文和随笔集。初编共分 9 章，内容包括"疆域与版图""历史随笔""传统节日与文化传承""文化随想""社会与自然""文化遗产与旅游业""人文游踪""追忆故人""如烟岁月"；续编分 5 章，内容包括"家国与天下""历史文化随想""地理环境评说""直面现实"和"追忆似水流年"等。2018 年再版对两书篇目重新进行编排，增设新栏目，其中《天人之际》收录的 6 章分别为"往事历历""故人依依""人文游踪""文化随想""现实感怀"和"历史随笔"。《古今之变》收录的 6 章分别为"疆域与版图""地理与环境""节日与传承""遗迹与旅游""移民与文化"和"社会与自然"。

［其他版次］

《天人之际》，葛剑雄著，九州出版社，2018 年。

《古今之变》，葛剑雄著，九州出版社，2018 年。

《葛剑雄写史：中国历史的十六个片断》，葛剑雄著，上海书店出版社，2007 年。

本书是一本普及性的历史著作。全书约 15 万字，分为 16 篇，另有序 1 篇，从春秋、两汉、三国、南北朝、唐、五代、宋、明、清等朝代选取了 16 个有代表性并对当时及后代历史发生巨大影响的事件，夹叙夹议，以点及面，对中国历史进行了一次照相似的扫描。

《知者不言》，周振鹤著，生活·读书·新知三联书店，2008 年。

本书收录作者近年来撰写的学术随笔和报章所开设的专栏"故纸堆""词与物"中的相关文章，凡 121 题，分作四辑，即说人、说事、说书、说词。说人自然及于人与书，说书说词也难免纠缠于人与事，所以四辑之间，实难以泾渭强分。话题所谈大致以晚清中外文化交通中的习见或易被忽视的人事为重心。中国近代因为被迫开放，许多新事物、新思想、新概念大量涌入，生成一大批新词。即如革命、文学、经济、封建等高频常见的词，今天都有着既不同于古代传统概念，也区别于西方语境中的意义的复杂演变。作者借不常见的日记、书札等文献史料，参证以私藏秘籍，经过梳理考证为我们还原了晚清中日欧三方的词语交流中的有趣过程。可说关乎旧学，不乏新知。

[其他版次]

《知者不言》，周振鹤著，上海人民出版社，2020 年。

《读不尽的有形历史》，葛剑雄著，岳麓书社，2009 年。

本书是作者撰写的一本游记，收录了《冈仁波齐——神山的召唤》《真正的归宿——访胡志明出生地》《感受时空——格林尼治天文台随想》《天方夜谭中的古村差一点错过——途经阿伊·本·哈杜堡村》《千年奇迹的奥秘——访圣凯瑟琳修道院》等世界各地考察和旅行的文章。

《湘江》，张伟然著，江苏教育出版社，2010 年。

本书主题是讲述湘江的流域文明，内容包括三湘沦洞庭、楚学离中原而独行、隔山不隔水等。本书为"河流文明丛书"第二辑的一种，第二辑作者与书目如下：张伟然著《湘江》、侯甬坚著《渭河》、王振忠著《新安江》，胡阿祥、张文华著《淮河》。

《新安江》，王振忠著，江苏教育出版社，2010 年。

本书的主题是讲述新安江的流域文明，内容包括锦山绣水新安江、新安江流域的风俗民情、新安江流域的民间信仰、新安江流域的商业文化等。本书为"河流文明丛书"第二辑的一种。

《我们的国家：疆域与人口》，葛剑雄著，复旦大学出版社，2010年。

本书是一本介绍我国疆域和人口的历史与概况的普及性著作。主要内容为两大部分：疆域部分介绍了中国疆域的类型、各个历史时期中国疆域变迁的过程以及推动中国疆域形成与稳定的因素；人口部分则介绍了中国的人口与民族的关系，包括历史时期的人口数量、中国人口在世界人口中的比例、人口增长的特点、影响中国人口增长的主要因素、中国历史上的移民类型、迁移和融合——中华民族的形成等。

《日出而作》，王振忠著，生活·读书·新知三联书店，2010年。

本书是作者近10年在日本、美国的大学访学，以及在从事徽州文书研究方面搜集了大量文献资料后写作的学术随笔。全书文章分为中日文化交流史、徽州文书研究、中朝历史上的文化交流和中国近现代社会文化嬗变三组。

《从此葡萄入汉家——〈史记·大宛列传〉》，司马迁原著，葛剑雄导读，李曼吟绘，台北大块文化出版公司，2010年。

本书是一本导读类图书，第一部分是导读者对《史记·大宛列传》的导读，第二部分是敦煌壁画里的相关绘画故事，第三部分是导读者对《史记·大宛列传》原文的翻译与注释。

［其他版次］

《从此葡萄入汉家——〈史记·大宛列传〉》，司马迁原著，葛剑雄导读，李曼吟绘，海豚出版社，2012年。

《疆域与政区》，李晓杰著，江苏人民出版社，2011年。

本书将两千余年中国历代疆域与政区的变迁进行了系统而全面的梳理，并重点揭示了其中所反映出的演变规律。同时，书中还附有一些图表，对于人们全面而较为深入地了解中国古代的疆域盈缩与各级政区的变动十

分有益。本书为葛剑雄主编"地图上的中国历史丛书"的一种,本丛书共
四种。

[其他版次]

《疆域与政区》,李晓杰著,中华书局(香港)有限公司,2014年。

《古都与城市》,张晓虹著,江苏人民出版社,2011年。

本书围绕中国古代古都和城市,系统阐述了古都及城市的起源、演变
与发展,并介绍了城市的经济、交通及对外交流等诸多问题,语言自然流
畅,内容大气厚重,既能够帮助读者学习和了解古代城市的相关知识,弘扬
和传承中华文化,又可以"古为今用",为现代城市的规划和管理提供相当
的借鉴,进而对建设"和谐城市"、实现"和谐居住"、构建"和谐社会"具有
重要意义。本书为"地图上的中国历史丛书"的一种。

[其他版次]

《古都与城市》,张晓虹著,中华书局(香港)有限公司,2014年。

《交流与交通》,傅林祥著,江苏人民出版社,2011年。

本书作者以专业的历史地理知识和新的叙述视角,指出交通的发展为
国家内部各地区各民族间的物质与文化交流提供了必要的基础,也为国家
与地区间的交流提供了基础。该书梳理了中国历史上从古代到近代交通与
交流发展的历史脉络,配以古地图及其他详细的图片资料,全面反映了古
代交通的发展对推动中国历史进程的影响,对外交流对推动世界历史进程
的影响。本书为"地图上的中国历史丛书"的一种。

[其他版次]

《交流与交通》,傅林祥著,中华书局(香港)有限公司,2014年。

《民族大迁徙》,安介生著,江苏人民出版社,2011年。

作者选取与地图关系密切的专题,即民族迁徙来讲述历史,力求更多
地使用地图及影像资料生动地展开中华民族的迁徙历程。全书共分13章,
内容主要包括:行走天下的"三皇五帝"、构筑"中国"、以"大一统"的名
义、从塞外"胡虏"到中原霸主等,叙述了自秦汉到清代各重要历史时期的

人口流动与民族迁徙的形式、特点及对当时经济文化的影响。本书为"地图上的中国历史丛书"的一种。

［其他版次］

《民族大迁徙》，安介生著，中华书局（香港）有限公司，2014年。

《中国山水的故事》，张晓虹、马樱滨、郑丽著，山东画报出版社，2011年。

本书介绍中国古代山水的故事，主要章节包括：自然天成、人文荟萃、五岳四渎、梵天净土、洞天福地、巧夺天工等。

《盛世启示录》，侯杨方著，中国方正出版社，2011年。

本书关注西汉盛世和康乾盛世两个对中国影响很深的历史时期的变迁发展过程，希望以这两段历史的发育、壮大和衰落的过程为主线，全景描绘一个社会上升时期所特有的帝王英武、人才迭出、生产富足、开疆拓土的盛大气象以及潜在的种种危机，透过盛世的兴衰，提供了诸多借鉴。书中既有对人性、历史事件的剖析，也侧重于从人口、经济、环境的角度阐释历史，以权力结构与政治生态的长时期性变化为着眼点，探究历史深层次的运行机制，是对盛世这一历史现象挖掘较为深透的一部著作。2019年增订本分为两册，《盛世：西汉》增补了秦朝统一后急速覆亡这一部分内容，《盛世：康乾》增补了清朝空前规模的人口数量与美洲作物无关这部分内容。

［其他版次］

《盛世：西汉》，侯杨方著，中信出版社，2019年。

《盛世：康乾》，侯杨方著，中信出版社，2019年。

《人文千秋》，葛剑雄著，三联书店（香港）有限公司，2011年。

本书收录了作者在人口史、移民史、统一和分裂、历史疆域、地图测绘、环境变迁等方面的研究成果，除学术方面外，还涉及教育、信仰等社会问题，其中包括《再论中国历史上的统一和分裂》《教育问题之我见》《我的人文和科学观》《迁徙的姓氏：追寻移民的脚步》《从历史地理看长时段环境变迁》《中国人的信仰》等文章。

［其他版次］

《人文千秋》，葛剑雄著，复旦大学出版社，2012 年。

《余事若觉》，周振鹤著，中华书局，2012 年。

本书收录作者学术研究之外的随笔 30 余篇，是作者近些年对于学术与文化的一些反思，包括历史、宗教、语言学等多个方面。虽不是系统论述，但每篇都有点睛之论，堪称经典。新版补入《〈来华基督教传教士传记丛书〉序》《〈晚清稀见中外关系史料丛书〉序》《〈政治地理视角下的省界变迁〉序》三篇序文。

［其他版次］

《余事若觉》，周振鹤著，上海人民出版社，2020 年。

《书人集》，葛剑雄著，上海科学技术文献出版社，2014 年。

本书主要收录作者关于图书馆工作思考与实践的文章。其中主要部分是作者担任复旦大学图书馆馆长期间接受媒体采访的记录和自拟的馆务文字，另外还选取了部分与古籍、古文献、地图、图书馆、大学、纸张等有关的文章。本书是"中国当代图书馆馆长文库"的一种。

《守旧与更新》，葛剑雄著，上海科学技术文献出版社，2014 年。

本书围绕"守旧"和"更新"的主题，从作者发表的文章中选辑了 34 篇，涉及城市、社区、大学、考试制度、传统节日、方言、风水、籍贯、地名以及古今名人、名著和名城等话题。

《近忧远虑》，葛剑雄著，华夏出版社，2015 年。

本书是一本随笔集，涉及历史人文、地理风俗、城市建设、时事热点、教育文化等诸多方面，体现了作者忧国忧民的人文情怀。

《司马迁和他的〈史记〉》，姚大力著，复旦大学出版社，2016 年。

本书收录了作者三篇长文：《谈古论今第一人——司马迁和他的〈史记〉》《把过程植入历史书写——论司马迁对中国历史编撰学的突破》和《漫

谈读书》。第一、三两篇曾收入《读史的智慧》，第二篇是根据作者为一部有关中国史学观念史的集体著作所撰写的若干章节文稿修改而成。作者对司马迁的《报任安书》和《史记》的解读，对于读者更好地了解司马迁和《史记》有重要帮助。

《葛剑雄演讲录二集》，葛剑雄著，三晋出版社，2015 年。

本书是《葛剑雄演讲录》的续编，收录了作者 2006 年至 2015 年的 19 篇演讲，涉及读书、教育、文化、移民、丝绸之路、城市文化等多方面，是一本学术普及性读物。

《四极日记》，葛剑雄著，复旦大学出版社，2016 年。

本书行文采用了日记体的形式，将作者亲历南极、北极、阿里、乞力马扎罗山的点滴和感想记录下来，文笔轻快活泼，而不失学者的严谨。作者通过参与专业的考察，丰富了作为学者的学养和知识拓展、积累，同时满足了个人对旅游、对人生乐趣的追求。

［其他版次］

《四极日记》，葛剑雄著，复旦大学出版社，2019 年。

《行万里路：葛剑雄旅行自选集》，葛剑雄著，商务印书馆，2016 年。

本书为作者的旅行自选集，收录了作者几十年来在世界各地旅行考察的游记 38 篇，足迹遍及神州大地和世界七大洲。

《悠悠我思》，葛剑雄著，香港城市大学出版社，2017 年。

本书为作者学术随笔集。全书共分为 4 章。"议古·论今""历史·地理"两章中，作者深入浅出地分析了中国地理、历史、文化、人物与现代中国的渊源和关系，亦有对社会热点的理性思考。"学者·藏书"一章，作者回顾往事，表达对师友治学的尊敬及感思，同时分享了作者担任图书馆馆长期间的所见所闻。"书序·回忆"一章，作者精选了旧作中部分体现新思的文章。

《行不由径：周振鹤演讲访谈录》，周振鹤著，东方出版社，2018 年。

本书收录了作者近 10 年来的重要演讲、讲座及媒体访谈文章 20 篇，内容涉及历史、文学、政治地理、语言、读书、治学等多个方面。作者对历史与文学之关系、中国历史中的基本规律、学问与人生、中国古代都城定位的政治地理因素、上海城市形态变迁等话题都有精辟论述。此外，作者对其 40 年的求学往事、治学历程也有详细交代，其中"做学问应当跨界""学问的关键是求真，不管有用无用""读书是一种过日子的方式"等主张，可谓"授人以渔"。

《藏书不乐》，周振鹤著，东方出版社，2018 年。

本书收录了作者近 6 年来的新作 30 余篇，内容看似驳杂，实际不脱书人书事。大体分为五类：一为忆藏书、逐旧书。作者之性情、趣味、眼光立于纸上。二为读书札记。作者将自己不经意间收藏的珍稀图书与闲暇时阅读的名人日记、笔记、书札等互证，梳理出许多不为人知的人事隐情。三为怀人忆旧。作者所忆之人，或因治学相携，或因爱书相知，皆为君子之交。四为书评书序。或是对晚辈学人的鼓励与指导，或是借此表达对某个学术问题的独到见解，皆为作者在学术研究上"捞过界"的最好注脚。五为上海专题。作者以独到的眼光，发前人所未发，将上海研究中的诸多空白点呈现出来。全书学养深厚，洞识精微，文字隽永，余味悠长。

《也是读书》，葛剑雄著，鹭江出版社，2018 年。

本书辑录作者撰写的各类随笔 70 余篇，写作时间横跨几十年，包括序、跋、引言、后记等多种形式。

《读万卷书：葛剑雄自选集》，葛剑雄著，鹭江出版社，2018 年。

本书收录的是作者关于读书治学的随笔，其中包括对读书生涯的回顾、对学界同人著作的品评、对古代经典的解读、对地图研究的介绍和评述等。

《天地史谭》，葛剑雄著，上海辞书出版社，2018 年。

本书收录作者历年来对历史问题、历史地理问题等多个领域的学术文章共 40 余篇，分为四组，分别为：统一与分裂、中国与世界、读史与行路、知人与论世。文章均由作者亲自选定，并有数篇未发表作品，较为完整地反映了作者 40 年来对历史、历史地理及现当代史学研究的观点。

《中国的教育问题还是教育的中国问题》，葛剑雄著，学林出版社，2018 年。

本书汇编了作者历年来关于教育问题的精彩之作。直面中国教育问题，坚持常识与理性思维，作者对教育的思考与评论可以为当代的中国教育提供一份思考。

《学问的敬意与温情》，张伟然著，北京师范大学出版社，2018 年。

本书围绕谭其骧先生等学术大师的学问与个人经历展开叙述，既有趣味盎然的故事，又有独到的学术追求，包括《谭其骧先生的五星级文章及学术活性》《谭其骧先生的才情与笃实》《谭其骧先生与历史文化地理研究》等内容。

《舆地勾稽六十年》，谭其骧著，葛剑雄编，北京出版社，2019 年。

本书在《求索时空》一书的基础上进行了进一步选编调整，全书约 11 万字，共选入谭其骧 29 篇学术文字或随笔等。全书分为三组，第一组是关于历史地理和上海变迁的文字，第二组是介绍古代历史地理典籍和古代地理学家的文字，第三组是忆旧文字。

《上海极简史》，葛剑雄著，上海人民出版社，2019 年。

本书是一部对上海历史进行通俗讲解的著作，通过 10 个专题，简要、概括地介绍上海自然地理环境、城市人文环境、行政区划、居住人口的形成、发展与演变，对近代以来上海发展过程中的一些关键事件也进行了介绍。本书在通俗叙述的同时，深入浅出地概括了上海历史发展中的一些要点，论从史出，夹叙夹议，适当地表达了作者对上海发展的一些观点。

《海纳百川上海源》，上海市地方志办公室主编，葛剑雄著，学林出版社，2019年。

本书以上海的历史地理沿革、文化发展为切入点，用生动、朴实的语言讲述了上海历史的故事，反映了上海改革开放以来所取得的成就。主要内容包括上海的历史、上海城市的兴起、租界、移民、海派文化与江南文化、长三角与上海的国际化等。全书富含实用的信息指南，收录大量珍贵老照片，可以作为一本上海历史文化读物。

《寺院映现的中国》，张伟然著，上海文艺出版社，2019年。

本书主要从汉化寺院的建筑特点、四大佛教名山、各地佛教胜迹、寺院的分布格局、寺院的僧侣生活、与中国古典文学相因袭的佛教传说、寺院与城市生活空间的关系、寺院对明清江南女性日常生活的意义以及中国佛教宗派组织形态的流变等9个方面切入主题，帮助读者加深对中国佛教文化的理解。

《道观可道的中国》，张晓虹著，上海文艺出版社，2019年。

道观是道教徒供奉修行的重要场所，它们往往深藏于数量可观的道教圣地中。如果有得道高人来此修真，甚至著书立说，那么这些道观的声名自然也会广泛传播。于是，它们与道教名山一起，构成道教中洞天福地的重要组成部分。这些遍布神州的洞天福地，它们的分布与兴衰都与道教的发展历程息息相关。故而本书选取了9个有代表性的洞天福地，试图通过它们反映道教的形成与发展，从中透视道教这一本土宗教对中国人精神文化生活的作用与影响。

《浪奔浪涌黄浦江》，上海市地方志办公室主编，傅林祥著，学林出版社，2019年。

本书图文并茂，勾勒黄浦滨江的前世今生。全书分如下部分。一、黄浦、上海浦与黄浦江，主要写黄浦江的演变过程，即自然地理方面的内容，包括宋代的黄浦、上海浦，元代黄浦的自然深阔，元末明初今天的黄浦江的形成，黄浦江名称的出现，高桥沙、复兴岛，近代黄浦江的疏浚（主要写吴淞口的导堤）等。二、码头、航运与海关，黄浦自明代以来的内河航运（联通长三角）与近海航运、远洋航运（近代）的路线，主要码头的分布，以及江海关的设立。三、渡船、桥梁与隧道，沟通浦江两岸的交通工具的变化，主要是民国时期的渡船及造桥设想，当代的内容因为读者可能熟悉，予以简写。四、工业区、商埠与城市规划，包括江南制造局、杨树浦等传统工业区，以及1949年后的闵行工业区；吴淞商埠；大上海计划与日伪时期、抗战胜利后上海市政府的城市规划中与黄浦江相关的部分。五、黄浦江的今天，上海的母亲河（以水兴市、水运交通枢纽），改革开放前黄浦江两岸发展的不平衡性，改革开放后浦东的大发展，从水运交通枢纽演变为流淌在市中心的景观河道。

《天行有常：周振鹤时评集》，周振鹤著，上海人民出版社，2020年。

本书为时评集，收录了作者在《新京报》等报刊专栏上发表的时评类短文60余篇，内容涉及文化、教育、法制、旅游等社会生活各个方面，有关于大学教育、博士培养、高校职称、高考政策、学术道德的思考；有对于环境保护、文化遗产、自然灾害、文化变迁、法制建设的论述，有对于贪污腐败、医疗乱象、以权敛财的批判，还有关于慈善捐款、知识教养、电子游戏、网络语言的见解等。虽然本书所叙之事已过去10多年，但所揭示的现象、所表达的观点仍有很强的时效性和现实意义。

《黄河与中华文明》，葛剑雄著，中华书局，2020年。

黄河是中华民族的母亲河。自古以来，黄河安澜就是人民安居乐业、国家欣欣向荣的保证和象征。那么，为什么说黄河是母亲河呢？她和中华民族有怎样的关系，如何孕育出辉煌的文明，她的独特面貌是如何形成的，又应该如何治理呢？作者撰写《黄河与中华文明》一书，即讨论、阐述了这些问题。本书开首之"引言"部分，即高屋建瓴地阐述了河流与人类文明的关系，从理论角度为黄河治理以及黄河的重要性提供了充分论证。以下8章，首先梳理黄河地理全貌，随后从黄河如何孕育中华文明、古人对黄河的考察与认识、黄河为何浑浊而容易泛滥、自古以来中华儿女如何治理黄河等各方面娓娓道来，梳理黄河的历史沿革、地理变迁，展现黄河与中华文明的紧密联系。最后展望新形势下的黄河发展，指出新的黄河文明的创建不仅是美好的愿望，而且有坚实的基础，期待在中华民族的复兴中，黄河儿女不断创建新的文明，黄河万古流，中华民族的母亲永葆青春。

《山里山外》，王振忠著，生活·读书·新知三联书店，2020年。

本书所收文字，皆是作者撰写的与徽州相关的学术随笔。在明清时代，"山里"的徽州虽然只是皖、浙、赣三省交界处的偏陬僻隅，但徽州文化在"山外"的世界却有着极强的辐射能力。作者希望用书中收录的10篇文章，呈现徽州这种丰富的历史文化和社会生活面向。

（贰）论文

一、历史学

1. 断代史

1-1. 通论

《统一分裂与中国历史》，葛剑雄，见沈一之主编《理论纵横：社会·文史篇》，河北人民出版社，1988 年。

《再论中国历史上的统一和分裂》，葛剑雄，见上海历史学会编《历史·国情·现代化》，复旦大学出版社，1990 年。

《历史的启示：中央集权下的中央与地方》，葛剑雄，见何博传主编《现代与传统》第 5 辑，海天出版社，1994 年。

《统一与分裂：中国历史的启示（上）》，葛剑雄，《紫光阁》2010 年第 11 期。

《统一与分裂：中国历史的启示（下）》，葛剑雄，《紫光阁》2010 年第 12 期。

《俗传中国史朝代起迄纪年匡谬》，谭其骧，《历史研究》1991 年第 6 期。

《历史学：在人文与科学之间？》，周振鹤，《复旦学报（社会科学版）》2002 年第 5 期。

《伪历史产生的三种原因》，葛剑雄、周筱赟，《历史教学》2003 年第 6 期。

《"古为今用"：历史研究还是历史应用》，周筱赟、葛剑雄，《学术界》2004 年第 3 期。

《新科技与历史研究》，葛剑雄，见罗家祥主编《华中国学》第 12 卷，华中科技大学出版社，2019 年。

《把过程归还历史书写——论司马迁对中国历史编撰学的突破》, 姚大力,《传统中国研究集刊》2006 年第 1 期。

《枢纽: 更全面地呈现中国历史的新尝试》, 姚大力,《探索与争鸣》2018 年第 6 期。

《勿空破, 认真立》, 谭其骧,《中国史研究》1979 年第 3 期。

《对今后历史研究工作的四点意见》, 谭其骧,《社会科学》1983 年第 5 期。

《给青年史学爱好者的一封信》, 谭其骧,《文史知识》1983 年第 5 期。

《历史研究工作仍须改进学风》, 谭其骧,《中国社会科学》1984 年第 1 期。

《年鉴学派的废墟之上——法国的 "社会历史学"》, 邹怡,《读书》2011 年第 5 期。

1-2. 先秦

《商周考古》, 袁樾方,《历史教学问题》1982 年第 1 期。

《战国秦汉考古》, 袁樾方,《历史教学问题》1982 年第 2 期。

《群舒史迹钩沉》, 胡阿祥,《安徽史学》1986 年第 6 期。

《从东周中原墓葬看华夏族的封闭心态》, 马雷,《探索与争鸣》2015 年第 12 期。

1-3. 秦汉

《蔡文姬的生平及其作品》, 谭其骧,《学术月刊》1959 年第 8 期。

《西汉献费考》, 周振鹤、周翔鹤,《中华文史论丛》1981 年第 4 辑。

《从无为而治到儒法兼综——文景时期地方吏治的历史考察》, 毋有江,《人文杂志》2004 年第 6 期。

《突破 "武折" 与 "德怀" 的两难: 汉对匈奴政策的形成》, 姚大力,《探索与争鸣》2018 年第 1 期。

《西汉诸侯王时间问题勘误》, 赵海龙,《古籍研究》2018 年第 2 期。

《汉简所见河西边塞戍卒死亡原因考》, 贾强,《青海师范大学学报(哲学社会科学版)》2019 年第 3 期。

《东汉"有国无王"现象探研》，黄学超，见黄贤全、邹芙都主编《中国史全国博士生论坛论文集》，重庆出版社，2015 年。

《司马迁排行榜——读〈史记·货殖列传〉》，周振鹤，见上海图书馆编《12 堂文学阅读课》，上海交通大学出版社，2017 年。

1-4. 魏晋南北朝

《论曹操》，谭其骧，《文汇报》1959 年 3 月 31 日。

《前秦王猛与三秦豪杰》，王振忠，《天津师大学报（社会科学版）》1994 年第 1 期。

《略论魏晋南北朝时期的观海风尚与海域认知——以现存诗赋文献为主要依据的探讨》，安介生，见北京大学古代史研究中心编《舆地、考古与史学新说：李孝聪教授荣休纪念论文集》，中华书局，2012 年。

《十六国旧史存亡探析》，魏俊杰，《四川图书馆学报》2014 年第 1 期。

《西晋〈华百石都训造碑〉残石拼联及相关问题》，黄学超，《文献》2016 年第 6 期。

《"嘉禾"符瑞对元魏政治的影响——以北魏承明元年齐州"嘉禾"事件为例》，周能俊，《宁夏社会科学》2017 年第 5 期。

1-5. 隋唐五代

《李德裕谪崖州》，谭其骧，《文汇报》1962 年 6 月 30 日。

《李锜叛乱的军团构成》，李碧妍，见荣新江主编《唐研究》第十六卷，北京大学出版社，2010 年。

《从"刘展之乱"看唐肃宗的江淮政策》，李碧妍，《学术月刊》2010 年第 10 期。

《赞普葬仪的先例与吐蕃王政的起源——敦煌 P.T.1287 号〈吐蕃赞普传记〉第 1 节新探》，任小波，《敦煌吐鲁番研究》第 13 卷，上海古籍出版社，2013 年。

《敦煌 ITJ 687 号法成〈业报要说〉残本新译——兼论〈善恶因果经〉的藏译者释迦光的身份问题》，任小波，见沈卫荣主编《文本中的历史：藏传佛教在西域和中原的传播》，中国藏学出版社，2012 年。

《敦煌藏文写本研究的中国经验——〈敦煌吐蕃文献选辑〉两种读后》，任小波，《敦煌学辑刊》2012 年第 1 期。

《吐蕃盟歌的文学情味与政治意趣——敦煌 P.T.1287 号〈吐蕃赞普传记〉第 5、8 节探析》，任小波，《中国藏学》2012 年第 2 期。

《〈敦煌本吐蕃历史文书〉前言》（东噶—洛桑赤列撰，由藏语译成汉语），任小波，见王尧编《王尧藏学文集》，中国藏学出版社，2012 年。

《石泰安〈西藏古代文献丛考〉》，任小波，《西藏民族学院学报（哲学社会科学版）》2013 年第 5 期。

《藏译〈善恶因果经〉对勘与研究导论》，任小波，见沈卫荣编《大喜乐与大圆满：庆祝谈锡永先生八十华诞汉藏佛学研究论集》，中国藏学出版社，2014 年。

《唐宋之际河西地区的部族关系与护国信仰——敦煌 PT 1189.r 号〈肃州府主致河西节度书状〉译释》，任小波，《西域历史语言研究集刊》第七辑，科学出版社，2014 年。

《唐代官修正史对隋代重臣形象的重塑——以〈隋书·高颎传〉〈周书·窦炽传〉为中心》，葛洲子，《唐史论丛》第十七辑，2014 年。

《〈全唐文〉误收唐前后文校读札记》，夏婧，《中华文史论丛》2015 年第 2 期。

《地方政治势力的兴起与历史人物形象重塑——以罗愿〈新安志〉汪华记载为中心的考察》，董乾坤，《安徽大学学报（哲学社会科学版）》2015 年第 5 期。

《"权现马王"仪轨故事与西藏早期观音信仰——敦煌 PT 239.2 号藏文写本探例》，任小波，《复旦学报（社会科学版）》2016 年第 6 期。

《唐代旅游兴盛系统成因简要分析》，刘斌，《市场周刊（理论研究）》2017 年第 7 期。

《〈大乘经纂要义〉与吐蕃"十善经本"》，任小波，见余欣主编《中古中国研究》第二卷，中西书局，2018 年。

《〈贤者新宴〉（1—6）总目录》，任小波，《中国藏学》2018 年第 S1 期。

《金滴——陈践教授的古藏文语词研究》，任小波，《中国藏学》2019 年第 2 期。

《〈大乘经纂要义〉藏汉对勘与汉文新译》，任小波，《敦煌学辑刊》2019年第4期。

1-6. 宋元

《宋朝市马三题》，胡阿祥，《中国农史》1986年第3期。

《宋太宗继统考实》，侯杨方，《复旦学报（社会科学版）》1992年第2期。

《北宋云门宗僧人数量考实》，葛洲子，《南京晓庄学院学报》2016年第3期。

《南宋司法裁判中的价值取向——南宋书判初探》，王志强，《中国社会科学》1998年第6期。

《曲出律败亡地点考》，姚大力，见南京大学历史系元史研究室编《元史及北方民族史研究集刊》第五辑，南京大学历史系元史研究室，1981年。

《蒙古人最初怎样看待儒学》，姚大力，见南京大学历史系元史研究室编《元史及北方民族史研究集刊》第七辑，南京大学历史系元史研究室，1983年。

《乃颜之乱杂考》，姚大力，见南京大学历史系元史研究室编《元史及北方民族史研究集刊》第七辑，南京大学历史系元史研究室，1983年。

《金末元初理学在北方的传播》，姚大力，《元史论丛》第二辑，中华书局，1983年。

《论元朝刑法体系的形成》，姚大力，《元史论丛》第三辑，中华书局，1986年。

《从"大断事官"制到中书省——论元初中枢机构的体制演变》，姚大力，《历史研究》1993年第1期。

《元仁宗与中元政治》，姚大力，见南京大学元史研究室编《内陆亚洲历史文化研究——韩儒林先生纪念文集》，南京大学出版社，1996年。

《金泰和律徒刑附加决杖考——附论元初的刑政》，姚大力、郭晓航，《复旦学报（社会科学版）》1999年第4期。

《论蒙元王朝的皇权》，姚大力，见王元化主编《学术集林》卷十五，上海远东出版社，1999年。

《元末大起义和南宋两淮民间武装》，周运中，见刘迎胜主编《元史及民族与边疆研究集刊》第二十辑,上海古籍出版社,2008年。

《元代安徽地区的科学技术成就》,陈瑞,《安徽广播电视大学学报》2009年第1期。

《论宋代地方行政组织的任命权》,余蔚,《文史》2009年第4辑。

《草原蒙古国的千户百户制度》,姚大力,见《蒙元制度与政治文化》,北京大学出版社,2011年。

《元乡试如何确定上贡人选及其次第》,姚大力,见姚大力、刘迎胜主编《清华元史》第二辑,商务印书馆,2013年。

《重铸河山一统的洪业——元朝在中国历史上的意义》,姚大力,见上海博物馆编《青花的世纪:元青花与元代的历史、艺术、考古》,北京大学出版社,2013年。

《怎样看待蒙古帝国与元代中国的关系》,姚大力,见张志强主编《重新讲述蒙元史》,生活·读书·新知三联书店,2016年。

《汉文明在元时期:果真存在一个"低谷"吗?》,姚大力,见张志强主编《重新讲述蒙元史》,生活·读书·新知三联书店,2016年。

1-7. 明

《论明成祖因循洪武海禁政策》,苏松柏,《海交史研究》1990年第1期。

《〈皇明条法事类纂〉成书年代及作者考》,吴启琳,《历史档案》2010年第3期。

《明代丁银源流考》,薛理禹,《历史教学(下半月刊)》2010年第10期。

《卓人月年谱》,郎净,《古籍整理研究学刊》2011年第4期。

《明代杭州私人刻书机构的新考察》,章宏伟,《浙江学刊》2012年第1期。

《明代玉河馆门禁及相关问题考述》,刘晶,《安徽史学》2012年第5期。

《〈永乐十二年郑和发心书写金字经〉复原研究》,章宏伟,《学术研究》2016年第5期。

《明嘉靖年间〈户部题稿〉及其价值》,韩健夫,《历史档案》2017年第1期。

《明清苗疆"款军"角色转变研究》,周妮,《贵州民族研究》2017年第9期。

《从朱燮元奏稿看奢安土司之乱与平定》，马楚婕，《遵义师范学院学报》2019 年第 3 期。

1-8. 清

《乾嘉学派的产生与文字狱并无因果关系》，周维衍，《学术月刊》1983 年第 2 期。

《清代宫廷的西洋音乐》，李晓杰，《紫禁城》1991 年第 4 期。

《从客家文化背景看〈天朝田亩制度〉之由来》，王振忠，《复旦学报（社会科学版）》1992 年第 3 期。

《盛京内务府建立时间再探》，任玉雪，《历史档案》2003 年第 1 期。

《戏剧对义和团运动的影响》，王加华，《清史研究》2005 年第 3 期。

《杭州徽商子弟眼中的太平天国史事——新发现的徽州日记稿本〈记事珠〉解题》，王振忠，见郑培凯主编《九州学林》第十一辑，复旦大学出版社，2006 年。

《对话与冲突——1792—1843 年的中英关系》，李晓杰，《紫禁城》2007 年第 3 期。

《以曾国藩为视角观察清代京官的经济生活》，张宏杰，《中国经济史研究》2011 年第 4 期。

《〈大清国籍条例〉与近代"中国"观念的重塑》，陆勇，《南京社会科学》2012 年第 4 期。

《清代摊丁入地中的群体性事件研究——以浙江、湖北为例》，薛理禹，《中国农史》2012 年第 4 期。

《清代民事诉讼中的身份等级与赋役制度：以道光泾县李氏主仆官司为中心》，李甜，《历史教学（下半月刊）》2012 年第 5 期。

《晚清义图制补论——以青浦县为中心》，黄忠鑫，《史林》2012 年第 6 期。

《清代皖南道道员人事考察》，杨伟兵、尹宗云，《白沙历史地理学报（彰化）》第 13 期，2012 年。

《清朝时期蒙古阿拉善和硕特部扎萨克王爷的属众统治》，齐光，《清史研究》2013 年第 1 期。

《清代前期徽州图甲制的调整——以都图文书〈黟县花户晰户总簿录〉为中心的考察》，黄忠鑫，《清史研究》2013 年第 2 期。

《清朝时期蒙古阿拉善和硕特部的社会行政组织》，齐光，《历史地理》第二十七辑，上海人民出版社，2013 年。

《明清徽州林木盗砍事件的社会经济与文化考察》，梁诸英，《北京林业大学学报（社会科学版）》2014 年第 3 期。

《解析〈皇清职贡图〉绘卷及其满汉文图说》，齐光，《清史研究》2014 年第 4 期。

《从一份满文档案看 17—18 世纪蒙古领主属下商人的活动》，齐光，见达力拉布主编《中国边疆民族研究》第八辑，中央民族大学出版社，2015 年。

《科举制的废除与乡村革命因素的积累》，裴世东、李军，《九江学院学报（社会科学版）》2015 年第 2 期。

《『理藩院则例』の一規定とその背景－道光 3 年のハルハ居住民人家屋焼き払い事件を事例に－》，佐藤宪行，见沈卫荣主编《西域历史语言研究集刊》第九辑，科学出版社，2017 年。

《略论刘清与嘉庆初期的吏治整饬》，罗权、张亮，《重庆三峡学院学报》2018 年第 6 期。

《从"共管"到"统合"：1644—1951 年四川牛华溪区划变动研究》，牟旭平，《中国历史地理论丛》2019 年第 3 辑。

《清代州县佐杂官司法审理权探析》，傅林祥，《史学月刊》2019 年第 9 期。

《制度史、大数据与清代官僚研究的新取向——评薛刚新著〈清代文官考核研究〉》，叶鹏、赵士第，《西华师范大学学报（哲学社会科学版）》2020 年第 5 期。

1–9. 民国

《文化新世界的建设者——从事翻译出版的早期张闻天》，邹振环，《档案与史学》1995 年第 5 期。

《20 世纪轰动中国的〈互助论〉》，邹振环，《民国春秋》1995 年第 6 期。

《简析 1942 年底日本制定"对华新政策"的原因》，张根福，《历史教学

（下半月刊）》1998 年第 8 期。

《汪伪全国商业统制总会述论》，张根福，《档案与史学》1997 年第 3 期。

《乡镇自治中的国家意识形态——以 1946 年嘉兴县乡镇职员"甄别"试卷为中心》，曹树基，《社会学研究》2002 年第 5 期。

《权力与制衡——1946 年嘉兴县的乡镇自治》，丰箫，《社会学研究》2002 年第 6 期。

《战后乡镇自治运动中的保甲制度——以嘉兴县为例》，杨焕鹏，《中国农史》2004 年第 3 期。

《三青团参与政治及其与浙江各地方政治势力关系》，杨焕鹏，《史学月刊》2004 年第 3 期。

《论抗战后杭州地区保甲运作中的保长与保干事》，杨焕鹏，《历史档案》2004 年第 4 期。

《国民政府时期国家对人民团体的管制——以浙江省为中心》，杨焕鹏，《东方论坛》2004 年第 5 期。

《略说陈荣恪的事迹》，李海默，《宁德师专学报（哲学社会科学版）》2009 年第 2 期。

《抗战初期薛暮桥对农民动员问题的历史认知》，陆发春，《抗日战争研究》2010 年第 3 期。

《近代上海的日资企业》，樊如森，见邹逸麟主编《明清以来长江三角洲地区城镇地理与环境研究》，商务印书馆，2013 年。

《鲁迅听章太炎课事征实——读〈钱玄同日记〉之一》，周振鹤，《东方早报·上海书评》2014 年 9 月 7 日。

《〈申报〉中近代徽州商人负面形象及解读》，梁诸英，《东北师大学报（哲学社会科学版）》2015 年第 2 期。

《关于章太炎〈国故论衡〉的先校本》，周振鹤，见章太炎《国故论衡（先校本）》，商务印书馆，2015 年。

2. 专门史

2-1. 经济史

《中外城市化道路比较》,周振鹤,《复旦学报》1992年第1期。

《"过密化"论质疑——以盛泽为例的个案实证研究》,侯杨方,《复旦学报(社会科学版)》1994年第2期。

《"过密化"论与小农经济决策行为分析——以湖州小农家庭缫丝业为个案》,侯杨方,《学术月刊》1994年第7期。

《释"窝"》,王振忠,《中国经济史研究》1996年第3期。

《汪伪"农业增产运动"述略》,张根福,《浙江师大学报(社会科学版)》1997年第4期。

《清代台湾拓垦过程中的股份制经营——兼论中国农业资本主义萌芽理论的不成立》,曹树基,《中国社会科学》1998年第2期。

《试论汪伪战时经济体制的形成》,张根福,《天津师大学报(社会科学版)》1998年第5期。

《就〈两宋苏州经济考略〉致方健先生》,吴松弟,《中国历史地理论丛》2000年第3辑。

《明代江南的争田问题——以嘉兴府嘉、秀、善三县为中心》,冯贤亮,《中国社会经济史研究》2000年第4期。

《也谈清代台湾土地开垦、经济组织与社会经济形态——对周翔鹤相关批评的答复》,曹树基,《台湾研究集刊》2001年第1期。

《南京国民政府时期嘉兴县乡镇财政试析》,丰箫,《中国农史》2003年第2期。

《清代蒙地的占有权、耕种权与蒙汉关系》,王建革,《中国社会经济史研究》2003年第3期。

《规模与效益》,杨勇,《中国经济史研究》2004年第3期。

《解析王安石变法中的市易法》,周筱赟、陈志广,《江汉论坛》2004年第3期。

《清代江南的一田两主制和主佃关系的新格局——以苏州地区为中心》,吴滔,《近代史研究》2004年第5期。

《汉代江南城市与商业问题述论》，陈晓鸣，《中国社会经济史研究》2005 年第 4 期。

《近代江南典当业的社会转型》，杨勇，《史学月刊》2005 年第 5 期。

《论明代山西藩府势力膨胀与侵占民地问题》，安介生，见中国古都学会等编《中国古都研究》第二十辑，山西人民出版社，2005 年。

《自然灾害、制度缺失与传统农业社会中的"田地陷阱"——基于明代山西地区灾害与人口变动状况的探讨》，安介生，《陕西师范大学学报（哲学社会科学版）》2007 年第 3 期。

《产权视角下的徽州茶农经济》，邹怡，见卞利主编《徽学》第五卷，安徽大学出版社，2008 年。

《试论清代榷关的管理制度》，廖声丰，《历史档案》2008 年第 1 期。

《清代江南官学学田经营实态述论》，张小坡，《中国农史》2008 年第 2 期。

《前近代华北乡村社会水权的形成及其特点——山西"滦池"的历史水权个案研究》，张俊峰，《中国历史地理论丛》2008 年第 4 辑。

《清代江南官学学田租佃关系初探》，张小坡，《兰州学刊》2008 年第 9 期。

《清代乾隆晋中田契"契尾"释例》，安介生、李钟，《清史研究》2010 年第 1 期。

《石仓税率的演变（1772—1952）》，曹树基、单丽，《中国农史》2011 年第 3 期。

《近代河南水运与农业商品化关系略论》，武强，《农业考古》2012 年第 1 期。

《上海商业储蓄银行南京分行发展历程述略（1917—1937）》，徐智，《兰州学刊》2012 年第 4 期。

《粮价细册制度与清代粮价研究》，余开亮，《清史研究》2014 年第 4 期。

《清代晚期地方粮价报告研究——以循化厅档案为中心》，余开亮，《中国经济史研究》2014 年第 4 期。

《清代徽州玉米经济新探——以文书资料为中心》，梁诸英，《安徽大学学报（哲学社会科学版）》2014 年第 6 期。

《现代商会与国家治理：历史与国际的视角——兼论我国商会的"中国

特色"》，林拓、虞阳、张修桂，《复旦学报（社会科学版）》2015 年第 4 期。

《民国以来账簿研究的三种取向》，董乾坤，《中国社会经济史研究》2016 年第 3 辑。

《康熙朝恪靖公主汤沐邑的经营管理》，胡哲，《历史档案》2019 年第 1 期。

《清末九江地方厘务人员薪酬水平与厘金浮收关系研究》，孙健，《中国经济史研究》2019 年第 5 期。

《新荒与老荒："丁戊奇荒"后山西省的荒地清查与整理——兼论灾后山西土地抛荒情况》，张力，《历史地理》第三十八辑，复旦大学出版社，2019 年。

《清代政府对沉田赋税的管理——以江苏、安徽、山东地区为中心》，段伟，《苏州大学学报（哲学社会科学版）》2020 年第 1 期。

2-2. 农史

《古代少数民族在棉作和棉织方面的成就》，周振鹤，《中国少数民族科技史研究》第二辑，内蒙古人民出版社，1988 年。

《论农地规模经营的一般规律及发展前景》，陆建飞、王建革、黄贤金、王曾金、谭立军，《南京农业大学学报》1996 年第 4 期。

《陈翥〈桐谱〉梧桐混用为泡桐纠谬》，宣炳善，《中国农史》2002 年第 2 期。

《民国乡村秩序的整合：规范化过程——以 1945 年后的浙江省嘉兴地区乡村佃业纠纷为中心》，丰箫，《中国农史》2005 年第 4 期。

《望田头：传统时代江南农民对苗情的观察与地方性知识》，王建革，见王利华主编《中国历史上的环境与社会》，生活·读书·新知三联书店，2007 年。

《清代基层社会的地保》，刘道胜，《中国农史》2009 年第 2 期。

《"匀二叶"探析》，周晴，《中国农史》2010 年第 1 期。

《松萝山、松萝茶与松萝法——清中叶以前徽州名茶历史的初步梳理》，邹怡，《史林》2010 年第 6 期。

《贵州省农艺作物的品种改良与农业发展（1938—1949）》，杨伟兵，《贵州文史丛刊》2012 年第 2 期。

《再论〈齐民要术〉所引〈食经〉的作者》，葛洲子，《中国农史》2014年第3期。

《蔓菁早期栽培史再考——兼与余欣教授商榷》，龚珍，《中国农史》2014年第5期。

《基于园艺疗法的苏州休闲农业产品创意设计》，赵慧莎、李向韬，《安徽农业大学学报（社会科学版）》2015年第1期。

《〈救荒活民书〉作者生平及成书时间考》，陈华龙，《农业考古》2015年第4期。

《昆山"望田头"：江南稻作时空体验的传承与发展》，张兰英、袁慧，《中国农史》2018年第1期。

2-3. 宗教史

《论唐代封禅的变革》，刘影，《复旦学报（社会科学版）》1998年第4期。

《关于地域宗教史研究的若干思考——兼评王荣国著〈福建佛教史〉》，林拓，《宗教学研究》1999年第2期。

《关于山东北朝摩崖刻经书丹人"僧安道壹"的两个问题》，张伟然，《文物》1999年第9期。

《道教咒语的文学价值》，林拓，《中国道教》2000年第4期。

《竹林寺与桃花源——一种本土佛教传说的形成与演变》，张伟然，见觉醒主编《觉群·学术论文集》第三辑，宗教文化出版社，2004年。

《关于"僧安道壹"问题的再思考——尤其自署与"东岭"地望》，张伟然，见焦德森主编《北朝摩崖刻经研究（三）》，内蒙古人民出版社，2006年。

《〈坛经〉中慧能"不识文字"的修辞意义——兼及相关的〈坛经〉版本问题》，张伟然，见明生主编《禅和之声："禅宗优秀文化与构建和谐社会"学术研讨会论文集》，宗教文化出版社，2007年。

《〈行历抄校注〉商疑——特别是关于入唐留学僧圆载的史实》，张伟然，见郑培凯主编《九州学林》第七辑，复旦大学出版社，2007年。

《僧侣、士人与胡则信仰》，朱海滨，《复旦学报（社会科学版）》2007年第6期。

《中国民间宗教初探》，朱丽娜，《社会科学家》2007年第S2期。

《与神对视：明末清初第一代天主教徒的圣梦》，刘耿，《史林》2008 年第 1 期。

《历史学家缺席的中国佛教研究》，张伟然，《华东师范大学学报（哲学社会科学版）》2008 年第 4 期。

《僧著地记：六朝佛教本土化的文学表现》，王卫婷、祁刚，《南京晓庄学院学报》2008 年第 4 期。

《"学"、"证"之间——近代以来佛教研究方法的困境及其反思》，唐忠毛，《华东师范大学学报（哲学社会科学版）》2008 年第 4 期。

《都市佛教的当代转型》，张伟然，《佛教文化》2008 年第 5 期。

《作为民间慈善组织的近代居士佛教——以民国上海佛教居士林为例》，唐忠毛，《上海师范大学学报（哲学社会科学版）》2008 年第 6 期。

《隋代的岭南佛教活动》，聂顺新，《韶关学院学报》2009 年第 2 期。

《民间信仰——中国最重要的宗教传统》，朱海滨，《江汉论坛》2009 年第 3 期。

《佛教平等观的向度及其现实意义》，唐忠毛，《华东师范大学学报（哲学社会科学版）》2009 年第 3 期。

《佛教与中华传统生态文明——基于长江三角洲地区的考察》，张伟然，见觉醒主编《佛教与生态文明》，宗教文化出版社，2009 年。

《唐宋江淮三夷教新证》，周运中，《宗教学研究》2010 年第 1 期。

《都市佛教文化功能的现代转型与当代价值》，唐忠毛，《深圳大学学报（人文社会科学版）》2010 年第 1 期。

《〈番州弘教寺分安舍利塔铭〉考伪》，聂顺新，《世界宗教研究》2011 年第 4 期。

《唐宋时期天台宗史料的甄别与利用》，张伟然，见北京大学中国古代史研究中心编《舆地、考古与史学新说：李孝聪教授荣休纪念论文集》，中华书局，2012 年。

《晚明南京地区的寺院等级与寺院经济——以〈金陵梵刹志〉为中心的考察》，欧阳楠，《世界宗教研究》2012 年第 3 期。

《唐代佛教中的龙畏醋观念》，贾鸿源，《寻根》2016 年第 5 期。

《明代万历年间江南民众的佛教信仰——以万历十七年至二十年五台山

方册藏施刻文为中心的考察》，章宏伟，《清华大学学报（哲学社会科学版）》2016 年第 5 期。

《宋元时期普陀山佛教圣地的发展与东亚文化交流》，邹怡，《传统中国研究集刊》第十四辑，上海社会科学院出版社，2016 年。

《从道家洞天到观音圣界——中古东亚文化交流背景中的普陀山开基故事》，邹怡，《史林》2017 年第 1 期。

《〈十王经〉版本流传中转轮王形象转换的历史语境》，孙健，《三峡大学学报（人文社会科学版）》2017 年第 2 期。

《国防视域下北宋五台山佛教发展刍议》，马巍、杨宝，《五台山研究》2018 年第 4 期。

《杭州佛教寺院控产制度的演变（14—17 世纪）》，李伟，《世界宗教研究》2019 年第 2 期。

2-4. 教育史

《元朝科举制度的行废及其社会背景》，姚大力，见南京大学历史系元史研究室编《元史及北方民族史研究集刊》第六辑，南京大学历史系元史研究室，1982 年。

《官绅新一轮默契的成立——论清末的废科举兴学堂的社会文化背景》，周振鹤，《复旦学报（社会科学版）》1998 年第 4 期。

《宋代宗室教育及应试问题散论》，葛庆华，《中州学刊》1999 年第 1 期。

《晚清上海书院西学与儒学教育的进退》，周振鹤，《华东师范大学学报（哲学社会科学版）》1999 年第 5 期。

《明代云南文化教育发展的地域差异——兼论各类学校与人才数量的相关关系》，林涓，《思想战线》2000 年第 3 期。

《徽州文书所见清末地方师范教育及其困境》，马桂菊、黄忠鑫，《华中师范大学研究生学报》2009 年第 1 期。

The Educational Industry of Huating-Lou Area in the Early 19th Century: A Recalculation, Liang Zhiping（梁志平），Fudan Journal of the Humanities and Social Sciences, 2009（1）.

《也谈 19 世纪初期华娄地区的教育产业——与李伯重教授商榷》，梁志平,《中国社会经济史研究》2009 年第 2 期。

《近代西方人眼中的中国传统教育与士人生活状况——戴存义夫人著〈一个中国学者——席（胜魔）牧师〉述略》，安介生，见复旦大学历史地理研究中心编《跨越空间的文化：16—19 世纪中西文化的相遇与调适》，东方出版中心，2010 年。

2-5. 文化史

《对传统文化再认识的飞跃——五四新文化运动的一个剖析》，周振鹤，《复旦学报（社会科学版）》1989 年第 3 期。

《论新文化在中国传播的政治机制》，葛剑雄，《复旦学报（社会科学版）》1989 年第 3 期。

《关于〈金瓶梅〉的几个问题》，周维衍，《复旦学报（社会科学版）》1990 年第 2 期。

《儒家思想与未来社会有关联吗？》，谭其骧，《复旦学报（社会科学版）》1990 年第 3 期。

《明清两淮盐商与扬州青楼文化》，王振忠，《复旦学报（社会科学版）》1991 年第 3 期。

《中国文化的变与不变》，周振鹤，《文汇报》1994 年 6 月 5 日。

《假如齐国统一天下》，周振鹤，《二十一世纪》1995 年第 2 期。

《日本文化的幸与不幸》，周振鹤，《复旦学报（社会科学版）》1997 年第 3 期。

《我看东西方文化》，葛剑雄，《天津社会科学》1997 年第 6 期。

《关于中国历史文化遗产再认识的两点思考》，姚大力，《复旦学报（社会科学版）》1997 年第 4 期。

《同时代的人对容闳的看法——析张文虎赠容闳诗二首》，周振鹤，《浙江社会科学》1999 年第 6 期。

《建立学术规范和开展学术批评》，葛剑雄，《中国社会科学》1999 年第 4 期。

《清代山西重商风尚与节孝妇女的出现》，安介生，《清史研究》2001 年第 1 期。

《〈圣谕〉、〈圣谕广训〉及其相关的文化现象》，周振鹤，《中华文史论丛》2001 年第 2 辑。

《李白〈上安州裴长史书〉考伪》，张伟然，见郑培凯主编《九州学林》第三辑，复旦大学出版社，2004 年。

《学问中的证与悟——陈寅恪、唐长孺先生对〈桃花源记〉的解读》，张伟然，见中国政法大学人文学院编《中国政法大学人文论坛》第一辑，中国社会科学出版社，2004 年。

《晋学研究之"三部论"》，安介生，《晋阳学刊》2007 年第 5 期。

《陈寅恪"胡化说"由来探析》，牟振宇，《学术探索》2008 年第 1 期。

《试解"天人相分"何以衍生出"圣人"专制——兼补说"六不治"》，李海默，《中山大学研究生学刊（社会科学版）》2010 年第 1 期。

《晋学研究之"区位论"》，安介生，《晋阳学刊》2010 年第 5 期。

《上海石库门建筑群保护与更新的现实和建议》，万勇、葛剑雄，《复旦学报（社会科学版）》2011 年第 4 期。

《宋代以来徽州文化象征的塑造——以程朱阙里的建构为中心》，冯剑辉，《安徽史学》2012 年第 2 期。

《中西文化调适中的前近代知识系统——美国国会图书馆藏〈三才一贯图〉研究》，欧阳楠，《中国历史地理论丛》2012 年第 3 辑。

《地域文化与文物遗存》，王振忠，《环球人文地理》2013 年第 5 期。

《"区位论"中的文化介休》，安介生，见乔健、王怀民主编《黄土文明一亮点》，台北华艺学术出版社，2014 年。

《晚清徽州墨商的经营文化——婺源商业秘籍〈墨业准绳〉抄本研究》，王振忠，《复旦学报（社会科学版）》2015 年第 1 期。

《"关公战蚩尤"神话及其早期传播》，王长命，《历史研究》2015 年第 4 期。

《黄土文明与地方发展——文化遗产保护的介休范例》，徐新建、彭兆荣、周大鸣、安介生、王怀民，《民族艺术》2015 年第 5 期。

《元人意识中的南部中国文化优势》，姚大力，《知识分子论丛》2018 年第 1 期。

《江南与上海互动关系研究》，葛剑雄，《上海地方志》2019 年第 2 期。

《江南文化在长三角一体化中的作用》,葛剑雄,《江苏地方志》2020年第1期。

2-6. 中外文化交流史

《新闻史上未被发现与利用的一份重要资料——评介范约翰的〈中文报刊目录〉》,周振鹤,《复旦学报（社会科学版）》1992年第1期。

《再谈范约翰的〈中文报刊目录〉——对宁树藩先生的反批评》,周振鹤,《复旦学报（社会科学版）》1992年第6期。

《一九一三年俄人波列伏依的中文报刊目录》,周振鹤,《出版史料》1993年第3期。

《日本外务省对中国近现代报刊的调查资料》,周振鹤,《复旦学报（社会科学版）》1994年第6期。

《17—18世纪汉文天主教典籍在朝鲜的传播及其影响》,邹振环,《韩国研究论丛》第五辑,中国社会科学出版社,1998年。

《〈六合丛谈〉综述》,周振鹤,《中华文史论丛》第六十一辑,上海古籍出版社,2000年。

《李博:〈汉语中的马克思主义术语的起源与作用〉》,周振鹤,见刘东主编《中国学术》第十五辑,商务印书馆,2003年。

《皇家亚洲文会北中国支会述论》,王毅,《复旦学报（社会科学版）》2003年第5期。

《〈中国来信〉:一本特殊的译著》,周振鹤,《世界杂志》2003年第Z2期。

《十六至十九世纪中国的通事》,周振鹤、倪文君,见郑培凯主编《九州学林》第八辑,复旦大学出版社,2005年。

《琉璃厂徽商程嘉贤与朝鲜燕行使者的交往——以清代朝鲜汉籍史料为中心》,王振忠,《中国典籍与文化》2005年第4期。

《翻译〈几何原本〉的文化史意义》,周振鹤,见宋浩杰主编《中西文化会通第一人:徐光启学术研讨会论文集》,上海古籍出版社,2006年。

《持渡书在中日书籍史上的意义——以〈戌番外船持渡书大意书〉为说》,周振鹤,《复旦学报（社会科学版）》2007年第3期。

《韶关——晚明中外文化交流史上不可忽视的一环》,周振鹤,见郭声波、吴宏岐主编《南方开发与中外交通：2006 年中国历史地理国际学术研讨会论文集》，西安地图出版社，2007 年。

《朝鲜柳得恭笔下清乾嘉时代的中国社会——以哈佛燕京图书馆所藏抄本〈泠斋诗集〉为中心》，王振忠，《中华文史论丛》2008 年第 2 辑。

《朱子学与阳明学在晚明和朝鲜的交错影响》，周振鹤，见郑培凯主编《九州学林》第二十一辑，香港城市大学中国文化中心，2008 年。

《清代琉球人眼中福州城市的社会生活——以现存的琉球官话课本为中心》，王振忠，《中华文史论丛》2009 年第 4 辑。

《方言、宗教文化与晚清地方社会——以美国哈佛大学燕京图书馆所藏"榕腔"文献为中心》，王振忠，《社会科学》2009 年第 6 期。

《10—14 世纪中国与朝鲜半岛的汉文大藏经交流》，章宏伟，《古籍整理研究学刊》2009 年第 6 期。

《十九世纪来华基督教传教士所描绘的英国——〈大英国人事略说〉与〈大英国统志〉》，李晓杰，见复旦大学历史系、出版博物馆编《历史上的中国出版与东亚文化交流》，百家出版社，2009 年。

《朝鲜燕行使者所见 18 世纪之盛清社会——以李德懋的〈入燕记〉为例（上）》，王振忠，《韩国研究论丛》第二十二辑，世界知识出版社，2010 年。

《18 世纪东亚海域国际交流中的风俗记录——兼论日、朝对盛清时代中国的重新定位及其社会反响》，王振忠，《安徽大学学报（哲学社会科学版）》2010 年第 4 期。

《朝鲜史料中的徐光启与〈几何原本〉》，周振鹤，见徐汇区文化局编《徐光启与〈几何原本〉》，上海交通大学出版社，2011 年。

《中国印刷出版史上的近代文献述略》，周振鹤，《中国典籍与文化》2011 年第 2 期。

《清代输往日本汉籍的初步研究》，周振鹤，《国际汉学研究通讯》2011 年第 3 期。

《朝鲜燕行使者与 18 世纪北京的琉璃厂》，王振忠，《安徽史学》2011 年第 5 期。

《和刻本汉籍与准汉籍的文化史意义》，周振鹤，《中国典籍与文化》2012 年第 1 期。

《中西文化调适中的前近代知识系统——美国国会图书馆藏〈三才一贯图〉研究》，欧阳楠，《中国历史地理论丛》2012年第3辑。

《朝鲜燕行使者所见18世纪之盛清社会——以李德懋的〈入燕记〉为例（下）》，王振忠，《韩国研究论丛》第二十四辑，世界知识出版社，2012年。

《清代前期对江南海外贸易中海商水手的管理——以日本长崎唐通事相关文献为中心》，王振忠，见李庆新主编《海洋史研究》第四辑，社会科学文献出版社，2012年。

《路易—菲利普的御前汉语翻译考》，谢海涛，《史林》2013年第6期。

《琉球汉文燕行文献的学术价值——以晚清蔡大鼎的〈北上杂记〉为例》，王振忠，《安徽大学学报（哲学社会科学版）》2014年第2期。

《从汉语教科书看清代东亚经济与文化的交流——以朝鲜时代汉语课本所见沈阳及辽东为例》，王振忠，《地方文化研究》2015年第2期。

《存在与影响：历史上中外文化交流对"一带一路"建设的启示》，葛剑雄，《思想战线》2016年第5期。

《琉球汉文文献与中国社会研究》，王振忠，见李庆新主编《海洋史研究》第十辑，社会科学文献出版社，2017年。

《十九世纪的清日贸易与长崎圣堂祭酒的日常生活——以〈向井闲斋日记〉为中心》，王振忠，见刘序枫编《亚洲海域间的信息传递与相互认识》，台北"中研院"人文社会科学研究中心，2018年。

《〈1618年耶稣会中国年信〉译注并序（上）》，刘耿，《国际汉学》2007年第4期。

《〈1618年耶稣会中国年信〉译注并序（下）》，刘耿，《国际汉学》2008年第2期。

2-7. 中外语言接触史

《别琴竹枝词百首笺释：洋泾浜英语研究之一》，周振鹤，《上海文化》1995年第3期。

《十九、二十世纪之际中日欧语言接触研究——以"历史"、"经济"、"封建"译语的形成为说》，周振鹤，《传统文化与现代化》1996年第6期。

《〈红毛番话〉索解》，周振鹤，《广东社会科学》1998年第4期。

《中国洋泾浜英语最早的语词集》，周振鹤，《广东社会科学》2003 年第 1 期。

《英文话规》，周振鹤，《东方早报》2004 年 4 月 21 日。

《中国人自编的第一本英语教材》，周振鹤，《东方早报》2004 年 6 月 2 日。

《大英图书馆所藏〈红毛番话〉抄本译解》，周振鹤，见纪宗安、汤开建主编《暨南史学》第四辑，暨南大学出版社，2005 年。

《〈六合丛谈〉的编纂及其词汇》，周振鹤，见沈国威编著《六合丛谈——附解题·索引》，上海辞书出版社，2006 年。

《〈澳门番语杂字全本〉简介》，周振鹤，《中国社会科学报》2010 年 8 月 19 日。

《五桂堂印本〈澳门番语杂字全本〉初探——兼及与〈澳译〉的比较》，周振鹤，见日本关西大学编《或问》2011 年第 21 号。

《阿美利加、纽约库、阿塔库》，周振鹤，《文汇报》2011 年 5 月 8 日。

《Englishes 之一例》，周振鹤，《东方早报·上海书评》2011 年 5 月 15 日。

《中国洋泾浜英语的形成》，周振鹤，《复旦学报（社会科学版）》2013 年第 5 期。

二、其他学科

《伏羲文化与天水旅游资源开发》，张修桂，《天水师范学院学报》2002 年第 1 期。

《时间禁忌与旅游空间——晚明旅游时间分析与研究》，魏向东，《江苏社会科学》2007 年第 3 期。

《晚明求适思潮与士绅休闲旅游》，魏向东，《江苏社会科学》2009 年第 1 期。

《晚明时期好游成癖的旅游风气》，周振鹤，《环球人文地理》2010 年第 4 期。

《旅游者空间分布模型及其预测应用——以甘肃省县（区）为例》，魏鹏、侯杨方,《旅游学刊》2017 年第 5 期。

《私情·经济·政治——计划经济时代一卷"生活错误"档案的解读》,张伟然,见王奇生主编《新史学（第七卷）：20 世纪中国革命的再阐释》,中华书局,2013 年。

《20 世纪 60—70 年代上海苏北人社区的城乡关系——基于杨浦区一卷档案的个案分析》,张伟然,见宁越敏主编《中国城市研究》,科学出版社,2017 年。

《自然和人文社会跨学科期刊发展的思考》,程心珂,见上海市出版协会、上海市编辑学会编《守正创新 奋楫者先——2020 上海出版青年编辑论文集》,学林出版社,2020 年。

附　录

表 1　复旦大学中国历史地理研究所学术成果奖项（1982—2020）

成果名称	作者	出版信息	获奖情况
《中国历史地图集》	谭其骧主编	地图出版社，1982—1987年	1982年获上海市高教局哲学社会科学优秀成果奖特等奖； 1986年获首届（1979—1985年）上海市哲学社会科学优秀成果奖特等奖； 1994年获中国社会科学院荣誉奖； 1995年获国家教育委员会普通高等学校首届人文社会科学研究优秀成果著作类一等奖； 1999年获中国社会科学院郭沫若中国历史学奖荣誉奖
《西汉以前的黄河下游河道》	谭其骧	《历史地理》创刊号，上海人民出版社，1981年	1982年获上海市高教局哲学社会科学优秀成果奖优秀论文奖
《从地理环境角度考察我国运河的历史作用》	邹逸麟	《中国史研究》1982年第3期	1982年获上海市高教局哲学社会科学优秀成果奖优秀论文奖
《历史上毛乌素沙地的变迁问题》	赵永复	《历史地理》创刊号，上海人民出版社，1981年	1982年获上海市高教局哲学社会科学优秀成果奖优秀论文奖
《中国自然地理·历史自然地理》	中国科学院《中国自然地理》编辑委员会主编	中国科学院《中国自然地理》编辑委员会，科学出版社，1982年	1986年获上海市首届哲学社会科学优秀成果奖著作奖； "中国自然地理"丛书于1986年获中国科学院科学技术进步一等奖
《金山卫及其附近一带海岸线的变迁》	张修桂	《历史地理》第三辑，上海人民出版社，1983年	1986年获上海市首届哲学社会科学优秀成果奖优秀论文奖

成果名称	作者	出版信息	获奖情况
《西汉诸侯王国封域变迁考》	周振鹤	《中华文史论丛》1982年第3—4辑	1986年获上海市首届哲学社会科学优秀成果奖优秀论文奖
《上海市大陆地区城镇的形成与发展》	王文楚	《历史地理》第三辑，上海人民出版社，1983年	1986年获上海市首届哲学社会科学优秀成果奖优秀论文奖
《统一分裂与中国历史》	葛剑雄	《探索与争鸣》1989年第2期	1988年"纪念党的十一届三中全会十周年理论讨论会"入选论文奖
《再论中国历史上的统一和分裂》	葛剑雄	上海历史学会编《历史·国情·现代化》，复旦大学出版社，1990年	获上海市哲学社会科学联合会优秀成果奖（1988—1991）学术成果奖
《中国古代都城》	吴松弟	中共中央党校出版社，1991年；台北商务印书馆，1994年；北京商务印书馆，1998年	1992年获第六届中国图书奖一等奖；第二届希望杯优秀图书奖；1992年第三批优秀畅销书奖
《辞海·历史地理（第二版）》	谭其骧、章巽主编，复旦大学历史地理研究室编	上海辞书出版社，1989年	1994年获中国出版工作者协会、中国地理学会颁发的全国首届优秀地理图书一等奖
《长水集》	谭其骧	人民出版社，1987年	1994年获上海市第二届哲学社会科学优秀成果奖著作类二等奖
《长江宜昌至城陵矶段河床历史演变及其影响——三峡工程背景研究之一》	张修桂	复旦大学中国历史地理研究所《历史地理研究》第二辑，复旦大学出版社，1990年	1994年获上海市第二届哲学社会科学优秀成果奖论文类一等奖

成果名称	作者	出版信息	获奖情况
《中国人口发展史》	葛剑雄	福建人民出版社，1991 年	1994 年获上海市第二届哲学社会科学优秀成果奖著作类三等奖； 1999 年获中国社会科学院郭沫若中国历史学奖三等奖
《黄淮海平原历史地理》	邹逸麟主编	安徽教育出版社，1993 年	1995 年获国家教育委员会普通高等学校首届人文社会科学研究优秀成果著作类一等奖
《方言与中国文化》	周振鹤、游汝杰	上海人民出版社，1986 年	1995 年获国家教育委员会普通高等学校首届人文社会科学研究优秀成果著作类一等奖
《简明中国移民史》	葛剑雄、曹树基、吴松弟	福建人民出版社，1993 年	1996 年获上海市第三届哲学社会科学优秀成果奖著作类三等奖
《明清时期北部农牧过渡带的推移和气候寒暖变化》	邹逸麟	《复旦学报（社会科学版）》1995 年第 1 期	1996 年获上海市第三届哲学社会科学优秀成果奖论文类一等奖
《中央地方关系史的一个侧面：两千年地方政府层级变迁的分析》	周振鹤	《复旦学报（社会科学版）》1995 年第 3 期	1996 年获上海市第三届哲学社会科学优秀成果奖论文类三等奖
《环境保护要有基本的人道前提》	葛剑雄	《东方》1995 年第 2 期；人大报刊复印资料《中国地理》1995 年第 6 期转载	1996 年获上海市第三届哲学社会科学优秀成果奖论文类三等奖
《中国移民史》(全 6 卷)	葛剑雄主编	福建人民出版社，1997 年	1998 年获上海市第四届哲学社会科学优秀成果奖著作类一等奖； 1999 年获第七届精神文明建设"五个一工程"入选作品奖

成果名称	作者	出版信息	获奖情况
《客家源流异说》	周振鹤	《民族研究》1996年第5期	1998年获上海市第四届哲学社会科学优秀成果奖论文类一等奖
《长江中下游地区米谷长途贸易：1912—1937》	侯杨方	《中国经济史研究》1996年第2期	1998年获上海市第四届哲学社会科学优秀成果奖论文类三等奖
《鼠疫流行与华北社会的变迁（1580—1644年）》	曹树基	《历史研究》1997年第1期	1998年获上海市第四届哲学社会科学优秀成果奖论文类三等奖
《明清徽商与淮扬社会变迁》	王振忠	生活·读书·新知三联书店，1996年	1998年获上海市第四届哲学社会科学优秀成果奖著作类三等奖
《禹贡锥指》	邹逸麟整理	上海古籍出版社，1996年	1998年获华东地区古籍整理图书一等奖；2000年获第二届全国古籍整理图书奖二等奖
《上海历史地图集》	周振鹤主编	上海人民出版社，1999年	2000年获上海市第五届哲学社会科学优秀成果著作类一等奖；2002年获教育部普通高等学校第三届人文社会科学研究优秀成果专著类历史学二等奖
《上海地区成陆过程研究中的几个关键问题》	张修桂	《历史地理》第十四辑，上海人民出版社，1998年	2000年获上海市第五届哲学社会科学优秀成果奖论文类三等奖
《〈唐士门簿〉与〈海洋来往活套〉——佚存日本的苏州徽商及相关问题研究》	王振忠	《江淮论坛》1999年第2期	2000年获上海市第五届哲学社会科学优秀成果奖论文类三等奖

成果名称	作者	出版信息	获奖情况
"千秋兴亡"书系	葛剑雄主编	长春出版社，1997 年	2000 年获第十二届中国图书奖
《中国历史人文地理》	邹逸麟主编	科学出版社，2001 年	2002 年获上海市第六届哲学社会科学优秀成果奖著作类三等奖
《〈圣谕〉、〈圣谕广训〉及其相关的文化现象》	周振鹤	《中华文史论丛》2001 年第 2 辑	2002 年获上海市第六届哲学社会科学优秀成果奖论文类二等奖
《"代表中国先进文化前进方向"的若干探索》（上海市社会科学界联合会推荐）	葛剑雄等		2002 年获上海市第六届哲学社会科学优秀成果奖内部探讨
《中国人口史》第三卷（辽宋金元时期）	吴松弟	复旦大学出版社，2000 年	2002 年获中国宋史研究会邓广铭学术奖励基金二等奖
《江淮平原的人文》	邹逸麟	谢觉民主编《自然、文化、人地关系》，科学出版社，1999 年	2002 年获教育部普通高等学校第三届人文社会科学研究优秀成果论文类三等奖
《中国人口史》（全 6 卷）	葛剑雄主编	复旦大学出版社，2000—2002 年	2003 年获上海市第七届哲学社会科学优秀成果奖著作类一等奖； 2006 年获教育部第四届高等学校科学研究优秀成果奖（人文社会科学）著作类一等奖； 2007 年获国家新闻出版总署第一届中国出版政府奖图书奖提名奖

（续表）

成果名称	作者	出版信息	获奖情况
《徽州社会文化史探微——新发现的16至20世纪民间档案文书研究》	王振忠	上海社会科学院出版社，2002年	2003年获上海市第七届哲学社会科学优秀成果奖著作类三等奖
《明代毛乌素沙地变迁及其与周边地区垦殖的关系》	韩昭庆	《中国社会科学》2003年第5期	2003年获上海市第七届哲学社会科学优秀成果奖论文类三等奖
《唐人心目中的文化区域与地理意象》	张伟然	李孝聪主编《唐代地域结构及运作空间》，上海辞书出版社，2003年	2003年获上海市第七届哲学社会科学优秀成果奖论文类三等奖
《历史学是什么》	葛剑雄、周筱赟	北京大学出版社，2001年	2005年获首届国家图书馆文津图书奖
《中华大典·历史地理典·域外分典》（全3册）	《中华大典》工作委员会、《中华大典》编纂委员会编纂，邹逸麟主编，赵永复、傅林祥分典主编	浙江古籍出版社，2004年	2005年获第八届华东地区古籍优秀图书奖特等奖； 2005年获第十四届浙江省树人出版奖； 2005年第二十一届浙江省版协优秀图书奖一等奖
《肇域志》	谭其骧、王文楚、朱惠荣等点校	上海古籍出版社，2004年	2006年获第八届华东地区古籍整理优秀图书奖特等奖； 2007年获第一届中国出版政府奖图书奖（古籍类）； 2019年获第二届宋云彬古籍整理奖·图书奖

成果名称	作者	出版信息	获奖情况
《中国地方行政制度史》	周振鹤	上海人民出版社，2005 年	2006 年获上海市第八届哲学社会科学优秀成果奖著作类三等奖
《清代云南季风气候与天气灾害研究》	杨煜达	复旦大学出版社，2006 年	2008 年获上海市第九届哲学社会科学优秀成果奖著作类三等奖
《持渡书在中日书籍史上的意义——以〈戌番外船持渡书大意书〉为说》	周振鹤	《复旦学报（社会科学版）》2007 年第 3 期	2008 年获上海市第九届哲学社会科学优秀成果奖论文类一等奖
《市的兴起与近代中国区域经济的不平衡发展》	吴松弟	《云南大学学报（社会科学版）》2006 年第 5 期	2008 年获上海市第九届哲学社会科学优秀成果奖论文类三等奖
《归属、表达、调整：小尺度区域的政治命运》	张伟然	《历史地理》第二十一辑，上海人民出版社，2006 年	2008 年获上海市第九届哲学社会科学优秀成果奖论文类三等奖
《民国市镇的区位条件与空间结构——以浙江海宁硖石镇为例》（上、下）	邹怡	《历史地理》第二十一、二十二辑，上海人民出版社，2006—2007 年	2008 年获上海市第九届哲学社会科学优秀成果奖论文类三等奖
《从界限到界线：湖滩开发与省界成型——以丹阳湖为例》	徐建平	《史林》2008 年第 3 期	2008 年获第五届上海市历史学会奖
《500 年来环境变迁与社会应对》丛书（共 5 册）	邹逸麟主编	上海人民出版社，2008 年	2010 年获第二届中国出版政府奖（图书奖·科技奖）

成果名称	作者	出版信息	获奖情况
《云贵高原的土地利用与生态变迁（1659—1912）》	杨伟兵	上海人民出版社，2008年	2010年获第五届上海市历史学会奖；本书所在丛书2010年获第二届中国出版政府奖（图书奖·科技奖）
《乾隆时期民数汇报及评估》	侯杨方	《历史研究》2008年第3期	2010年获上海市第十届哲学社会科学优秀成果奖论文类三等奖
《产业集聚与城市区位巩固：徽州茶务都会屯溪发展史（1577—1949）》	邹怡	《"中研院"近代史研究所集刊》第六十六辑，台北"中研院"近代史研究所，2009年	2010年获上海市第十届哲学社会科学优秀成果奖论文类二等奖
中国历史地理研究所CHGIS国庆六十周年大展项目组	葛剑雄、侯杨方、张晓虹		2011年获第八届复旦大学"校长奖"
《太平寰宇记》（共9册）	王文楚等点校	中华书局，2007年	2010年获第二届中国出版政府奖图书奖提名奖
《明清以来徽州村落社会史研究——以新发现的民间珍稀文献为中心》	王振忠	上海人民出版社，2011年	2012年获上海市第十一届哲学社会科学优秀成果奖著作类二等奖
《清代上海县以下区划的空间结构试探——基于上海道契档案的数据处理与分析》	周振鹤、陈琍	《历史地理》第二十五辑，上海人民出版社，2011年	2012年获上海市第十一届哲学社会科学优秀成果奖论文类二等奖

成果名称	作者	出版信息	获奖情况
《1391—2006年龙感湖—太白湖流域的人口时间序列及其湖泊沉积响应》	邹怡	《中国历史地理论丛》2011年第3辑	2012年获上海市第十一届哲学社会科学优秀成果奖论文类三等奖
《山西移民史》	安介生	山西人民出版社，1999年	获第十二届山西省优秀图书一等奖； 2000年获第二届禹贡优秀青年著作三等奖
《中华大典·历史地理典·总论分典》（全3册）	《中华大典》工作委员会、《中华大典》编纂委员会编纂，邹逸麟（2007年前）、葛剑雄（2007年后）主编，钱林书、巴兆祥、安介生分典主编	西泠印社出版社，2012年	2013年获浙江省出版工作者协会第29届优秀图书出版奖； 2013年获第二十二届浙江树人出版奖
《中国历史政治地理十六讲》	周振鹤	中华书局，2013年	2014年获上海市第十二届哲学社会科学优秀成果奖著作类一等奖
《大清帝国时期蒙古的政治与社会——以阿拉善和硕特部研究为中心》	齐光	复旦大学出版社，2013年	2014年获上海市第十二届哲学社会科学优秀成果奖著作类二等奖

（续表）

成果名称	作者	出版信息	获奖情况
《中国洋泾浜英语的形成》	周振鹤	《复旦学报（社会科学版）》2013年第5期	2014年获上海市第十二届哲学社会科学优秀成果奖论文类一等奖
《近代城市地图与开埠早期上海英租界区域城市空间研究》	张晓虹	《历史地理》第二十八辑，上海人民出版社，2013年	2014年获上海市第十二届哲学社会科学优秀成果奖论文类二等奖
《浦阳江下游河道改道新考》	朱海滨	《历史地理》第二十七辑，上海人民出版社，2013年	2014年获上海市第十二届哲学社会科学优秀成果奖论文类二等奖
《中国历史自然地理》	邹逸麟、张修桂主编	科学出版社，2013年	2015年获教育部第七届高等学校科学研究优秀成果奖（人文社会科学）著作类历史学二等奖；2016年主编邹逸麟获上海市第十三届哲学社会科学优秀成果奖学术贡献奖；2019年获第五届郭沫若中国历史学奖二等奖
《椿庐史地论稿》	邹逸麟	天津古籍出版社，2005年	2016年获上海市第十三届哲学社会科学优秀成果奖学术贡献奖
《清儒地理考据研究》（秦汉卷）	段伟	齐鲁书社，2015年	本书所在丛书《清儒地理考据研究》2016年获2015年度全国优秀古籍图书奖二等奖；2016年获第十九届（2015年度）华东地区古籍优秀图书奖一等奖；2017年获第四届中国国家出版奖图书奖提名奖
《中古文学中的地理意象》	张伟然	中华书局，2014年	2016年获上海市第十三届哲学社会科学优秀成果奖著作类一等奖；2020年获第八届高等学校科学研究优秀成果奖（人文社会科学）著作类二等奖

成果名称	作者	出版信息	获奖情况
《中国地方行政制度史》	周振鹤	上海人民出版社，2014年	2016年获上海市第十三届哲学社会科学优秀成果奖著作类二等奖
《袖中东海一编开：域外文献与清代社会史研究论稿》	王振忠	复旦大学出版社，2014年	2016年获上海市第十三届哲学社会科学优秀成果奖著作类二等奖
《〈水经注〉现存主要版本考述》	李晓杰、杨长玉、王宇海、屈卡乐	《历史地理》第三十一辑，上海人民出版社，2015年	2016年获上海市第十三届哲学社会科学优秀成果奖论文类一等奖
《中国历史地貌与古地图研究》	张修桂	社会科学文献出版社，2006年	2017年获第二届（1994—2013）全国优秀地理图书学术专著奖
《湖南历史文化地理研究》	张伟然	复旦大学出版社，1995年	2017年获第二届（1994—2013）全国优秀地理图书学术专著奖
《中国行政区划通史》（全13卷）	周振鹤主编	复旦大学出版社，2007—2016年	2018年获上海市第十四届哲学社会科学优秀成果奖特等奖；2020年获教育部第八届高等学校科学研究优秀成果奖（人文社会科学）著作类一等奖
《中国近代经济地理》（全9卷）	吴松弟主编	华东师范大学出版社，2014—2016年	2018年获上海市第十四届哲学社会科学优秀成果奖著作类一等奖；2020年获教育部第八届高等学校科学研究优秀成果奖（人文社会科学）著作类一等奖
《江南环境史研究》	王建革	科学出版社，2016年	2018年获上海市第十四届哲学社会科学优秀成果奖著作类一等奖
《水经注校笺图释·渭水流域诸篇》	李晓杰等	复旦大学出版社，2017年	2018年获上海市第十四届哲学社会科学优秀成果奖著作类二等奖

成果名称	作者	出版信息	获奖情况
The Relationship between the Spread of the Catholic Church and the Shifting Agro-pastoral Line in the Chahar Region of Northern China	张晓虹等	Cetena, 2015, Vol134	2020 年获第八届高等学校科学研究优秀成果奖（人文社会科学）论文类三等奖

表 2　全国百篇优秀博士学位论文获奖名单

论文题目	作者	导师	时间
《港口、城市、腹地——上海与长江流域经济关系的历史考察（1843—1913）》	戴鞍钢	邹逸麟	2000 年
《晚清西方地理学在中国的传播与影响——以 1815 至 1911 年西方地理学译著为中心》	邹振环	周振鹤	2001 年
《长江下游考古时代的环境研究——文明进化中的生态系统和人地关系》	高蒙河	葛剑雄	2005 年
《环境与人：江南传染病史研究（1820—1953）》	李玉偿（李玉尚）	葛剑雄	2006 年
《清代云南（1711—1911 年）的季风气候与天气灾害》	杨煜达	邹逸麟	2010 年
《西汉侯国地理》	马孟龙	葛剑雄	2013 年

表 3　其他已出版博士论文获奖名单

成果名称	作者	出版信息	获奖情况
《港口、城市、腹地——上海与长江流域经济关系的历史考察（1843—1913）》	戴鞍钢	复旦大学出版社，1998 年	2000 年获上海市第五届哲学社会科学优秀成果著作类三等奖
《抗战时期浙江省人口迁移与社会影响》	张根福	上海三联书店，2001 年	2003 年获浙江省社联第三届青年社会科学研究优秀成果奖著作类一等奖
《方志学新论》	巴兆祥	学林出版社，2004 年	2006 年获上海市第八届哲学社会科学优秀成果著作类三等奖
《徽州传统学术文化地理研究》	周晓光	安徽人民出版社，2006 年	2007 年获安徽省哲学社会科学优秀成果奖著作类二等奖
《中国地方志流播日本研究》	巴兆祥	上海人民出版社，2008 年	2008 年获上海市第九届哲学社会科学优秀成果著作类二等奖
《西夏地理研究》	杨蕤	人民出版社，2008 年	2011 年获国家民委第二届人文社会科学优秀成果二等奖
《清代江南市镇与农村关系的空间透视：以苏州地区为中心》	吴滔	上海古籍出版社，2010 年	2013 年获广东省 2010—2011 年度哲学社会科学优秀成果二等奖
《传统工匠现代转型研究：以江南早期工业化中工匠技术转型与角色转换为中心》	余同元	天津古籍出版社，2012 年	2014 年获江苏省第十三届哲学社会科学优秀成果二等奖
《高乡与低乡：11—16 世纪江南区域历史地理研究》	谢湜	生活·读书·新知三联书店，2015 年	2017 年获广东省第七届哲学社会科学优秀成果奖著作类一等奖；2019 年获首届"新史学青年著作奖"；2019 年获第三届"普隐人文学术奖"；2020 年获教育部第八届高等学校科学研究优秀成果著作类二等奖

成果名称	作者	出版信息	获奖情况
《危机与重构：唐帝国及其地方诸侯》	李碧妍	北京师范大学出版社，2015 年	2018 年获第二届"普隐人文学术奖"；2019 年获首届"新史学青年著作奖"

后记

　　根据所领导的安排，资料室负责汇编复旦大学中国历史地理学学科点师生1950年至2020年的论著目录及著作提要。所里和上海教育出版社先后举办了多次编辑工作会议，经过几次讨论和修改，最终由本丛书主编葛剑雄教授确定本书的编纂体例和收录范围。资料室与办公室工作人员同两位博士生、硕士生组成编辑小组开展工作。办公室赵红提供本所毕业学生在读期间发表论文的统计资料，办公室戴佩娟提供本所2006年以来发表的论著统计资料，博士生叶鹏和硕士生张端成通过网络和图书馆广为搜集各位师生的论著，本所同仁大都提供或确认了本人的论著目录和著作提要，王静等对各类资料进行汇总查对，最后由王静和孟刚进行提要的修改和文章的分类编排。已出版的博士论文著作提要也均由作者本人提供或确认。邹逸麟教授、张修桂教授、满志敏教授的论著目录等分别由段伟教授、韩昭庆教授和杨煜达教授进行核对。

　　本书初稿完成后，曾发给全所同仁审阅，周振鹤教授、葛剑雄教授、吴松弟教授、王振忠教授、李晓杰教授、张晓虹教授、傅林祥教授、邹怡副教授等先后提出修改意见，涉及体例格式、提要编写标准、论文分类标准等，并补充了部分遗漏的论著目录，经过数次讨论和修改，最终编成此稿，谨向各位热心的同仁和毕业生表示诚挚的感谢。

　　另外，博士生于翔宇、康翊博、董凌霄、贾沈朱等对历史自然地理、历史文化地理类文章的分类提出了很好的建议和帮助，谨致感谢。

　　上海教育出版社的董龙凯先生、周典富先生对书稿也提出了中肯的修改意见，一并致谢。

　　因为我们水平有限，编纂中必然还有遗漏或错误，希望各位读者、各位师生批评指正，以便将来修订时改正。

王　静　孟　刚

记于复旦大学历史地理研究中心

2021年国庆节

图书在版编目（CIP）数据

复旦大学历史地理学科论著目录：1950-2020 / 王
静，孟刚主编. — 上海：上海教育出版社，2023.8
ISBN 978-7-5720-1318-8

Ⅰ.①复… Ⅱ.①王… ②孟… Ⅲ.①历史地理 – 研
究 – 专题目录 – 1950-2020 Ⅳ.①Z88：K901.9

中国国家版本馆CIP数据核字(2023)第155880号

责任编辑　周典富
书籍设计　陆　弦

复旦大学历史地理学科论著目录：1950-2020
王　静　孟　刚　主编

出版发行　上海教育出版社有限公司
官　　网　www.seph.com.cn
地　　址　上海市闵行区号景路159弄C座
邮　　编　201101
印　　刷　上海盛通时代印刷有限公司
开　　本　700×1000　1/16　印张 27.75　插页 5
字　　数　427 千字
版　　次　2023年8月第1版
印　　次　2023年8月第1次印刷
书　　号　ISBN 978-7-5720-1318-8/K·0018
定　　价　168.00 元

如发现质量问题，读者可向本社调换　电话：021-64373213